ALLBRIGHT
LAW OFFICES
锦天城

上海市锦天城律师事务所
华东政法大学经济法律研究院
合作编写

FINANCE LAW REVIEW

金融法律评论

吴 弘 主编

2023
上半年卷
总第16卷

法律出版社 LAW PRESS · CHINA
北京

图书在版编目(CIP)数据

金融法律评论.2023.上半年卷:总第16卷/吴弘主编.--北京:法律出版社,2023
ISBN 978-7-5197-8525-3

Ⅰ.①金… Ⅱ.①吴… Ⅲ.①金融法-中国-文集 Ⅳ.①D922.280.4-53

中国国家版本馆CIP数据核字(2023)第212792号

金融法律评论·2023上半年卷(总第16卷)
JINRONG FALÜ PINGLUN · 2023 SHANGBANNIAN JUAN
(ZONG DI -16 JUAN)

吴 弘 主编

策划编辑 薛 晗 田 浩
责任编辑 薛 晗 田 浩
装帧设计 臧晓飞

出版发行 法律出版社
编辑统筹 法商出版分社
责任校对 张翼羽
责任印制 胡晓雅
经　　销 新华书店

开本 787毫米×1092毫米 1/16
印张 21　　字数 439千
版本 2023年12月第1版
印次 2023年12月第1次印刷
印刷 唐山玺诚印务有限公司

地址:北京市丰台区莲花池西里7号(100073)
网址:www.lawpress.com.cn
投稿邮箱:info@lawpress.com.cn
举报盗版邮箱:jbwq@lawpress.com.cn
销售电话:010-83938349
客服电话:010-83938350
咨询电话:010-63939796

书号:ISBN 978-7-5197-8525-3
定价:88.00元
凡购买本社图书,如有印装错误,我社负责退换。电话:010-83938349

锦天城律师事务所简介

锦天城律师事务所成立于1999年，是一家提供一站式法律服务的大型综合性律师事务所，在核心业务领域（如资本市场、金融与信托、公司并购与重组、破产与清算、基础设施建设与房地产、国际贸易、跨境投资、反垄断反倾销、诉讼与仲裁、知识产权以及海事海商等）具备专业优势或行业领先优势。现有注册律师3000余名。

发轫于中国上海的锦天城，已在中国内地23个城市（北京、杭州、深圳、苏州、南京、成都、重庆、太原、青岛、厦门、天津、济南、合肥、郑州、福州、南昌、西安、广州、长春、武汉、乌鲁木齐、海南海口、长沙）及中国香港、英国伦敦、美国西雅图、新加坡、日本东京开设分所，并与香港史蒂文生黄律师事务所联营，与国际律师事务所鸿鹄（Bird & Bird LLP）建立战略合作关系。

华东政法大学经济法律研究院简介

华东政法大学经济法律研究院是由华东政法大学独立设立，集理论研究、科研成果转化与人才培养、社会服务于一体的科研机构。研究院以经济法律研究为特色，旨在突破单一专业瓶颈，实现法学与经济学、管理学的融合，密切联系政、产、学、研，强调理论研究的应用性、实践性与前瞻性，是一流的学术研究与交流平台、高层次的经济法律人才培养基地以及经济立法、政府决策、企业咨询的专业性法律智库。经多年建设，研究院先后被认定为上海市法学会重点研究基地、上海市普通高校人文社会科学重点研究基地。

研究院自成立以来，先后组织、策划、出版了“经济法文库”“经济法文集”“商事法文库”以及《经济法前沿问题》《中国商法评论》《公司法律评论》《金融法律评论》等系列性学术著作或年度刊物，创办了“经济法律高峰论坛”“公司法律论坛”“国资法律论坛”“能源法治论坛”等系列性品牌论坛，在学界和实务界具有广泛的影响力。

本出版物为上海市高水平地方高校（学科）建设出版物
华东政法大学新时代法学高水平成果出版资助项目

目　录 CONTENTS

金融体制改革与金融监管立法

数字金融法研究

全球化背景下的涉外金融法

金融体制改革与金融监管立法

《银行业监督管理法》修改为“金融监督管理法”的构想

刘少军 *

按照我国金融立法的顶层设计，应该将《证券法》完善成为“资本市场法”；将《商业银行法》修改为“银行业法”，形成货币市场法，从而构建起我国未来金融法的核心体系。按照国家相关立法规划，目前我国正在对《银行业监督管理法》进行修改，并于2022年年末提出《银行业监督管理法（修订草案征求意见稿）》，该草案根据当前需要对现行法律进行了较大幅度的修改，虽然仍然保持了6章的架构，却新增加了40余条新的内容，并对原有条文进行了较大的完善。十四届全国人民代表大会决定设立国家金融监督管理总局，统一负责除证券业之外的金融业监督管理，可以预见在未来证券市场注册制改革完成后，证券业监管的职能也会统一。在此条件下，继续修改《银行业监督管理法》已经不能满足现实需要，应该在此基础上制定统一的“金融监督管理法”。这就需要对金融监管的基本范畴、监管目标原则、监管机关设置、监管基本职责、监管实施措施等，按照新的改革思路进行完善。同时，还需要协调同相关法律的关系，实现整个法律体系的相互衔接。

一、金融监管基本范畴的界定

将现行《银行业监督管理法》修改为“金融监督管理法”，首先必须对相关

---

* 刘少军，中国政法大学教授、博士生导师、金融法研究中心主任，中国银行法学研究会副会长、学术委员会主任。

范畴进行重新界定。我国虽然自改革开放以来初步建立起了金融法律的框架体系，但并没有对相关细节问题给予比较高的关注，特别是没有从法学的角度对相关范畴进行严格的界定，基本上采用的都是列举式的法律调整范畴界定方式和权利义务规定方式。这种调整法律范畴的界定和权利义务规定方式，虽然能够在一定程度上满足不断改革的具体需要，却难以适应未来金融市场化、法治化、国际化目标的需要，必然会出现监管重叠、监管空白的不协调、不周延现象，也因此会导致多次相关的金融风险，难以实现对金融机构、金融业务监管的全面覆盖。希望能够借本次制定全面的"金融监督管理法"之机，对相关范畴进行严格的法学界定，构建起科学严谨的金融监督管理体系。这些需要进行重新界定的范畴主要包括金融行业、典型金融、边缘金融、民间金融等，它们直接关系到"金融监督管理法"的调整范畴和方式。

金融是当代社会广泛使用的概念，但在使用中，特别是在相关法规中，基本上没有对其进行过严格的界定。我国金融的概念产生于近代，最早明确解释金融概念的是《辞源》："今谓金钱之融通曰金融，旧称银根。各种银行、票号、钱庄曰金融机关。"当代的相关解释与此相近，《中国金融百科全书》将金融解释为"货币流通和信用活动以及与之相关的经济活动的总称"。西方金融发达国家甚至没有关于金融的专有词汇，他们的法规中也没有对金融概念的严格界定。如美国的《金融服务现代化法》中并没有清晰的金融概念，通常认为该法适用于"主要从事提供金融产品或服务的企业"，这应该同其经验主义的法学传统思维相关。但是，我国金融法中必须对金融的概念有明确的界定，否则它的适用范围就难以有清晰的界限。本人认为，"金融是货币、货币流通、货币融通、风险分配、金融调控和金融监管等活动的统称"〔1〕；它具体由各类金融业主体实施，在内容上表现为各类金融行为。

在我国现行法规中，有比较明确的金融行业划分。按照现行《保险法》和《证券法》，我国的金融体系严格地分为银行业、信托业、保险业、证券业四个基本行业，每个行业内具体包括的金融机构和金融业务也有列举式规定。〔2〕但是，在我国现行金融法规中，却没有对金融机构和金融业务进行清晰的界定。在相关法规中却有金融机构与金融组织的概念区分，这主要是为了区分中央监管机关授权设立和地方监管机关授权设立的机构。〔3〕在本次金融监管机关改革后，地方金融监管机关应该主要作为中央监管机关的派出机关，同时接受中央监管机关和地方政府的双重领导，不再具有金融监管上的较高独立性，主要作为中央监管机关的地方执行机关。因此，没有必要、也不应该再区分金融机构和金融组织，应统称为金融机构。当然，金融机构和金融业务还是有必要进行区分的，未来应该以典型金融、边缘金融、

---

〔1〕刘少军：《金融法学》，中国政法大学出版社 2016 年版，第 2 页。

〔2〕参见我国《保险法》第 8 条，《证券法》第 6 条，以及二者对相关被监管机构和业务的规定。

〔3〕参见我国现行《中国人民银行法》《银行业监督管理法》《商业银行法》《保险法》《证券法》《地方金融监督管理条例（草案征求意见稿）》等的相关规定。

民间金融来对它们进行区分，以分别实施不同的规范和监管。[1]

典型金融是指银行业、信托业、保险业、证券业中核心的金融机构和金融业务。其基本特征是以各种形式专业经营他人货币资金，一旦出现经营危机可能引发系统性金融风险。对于这类金融机构和金融业务应该建立严格的准入、运营、救助、监管、处罚等规范，实施严格的监督管理。边缘金融是指非典型性的金融机构和金融业务，它们是某些新兴的或辅助性的金融机构和金融业务。它们的基本特征是基本上不经营他人货币资金，出现经营危机也基本上不会引发系统性金融风险，或者属于金融领域新兴的业务，它的业务运营和经营风险还有待观察。对于这些金融机构和金融业务应该建立比较灵活的准入、运营、救助、监管、处罚等规范，根据具体情况实施较灵活的监督管理。民间金融是普通主体偶然性从事的金融行为，它们不具有系统性金融风险，不应该被纳入金融监管，属于普通的民间金融活动。

二、金融监督管理法的目标与原则

法律的目标和原则是指导其制定和执行的最高准则，是它的灵魂所在，这是法学和社会生活的基本常识。没有明确而清晰的目标和原则，难以保证该法律的立法和执法质量。耶林指出，“目的是全部法的创造者，每条规则的产生都源于一种目的，即一种事实上的动机”“法是以强制作为保障的社会目的体系”。[2]“法规范始终在追寻特定目的……目的性思考是由目标出发的思考；它同时也是一种由较高位阶的总体出发所作的思考。”[3]《银行业监督管理法（修订草案征求意见稿）》基本上没有对它的法律目标和原则作出调整，它的监管范围依然仅限于银行业，实行的仍然是机构监管，核心监管目标仍然仅限于“规范监督管理行为，防范和化解银行业风险，保护存款人和其他客户的合法权益，促进银行业健康发展”。由于该修订草案是在《党和国家机构改革方案》颁布之前提出的，虽然在具体内容上还应该存在许多可以完善之处，但在一定程度上是可以理解的。

《党和国家机构改革方案》颁布后，在原来的中国银行保险监督管理委员会（以下简称银保监会）基础上统一组建国家金融监督管理总局，在此种条件下，没有必要再简单地修订现行《银行业监督管理法》，而应在此基础上统一现行法律中的监管内容，制定完整系统的“金融监督管理法”，并明确规定统一的金融监管目标和原则。首先，金融监管的

---

〔1〕 在我国目前相关范畴的界定中，通常使用正规金融、非正规金融的概念。这些概念是外文直接翻译的结果，同我国金融机构和业务的现实及传统称谓并不匹配，也没有能够完全反映金融法应该规范和监管对象的特征，使用典型金融、边缘金融、民间金融的概念，能够相对清晰地反映对其进行不同规范和监管的金融机构与业务类型，也比较符合我国对这些机构和业务的传统称谓。

〔2〕 参见吕世伦、谷春德：《西方政治法律思想史》，辽宁人民出版社 1988 年版，第 168、171 页。

〔3〕［德］卡尔·拉伦茨：《法学方法论》，陈爱娥译，商务印书馆 2003 年版，第 12 页。

范围必须包括全部的典型金融机构和金融业务，它们是金融监督管理的核心。其次，也应包括部分的边缘金融机构和金融业务，它们也对整体金融效率、结构、秩序、安全具有重要影响。最后，对于纯粹的民间金融行为则不应被纳入金融监管的范围，它们对整体金融利益并不具有较大影响。通过这种方式可以实现金融监督管理的全面覆盖，落实《党和国家机构改革方案》中提出的"强化机构监管、行为监管、功能监管、穿透式监管、持续监管"[1]。并且，从未来发展的角度看，中国证券监督管理委员会（以下简称证监会）在主持完成注册制改革后，也应并入国家金融监督管理总局。否则，金融控股公司的监管、社会公众金融业务利益的维护，以及监管重叠、监管空白、监管套利的问题是没有办法从根本上得到解决的。

按照这一思路，未来的"金融监督管理法"应该是一部对典型金融和边缘金融实施全面监督管理的法，它的法律目标和原则也应该在这一思想指导下确立。在此条件下，必须对《银行业监督管理法（修订草案征求意见稿）》中的法律目标和原则进行调整，将它的法律目标表述为：为了实现对金融机构和金融业务的全面监督管理，规范相关机构和人员的监督管理行为，维护国家整体金融效率、结构、秩序、安全，保障金融业健康稳定发展，执行国家金融政策，保护金融机构客户和金融资产交易各方的合法权益，制定本法。这里需要特别强调的是之所以表述为相关机构和人员，是因为现实生活中存在许多授权监管的行为，这些被授权监管的机构和人员通常主要是各类具有行业自律性质的金融机构，这些授权监管行为也应纳入"金融监督管理法"的规范。同时，也必须将执行国家金融政策作为法律目标，金融监管事实上必须执行国家相关金融政策，金融政策也是金融监管的重要依据。

在"金融监督管理法"中，应将法律原则表述为：金融监管机关及其授权的机构，应对全部金融机构和金融业务依据国家法律、法规、政策实施全面和综合的监督管理，有权对金融机构和从事金融业务的人员采取法定的监督管理措施，有权依法维护金融机构客户和金融资产交易各方的合法权益，限制和剥夺被监督管理人的民商事权益应经过协商或司法审查程序，并对违法违规监督管理行为承担法律责任。法律原则应该是该法律基本行为准则的全面综合性概括，是相关立法、执法、司法的基本指导思想。金融监督管理首先应采取全面综合监管原则，实现监管行为的全面覆盖。其次应遵守依法按策监管的原则，采取任何监管措施必须具有法规或国家政策依据。再次应遵守维护各方利益的原则，特别应维护金融机构客户和资产交易各方的利益。复次应充分尊重法定权益原则，采取任何限制和剥夺民商事权益的监管措施都必须得到被监管人的同意，或者经过国家审判机关的司法审查。最后应遵守违法违策承担责任原则，包括监管机关的责任和监管人员的责任。

---

[1] 参见中共中央、国务院颁布的《党和国家机构改革方案》中关于国家金融监管总局的相关规定。

三、金融监管机关设置的完善

我国原有的金融监管机构设置是多方面、多层次的，在中央这一层次上，中国人民银行、原中国银行保险监督管理委员会（以下简称银保监会）、证监会、国家发展和改革委员会都享有一定的金融监管权，同时在地方层面也享有一定的相对独立的金融监管权，这些权力在相关法规中都有相对明确的规定。这种多方面、多层次的金融监管体系是存在许多问题的，它难以实现对金融机构和金融业务监管的全面综合覆盖，同时又存在明显的监管空白、监管重叠、监管套利现象。《党和国家机构改革方案》在很大程度上正是为了解决这一问题，基本上将金融监管权统一于国家金融监督管理总局，这就必然存在监管职能的重新划分和监管机关的重新设置问题。在监管职能划分上国家发展和改革委员会基本上不再享有金融监管权，中国人民银行主要承担执行国家货币政策和宏观审慎政策的职责，除对货币和货币流通的直接监管外，基本上不再享有直接的金融监管权，未来应将全部直接的综合金融监管权统一于国家金融监督管理总局。

与此同时，《党和国家机构改革方案》中也明确规定了地方金融监管机关的问题："建立以中央金融管理部门地方派出机构为主的地方金融监管体制，统筹优化中央金融管理部门地方派出机构设置和力量配备。地方政府设立的金融监管机构专司监管职责，不再加挂金融工作局、金融办公室等牌子。"〔1〕按照这一基本指导思想，除中国人民银行地方机关外，未来应该按照地方行政区域统一设置综合的地方金融监管机关，地方金融监管机关应既是国家金融监管总局的派出机关，同时也要与地方政府协调，共同实施对该区域金融机构和金融业务的监督管理。在金融机构和金融业务中，不应再区分中央机构与业务和地方机构与业务。这是由金融机构和金融业务的跨区域性决定的，严格按照政府组织层级区分中央监管机关和地方监管机关，难以实现对金融机构和金融业务的全面综合监管。在此条件下，未来的"金融监督管理法"就必须对机构设置的规定作出调整，以适应金融监管的特殊需要。

在目前的《银行业监督管理法（修订草案征求意见稿）》中，并没有变更现行的机构设置规定，仍然坚持"对派出机构实行统一领导和管理"。现行《保险法》中规定，"派出机构按照国务院保险监督管理机构的授权履行监督管理职责"。现行《证券法》中规定，"对全国证券市场实行集中统一监督管理。国务院证券监督管理机构根据需要可以设立派出机构，按照授权履行监督管理职责"。《地方金融监督管理条例（草案征求意见稿）》中规定，"省级人民政府履行对地方金融组织的监督管理和风险处置职责"。〔2〕这样规定难以适用未来

---

〔1〕 参见中共中央、国务院颁布的《党和国家机构改革方案》中关于中央地方监管机关的相关规定。

〔2〕 参见现行《银行业监督管理法》第8条第1款，《保险法》第9条第2款，《证券法》第7条，《地方金融监督管理条例（草案征求意见稿）》第4条第2款等相关规定。

对金融机构和金融业务实施集中统一监管的需要，也不符合《党和国家机构改革方案》的规定，需要在未来"金融监督管理法"中对此作出适当的调整。应该明确国务院金融监管机关对中国境内的金融机构和金融业务进行集中统一的综合监督管理，并根据需要在各区域设立分支机构。各分支机构既是中央机关的派出机关，接受中央机关的集中统一领导，也应同地方政府建立监管协调关系，为金融监管职责的履行提供相应的协作条件。

四、金融监管基本职责的完善

我国目前金融监管机关的职责，是分别规定在《银行业监督管理法》、《保险法》、《证券法》、《证券投资基金法》、《期货和衍生品法》以及相关法规中的。地方金融监管机关的职责没有中央统一的法规作出明确规定，只有部分省级权力机关颁布了不同的"地方金融监督管理条例"，作出的职责规定也不完全相同。同时，即使现行法规中的职责规定也是非常不完善的，现行《银行业监督管理法》虽然是专门的监督管理法，并且设专章规定了监督管理职责。但是，其中也仅仅规定了规章制定、市场准入、股东审查、业务审批、经营授权、任职资格、审批时限、监管规则、检查规则，以及并表监管、监管建议、突发事件、监管协作、统计数据、自律组织、国际合作等内容。《证券法》对监管职责只规定了一个条文，《保险法》甚至没有一个专门的条文，其他法规也没有作出明确的规定。即使《银行业监督管理法》也没有对机构和业务准入，机构和业务变更，股权和资本工具，境外机构和业务，重要股东行为，客户和交易人权益，金融机构业务人员，从业人员行为，基础设施运行、恢复和处置计划，域外适用效力，业务经营风险等作出明确规定。

在未来制定"金融监督管理法"的过程中，应该对监督管理职责进行详细明确的规定，只有监管职责明确才可能为金融市场化、法治化、国际化奠定基础。考虑需要对不同金融行业的监管职责进行完整系统的统一性规定，应该将它们具体分为基本监管职责、行业监管职责、风险监管职责、相关监管职责四个基本部分。第一，在基本监管职责中统一规定不同金融行业中具有共性的监管职责，如规章与准则制定、机构和业务准入、机构和业务变更、主要股东审核、从业人员资格、从业人员行为、审核程序时限、监管检查规则、自律组织与规则、股权和资本工具、主要股东行为、基础设施运行、客户和交易人权益等内容。这些监管职责是对任何一个行业金融机构和金融业务实施监管都必须具有的职责，应该在综合的监督管理法中进行统一规定。第二，在行业监管职责中应分别根据银行业、信托业、保险业、证券业监管的特殊需要规定行业特殊的监管职责。同时，还应该特别明确规定对金融控股公司的具体监管职责，它是与不同行业特殊金融机构和金融业务联系在一起的，又具有不同行业机构和业务的综合性，具有特殊的综合性风险，必须进行专门的规定。第三，在风险监管职责中，应该对各金融行业的经营风险监管职责作出统一的规定，这是现行《银行业监督管理法》、《保险法》、《证券法》、《证券投资基金法》、《期货和衍生品法》以及相关法规中都没有进行系统性规定的职责，目前《银行业监督管理法（修订草案征求意见稿）》中也没有作出系统性规定。没有完整系统的金融风险监管职责体系，是不可能构建起完善的监管职责体系的，必须在未来的"金融监督管理法"中完善相应的职责规定，使之成为相对独立的监管职责体系。这些监管职责应主要包括，恢复与处置计划、经营风险评估、经营风险控制、危机救助组织、实施机构接管、进行破产管理、风险处置协作等。第四，应该对相关监管职责作出统一的规定，这些职责主要包括境外机构、境外业务、外国机构、外国业务、国际协作、第三方业务、民间金融等。它们是《保险法》《证券法》《证券投资基金法》《期货和衍生品法》等法律和相关法规中没有作出具体规定的，即使是《银行业监督管理法（修订草案征求意见稿）》中也没有作出系统性规定。这些监管职责虽然不是金融监督管理的核心职责，但也应该在未来的"金融监督管理法"中作出专门的规定。

五、金融监管实施措施的完善

金融监管职责的实施是依据监管措施的，没有监管措施的保障监管机关是难以履行职责的。现行《银行业监督管理法》中规定了许多监管措施，如资料报送、现场检查、日常监督、信息披露、窗口指导、监管警示、暂停业务、限制展业、限制分配、限制转让资产、限制转让股权、限制权利、机构重组、机构接管、账户查询、账户冻结等。在《银行业监督管理法（修订草案征求意见稿）》中又增加了限制薪酬、资本权利、资产控制、调整指标、资本工具、补充资本、纪律处分、人员调整、限制投资、人员派驻、经营监控、行业救助、监管和解等内容。[1]应该说这些监管措施都是必要的，特别是《银行业监督管理法（修订草案征求意见稿）》中新增加的监管措施，反映了新形势下加强银行业监管的要求。但是，除基本的金融行业统一监管措施外，这些措施中许多是银行业特有的监管措施，在未来制定"金融监督管理法"的条件下，还应该具体区分各金融行业都适用的基本监管措施、行业监管措施、风险监管措施、相关监管措施。

这里需要特别强调在监管机关采取的这些措施中，还应具体区分指导措施、警示措施、强制措施，在强制措施中还应该区分授权强制措施和非授权强制措施，在非授权强制措施中还应该区分权利限制措施和权利剥夺措施。指导措施和警示措施由于不具有强制执行性，监管机关采取这些监管措施不应该受到严格的制约，只要确定金融业务经营中存在某些问题就应有权采取这些措施。对于授权性强制措施，如暂停业务、限制展业、资产控制、调整指标等，由于被监管对象的这些经营权利和经营控制来源于监管机关的授权，监管机关当然有权

〔1〕 参见现行《银行业监督管理法》及《银行业监督管理法（修订草案征求意见稿）》的相关规定。

对这些授予的权利进行限制，甚至是某种形式的剥夺，不需要经过第三方的认可程序，也不需要由第三方裁判是否有权采取这些监管措施，以及采取的这些监管措施是否适当。当然这并不是说监管机关可以任意限制或剥夺其授予的权利，如果被监管对象对这种限制或剥夺存在异议，可以向上级机关申请复议，复议结果应该是最终的结果。

金融机构和金融业务同时也是民商事机构和民商事业务，金融机构依法享有机构治理、金融财产、金融行为等的民商事权利，这些权利是受《民法典》、《公司法》和相关企业法保护的，它们是实现金融市场化、法治化、国际化的法律基础。“金融监督管理法”对这些法定权益采取限制或剥夺措施，不仅需要考虑同这些法律的协调问题，还需要考虑对金融市场化、法治化、国际化目标的影响问题。虽然按照一般法理，“金融监督管理法”作为特别法有权作出限制或剥夺性规定，这些规定也应该具有法律上的效力，但是，在规定这些强制性措施时还必须按照谦抑性原则，采取非必要不限制、非必要不剥夺、非必要不强制的态度。并且，采取强制措施必须经过合理的程序，必须保证在不影响整体金融利益条件下，采取强制措施不会最终损害相关主体的利益；在影响整体金融利益条件下，能够使各相关主体的利益得到最大限度的维护。同时，采取强制限制或剥夺权益的行为必须经过司法审查。

具体而言，在必须强制限制或剥夺民商事权益的条件下，应首先选择限制民商事权益的监管措施，在不能达到应有效果的条件下再采取剥夺民商事权益的措施。并且，在限制或剥夺民商事权益的过程中，首先应选择取得当事人同意的程序，在选择同意程序较困难的条件下才能选择否决程序，只要否决的权益数量不达到某一标准即视为当事人同意实施强制措施。在不存在紧急事态，如信用危机、系统性风险等的条件下，限制或剥夺被监管对象的民商事权益应该向审判机关提起相关的诉讼，由第三方国家机关判断采取强制措施的合法性，不得直接剥夺被监管对象请求第三方机关裁判的权利。在紧急事态下，监管机关应有权直接采取限制或剥夺民商事权益的措施，但在不涉及整体金融利益的条件下，必须保证相关利益损失不大于市场化处理的损失；在涉及整体金融利益的条件下，必须保证相关利益损失是必要损失。同时，应规定比较完善的司法审查程序，并在事后保留利益相关人向审判机关提起赔偿性诉讼的权利，这些内容应在“金融监督管理法”中补充和完善。

六、金融监管相关法律的协调

无论是《银行业监督管理法》还是未来制定“金融监督管理法”，都需要同相关法律进行协调，以使各法律之间能够得到合理的衔接，使整个法律体系成为有机的整体。这些需要进行协调的法律主要包括金融法律、《消费者权益保护法》、《企业破产法》以及相关程序法等。现行《银行业监督管理法》及其修订草案征求意见稿相关规定都存在问题，没有能够很好地实现相关法规之间的协调。在未来制定“金融监督管理法”的条件下，首先需要同现行《保险法》《证券法》《证券投资基金法》《期货和衍生品法》《商业银行法》进行协调。在《保险法》《证券法》《证券投资基金法》《期货和衍生品法》中删除监督管理的内容，在《商业银行法》和相关法律中删除由监管机关进行存款人、投资者、交易者权益保护的内容，将其统一规定在“金融监督管理法”中。同时，进一步整合相关内容，将《保险法》进一步调整为“保险业法”，将《证券法》进一步调整为“证券市场法”，将《商业银行法》进一步调整为“银行业法”，在《信托法》中增加信托业机构和信托业务的相关规范。

适应我国金融监管机关改革的需要制定“金融监督管理法”，还必须同《中国人民银行法》和“金融稳定法”进行协调。本次金融监管机关改革对中国人民银行的职责也进行了相应的调整，今后中国人民银行主要行使货币政策、宏观审慎、货币监管三项基本职责。货币监管职责与金融监管职责具有重合性，对于货币应该以中国人民银行的监管为主，金融监管机关协助中国人民银行进行货币发行和货币流通的监管。宏观审慎监管与金融监管也具有重合性，中国人民银行应享有对所有针对金融机构和金融业务的宏观审慎法规、政策的制定权和执行的监督管理权，金融监管机关应该配合中国人民银行实施监管。特别是在金融风险化解和处置中，中国人民银行应享有系统性金融风险救助权、风险金融机构共同接管权，这两种权力之间也应该进行立法协调。否则，仅依靠国家金融监管总局自身是难以实现对金融机构的救助、接管等危机处置的。同时，“金融稳定法”已经提请立法机关审议，它应该是系统性金融风险的防范、化解、处置的综合性法律。这三部法律之间必须有较好的协调。

按照“金融稳定法”的规定，我国要设立“金融稳定基金”，它应由中国人民银行和中央金融委员会协调管理和运营。同时，我国还有比较完善的行业救助基金体系，包括存款保险基金、银行业市场风险准备金、信托业保障基金、保险保障基金、证券结算风险基金，以及证券交易所风险基金、证券投资者保护基金、期货交易者保障基金等，[1]国家金融监管总局应该享有这些行业救助基金的综合监管权，在不同金融行业发生经营风险时，按照相应规范监督管理这些基金的筹集、使用和运营。为明确国家金融稳定基金、行业救助基金管理人在金融风险化解与处置中的地位，规范这些基金的治理机制、日常运行机制、救助使用机制、基金权利地位机制等，也需要在现行法规的基础上制定统一的“金融救助基金法”，以同相关法律相协调。在“金融救助基金法”中，特别需要明确基金管理人与中国人民银行和金融监督管理总局之间的金融稳定和监督管理关系。在“金融监督管理法”中也必须明确金融监督管理总局同中国人民银行和金融救助基金管理人之间的地位与关系。

金融机构客户和金融业务相对人具有多种类型，如存款人、借款人、结算人、投保人、被保人、委托人、受益人、投资人、交易人等，他们按照我国现行民商事法律和相关金融法

---

〔1〕 参见我国现行《存款保险条例》《信托业保障基金管理办法》《保险保障基金管理办法》《证券交易所风险基金管理暂行办法》《证券投资者保护基金管理办法》《期货交易者保障基金管理办法》等的规定。

规都对金融机构和金融市场享有特定的权利并承担特定的义务。同时，他们与《消费者权益保护法》也具有一定的联系。按照《消费者权益保护法》的规定，消费者应该享有知悉真情权、自主选择权、公平交易权、安全保障权、求教获知权、依法结社权、维护尊严权、监督批评权和依法求偿权。这些权利有些适用，有些则不适用于金融机构客户和业务相对人，并且这些主体的具体权利义务在相关金融法规中有明确的规定。因此，本人不建议将金融机构客户和业务相对人解释为金融消费者，将其统称为金融投资人或许更为适当。按照《党和国家机构改革方案》的规定，传统所称金融消费者和投资者的保护职责应统一由金融监督管理总局承担。因此，“金融监督管理法”中必须专门规定对金融机构客户和业务相对人保护的职责，这些职责主要应同《商业银行法》《信托法》《保险法》《证券法》《期货和衍生品法》等法律法规中的相关规定相联系，也同《消费者权益保护法》具有一定相关性。

金融监管必然要涉及金融机构的退出，无论是采取解散、重组、接管、破产等何种方式退出,〔1〕最终都必须首先由金融监督管理机关作出决定。因此，“金融监督管理法”必须设专门的部分规定被监管金融机构的退出职责和程序。第一，必须明确规定退出的决定条件，满足退出条件才能采取退出措施。第二，必须明确规定退出的决定权力，没有决定权力就无法具体实施退出。第三，必须明确规定退出的决定程序，不能随意作出某金融机构或金融业务退出的决定。第四，必须明确规定退出的金融行为规则，许多金融行为，特别是交易效力规则、交易清算规则同普通行为规则是具有明显区别的。第五，必须明确规定破产退出中监管机关、救助基金管理人等主体的角色；特别是在破产退出的过程中，还需要同《企业破产法》相协调，明确规定金融机构破产的特别管理人规则、特别交易行为规则、特别和解规则、特别重整规则、特别清偿顺序规则等。这些内容都需要“金融监督管理法”同相关法律、特别是《企业破产法》进行协调，最终使其成为完整系统的法律体系。

总之，在《党和国家机构改革方案》颁布，国家金融监督管理统一机关成立后，继续修订《银行业监督管理法》已经难以满足新型金融监管体制的需要，应该按照对全部金融机构和金融业务进行综合统一监管的需要，制定完整系统的“金融监督管理法”。要制定“金融监督管理法”：首先，就必须明确界定金融监管的基本范畴体系，为构建科学严谨的金融监督管理体系奠定基础。其次，必须明确金融监管的统一目标和具体原则，对现行相关法律中的法律目标和原则进行统一表述，作为监管立法和执法的综合和具体指导方针。再次，必须明确整个国家的金融监管机关设置体系，构建起中央与各级地方之间既具有统一性又能够因

〔1〕 在我国现行法规中存在金融机构撤销的规定，如《金融机构撤销条例》等，《金融稳定法（草案）》和《银行业监督管理法（修订草案征求意见稿）》也都有相关的规定。但是，笔者认为，任何国家机关都不应该享有主动消灭合法取得主体资格企业的权力。并且，企业违法犯罪的处罚也不应该包括消灭主体资格，在未来的法规中不宜再作出撤销企业主体资格的权力规定。

地制宜的有机监管机关体系。复次，必须明确金融监督管理的基本职责体系、行业职责体系、风险职责体系、相关职责体系，实现金融监督管理的全面覆盖。又次，必须明确金融监督管理的实施措施体系，特别是对于限制或剥夺民商事权利的监管措施，应规定科学合理的实施程序，最大限度地保护金融市场化、法治化、国际化的实现基础。最后，应该协调好相关金融法律、民商事法律、程序法律的关系，使其相互配合、相得益彰。

新发展格局下银行法的立法完善

徐孟洲 *

一、银行在构建新发展格局中的功能作用

（一）构建新发展格局是党和国家作出的重大战略部署

2020 年党的十九届五中全会通过的《中共中央关于制定国民经济和社会发展第十四个五年规划和二〇三五年远景目标的建议》，第五部分提出“形成强大国内市场，构建新发展格局”。2021 年 3 月 11 日，十三届全国人大四次会议通过《中华人民共和国国民经济和社会发展第十四个五年规划和 2035 年远景目标纲要》（以下简称《十四五纲要》），《十四五纲要》第四篇规定了“形成强大国内市场 构建新发展格局”的内容。党的二十大报告强调要“加快构建以国内大循环为主体、国内国际双循环相互促进的新发展格局”。2022 年中央经济工作会议再次强调“要更好统筹国内循环和国际循环，围绕构建新发展格局，增强国内大循环内生动力和可靠性，提升国际循环质量和水平”〔1〕。党的十九大以来提出和构建新发展格局，是党和国家应对百年未有之大变局所做出的重大战略部署。

（二）银行在推进构建新发展格局中大有作为

金融行业怎样落实构建新发展格局重大战略部署？银行如何围绕构建新发展

---

* 徐孟洲，中国人民大学法学院教授，中国银行法学研究会副会长。该文是作者 2022 年 12 月 18 日在“中国银行法学研究会 2022 年学术年会”上的发言。

〔1〕《2022 年经济工作会议》，载新华网，http：//www. xinhuanet. com/politics/ldzt/v291/2022zyjjgzhy. htm，最后访问日期：2022 年 12 月 17 日。

格局的目标任务？在加快构建以国内大循环为主体、国内国际双循环相互促进的新发展格局中，银行是大有作为的。其功能作用主要体现在以下三个方面：

第一，银行的信贷供给功能服务实体经济助力畅通国内大循环。银行是和亿万居民打交道最多的金融中介机构。截至2021年年末，在我国金融业的全部金融机构中，共有4602家银行业金融机构。形成以国内大循环为主体、国内国际双循环相互促进的新发展格局，必须借助银行业金融机构提供大量的信贷资产和金融中介服务，而银行是吸收存款和发放贷款的金融机构，是为实体经济提供金融服务的主力军。根据原中国银行保险监督管理委员会发布的统计数据，到2022年10月底为止，我国银行业总资产是365.6391万亿元人民币，是全球最大的银行市场（保险业总资产到2022年10月底是26.7480万亿元人民币，是全球第二大保险市场。根据中国证券业协会发布的数据，截至2022年9月30日，140家证券公司总资产为10.88万亿元人民币。2021年我国国内生产总值才114.3670万亿元人民币）。国家通过提升金融供给质量及服务效率，引导信贷资源向科技含量高的“专精特新”小巨人企业倾斜，服务现代产业体系建设，帮助普惠客户和民营企业解决融资难、融资贵、融资慢等问题，可以有力支持形成现代产业供应链生态体系和数字化供应链服务体系，助力实现国内大循环的畅通。

第二，银行的消费激活功能可培育完整的内需体系。在构建以国内大循环为主体、国内国际双循环相互促进的新发展格局进程中，以消费升级创新培育新的消费增长点至关重要。它可以牵引带动供给侧需求，畅通国内大循环。在助力扩大内需和消费升级，培育完整的内需体系方面，银行作为消费金融领域的正规军、主力军，能够发挥“压舱石”作用，可以聚焦服务国家消费转型升级和人民美好生活需求，强化创新驱动，从而激活消费需求、推动规模升级，引导高档与绿色消费，为实现高质量发展提供更多内生动力，促进投资对优化供给结构的作用，建设和培育起消费和投资需求旺盛的完整的内需体系。例如，各类各家银行可以发挥各自优势，持续增强商户端和金融消费客户端服务能力，加快推动数字化转型，促进数字消费经济增长，加快形成完整的内需体系。

第三，银行的全球金融资源配置功能可以促进国内国际双循环。全世界需要更多的投资，而全世界最大的储蓄在中国。如果利用金融体系在全球进行有效配置，将大幅度提高国内资源的收益水平。2022年7月7日，英国《银行家》（*The Banker*）杂志发布的2022年度基于一级资本（核心资本，是金融机构可以永久使用和支配的自有资金）的世界银行1000强排名（top 1000 world banks）显示，中国共有140家银行上榜。中国最大的四家银行——中国工商银行、中国建设银行、中国农业银行和中国银行在排行榜中排前4名。同时，由于交通银行首次进入了前10名，使中资银行数量首次占据排名前10名的一半。连续10年位居榜首的中国工商银行也是全球首家一级资本超过5000亿美元的银行，是美国最大银行摩根大通的两倍多。目前，中国已经成为全球最大的银行市场。经济全球化是不可逆转的历史大势，银行要积极创新跨境金融服务模式，聚焦全球化发展的中国企业、与中国开展业务往来的企业及机构、当地优质企业客群，提供交易、融资、投资、托管、结算等金融服务，要稳慎推进人民币国际化，促进内需和外需、进口和出口、引进外资和对外投资协调发展，加快培育参与国际合作和竞争新优势。

二、完善银行法立法保障信贷畅通国内大循环

（一）强化调控货币供给“总闸门”的职责

改革开放以来，特别是党的十八大以来，确立了中国特色社会主义金融体制，确立了货币政策和宏观审慎政策双支柱金融调控框架；利率和汇率市场化改革取得阶段性成果，使金融价格杠杆在优化资源配置中发挥了决定性作用。

党的二十大提出，要进一步“深化金融体制改革，建设现代中央银行制度，加强和完善现代金融监管，强化金融稳定保障体系，依法将各类金融活动全部纳入监管，守住不发生系统性风险底线”。《中国人民银行法》是我国的中央银行法，是建设现代中央银行制度的法律基础。为保障信贷畅通国内大循环，完善银行法立法体系，首先就要修改《中国人民银行法》，不仅要增加保障货币政策和宏观审慎政策目标实现的金融工具制度，还应当强化中央银行调控货币供给“总闸门”的职责，提升金融宏观调控的有效性，为币值稳定、经济高质量发展营造良好的货币金融环境。

为保障信贷资金助力畅通国内大循环，在修改《中国人民银行法》时必须增加以下新内容：一是要确立货币政策和宏观审慎政策双支柱金融调控框架；二是增加人民币数字形式相关规定，为发行数字货币提供法律依据，同时要明确任何单位和个人禁止制作和发售数字代币，防范虚拟货币风险；三是巩固利率和汇率市场化改革成果，保证金融价格杠杆在优化资源配置中发挥决定性作用；四是完善货币政策工具体系，保障落实调控货币“总闸门”的责任和使命；五是强化金融稳定保障制度，守住不发生系统性风险底线；六是将各类新型金融活动纳入中央银行的监管和调控范围。

（二）创新银行业监管制度

目前，中国银行保险监督管理委员会（现为金融监督管理总局）负责对全国银行业保险业金融机构及其业务活动实施监管。它主要针对单个银行业金融机构稳健、合规运行的微观审慎监管，实施监管的法律依据是《银行业监督管理法》。

为了落实党的二十大提出的构建新发展格局需要“增强国内大循环内生动力和可靠性，提升国际循环质量和水平”，“加强和完善现代金融监管”，我们需要修订现行《银行业监督管理法》，增加科学监管方式，创新银行业监管制度，实行分类监管，推行科学动态的市场化分类监管制度，加强银行业金融机构数据治理，着眼于畅通国内大循环，引导和督促信贷

资金流向实体经济，服务构建新发展格局。

（三）明确政策性银行的法律地位

政策性银行是不以营利为目的，专门为国家社会经济政策或意图，在特定的业务领域内，直接或间接地从事融资活动的银行。政策性银行不同于国家中央银行，也不同于商业银行，它具有健全与优化一国金融体系的整体功能。在服务定位、法律地位和目标任务上与中央银行、商业银行有较大的差别。

2022年中央经济工作会议指出，“政策性金融要加大对符合国家发展规划重大项目的融资支持”〔1〕。因此，为了发挥政策性银行在建设新发展格局中的专门作用，实现加快构建新发展格局，助力畅通国内大循环的政策性目标，为了使政策性银行回归政策性金融机构性质，规定政策性银行业务范围和治理结构，为了规范政策性银行的专门性经营行为等，应当尽快制定“政策性银行法”，把规范为构建新发展格局提供政策性银行服务的行为规则上升为法律规范，将全部政策性金融活动纳入法治轨道。

（四）鼓励商业银行提升信贷供给质量和服务效率

商业银行是吸收存款和发放贷款的金融机构，是为实体经济提供信贷资金服务的主渠道。目前，规范和保障商业银行经营活动的法律是《商业银行法》。保障商业银行信贷资金助力畅通国内大循环，必须加快修订《商业银行法》，建立和完善行为规则与制度；适当扩大经营范围，允许符合特定条件的商业银行进行综合经营或混业经营，将比较成熟的商业银行新业务，如理财业务、电子银行业务、资管业务、同业业务、投资银行业务等明确纳入经营范围；明确保护新型银行的发展，如确立互联网银行等金融机构的法律地位和新业务规则等；充分吸收反映金融科技对信贷流程和场景的要求，使信贷管理制度更好地契合融资实际，增加鼓励商业银行提升信贷供给质量和服务效率、引导信贷资源向现代产业供应链生态体系和数字化供应链服务倾斜的制度；优化个人消费贷款制度，助力实现构建新发展格局所必须的畅通国内大循环。

三、完善银行法立法服务，培育完整的内需体系

（一）把培育完整的内需体系确定为中央银行的调控任务

2022年12月14日，中共中央、国务院印发的《扩大内需战略规划纲要（2022—2035年）》指出，坚定实施扩大内需战略、培育完整内需体系，是加快构建以国内大循环为主体、国内国际双循环相互促进的新发展格局的必然选择，是促进我国长远发展和长治久安的战略决

〔1〕《2022年经济工作会议》，载 http：//www. xinhuanet. com/politics/ldzt/v291/2022zyjjgzhy. htm，最后访问日期：2022年12月17日。

策。经济学告诉我们，社会总需求由消费需求、投资需求和出口需求构成，其中消费和投资为内需，出口为外需，培育完整内需体系，就是要培育消费需求和投资需求相结合的需求体系，并不是只讲投资，不断扩大重大项目工程而忽视消费需求的片面的不完整的内需体系。

目前正在修订《中国人民银行法》，我们应当把培育完整的内需体系作为中央银行的调控任务，具体而言：一是完善金融调控制度，增强消费对经济发展的基础性作用，提供有利于居民消费的普惠性金融产品，切实保护金融消费者，着力扩大内需消费；二是确立利率市场化制度，降低投融资成本，扩大投资规模；三是保证发挥投资对优化供给结构的功能作用、完善保护投资者制度；四是促进金融基础设施建设，增强培育完整内需体系融资制度的可靠性；五是增加违反金融消费者和投资者保护制度、利率制度、支付管理制度、征信管理制度、金融统计管理制度等方面的行为应承担的法律责任。

（二）修订《银行业监督管理法》，增加督促银行业扩大内需的内容

银行业、保险业法律法规是促进行业健康发展、强化依法监管的制度保障。我们修订《银行业监督管理法》，应当增加督促银行业扩大内需的内容：增加对金融业的统一与协调配合的监管制度；增加互联网金融、数字金融、绿色金融活动的规则与监管制度；将金融控股公司规则与监督管理制度纳入《银行业监督管理法》体系；建立银行供应链金融监管制度、涉外金融活动的监管制度、保护民间金融的监管制度、金融市场准入与退出制度等。通过修订《银行业监督管理法》不断提升银行业监督管理的能力和水平，支持和督促各类有利于培育与扩大完整内需的银行业金融行为，发挥现代金融监管功能，促进银行依法合规经营。

（三）修订《商业银行法》，增加鼓励与保障商业银行培育完整内需体系的内容

为了培育完整内需体系，必须推动鼓励与保障商业银行促进消费和投资规模再上新台阶。商业银行作为消费金融领域的主力军，要聚焦服务国家消费转型升级和人民美好生活需求，激活消费需求，引导高档与绿色消费，提供更多直达实体经济的金融产品和服务，发挥投资对优化供给结构的作用，建设和培育起消费和投资需求旺盛的完整的内需体系。

中国已进入了数字经济时代。2021 年 12 月 29 日，中国人民银行印发《金融科技发展规划（2022—2025 年）》，2022 年 1 月 10 日，原中国银行保险业监督管理委员会办公厅发布《关于银行业保险业数字化转型的指导意见》，金融数字化发展迈入“积厚成势”的全新阶段。诸如数字人民币发行和流通、数字银行、数字支付、数字供应链金融、数字普惠金融、数字保险等，各类各家银行可以发挥各自优势，持续增强商户端和金融消费客户端服务能力，加快推动数字化转型，促进数字消费经济增长，加快形成完整的内需体系。数字金融在迅猛发展的同时，也带来了交易风险，产生了新类型的金融纠纷，而且这些纠纷中的证据收集与确认、侵权行为认定、赔偿额度等问题的解决都面临严峻挑战。

对上述鼓励与保障商业银行促进消费和投资发展，从而培育完整内需体系的所有融资行为，必须形成常规性法律制度加以规范和保护，因此，在修订《商业银行法》时，应当增加鼓励与保障商业银行促进扩大消费和优化投资的新内容。

（四）制定“政策性银行法”，确立服务完整内需体系政策性金融制度

政策性银行在特定的业务领域内，可以直接或间接地从事融资活动，这对加大服务培育完整的内需体系具有专门的功能。因此，在制定“政策性银行法”时，应当把支持培育完整内需体系的政策性金融制度确立下来，这对为加快构建新发展格局提供有法律保障的政策性银行服务具有重要意义。

完善银行法立法、服务培育完整的内需体系，具体到制定“政策性银行法”而言，在确立服务完整内需体系政策性金融制度方面必须把握以下几点：一是必须以贯彻国家培育完整的内需体系的政策为目的，不以营利为目标，支持社会总需求中的基础设施建设、绿色产业项目、振兴乡村和支持“三农”项目和能满足居民对美好生活需要的项目等；二是必须为提供为去产能、去库存、去杠杆、降成本、补短板等的重大项目的融资支持确定明确的标准和程序；三是必须为支持服务数字经济、清洁能源、“高精特新”等重大项目的融资确定稳定的制度；四是必须为支持高风险创投项目的融资支持确立常态性制度；五是必须建立针对促进消费需求、民生消费需求、农民增收致富的农业发展项目的融资制度等。

四、完善银行法立法方法

（一）系统观念是基础性的思想和工作方法

系统观念是马克思主义哲学观察世界、认识事物和解决问题的一个科学思想方法和工作方法。党的十八大以来，我国多次指出“注重系统性、整体性、协同性是全面深化改革的内在要求，也是推进改革的重要方法”。在党的二十大报告中，又突出强调指出，“必须坚持系统观念。万事万物是相互联系、相互依存的。只有用普遍联系的、全面系统的、发展变化的观点观察事物，才能把握事物发展规律”。系统观念就是应用系统思维、系统方法着眼于整体与部分、系统与外部环境之间的相互联系和作用，从整体上综合地、精准地考察事物的方法。中央十分重视运用系统观念来指导法治实践。在推进银行法的立法以加快构建以国内大循环为主体、国内国际双循环相互促进的新发展格局的当下，我们首先要从思想方法上坚持以系统观念指导。

（二）中国银行法立法体系是一个有机联系的独立系统

中国银行业金融机构体系是由中央银行、银行业监管机构、银行业金融机构和银行业自律组织组成的大系统。与此相适应，从法的实质意义上理解，银行法是调整银行业经营和管理关系、规范各类银行行为的法律规范的总称，各类银行法律规范又构成了银行法体系的大系统。从法的形式或法的渊源上理解，银行法体系是创制银行法律规范的立法体系。在我国，银行法立法体系内部由《中国人民银行法》《商业银行法》《银行业监督管理法》等银

行业法律和《贷款通则》等银行业行政法规、地方性法规等构成独立系统。从银行法立法体系外部看，它又是金融法立法体系的组成部分。银行法立法系统化，是银行法律规范文本的系统化。银行法律规范文本作为银行法的表现形式，一般是指有权创制银行法律规范的国家机关制定颁布的各种法律规范文本，包括银行业法律如《商业银行法》等。在中国银行法立法系统中，作为中央银行法的《中国人民银行法》处于中心地位。

（三）系统观念是指导完善银行法立法的思想和工作方法

党的二十大报告指出，要“推进科学立法、民主立法、依法立法，统筹立改废释纂，增强立法系统性、整体性、协同性、时效性”。为适应经济社会的发展变化，进行“立改废释纂”工作是一种常态化的法的系统化工作。因此，实施银行法的系统化也是通过“立改废释纂”五种方式：立是制定新的银行法律，如制定“政策性银行法”；改是修改修订法律，如目前正在修改《中国人民银行法》《商业银行法》《银行业监督管理法》；废是清理废止法律；释是解释法律，一般指有权解释，如全国人大常委会释法、最高人民法院司法解释等；纂是法典编纂，这是立法系统化的高级形式，对于银行法立法而言，也应当编纂“中华人民共和国银行法典”。建设现代中央银行制度、加强和完善现代金融监管、健全金融稳定保障体系，依法将各类金融活动全部纳入监管，守住不发生系统性风险底线，健全银行法治，也要根据银行业发展变化和深化金融体制改革的成果，运用法律规范系统化的方式，推进建设新发展格局下银行法的立法系统。

（四）以系统观念同步推进银行立法工作

在中国式现代市场经济和建设新发展格局的条件下，银行法立法体系在时间和空间上是一个完整连续的整体，是一个相互联系运动不息的复杂系统。因此，我们进行银行法立法工作时，选择在同一时间和空间上，集中优势立法资源，同步推进，是提高银行法的立法质量和效率的最优工作方法。1995 年我国同步制定出台《中国人民银行法》《商业银行法》《保险法》等 5 部金融法律的经验可以证明这一点。本人认为，最好能将“政策性银行法”的制定和《中国人民银行法》《商业银行法》《银行业监督管理法》《票据法》等的修改工作同步推进，这样会收到事半功倍的效果。

现代金融监管的法制保障

——中国银行法学研究会2022年年会综述

林慧丽　郭宇航等 *

2022年12月18日，中国法学会银行法学研究会2022年年会在上海举行，本次年会主题为“中国式现代化建设中的金融法治”，由中国法学会银行法学研究会主办，上海市法学会金融法研究会、上海财经大学法学院联合承办，段和段律师事务所协办。中国法学会党组成员、学术委员会主任张文显，上海财经大学校长刘元春教授，上海市法学会专职副会长施伟东，中国银保监会首席风险官刘福寿等在开幕式上致辞，上海法学会金融法研究会会长吴弘教授主持了开幕式。在“新发展格局下的金融法治”“现代金融监管与银行业监管法修订”等研讨单元，西南政法大学岳彩申教授、中国人民大学徐孟洲教授、沈阳师范大学杨松教授、华东政法大学唐波教授及伍坚教授、上海财经大学朱晓喆教授、上海交通大学沈伟教授、复旦大学季立刚教授、中国政法大学刘少军教授、西南财经大学高晋康教授等专家学者们，就现代金融监管的法制保障问题提出了许多有价值的观点。

一、新发展格局下金融安全法治的重点

有学者指出，准确理解新发展格局下的金融安全的定位问题，要把握以下几点：一是金融安全是国家安全的重要组成部分；二是金融安全是经济平稳健康发

* 会议记录综整理：林慧丽、程汸锟、许瀛、郭宇航、赵心睿、刘庭汶、戴颖洁、黄亚男，均为华东政法大学经济法硕士研究生。

展的重要基础；三是维护金融安全是关系我国经济社会发展全局的一件战略性、根本性的大事。这表明了金融安全与国家安全、经济发展与经济社会发展全局之间的关系。

在此基础上，中国新时代新发展格局下金融安全理论基本命题与理论框架区别于传统理论，主要有以下四个方面：第一，在基本命题上，强调金融安全是国家安全的一部分，以国家安全为定位，突出了安全的区域差别性。第二，在理论框架上，突破了市场经济的框架，以国家安全为框架，拓展了金融安全的外延和理论框架。第三，在分析范式上，将经济、政治与社会三者整合起来理解金融安全问题，提出了服务实体经济和金融普惠的要求，确立了底线思维。第四，在理论意义上，明确金融安全的核心是系统性风险，为金融安全法治建设指明了新方向，提供了新的理论基础。

为此，要实现金融安全法治建设需要做到两个转变。第一个转变是，金融安全法治建设要从政策驱动转向法治保障型。具体包括以下几个方面：第一，需要进一步强化法治建设，我国金融安全长期以政策驱动为主，法律体系尚不完善，法治建设需要进一步强化。第二，金融安全不同于传统国家安全，其仍属于市场经济安全问题，市场经济是法治经济，因此必须主要依靠法治手段。第三，法律化是金融安全法治建设的一个基本方向和基础，也是金融安全在新发展格局下面临的一个现实问题。第四，其他国家的经验表明，金融安全法治建设通常遵循从理论到公共政策再到国家立法的模式。第五，在金融安全法治建设方面应重点解决好以下问题：一是在我国主要金融法律立法中应当明确提出维护金融安全的目标；二是适时将全国人大常委会审议通过的属于普通法律范畴的《国家安全法》修订完善，提升至由全国人大审议制定的基本法律；三是以《金融稳定法》为统筹完善金融安全法律体系顶层设计，借鉴域外经验，在完善现有金融法律同时，强化金融基础设施法律制度；四是适时整理相应法律，研究推进金融法典化，适时对相关法律规范进行审查。第二个转变是，金融安全法治建设要从行业（产业、市场）稳定向国家总体安全转变。要树立金融安全全局观，坚持以总体国家安全观为指导，确立“总体金融安全”的目标和模式，建立“四个统筹”的法律制度体系，逐步实现从行业（产业、市场）稳定到总体安全的转型。具体要做到以下几点：一是统筹传统金融与新型金融的总体安全；二是统筹金融发展与经济发展的安全；三是统筹经济发展与社会发展的关系；四是统筹国内金融与涉外金融的共同安全。

基于以上论述，最后提出创新和完善金融安全关键法律制度。一是完善我国涉外金融安全法律制度；二是建立金融全面监管制度，将各类金融活动全部纳入监管；三是进一步完善穿透式监管制度，构建风险覆盖周延监管体制；四是完善金融安全审查制度。配合《金融稳定法》研究制定统一的“金融监管法”，既要制定统一的监管指标，也要将制定金融监管风险指标的部分权力授予不同行业监管机构。建立市场化法治化的风险处置机制，从法制上坚决遏制地方政府隐性债务增量，依靠法律稳妥化解隐性债务存量，完善金融稳定保障基金制度，完善中央与地方双层监管体系。

也有学者认为，现阶段中国进入新的立法年，进入新的金融法发展阶段，能够以新发展阶段成果来改变金融法领域立法相对薄弱、落后的局面。伴随相关金融法的制定与修改，国家已经进入了一个全方位立法的阶段，在这个阶段中，应当注重金融立法的系统性、科学性、完整性，改变以往应用性、应急性的立法。

有教授对此进行回应，进一步探讨金融安全涉及的对象即其针对的不安全的市场因素，提出：第一，我国金融不安全的因素很大程度上是银行体系产生的，而不是证券或者金融衍生品等市场产生的，因为我国金融市场有一个西方国家没有的特质，即银行借贷市场的规模远远超过了证券市场，证券市场所占的规模比例甚至达不到借贷市场的1/10。第二，我国金融不安全的因素不是跨境交易所引起的，因为到目前为止，外资银行在我国银行业的资产占比不及2%。第三，我国金融司法欠缺对金融基础原则的供给，即使我国最高人民法院颁布了《全国法院民商事审判工作会议纪要》（又称《九民纪要》），但很多司法和仲裁实践当中并不援引《全国法院民商事审判工作会议纪要》。其认为，我国金融安全风险很大程度上聚集在银行体系，因此其核心不安全的因素是流动性的问题和杠杆率的问题，所以金融安全还是要通过对银行的监管手段来控制其不安全的因素。

二、新发展格局下银行法的立法完善

有学者提出，银行在构建新发展格局中具有重要作用。一是银行信贷功能助力畅通国内大循环；二是银行金融服务功能培育完整的内需体系；三是提出要以系统观点为指导同步推进银行法立法。

为了充分发挥银行在构建新发展格局中的重要作用，首先需要完善银行法立法以保障信贷畅通国内大循环。第一，强化调控货币供给“总闸门”的职责，即应当强化中央银行货币调控职责，提升金融宏观调控的有效性，为稳定币制、经济高质量发展营造良好的货币环境。第二，创新银行业监管制度，即要以构建新发展格局为引领、为问题导向，使银行业监管制度契合新发展格局的要求。第三，明确政策性银行的法律地位，即应当进一步加快我国政策性银行的立法，明确其法律性质和法律地位。第四，鼓励商业银行提升信贷供给质量和服务效率，即引导信贷资源向现代产业供应链、生态链和数字化供应链服务体系倾斜，鼓励民营资本投资消费金融行业，助力实现构建新发展格局所必须的畅通国内大循环。

其次需要完善银行法立法，服务培育完整的内需体系，需要做到以下几点：第一，将培育完整内需体系确定为由中央银行调控的任务。第二，修订《银行业监督管理法》增加督促银行业扩大内需的内容。第三，修订《商业银行法》增加鼓励与保障商业银行促进消费和投资的内容。第四，制定“政策性银行法”确立政策性金融扩大内需的制度。

最后提出要以系统观念为指导同步推进银行法立法。第一，银行法立法要以系统观念为指导。第二，银行法的立法工作要同步推进。要同时开展银行法各项立法活动，在立法时需要考虑银行法立法之间的协同统一，既要考虑宏观上的宏观调控，又要考虑微观上的审慎监管，同时要规范商业银行的存贷款行为等，保证银行法立法的科学性、技术性、适应性。

有学者认为，我国当前的银行法立法还留有很多计划经济体制的痕迹，如何能够把银行法修改完善，能够将其作为一个具有国际化水平，能够适应银行业改革开放，尤其是开放局面的银行法，这是银行法立法过程中应当做到的。此外，我国银行实行的是大一统许可模式，即中央许可模式，针对当下实践中出现的中小银行危机问题和风险集聚问题，需要反思我国的银行监管制度尤其是监管分层问题，这一点可以借鉴美国的双重银行制度。

有专家指出，金融具有的高风险性使金融交易不仅是在分配利益，更是在分配风险的过程当中分配利益，由风险的分配产生相应的义务。所以在处理金融矛盾时，要特别注意利益和风险分配的均衡，塑造一个共创未来、共担风险的市场。在制定金融规则时要充分考虑金融的特点，要有制度创新的勇气和智慧。

三、中国式现代金融监管体系的建立

有学者对建立中国式现代金融监管体系进行了简要阐述，主要涉及五个方面：一是中国式现代化对现代金融监管的时代要求；二是我国金融监管体系演进及其面临的风险；三是适应中国式现代化的现代金融监管法治体系；四是以《金融稳定法》为制度底座的现代金融稳定法治体系；五是以包容审慎为元理念的现代金融监管法治体系。

第一，关于中国式现代化对现代金融监管的时代要求，学者指出二十大报告提出的“中国式现代化”与现代金融监管有关的内容共涉及三个方面：一是二十大报告指出，我国金融监管体系应对重大金融风险的能力不强，防范金融风险还需解决许多重大问题，如金融制度和金融法治的问题，我们的金融生态、法治环境和金融信用体系还需要进一步完善；二是二十大报告指出，我们要加强和完善现代金融监管，强化金融稳定保障体系，依法把各类金融活动全部纳入监管，守住不发生系统性风险的底线；三是二十大报告强调，我们要把各项工作都纳入法治轨道，其中就包括金融工作。有学者认为在现阶段我们的金融体制应该是一个金融稳定的体制和金融监管的体制，要统筹协调，一体发展。金融稳定法是金融法治的基础和底线，金融监管法是我们国家金融治理现代化体系的关键。

第二，关于我国金融监管体系演进及其面临的风险，有学者进行了重点阐释。学者认为我国金融监管体系的演进历经了四个变化：一是监管体系的重塑，例如由“一行三会”调整为“一委一行两会一局”的金融监管格局，一定程度上纠正了分业监管体系和综合经营模式的制度性的错位，符合现代金融监管的方向；二是监管方向的转变，由传统的分业监管转向功能性监管；三是监管目标的完善，我国现代金融体系关注到了对金融消费者权益的保护；四是监管内容的扩展，主要表现为更加强调公司治理，增加了国内监管的域外法尝试和金融科技、金融数据方面的内容。该学者进一步阐述了当前金融监管面临的问题与挑战：首先是需要深化金融监管协同机制的建设，主要体现为跨行业、跨市场的协调不够；跨地区、跨层级（央地协调）监管需要加强；部分领域出现监管空白、重复监管。其次是当前金融监管领域重要立法的缺位，如非金融机构的认定模糊，专业化处置机构和常态化风险处置机制也不够健全，涉及金融消费者保护的法律法规缺位以及针对金融反制裁领域的法律实施细则和配套措施不完善。最后是相关法律实施机制存在问题，现有法律之间的实施机制不完善，如国务院金融稳定发展委员会（以下简称金融委）的工作职责没有具体性的制度规定；金融监管执法和司法之间的协调存在问题，不能以金融司法代替金融监管的执法。

第三，关于适应中国式现代化的现代金融监管法治体系，有学者进行了简要说明。学者认为市场化是核心引擎，要把银行主导型金融监管法治体系逐渐调整为市场主导型，即便是在银行主导型的体系下，也要注意用市场化的手段去调控。

第四，关于以《金融稳定法》为制度底座的现代金融稳定法治体系，首先，有教授认为要正确认识《金融稳定法》的地位：作为现代金融稳定法治体系的基本法，需要为金融体系的部门法、机构法、产品法、运营法的出台提供一个最基本的原则要求。其次，有学者指出，在《金融稳定法》的立法推进过程中需要解决五个问题：一是金融机构存款与保险的关系及最后贷款人和金融稳定基金之间的关系；二是央地之间的协调关系；三是本土规范与全球化市场之间的关系；四是金融数据创新与安全稳定之间的关系；五是法律要特别规定一些系统层面具有重要性的金融监管问题，如金融控股公司、资本市场以及货币市场在跨境合作当中对金融稳定的有影响的地方。

第五，关于以包容审慎为元理念的现代金融监管法治体系，有教授认为应该从两个方面去理解。一方面，以包容审慎作为元理念的原因是，可以从根本上处理政府与市场之间的关系，在审慎把控风险底线的同时，对风险处置和市场创新进行包容，能够更好地协调功能监管、行为监管、穿透式监管以及适应性监管；另一方面，该教授认为在包容审慎理念下现代金融体系需要完善的地方主要有金融消费者保护，金融基础设施的建设，金融数据标准和金融机构、市场机构内部的公司治理。

有学者认为，现代金融管辖需要统筹协调管理。以成渝金融法院为例，许多金融案件于成渝金融法院进行审理，若当事人对结果不服，就上诉至重庆市高级人民法院。这可能会导致以下三个后果：一是资源倾斜，根据计算，成渝地区一年金融案件诉讼费约为 6 亿元，若交至重庆市，成都法院损失很大；二是金融司法公正性无法保证；三是头部金融企业或许会由成都市迁移至重庆市。因此，统筹协调管理是重要的议题。

四、结构主义视野下的金融监管权整合

有教授基于《国务院关于界定中央和地方金融监管职责和风险处置责任的意见》（国发〔2014〕30 号）中的要加快形成“中央为主、地方补充、规制统一、权责明晰、运转协调、安全高效”的金融监管与风险防范处置体系的要求，从权力结构主义的视角切入，对我国当前的金融监管权力结构提出不同见解。

权力结构主义是相对于包括力量说、关系说、影响说等在内的权力思想的一种不同解读。非结构主义学说解决的是谁持有权力以及谁对谁行使权力的问题，而结构主义学说解决的是权力被如何组织起来以及怎样有效运行的问题。如果从现代政府理论的“四维”分析框架着手来分析权力结构中权力的边界范围、享有主体、管理体制和运行机制，那么职能是权力核心，机构是权力载体，体制是权力关系，过程是权力运行。

由此审视我国当前的金融监管权力结构，可以发现以下几个方面的问题：

首先，对于界定权力边界范围问题，就权力范围而言应当注意政府与市场的边界。例如，《地方金融监督管理条例（草案征求意见稿）》中对于“7+4”类主体都要求行政批准或行政许可，但是国务院办公厅发布的《法律、行政法规、国务院决定设定的行政许可事项清单（2022 年版）》中只对“7+4”类中的典当行和融资担保公司需要行政许可权。政府对于传统的信托等的介入多寡已无争议，而对于例如小贷融资租赁是否需要行政许可权存在解释上的争议。再如我国对于第三方支付机构以及网络支付机构的监管程序设置问题，我国已在多个地市出台了地方金融监管条例和地方监督条例，旨在进行风险预警的处置，其中必然涉及权力边界问题。就权力内容而言应当包括规则制定权、监管执法权、风险处置权、许可权、强制权、处罚权等。

其次，在权力享有主体方面，“一行三会”被“一委一行两会”所取代。金融委的成立主要是为了指导、监督、问责地方政府金融监管，但是金融委对于金融稳定发展的要求目前在法律上仍未得到正式表述，同时，金融委目前被托管于央行之中，由此可能引发其与央行以及“两会”之间的关系界定模糊问题。另外，地方政府设立地方金融监督管理局，提升了地方金融监管的重要性，央地双层监管体制得以深化。但是金管局加挂金融办的牌子，使其职能交叉、监管权与发展权的内在冲突问题越发凸显，违背了金融监管独立性的要求。

再次，在权力管理体制问题方面，应从宏观维度和微观维度两方面进行审视。

从宏观维度来看，金融监管权纵向配置中对金融安全的考量会直接涉及中央政府是否及多大程度上授予地方政府对金融监管的权力，并决定了金融监管体制究竟是选择中央垂直性金融监管模式，还是完全的属地管理模式，抑或选择其他类型的金融监管模式。其中，对于“一行两会”而言，采取“中央垂直，条条管理”模式。以“一行两会”为核心的中央垂直

金融监管体制难以对地方金融组织或业态的深化发展给予有效监管，甚至还会因既有金融监管体制的滞后性、不完备性而影响整个金融系统的稳定。应地方金融组织或业态规范发展与有效监管的现实诉求，国家也已经以授权或委托等形式将“7+4”型地方金融组织或业态的监管权力交由省级政府指定的政府职能部门行使。在地方层面设置地方金融监管局，采取“纯粹属地，块块管理”模式，各级地方政府金融监管机构对自己辖区内的金融组织或业态进行监管。然而其人、财、物受制于本级地方政府，难以保证金融独立性。

从微观维度来看，在中央层面，目前拟订金融业重大法律法规和其他有关法律法规草案、制定审慎监管基本制度、建立健全金融消费者保护基本制度的权力都由原中国银行业监督管理委员会转移至人民银行，其中不乏不协调之处。同时，新兴业务的混业化，传统业务的独立化（银行表外业务）、拆解化问题亟待解决，现存监管规则并不统一。在中央与地方层面：第一，小额贷款公司、融资担保公司、区域性股权市场、典当行、融资租赁公司、商业保理公司、地方资产管理公司等，由中央金融监管部门制定规则，地方金融监管部门实施监管，由此导致规则制定权和监管执法权的分离。第二，在央管机构和地管机构的权力分配方面，规则制定权、监管执法权和风险处置权分离违反了权责对等原则。

最后，在权力运行过程有效性方面，存在规则制定权和监管执法权分离后“一行两会”无法做到央地统筹协调的问题。另外，地方金融监管法与组织法强弱失衡，具体表现在地方监管法先于行政法规的地方政府法规，违反规制统一原则；组织法残缺不全、位阶不一，缺乏上位法的指导和约束，各行其是的地方性条例的颁行导致制度碎片化，这种碎片化的地方性立法，不仅冲击法制的统一性，也为地方金融发展不良竞争以及监管竞次埋下了制度伏笔。在监管分组协调方面，金融委在中央有地方协调机制，但地方政府也有地方工作协调委员会，如何协调两者之间的关系成为又一难题。

对此，应当从以下几个方面入手塑造中国当今的金融监管权力结构：

首先，就权力来源方面而言，在界定权力介入市场的标准时应当考虑到特殊性质的金融事务以及涉及利益主体之不同，同时也应当兼顾市场效率。

其次，就权力享有主体而言，发展与监管职能冲突应当通过地方金融局与地方金融办分离的方式得到解决，地方金融局尤其是区（县）金融局的必要性存疑。

再次，就权力管理体制而言，从宏观角度来看，地方金融的管理体制需要实行中央督察式省以下垂直管理。为了避免各省级政府之间金融监管“朝底竞争”，中央应当设立专门的金融监管督察机构或者委托具有金融稳定职能的中国人民银行对省级政府金融监管政策或规则的制定与执行情况进行监督、监察。从微观角度来看，第一，政府介入市场时应当考虑到事务的性质及其所涉利益，诸如银行、证券、保险等业务的事务性质和所涉利益皆不同，从而导致监管效率的不同。第二，中央与地方政府金融监管权划分，既不能因过于注重金融安全而将金融监管权力集中于中央金融监管机构，同时也不能因对金融监管效率的单一追求而将金融监管权力彻底交给地方政府金融监管机构享有并行使，而应在金融公平价值的指引下将金融安全与监管效率价值进行平衡，具体落实到制度安排或监管行为上，即体现为金融监管权在中央金融监管机构与地方政府金融监管机构之间的选择性集分模式。第三，权力管理体制的划分方法包括同权分割与异权分割。前者主要是在金融安全价值支撑下而建立的中央垂直性金融监管体制；后者更大程度上是对金融监管效率的体现，这样有利于地方政府结合本地情形制定适合本地的金融监管政策及规则，以及提升地方政府金融监管的灵活性和回应性。除此之外还包括功能性分割与层级性分割。第四，规则制定权、监管执法权与风险处置权的分离导致地方监督管理权与风险处置权经历了从无权无责到有责有权再到强责弱权的演变，而地方政府可能无法承受此种压力，无力设立保障基金并兜底所有潜在风险。

最后，在权力运行过程中，不仅应当注意中央机构之间以及央地机构之间的协调，同时不能忽视跨省间地方与地方的关系问题。此外，金融监管协调的定义应当回归到法学视域之下，纳入法律的话语体系和运营机制。监管权是对政府对于市场而言，而监管管辖权才是对权力之间而言的概念。因此，金融监管权配置实际上是政治学或行政学概念，其在法学视角下应当被称为监管管辖权。

五、关于金融监管的立法完善

（一）关于《金融稳定法（草案）》的意见

第一，应确认《金融稳定法》与已有的金融法律之间的关系，统一概念。对于同样的法律效果，应当使用同样的表述，减少制度衔接的成本，包括行政执法和司法理解适用上的成本。

第二，地方政府权责应对等。在《金融稳定法（草案）》中，地方政府在金融风险的防范化解处置当中承担了比较大的责任。但事实上，地方政府对主要金融机构没有太大监管权，存在权责不对等的情况。

第三，目前规则中没有规定金融资产管理公司的权利义务。对问题金融机构进行处置的时候，一个重要的主体是金融资产管理公司，然而目前的规则并没有规定其权利义务责任。

第四，对金融风险处置部门的权力应有限制。《金融稳定法（草案）》第 37、38 条规定，在进入风险处置的时候，风险处置部门可以向人民法院申请进行相关案件的集中管辖，包括解除保全措施，同时也可以去申请中止三大程序（民诉、执行、商事仲裁程序）。由于金融风险处置通常来讲级别较高，可以预计法院会配合。这就产生了另外一个问题，如何防止风险处置部门滥用权力？未来这个问题可能会在个案中引起争议。

第五，学者指出《金融稳定法（草案）》中对金融基础设施的定义不清。在《金融稳定法（草案）》中提到了金融基础设施，但目前仅有的关于金融基础设施的定义都是在一些其他文件当中。同时草案对于金融基础设施本身的风险管理没有进行相应规制，也没有考虑到如果金融基础设施本身发生了风险，其处置应适用什么样的原则和标准。

（二）关于《银行业监督管理法》修改的思考

在《银行业监督管理法》修订的关键时期，有教授针对《银行业监督管理法》的整体情况和修法当中的热点问题提出了意见。

关于修订的整体情况，有学者指出，现行《银行业监督管理法》共6章52条，修订草案征求意见稿共6章92条，变化较大，监管职责与措施增加了26条，增加了风险预防与处置措施，主要股东与实际控制人责任，对第三方机构的监管，监管和解制度和涉外条款。

关于《银行业监督管理法》修订当中的热点问题，有专家进行了重点阐述：

一是立法中的整体化、系统化、法学化问题：工作与法学语言的使用，如银行和银行业的概念界定不清楚，多是行政化的概念，不是法学用语。

二是监管体制出现问题，存在监管空白与重叠：没有真正地实现监管全覆盖，多是机构监管，同央行、地方的关系不明确。

三是早期干预、接管、处置等的具体条件、机构协调、救助关系并不明确，主要表现为具体条件如何细化，法律还在修改，目前尚不清楚。机构协调方面，微观审慎的《银行业监督管理法》和宏观审慎的《中国人民银行法》如何在早期干预、接管、处置中的机构协调问题亟待解决。救助关系方面，金融稳定保险基金的救助问题、存款保险的救助问题以及上述救助和原中国银行保险监督管理委员会（以下简称银保监会）的关系仍未有明确的规定。

四是缺少法理支持问题。由于目前是机构监管，但是还要追究第三方机构大股东、控制人的责任，强制其转让股权，禁止其委托持股，剥夺机构权利，这反映出监管第三方的法理存在不足。

五是概念使用的问题。存款人、客户、消费者、债权人概念混用，其责任认定、规则和赔偿标准存在不同，例如《消费者权益保护法》中的消费者安全权和金融活动中的风险存在矛盾，再如债权人概念在金融法领域的错用，因为债权人在金融法领域的权利义务关系和民法中有所不同。

六是监管和解的问题还需要配套措施，比如设置监管和解的条件、和解协议、和解腐败防范等的问题，值得注意的是行政和解和监管和解是不同的，具体的区别是什么还需要继续研究。

七是涉外条款的具体实施问题，详情可见下文关于期货衍生品法域外适用和跨境监管合作的论述。

八是法律责任引发的合法性问题，法律当中处罚的具体标准与司法审查可能会产生关系，这是因为在剥夺监管对象财产权的时候，因为财产权不是监管机构授予的，所以涉及司法审查问题，这可能目前在改革阶段还不太适合，但未来还是要继续研究的。

还有学者认为《银行业监督管理法》应授权原银保监会制定和解制度相关办法。《银行业监督管理法》应当参考《证券法》作相应的授权规定，《证券法》立法授权规定授予国务院或原银保监会后期制定具体办法的权力，建立了较为完善的证券业和解制度。《银行业监督管理法》应授权原银保监会对和解的适用条件、和解适用的程序、和解的提出、和解的协商和和解的决定等作出详细的规定。

六、影子银行监管的中国化

有学者强调指出，当今中国的金融市场并没有出现类似国外影子银行的系统，其概念在引入中国之初就脱离了系统化的理解，而所谓影子银行的出现实则为商业银行的严重外溢，因此中国影子银行问题的解决并不能直接借鉴国外的监管改革经验，而应当从传统银行着手。

影子银行的概念与传统银行相比存在许多共性。第一，在言及影子银行时，其描述的对象是统一的，即影子银行由金融公司、商业银行、资产支持商业票据管道、结构性投资工具、对冲基金、货币市场共同基金、证券出借人、特定目的金融公司、政府支持的企业等组成。期间可能运用的工具包括：资产支持商业票据（ABCP）、资产支持证券（ABS）、债务担保证券（CDO）、信用违约掉期（CDS）、回购协议等。第二，银子银行系统尽管在形式上不是银行，却发挥了和银行类似的功能。第三，影子银行系统替代的银行功能为其信用中介功能，具体而言包括信用转换、流动性转换和期限转换三种功能。这三种功能在传统上通常由银行通过吸收存款和发放贷款的过程完成。

但同时，影子银行与传统银行必然存在区别。第一，传统银行的信用中介活动是由一个金融机构独立完成的，而影子银行则是由不同的金融机构和不同的金融工具共同完成的。第二，影子银行是由不同主体通过临时的市场交易组成的一个系统，这就导致传统银行的监管方式无法适用于影子银行系统。具体而言，这种特质决定了监管机构无法对影子银行系统进行审批，无法要求只有经过监管机构准许才能成立影子银行系统，更无法要求这个流动的系统满足各项监管指标，包括但不限于影子银行无法提供银行基于审慎监管要求的资产负债表，无法解决影子银行的“挤兑”问题，而贷款人制度也同样会在影子银行系统中失效。正是由于影子银行系统与传统银行在形态上的重大区别，我们针对传统银行的监管手段对于影子银行是失效的，这导致在监管层面上，需要出现一个“影子银行”的概念，并且针对其设计出相应的监管手段。

应当注意的是，影子银行概念在中国出现了异化。官方视野下的影子银行并没有采用系统视角，而是认为影子银行是某些具有共同特征的金融机构或者金融活动。2013 年国务院办公厅颁布《关于加强影子银行监管有关问题的通知》（以下简称《影子银行监管通知》），承认了中国影子银行的存在，并将银行部分理财产品、货币市场基金、小额贷款公司、融资性担保公司和 P2P 融资平台等纳入其中。目前绝大多数学者对中国影子银行的界定仍强调其为“非银行信用中介”，但是就法律和监管规则限定的业务模式而言，没有任何一种金融机构或者活动属于“信用中介”。《影子银行监管通知》所列举的“影子银行”外延远远大于“信用中介”，几乎在银行之外所有具有贷款或者向公众吸收资金功能的金融机构或者活动都被《影子银行监管通知》纳入了影子银行的范围。

由此可以看出，我国并没有出现以金融市场为主导而产生的替代传统银行信用中介功能的影子银行系统，而我国影子银行问题的核心则是商业银行的外溢：未曾受到商业银行监管规则约束的金融机构或者活动开展了专属于商业银行的业务，但《商业银行法》监管逻辑以及各非银行监管机构的相关监管规则并没有被很好地适用执行。市场在监管的各个环节寻找漏洞，或者寻找监管执行的薄弱环节，或者寻找监管条文中的漏洞，在不受传统银行法监管的领域内，改变交易结构，成为影子中的银行，以至于监管机构需要以“影子银行”的名义去重新解决这一问题。金融机构一再突破监管规则或者监管精神的要求之根源在于金融抑制，对此，《影子银行监管通知》对监管漏洞的填补和对监管力度的加强是对金融抑制政策的延续和巩固。因此，要真正解决影子银行问题，应当转变监管思路，在保障金融安全的同时化解金融抑制。

七、新发展理念下《期货和衍生品法》对外开放问题

有学者指出，新发展理念下《期货和衍生品法》构建了期货市场对外开放的格局。《期货和衍生品法》是对标国际的最佳实践，填补了涉外期货交易法律制度的空白，发挥了期货市场的天然国际化属性，从而构建了期货市场对外开放的新格局。

《期货和衍生品法》中有关对外开放的主要内容包括以下三个部分：第一，明确法律的域外使用效力，加强跨境监管协作。第二，注重制度规则与国际对接，吸引境外成熟机构参与境内交易。第三，明确跨境交易的路径和监管安全，为双向开放提供法律保障。《期货和衍生品法》顺应了期货市场国际化发展趋势，为积极探索更多对外开放路径和合作模式提供了法律依据，有利于推进期货市场高水平对外开放，构建新发展格局。

在此基础上，应该加强对《期货和衍生品法》条文理解，增强实操性。重点理解以下三点：第一，长臂管辖。第二，跨境调查取证。第三，跨境交易与营销合规。《期货和衍生品法》在调查取证方面对于扩大开放、与国际接轨和保护国家秘密、保障国家利益与社会公共安全利益进行了充分考虑，在跨境监管与调查取证方面更强调“对等互惠原则”。

基于以上论述，该学者最后提出新发展理念下期货市场对外开放待完善的问题。第一，要研究细化《期货和衍生品法》相关规定。从《期货和衍生品法》的跨境交易和监管协作

规定来看，规定仍比较原则，部分条款需要在实施层面更加细化，增强它的实操性。《期货和行生品法》第 122 条对跨境营销活动进行了规范，但未对“期货市场营销、推介及招揽活动”的具体活动形式作出具体规定，是否允许委托境外机构，委托境内关联或非关联机构进行推广，是否允许利用互联网进行推广并无明确规定。第 124 条第 2 款提到向境外监管机构提供与期货业务活动有关的文件和资料需经相关部门同意。实践中，部分境内企业在境外期货交易中申请套保豁免，需要向境外监管机构提供现货企业相关证明材料，同时每个月都会按期报送套保相关现货数据；或部分参与境外期货交易的企业在境外上市，在上市公司向境外监管机构披露相关信息的材料中也会涉及与期货业务有关的文件和材料，上述情况今后如何操作？是否可以采取替代合规的方式？第二，要进一步推进期货跨境监管合作机制。期货跨境监管合作机制有利于促进不同法域间期货市场的监管和执法合作，有利于加强各方在跨境衍生品、期货交易所、期货经营机构及从业人员等方面的监管协作、执法合作及信息交流，有助于推动期货市场之间的健康发展。2017 年，国际证监会组织（IOSCO）发布了增强版的多边备忘录（EMMoU），旨在为签约方提供更全面的监管执法互助，在确认各方法域内权利的基础上，增加各方监管调查及法律执行的效果。目前，中国证监会尚没有强制问询、获取互联网和电话记录等执法权力，难以签署这一 EMMoU。建议相关部门评估强制问询、获取互联网和电话记录等在监管刚性、数据隐私等方面可能造成的影响，尽快推动我国证券期货监管执法措施与 IOSCO 标准一致，为我国资本市场高水平开放构建良好的、可预期的国际环境。第三，要做好应对个人信息保护所引起的监管权冲突的准备。由于期货交易所和期货经纪机构在业务中需要频繁地处理个人信息，且监督管理机构对跨境期货交易进行穿透性监管时不可避免地需要采集境外交易主体的信息，常常会发生监管国的期货监管法和信息主体母国的信息安全法相冲突的情况。在保证国家安全的前提下加强与各国各地区的数据跨境交流合作，在重视数据安全的同时满足数字经济发展的需求，将挖掘金融数据价值与数据保护共同纳入规制目标，在守住数据安全底线与红线的前提下，留出足够的自主权与流动性。

有教授指出期货和衍生品的问题，其实就是关于域外的问题，在有些国家和地域它是有一个发展变化过程的。这种发展变化从某种意义来讲，体现了一个国家对外主权的扩张，以及对于期货本国的期货市场发展的综合性的考量，因此在制定相关政策的时候，可能要考虑发展度的问题。另外，从《期货和衍生品法》第 118 条一直到第 124 条来看涉外的问题，主要涉及如何监管的问题（包括对境外上市的合约的监管）。应加强中外合作，在合作的基础上进行共同监管，以维护衍生品交易的稳定性。

也有教授认为，虽然我国《证券法》第 177 条以及《民事诉讼法》、《刑事诉讼法》等法律规定了长臂管辖的原则，但实际上很可能成为“无牙的条款”。原因就是我们国家的金融市场它并不开放，所以没有多少人惧怕长臂管辖和国内法的不当适用，从而使我国这些规则就成为一个点缀品。即使法条规定得十分完善，在司法实践中也难以运用。

八、《民法典》时代金融交易法的发展

有学者强调指出，从私法角度出发，《民法典》对金融交易法会产生很大影响。一是《民法典》作为缺省性任意法的适用；二是《民法典》注重金融交易的顶层设计；三是《民法典》守护金融消费者保护底线。

首先，《民法典》在适用的时候构成金融交易法的缺省性任意法。从请求权基础出发，私法在法律适用的时候，应依序适用：当事人约定、特别法、民法典分编、民法典总则、习惯法、法理、基本原则。在法律行为规范的一般适用上，金融法或者商事法很少去规定有关通谋虚伪表示、违反公序良俗的法律规范行为无效、意思表示有瑕疵等情形，如果金融交易中出现这类情形，可以利用民法典当中的基本原则解决。

其次，《民法典》为金融交易提供了顶层设计，包括以下两个方面：第一，金钱债权、将来债权的可交易性。《民法典》第 545 条第 2 款区分了金钱债权与非金钱债权转让，第 440 条和第 761 条约定了将有的应收账款，在这个过程设计中，极大地释放了金钱债权的可让与性和融资性。第二，功能主义动产担保制度的改革。中国营商环境在世界银行的评估中提升位序较快，但获得贷款总排名一路下滑。获得贷款的指数与权利执行指数密切相关，债权人权利得到保障的程度决定了它的融资便利度和可获取性，其与动产担保制度有关。我国目前尚未建立起统一完整的动产和权利担保制度系统，在《民法典》立法过程中考虑了这一点，将《民法典》第 388 条第 1 款的担保合同做了扩容，提升了我国动产担保制度的完善度。

最后，该学者提出《民法典》守护了金融消费者的保护底线。第一，银行卡格式条款的规制。《民法典》第 496 条和银行卡纠纷司法解释采取了订入规制，提供格式条款的一方未履行提示或者说明义务，致使对方没有注意或者理解与其有重大利害关系的条款的，对方可以主张该条款不成为合同的内容。《民法典》第 497 条是关于格式条款无效的规定。第二，金融消费者人格权保护。《民法典》第 109 条规定：自然人的人身自由、人格尊严受法律保护。

有教授强调，《民法典》和金融法有关的结合的问题，首先是“找法”的问题。金融关系是商事关系中的一种，国外有商法典国家，其法律的适用是非常清楚的，有商事特别法的适用商事特别法，没有商事特别法的适用商法典，没有商法典的适用商习惯，商习惯之后才是民法典，日本和韩国即如此规定。将大民法主义直接与金融关系相联结，其实是不太适合的。从而呼应出商事和民事是有较大的差异的，民法应该是带有伦理性及民族性的法律，而商法是一个贯穿商人营利性的法律。当下，我国《民法典》过于商化，却又没有商化彻底，

关于我国是否为民商合一，还有待考量。其次是《民法典》第 388 条关于“实质担保观”的问题。其实这个问题就是一个从民法的角度，考虑商事的问题，一个在民法典当中应该值得检讨的问题，《民法典》第 388 条将具有担保性质的有关协议都纳入实质担保，也即能适用抵押、质押、留置等方式。从民法的视角出发似乎并无不妥，但是在商事领域或者是在市场环境当中可能就存在不合理性、不公平性。

数字金融法研究

行使主权权力抑或应对市场失灵

——法定数字货币发行正当性的阐释

柯　达*

一、引言

法定数字货币（central bank digital currency，CBDC）是体现国家信用、以法定记账单位计价，通过互联网、计算机等信息通信技术被发行与流通，旨在用作商品或服务的交换媒介的数字化表示。随着数字经济的发展以及以比特币为代表的私人数字货币对法定货币体系的威胁日益增加，许多国际组织以及国家或地区的央行正在研究法定数字货币的发行流通问题。然而，除了若干小型经济体之外，大多数国家尚未实际发行法定数字货币，仍处于分析发行优劣势、发行影响等问题的理论研究阶段，其中的核心问题之一即为本国是否具有发行正当性。虽然央行并非追求利润最大化的机构，但由于法定数字货币可以使央行更广泛地、全面地处理个人信息，在货币发行权未受进一步约束的情况下，政府通过数字货币实施数字监控、对公民实施非法制裁等担忧相继出现。〔1〕

我国是研发法定数字货币进度最快的大型经济体，中国人民银行于2017年开始推进中国版法定数字货币——数字人民币的研发进程，并于2019年11月基本

---

* 柯达，华东政法大学经济法学院特聘副研究员。本文是司法部法治建设与法学理论研究部级科研项目“利益衡量视角下数字人民币的个人信息保护研究”（22SFB5049）的阶段性成果。

〔1〕 See John Kiff et al. , *A Survey of Research on Retail Central Bank Digital Currency*, 104 IMF Working Paper 30 (2020).

完成顶层设计、标准制定等工作，目前正在多个城市进行试点流通。中国人民银行于2021年发布的《中国数字人民币的研发进展白皮书》（以下简称《数字人民币白皮书》）显示，发行数字人民币是为了提供更安全、通用、普惠的新型零售支付基础设施，让民众更便于获取央行货币，并有效应对加密货币的挑战。党的二十大报告系统阐述的“中国式现代化”，要求将中国发展进步的命运牢牢掌握在自己手中，而数字人民币在跨境支付等领域的优势，便可为维护金融国家安全、促进中国式现代化提供助力。事实上，发行的优势或动机不完全等同于发行的“正当性”，发行货币、配置货币发行权的前提，是国家发行货币具有法理正当性。对于数字人民币而言，发行的正当性决定了发行方式和发行边界，特别是私人参与程度以及发行权的保障和约束路径。面对非现金支付工具高度普及、私人数字货币跨境流通、个人信息保护逾受重视等现实情境，我国发行数字人民币是否具有正当性需要进一步的理论回应，以便为后续数字人民币发行管理制度特别是发行权约束制度的构建提供基础。

在传统理论视阈下，国家发行货币具有天然的正当性，发行货币本质上是一项主权决定，其正当性源于国家主权的行使；[1]发行货币是政府获取收益（铸币税）的重要来源，也是巩固统治效能的关键手段。[2]然而，基于货币数字化之后个人对货币的控制力有所削弱、个人信息保护面临更大挑战等因素，仅从主权权力视角论证发行数字人民币的正当性已不再具有绝对的说服力。而以市场失灵为切入点，分析支付服务市场出现的失灵现象、论证国家的应对措施和实效，便可为论证法定数字货币发行的正当性提供新的理论路径。

目前，国内学界主要从货币法偿性、货币所有权转移、权义分配等角度对法定数字货币或数字人民币进行研究，但极少讨论货币发行的正当性问题。而在域外，围绕法定数字货币的合法性与正当性的争议早已为学界和业界所关注，其中美联储理事布雷纳德（Brainard）与另一理事沃勒（Waller）的观点之争最具代表性。基于此，本文在梳理传统法定货币发行正当性的基础上，结合法定数字货币的技术特性，论证法定数字货币的正当性是主权权力、市场失灵抑或两者的结合，据此分析我国法定数字货币的正当性内容、提出相应的框架性制度完善建议。

二、行使主权权力：传统法定货币的发行正当性及其数字化挑战

由于数字人民币本质上仍属于法定货币，讨论其发行正当性之前，应事先厘清传统法定货币（纸币和硬币）发行的主权权力正当性，并结合法定货币在数字形态下的机制革新分析

〔1〕 See Bank of International Settlements et al., *Central Bank Digital Currencies: Executive Summary*, 2021, p. 1.

〔2〕 参见苗连营、吴东东：《为货币发行“立宪”：探寻规制货币发行权的宪法路径》，载《政法论坛》2014年第3期。

主权权力正当性的挑战，以此为探究我国法定数字货币正当性提供一般性的理论基础。

（一）传统法定货币发行的主权权力正当性体现

长期以来，国家发行法定货币的权力——“铸币权”（mintage）是一项主权性权力、国家垄断了货币发行权的观点是不言自明的。例如，在欧洲民族国家兴起的背景下，让·博丹基于君权神授等权源学说，认为一个国家拥有绝对、永久且不可分享的主权，例如制定法律、宣战媾和以及最终审判；由于制定法律的主体才可能规范货币的使用，铸币权、征税权等同样是主权的基本标志之一。[1]

进一步看，国家作为主权实体，其发行法定货币的正当性主要体现在通过发行货币收取“铸币税”（seigniorage），此外还涉及货币对社会生活的广泛影响和对国家认同的建构。首先，国家通过发行不足值货币所能获得的收益即为铸币税，其等于货币发行收入减去货币发行成本。从历史上看，由于相较于征税和发债，通过铸币税获取收益较为隐蔽，因而其成为众多国家垄断货币发行权、禁止私人发行货币的最重要动机。其次，与法律相似，货币的名称、价值和兑换比率对民众的生活具有巨大影响。货币媒介作用的普遍化，使社会上毫无关联的人均存在特定的依赖关系，因此货币具有一定的“社会权力”，国家需要通过垄断货币发行来掌握这种社会权力。[2]最后，国家需要通过货币培养民众的国家认同感。发行域内统一的货币，不仅可以使君主的头像传播到“帝国最远的角落”,[3]也可以让民众意识到其作为同一社会成员的属性，增进对本国政治体制、民族等方面的认同感，进而强化国家的统治权威。[4]

基于主权权力正当性，国家通过制定法律为货币的有序发行流通提供外部保障，同时通过确立央行独立性、实施问责制等方式约束铸币权，以防止严重通胀的出现。一方面，国家可以通过外汇管理等方式，促使域内民众普遍使用本国发行的货币，抵御外国货币和私人货币在本国境内的广泛流通，实现摆脱外国政府或私人机构的“货币隔离”，从而为国家发行本国货币提供外部保障。不过，与一般性的主权权力相似，由于国家间关系的存在和社会自治现象的增加，货币主权并不是无限的,[5]特别是一国在与其他国家的货币挂钩或者将其他国家货币用于货币发行储备、该国央行的资产负债表未实现完全本币化的情况下，该国货币主权会受到一定限制。[6]另一方面，由于硬币和不兑现纸币存在不足值的可能，国家滥发此

---

〔1〕 参见［法］让·博丹著、［美］朱利安·H. 富兰克林编：《主权论》，李卫海、钱俊文译，北京大学出版社2008年版，第135－137页。

〔2〕 参见王盛辉、李爱华：《货币权力与“自由个性”的辩证关系——读马克思〈《政治经济学批判》（1857—1858草稿）〉》，载《理论学刊》2013年第7期。

〔3〕 参见［英］弗里德里希·冯·哈耶克：《货币的非国家化》，姚中秋译，新星出版社2007年版，第28页。

〔4〕 参见［美］本杰明·J. 科恩：《货币地理学》，代先强译，西南财经大学出版社2004年版，第48页。

〔5〕 参见王文、周洛华等：《货币主权：金融强国之基石》，中国金融出版社2020年版，第5、94页。

〔6〕 See Marco Dell' Erba, *Stablecoins in Cryptoeconomics from Initial Coin Offerings to Central Bank Digital Currencies*, 22 New York University Journal of Legislation and Public Policy 1（2019）.

类货币会造成严重通货膨胀，致使民众的货币权利受损。法定货币体系的建设是一个激烈复杂的政治斗争过程，涉及民族认同的建构、适当的市场规模以及公私竞争等问题，[1]如不对国家的机会主义行为进行约束，其将对货币持有人造成比私人市场主体更大的危害。[2]对此，各国法律普遍采用了建立具有一定独立地位的央行、实施发行货币的问责制等方式对国家的铸币权进行约束。

（二）法定数字货币的设计机制革新

相较于传统的实体法定货币，法定数字货币的设计机制即“发行模式”和“表现形态”均发生了巨大变化，由此才产生了货币发行权扩张及对发行正当性的质疑。从发行模式来看，按照是否有“中间机构”（intermediary）参与货币的发行过程或中间机构参与的程度大小，法定数字货币的发行运营模式可分为“直接发行”“中介发行”“间接发行”三种。[3]后两种模式均允许私人主体（如商业银行）作为中间机构参与法定数字货币发行运营，其可视为央行货币发行业务的“外包”，即央行掌控法定数字货币的基础设计和发行要素，中间机构可以承担对央行的资产负债表没有影响的业务（如货币保管、支付处理等）。[4]但无论各国采用何种发行运营模式，法定数字货币均要与央行存款准备金或实物现金等额兑换后才可被创造发行。

从表现形态来看，新型通信技术促使法定数字货币在货币的物理形态与使用权限（accessibility）两方面呈现出与传统法定货币的差异。一方面，货币由当面、即时支付的单一实体转变为可实现非当面或非即时支付、其他主体可影响支付流程的虚实体组合。法定数字货币必须要以计算机软件或硬件设备作为存储媒介，其转移交付依赖于处理货币信息的支付结算系统，因此法定数字货币是否能付款还受到了存储媒介提供者和网络运营者的运营影响，其体现了一定程度上的“去中心化”。另一方面，由于法定数字货币可通过加载智能合约技术实现“可编程性”（programmability），货币发行人还可限定货币支付的数量，例如，从技术层面限制特定数额的交易只能用小额的零售支付或大额的批发支付。又如，央行可限制货币转让的通道，从而使货币持有人难以再将法定数字货币转让给他人。此外，与实体货币主要用于线下当面消费不同，由于互联网创造了虚拟化的网络空间及相关的虚拟商品或服务，法定数字货币不仅可在线下消费，也可购买仅在网络空间使用的虚拟商品或服务。而由于互联网的跨国界特征，法定数字货币更容易购买境外商品服务，因而可以在全世界范围内更有效地流通。

---

〔1〕 See Eric Helleiner, *Making of National Money: Territorial Currencies in Historical Perspective*, Cornell University Press, 2002, p. 2.

〔2〕 See Thomas Wilson, *The Power "To Coin" Money: The Exercise of Monetary Powers by the Congress*, M. E. Sharpe, 1991, p. 80 –84.

〔3〕 See Committee on Payments and Market Infrastructures, *Central Bank Digital Currencies*, 2018, p. 14.

〔4〕 See European Central Bank, *Report on Digital Euro*, 2020, p. 25.

法定数字货币在货币物理形态与使用权限方面发生的变化，使货币持有人对法定货币的“控制”能力受到削弱，进而提升了货币持有人对货币安全和匿名的需求。一方面，除了与实体货币相似的防止遭他人盗取、抢夺或侵占等破坏实体完整性的行为，法定数字货币的有序流通需要确保其所对应数据的真实性、准确性与完整性，以及货币数据所依赖的支付结算系统的持续稳定性与可靠性。另一方面，货币持有人还追求货币是否具有匿名性。与大部分实体货币可实现匿名、不会记载谁持有货币以及相关交易信息不同，法定数字货币的使用必须与特定的计算机地址或个人身份信息相关联，货币发行人可查询甚至溯源某一使用者的货币持有量和相关交易信息。基于保护隐私的需要，许多货币持有人会在意货币是否具有匿名性，这也与互联网初期“密码朋克”（Cypherpunk）支持者所主张的货币匿名化不谋而合。[1]

（三）法定数字货币发行的主权权力正当性挑战

法定数字货币仍属于由国家发行、可通过法律强制流通的交换媒介，同时也反映了国家获取铸币税的需要以及货币对社会生活的广泛影响、对国家认同的建构，因此国家发行数字货币仍然体现了主权权力的正当性。特别是在获取铸币税方面，由于法定数字货币需要经与实物现金或央行存款准备金等额兑换后才可被创造发行，其在可能造成商业银行融资成本上升、金融脱媒等影响的同时，也在客观上增加了民众对法定数字货币的需求，因而国家可通过发行适应市场需求的法定数字货币获取更多的铸币税。此外，对于法定数字货币而言，主权权力正当性还体现在数据主权和抑制私人货币的发行：一方面，货币主权与数据主权相互交织，因而对数据存储地点、数据主体的限制也构成了货币主权的内容。之所以欧洲央行对法定数字货币的数据问题尤为重视，是因为欧盟境内许多支付服务由外国实体经营，相应的大量数据存储在欧盟之外，进而引发了严重的数据安全风险。[2]进一步看，由于一国难免会受到他国行使货币主权和数据主权带来的不利影响，在数字经济产业蓬勃发展的背景下，提升数字经济国际竞争力也成为行使主权权力这一正当性的重要内容。另一方面，作为一项货币发行权的外部保障措施，发行法定数字货币的正当性还在于抑制私人货币的流通。例如，加拿大银行表示，未来如发行法定数字货币，主要是为了防止私人数字货币广泛替代加元使用，威胁加拿大的货币主权和央行提供最后贷款的能力。[3]

但是，法定数字货币特殊的发行模式和表现形态，使以铸币税为目的的主权权力难以为其发行提供充分的正当性。首先，法定数字货币的业务模式与基于传统法定货币发行的电子支付产品极具相似性，而国家如作为法定数字货币的单一法定运营者，对支付结算设施的运营、技术创新方面的动力不如处于竞争状态中的私人市场主体，由此可能会削弱整个支付市场的竞争能力和创新动力。以个人信息保护为例，在央行或市场主体一方的个人信息保护程

---

〔1〕 See Eric Hughes, *Cypherpunck Manifesto*, 1993.

〔2〕 See OMFIF and IBM, *Retail CBDCs: The Next Payments Frontier*, 2019, p. 34.

〔3〕 See Bank of Canada, *Contingency Planning for a Central Bank Digital Currency*, 2020, Part 3.

度较高时，便会给另一方带来提升保护程度的竞争压力。如法定数字货币的发行缺乏市场主体参与，央行提升个人信息保护的激励可能略显不足。[1]此外，法定数字货币能够得到普遍认可的前提，是其拥有丰富的交易场景，即在技术和法律层面均能被大量商业机构作为支付渠道之一。然而，相较于市场主体，央行在积累客户服务经验、拓展交易场景等方面的动力和能力同样较为欠缺。[2]

其次，法定数字货币扩张了货币发行权，新增了对个人货币信息的"处理权"，进而引发国家数据垄断甚至国家监控的忧虑。无论央行直接还是通过商业银行等主体间接向个人发行法定数字货币，央行均有直接获取相关个人信息的技术能力，从而在事实上形成了央行对个人信息的"支配"垄断地位；特别是在允许个人在央行直接开设账户的情况下，央行事实上实现了对个人"资金流"和"信息流"的双重掌控，进而引发了财产权利和信息权益的双重宪法问题。个人货币信息作为个人金融信息的主要组成部分，承载了更大的人身和财产性风险，在央行未受到个人信息处理权约束的情况下，法定数字货币的个人信息有可能会被央行及其工作人员以及其他政府部门滥用，造成政府俘获或政府寻租。尽管法定数字货币有利于打击灰色经济、减少灰色收入和违法犯罪，且多国央行表示，央行对个人用户的数据不存在商业利益，因此比私人主体更适合承诺在支付服务之外减少使用此类数据，但仍无法消除公众对国家监控风险的担忧，特别是数据安全风险和数据非法利用的风险。[3]对于数据垄断，由于用户很难判断个人信息是否被收集及如何被收集，且与作为个人信息收集者的央行就隐私保护政策缺乏谈判协商能力，用户无法通过"用脚投票"的方式激励央行提升其保护个人信息的程度。[4]在此情况下，为了遏制国家滥发货币、不当获取大量铸币税的权力约束方式，便难以适用于法定数字货币。

最后，以稳定币为代表的新型私人数字货币对社会经济的影响更为广泛，其可实现法定数字货币的诸多功能。国家与私人的货币发行博弈已存在数千年历史，国家总是在货币发行中占据主导地位。不过，在政局动荡、经济危机等社会不稳定时期，或者国家货币在某一地区的流通难以满足地方经济发展需要时，脱离法定货币体系的私人货币便会屡屡出现。随着区块链等新型信息技术的发展，私人货币的使用空间和受认可程度大幅提升。特别是由私人发行、锚定法定货币的稳定币，通过区块链技术提升了支付便捷性和交易可信度，甚至可以避开一国的外汇管制机制在该国进行流通。因此，更有学者直言，鼓励锚定美元的私人稳定

〔1〕 See Ben S. C. Fung and Hanna Halaburda, *Central Bank Digital Currencies: A Framework for Assessing Why and How*, Bank of Canada Staff Discussion Paper 12 (2016).

〔2〕 See Group of Thirty (G30), *Digital Currencies and Stablecoins: Risks, Opportunities, and Challenges Ahead*, 2020, p. 14.

〔3〕 See Bank of International Settlements et al., *Central Bank Digital Currencies: System Design and Interoperability*, 2021, p. 7; House of Lords, *Central Bank Digital Currencies: A Solution in Search of a Problem?*, 2022, p. 11.

〔4〕 参见李剑：《互联网反垄断能促进数据隐私保护吗?》，载《商业经济与管理》2021 年第 5 期。

币的发行流通，比直接发行数字美元更能扩大美元的国际影响力。

面对法定数字货币带来的支付市场竞争损害风险和发行权扩张导致的数据垄断甚至国家监控，以获取铸币税为主要目的的主权权力难以提供充分的正当性。美联储理事沃勒甚至直言，政府与私营部门竞争的目的应只是为了解决市场失灵问题，不相信法定数字货币可以更迅速地、有效地解决任何支付领域的现有问题。[1]

三、应对市场失灵：法定数字货币的发行正当性补强

基于法定数字货币在发行模式和表现形态方面的革新及货币需求的变化，适用于传统法定货币发行的主权权力正当性难以回应法定数字货币带来的支付市场竞争减损和数据垄断等疑虑。由于支付市场竞争、个人信息处理以及私人数字货币均涉及市场自身是否可以正常运作，下文将从相应的市场失灵和国家应对角度探讨法定数字货币发行的正当性，以便为我国法定数字货币的正当性分析提供进一步的理论依据。

（一）数字化时代支付服务的市场失灵

在获得市场准入资格的前提下，商业银行、非银行支付机构等支付服务提供者有权自主决定进行合法的支付经营活动。而在实践中，支付服务提供者行使自主经营权会产生负外部性、难以提供公共物品以及难以实现公益目的等市场失灵。

首先，在负外部性方面，如将支付服务视为一种商品、将支付服务提供者视为网络平台经营者，基于信息通信技术提供的支付服务具有比实体货币更强的“交叉网络外部性”特征。一方面，支付服务所在的经营市场是支付服务提供者与使用者或不同支付服务使用者共同创造的双边市场。传统的单边市场是经营者对消费者单方提供服务，消费者的行为对经营者销售商品或提供服务不产生直接影响；而对于互联网支付服务而言，消费者的支付金额、支付习惯等个人信息为经营者创造了额外的财产性价值，经营者可对此类数据进行进一步分析挖掘，从而提供更差异化的服务。另一方面，其所在的市场具有网络效应，即商品或服务的使用价值同时受到多边不同参与者的影响，支付服务的“交换价值”随着消费者等参与者数量的增加而增加。随着用户和其他服务商数量的增加，如某一支付服务被越来越多的消费者认可使用和其他经营者认可接受，其他消费者或经营者基于降低兑换成本等方面的考量，也会加入认可该支付服务的群体。[2]

---

〔1〕 See Lael Brainard, *Private Money and Central Bank Money as Payments Go Digital: an Update on CBDCs*, https://www.federalreserve.gov/newsevents/speech/brainard20210524a.htm; Christopher J. Waller, *CBDC: A Solution in Search of a Problem?*, https://www.federalreserve.gov/newsevents/speech/waller20210805a.htm, 2022-5-15.

〔2〕 See Charles M. Kahn, *How are Payment Accounts Special?*, https://chicagopaymentssymposium.org/wp-content/uploads/2016/10/kahn-how-are-payments-special.pdf.

在此情况下，由于交叉网络外部性的存在以及互联网中价格之外的品牌、服务等要素重要性的提升，消费者的用户黏性大为增加，较早开始从事支付服务的经营者的经营规模将越发庞大，而后来开始从事货币经营业务的经营者扩大相似业务规模的意愿，将越发难以实现。[1]例如，在我国第三方支付、手机支付占主导地位的格局下，我国中国人民银行欲通过发行数字人民币来实现其普惠金融等目标，除非采用强制使用等手段，否则此类货币的大规模推广便会由于兑换成本和消费场景的局限而受到阻碍。事实上，当下我国中国人民银行主导支付清算服务的局面在一定程度上反映了私人市场无法安排一套完备的账户体系来进行银行间结算的能力。[2]如国家不对货币发行或经营进行干预，货币经营者为了获取更多收益，会倾向于扩大其支付服务流通的“闭环”场景范围，而不情愿通过技术手段与其他货币经营者运营的货币支付工具实现可“互操作性”（interoperability）或“兼容性”（compatibility），导致支付速度大大降低、支付成本大大增加，货币持有人难以便利地、高效地在不同商家之间进行支付，进而造成支付系统的碎片化。[3]

其次，虽然支付服务提供者提供的银行存款、第三方支付账户余额可以与实体货币等额兑换，但其私人信用本质无法使其成为完全意义上的公共物品。体现最后贷款功能、可提供最高流动性、不具有内在价值的“原生型货币”属于公共物品，即具有非排他性与非竞争性。一般而言，只有购买力稳定、市场通用、被普遍接受的交换媒介才能成为公共物品，此时就需要判断市场是否能自发稳定地提供此类货币。[4]在非排他性方面，该类货币的发行者为特定机构提供最后贷款以维护金融市场的稳定，使其他私人主体可在不付费的情况下享受到金融稳定的好处；在非竞争性方面，某一货币使用者使用该种货币时，亦不会减损他人的使用效果以及金融稳定的实施效果。[5]虽然在金属本位制下，货币发行者会自发组织形成或认可提供此类货币的发行者，但这些具有私人市场性质的机构均会受制于其个体利益与个体能力、权威的局限，因而会与最后贷款人的公共利益属性产生冲突；[6]而在信用本位制下，如支付服务提供者对市场的货币供给过多且超出了市场需求，那么通过互联网提供的私人支

---

〔1〕 See Committee on Payment and Settlement Systems, *Central Bank Oversight of Payment and Settlement Systems*, 2005, p. 10.

〔2〕 See Edward J. Green and Richard M. Todd, *Thoughts on the Fed's Role in the Payments System*, 25 Federal Reserve Bank of Minneapolis Quarterly Review 12 (2001).

〔3〕 See Bank of International Settlements et al., *Central Bank Digital Currencies: System Design and Interoperability*, 2021, p. 11.

〔4〕 See ames M. Buchanan, *The Value of Money as a Constitutionalized Parameter*; Lawrence H. White, Viktor J. Vanberg, and Ekkehard A. Kohler et al., *Renewing the Search for a Monetary Constitution: Reforming Government's Role in the Monetary System*, D. C: Cato Institute, 2015, p. 51 -57.

〔5〕 参见郭建伟:《最后贷款人——公共产品角度的研究》，复旦大学2006年博士学位论文，第71页。

〔6〕 参见何锦前:《中央银行: 最后贷款人的唯一归宿?》，载史际春主编:《经济法学评论》第12卷，中国法制出版社2012年版。

付服务会进一步放大通货膨胀的负面影响，导致其信用进一步受损。[1]

最后，货币经营者存在参与公益行为的消极性，其基于私人利益的市场经营行为也难以满足国家实现特定公益的需要。在货币支付领域，这一特定公益目的集中体现为实现金融普惠。金融普惠意味着个人和企业能够获得可使用、成本可负担、以负责任和可持续的方式，且满足其交易、支付、储蓄、信贷和保险需求的金融产品或服务。[2]由于金融机构和消费者在个体实力、信息掌握程度等方面存在的差异，以及防控金融风险、反洗钱等因素的考量，金融机构为消费者提供金融产品或服务需要付出相对较高的成本，使金融机构没有充足的动力为消费者特别是社会弱势群体提供金融产品或服务，由此造成了特定社会群体因价格、身份等事由无法获得日常必需的金融服务的“金融排斥”现象。

（二）发行法定数字货币作为支付服务市场失灵的应对手段

由国家发行法定数字货币，首先体现为提供具有国家信用的货币公共物品，以消减私人支付服务所产生的市场失灵。体现国家信用的货币是现代货币支付体系中的“锚”（anchor），国家作为“原生型货币”的发行者为商业银行提供最后贷款等安全网以及银行间结算的账户，通过货币政策等方式影响商业银行存款的发行，并确保货币体系的等价性、互操性和统一性，因此其具有“中心支付手段”地位。在传统法定货币情境下，由国家发行的货币不仅具有基于国家信用的最高流动性和“结算终局性”（settlement finality），还具有高度的“弹性”（resilience）——在自然灾害等突发事件发生时极强的可恢复使用的能力。[3]因此，此类货币在现代经济中不可或缺，国家应保障普通公众以低成本的方式获得此类货币，这也可以“维持央行与民众之间的直接联系”，从而“增进民众对央行作用和独立性的理解”。[4]而在非现金支付工具迅速发展、现金使用量逐年下降的情况下，公众更难以较低的成本获得传统法定货币，进而不得不承受非法定货币的安全性和弹性风险（特别是部分私人货币的使用者未受到存款保险等制度的保护）[5]，此外还有非现金支付工具带来的隐私保护风险，这使公众有效控制货币实施的需求无法得到满足。[6]因此，在货币数字化情境下，国家发行的法定数字货币不仅应当具有“结算终局性”和“弹性”，还应基于国家作为公共利益捍卫者这一前提而具有高度的个人信息保护能力，以确保此类货币在数字经济时代

---

〔1〕 See David Glasner, *How "Natural" is the Government's Monopoly over Money?*, Federal Trade Commission Working Paper, 2000, p. 1-27.

〔2〕 See The World Bank, *Financial Inclusion Overview*, https://www.worldbank.org/en/topic/financialinclusion/overview.

〔3〕 See Tanai Khiaonarong, Harry Leinonen & Ryan Rizaldy, *Operational Resilience in Digital Payments: Experiences and Issues*, IMF Working Paper 4 (2021).

〔4〕 See Committee of Payment & Market Infrastructure, *Central Bank Digital Currencies*, 2018, p. 9.

〔5〕 See John Crawford, *Safe Money*, 104 Marquette Law Review 411 (2020).

〔6〕 See Hanna Armelius, Carl Andreas Claussen & Scott Hendry, *Is Central Bank Currency Fundamental to the Monetary System?*, Bank of Canada Working Paper 13 (2020).

被普遍使用。[1]欧洲央行和英格兰银行均表示，如未来发行法定数字货币，确保公众继续低成本、高效率地获得安全的央行货币是最为主要的动机。[2]

其次，法定数字货币有助于强化以法定货币为主导的整个货币支付体系的多样性和互操作性，减少大型私人支付平台已形成的垄断风险。如上文所言，私人支付服务具有较强的交叉网络外部性，单一的支付服务提供者通过纳入更多的商户和支付用户，形成“闭环式”的货币流通圈以及较高的行业准入壁垒，之后该服务提供者会借机向商户和支付用户收取更高的支付服务费用。而法定数字货币除了为市场提供另一种支付服务选择之外，还力求通过降低货币兑换费用，打破不同货币经营者运营的多个闭环货币系统之间的信息壁垒。[3]值得注意的是，法定数字货币体现的互操作性对提升跨境支付效率而言更具帮助意义，例如 2021 年国际清算银行联合多个国家和地区启动“多币种法定数字货币桥”项目。[4]

最后，法定数字货币可帮助低收入者等社会弱势群体获得基本的金融服务，实现普惠金融等公共利益目标。社会弱势群体由于经济实力与文化水平等方面的限制，难以享受金融机构等市场主体提供的开立账户等基本金融服务，由此便形成了金融排斥局面。而由国家发行的法定数字货币针对货币兑换、转账、支付等不向民众收取或仅收取较低的费用，并且能在经济危机等特殊时期，根据特定交易条件被设计为“可编程货币”，直接为相关社会弱势群体的数字货币账户提供资金。[5]英格兰银行认为，在任何法定数字货币的设计机制中，普惠金融均应作为重要的考虑因素，同时任何法定数字货币对民众都应该具有高度的可获取性、可接受性，以满足不同地理位置、年龄、社会经济地位及数字技能或生理存在差异的民众的需求。[6]

基于应对市场失灵的正当性，国家制定法律对货币服务机构、货币持有人等私人主体施加特殊的公法义务（如设立市场准入和行为监管），以维护货币发行的公共利益。当然，在市场失灵视角下，国家发行法定数字货币仍然会面临支付市场竞争减损、数据垄断等风险，这类风险可被归入政府失灵的范畴。但与主权权力正当性对应的“公权力”约束不同，国家

---

〔1〕 See Markus Brunnermeier & Jean – Pierre Landau, *The Digital Euro: Policy Implications and Perspectives*, European Parliament Study 8 (2022).

〔2〕 See Fabio Panetta, Central Bank Digital Currencies: *A Monetary Anchor for Digital Innovation*, https://www.ecb.europa.eu/press/key/date/2021/html/ecb.sp211105~08781cb638.en.html; Andrew Bailey, *Innovation to Serve the Public Interest*, https://www.bankofengland.co.uk/speech/2021/june/andrew-bailey-cityuk-annual-conference?sf145844116=1.

〔3〕 See Bank for International Settlements et al., *Central Bank Digital Currencies: Foundational Principles and Core Features*, 2020.

〔4〕 See Bank of International Settlements, International Monetary Fund & World Bank Group, *Central Bank Digital Currencies for Cross – border Payments: Report to the G20*, 2021, p. 8 – 10.

〔5〕 See Bank for International Settlements et al., *Central Bank Digital Currencies: Foundational Principles and Core Features*, 2020.

〔6〕 See Bank of England, *New Forms of Digital Money*, 2021, p. 24.

可以基于支付领域的市场失灵和政府失灵各自的表现，合理划分出国家干预“私权利”的界限，使国家（政府）基于有限理性设计出合理的法定数字货币发行运营模式，由此在市场失灵与政府失灵之间达成利益平衡。

（三）行使主权权力和应对市场失灵交织下法定数字货币发行的正当性

如上文所言，法定数字货币作为一种公共物品，可以改善私人支付市场中的互操作性缺位、普惠性不强等失灵问题。不过，私人支付服务的市场失灵问题也可以通过其他技术方式（如改善支付系统的互操作性）或监管方式（如通过市场准入、消费者保护、审慎监管等常规性金融监管手段）解决。例如，在一国非现金支付行业已较为发达、隐私保护程度较高的情况下，法定数字货币发挥消除市场失灵的作用便较为有限。如果一国仍然在改善既有市场失灵较有限的情况下发行法定数字货币，反而会剥夺私人参与货币服务的机会，从而损害私人的货币权利。如日本央行认为，针对目前支付结算领域存在的不足，更恰当的解决方式应当是促使私营部门提升能够使支付结算更安全和更高效的技术能力，而非优先通过发行法定数字货币的方式予以解决。[1]美联储前副主席夸尔斯（Quarles）也认为，改进现有支付系统并结合结构合理的稳定币所发挥的跨境支付效率，很可能使发行法定数字货币的“任何努力都变得多余”。[2]

因此，针对支付市场存在的失灵现象，国家可采用技术、监管以及发行法定数字货币三种路径选择，而是否选择发行法定数字货币这一路径，不仅需要考虑以铸币税为核心的主权权力正当性，还需要考虑本国应对支付市场失灵的其他手段的有效性，即应当结合本国支付行业发展实际、技术水平以及对个人信息保护等监管程度综合决定。对于许多小型新兴经济体而言，发行法定数字货币的更大意义，在于其可提供更强的金融普惠能力和跨境支付效率；而对于发达经济体而言，法定数字货币只有在具有能提供与现金相似的较为安全、具有弹性的央行货币的能力，以及不损害甚至有助于货币支付市场机制的正常运转时，才更具有发行的正当性。[3]

以大型发达经济体为例，自2018年以来，包括欧洲央行、日本央行、美联储等的大型发达经济体的央行均表示法定数字货币的实际影响不明，因此暂无发行法定数字货币的计划和必要。不过，自2020年以来，受到新冠疫情扩散、数字经济和私人数字货币深入发展的影响，这些央行逐渐转变了对法定数字货币的态度，表示会全面地、谨慎地研究法定数字货币的积极作用，甚至在必要时发行法定数字货币。欧盟是研发法定数字货币进程最快的大型

---

〔1〕 See Bank of Japan, *The Bank of Japan's Approach to Central Bank Digital Currency*, 2020, p. 10.

〔2〕 See Randal K. Quarles, *Parachute Pants and Central Bank Money*, https://www.federalreserve.gov/newsevents/speech/quarles20210628a.htm.

〔3〕 See Committee on Payments and Market Infrastructures & World Bank Group, *Payment Aspects of Financial Inclusion in the Fintech Era*, 2020, p. 19.

发达经济体，在 2020 年 10 月便启动对是否发行本国法定数字货币（“数字欧元”）的公众咨询，并于 2021 年 7 月启动两年的正式调查，拟对数字欧元的功能设计、立法框架、发行模式等内容进行系统研究。与欧盟相反，美国在研发法定数字货币方面的进程较为缓慢。美联储起初表示基于美元的全球主导地位和境内高效的支付系统，不存在发行本国法定数字货币（“数字美元”）的计划，此外也没有发行数字美元的明确法律授权，〔1〕对美国而言，“行为正确（rightly）比成为第一名（firstly）更重要”。但随着私人稳定币的全球影响力与日俱增、中国数字人民币研发试点的加速及其带来的国内政治压力，美联储和美国众议院均加强了对数字美元的重视，成立多个工作小组对数字美元进行理论研究和技术测试。2022 年 1 月，美联储发布官方报告《货币与支付：数字转型时代的美元》，向公众征求关于法定数字货币潜在利益与风险的具体意见，但该报告“无意提出任何具体的政策结果”。〔2〕

综上所述，法定数字货币引发了对损害支付服务市场竞争以及数据垄断的忧虑，因而主权权力无法提供充分的数字货币发行正当性基础。而在市场失灵视角下，一国发行法定数字货币正当性在于解决支付市场的失灵，并结合政府失灵的程度合理划分国家干预的界限。但如果一国的支付市场较为发达、相关服务较为多元，且相关技术或监管能较好地应对市场失灵，那么此时发行法定数字货币便缺乏正当性；如果该国的个人信息保护水平不强、约束国家权力的体制机制较不健全，那么其不仅不具有在应对市场失灵方面的发行法定数字货币的正当性，更不具有在现代法治国家视角下行使主权权力的正当性。

四、我国法定数字货币发行的正当性及其法律保障

行使主权权力和应对市场失灵均为发行法定数字货币的正当性类型，其对应了不同的法律保障方式，而一国具有何种发行正当性则取决于该国的支付市场、个人信息保护水平等实际情况。下文在梳理我国法定数字货币——数字人民币发行正当性的官方立场的基础上，分析我国具有何种正当性，并据此提出相应的法律保障措施。

（一）我国法定数字货币发行正当性的官方立场

在数字人民币研发初期，中国人民银行列举了发行数字人民币的诸多益处，但未直接阐述数字人民币发行的正当性。2016 年，中国人民银行举行数字货币研讨会，认为发行数字货币可以降低纸币发行成本，减少违法犯罪行为，提升经济活动便利性、透明度以及央行对货

---

〔1〕 See Jess Cheng, Angela N Lawson & Paul Wong, *Precondition for a General－purpose Central Bank Digital Currency*, FEDS Notes, 2021.

〔2〕 See Board of Governors of the Federal Reserve System, *Money and Payments: The U. S. Dollar in the Age of Digital Transformation*, 2022, p. 1.

币发行流通的控制力，促进普惠金融实现。[1]随着2019年6月脸书公司宣布将发行天秤币，我国加快了数字人民币的研发进程。2021年7月，中国人民银行发布《数字人民币白皮书》，其在研发背景部分介绍了发行数字人民币的必要性：其一，在数字经济迅速发展背景下，满足民众对更安全、通用、普惠的新型零售支付基础设施的需要，进一步满足多样化的支付需求；其二，现金管理成本较高、现金使用量下降，但在金融服务覆盖率低的地方，民众仍对现金有较高依赖程度；其三，私人数字货币特别是稳定币发展迅速，给货币支付体系运行、货币政策实施、打击非法经济活动等带来诸多挑战，促使诸多国家或地区开展对法定数字货币的研发工作。[2]

总体而言，中国人民银行所阐明的立场基本包含了许多发达经济体认为发行法定数字货币能够带来的好处，包括促进金融普惠、提升支付效率以及支付多样性，补充同样安全、具备弹性的央行货币，减少外国或私人数字货币的普遍使用。此外值得注意的是，与2016年阐释的观点不同，中国人民银行在《数字人民币白皮书》中并未直接说明数字人民币可以实时获取交易数据、加强对货币供给和货币流通的控制力这一内容，其原因可能不仅仅是目前数字人民币的个人信息处理机制尚未确定，更有可能是为避免域外政府和民众的误解或抵触情绪，[3]从而为数字人民币在国际上树立良好的形象，便于之后实施数字人民币的跨境发行流通。不过，我国官方阐释的诸多数字人民币的优势并不完全等同于发行的正当性，结合我国官方对于数字人民币是否合法的说明，发行数字人民币是《中国人民银行法》所赋予货币发行权的延伸，因此属于行使主权权力的体现。但由于我国发行数字人民币也会面临损害支付市场竞争和数据垄断的风险，先结合市场失灵视角分析发行数字人民币是否具有正当性便十分重要。

（二）主权权力和市场失灵双重视角下我国法定数字货币的发行正当性

总体而言，我国在货币支付服务方面同样存在相应的市场失灵，因此可能需要通过发行数字人民币进行应对。但是，基于干预手段和干预程度方面国情的特殊性，我国既有的技术和监管手段便能够在较大程度上消减相应的市场失灵现象。针对无法有效提供支付服务市场中的公共物品问题，我国要求将非银行支付机构客户备付金集中存管至中国人民银行，并组织设立网联平台加强支付行为的安全性；针对支付服务市场的负外部性，我国已在防范资本无序扩张政策的指引下，通过平台反垄断、支付工具与金融产品断直连、支付机构二维码互认等方式予以应对；针对既有支付服务难以实现公共利益问题，我国已针对货币选择权相关

---

〔1〕 中国人民银行：《中国人民银行数字货币研讨会在京召开》，载 http：//www. pbc. gov. cn/goutongjiaoliu/113456/113469/3008070/index. html，最后访问日期：2022年2月8日。

〔2〕 参见中国人民银行数字人民币研发工作组发布的《中国数字人民币的研发进展白皮书》的第2-4页。

〔3〕 See Max Parasol，*China's Digital Yuan*：*Reining in Alipay and WeChat Pay*，37 Banking and Financial Law Review 290（2021）.

的反竞争行为开展执法活动，采取对拒收现金的企事业单位进行行政处罚，要求银行等支付机构降低或免收账户管理费用等措施。在此情况下，即便中国人民银行确实存在通过发行数字人民币限制支付宝、微信支付等非银行支付机构的市场力量的主观意图，但这仍无法为发行数字人民币提供充足的正当性。进一步看，由于我国第三方支付行业和实时支付服务更为发达，针对个人用户的大小额实时支付早已实现，提升（境内）支付效率也不能成为我国发行数字人民币的正当性因素。相较于英美等发达经济体，我国既有的技术和监管措施能较充分应对支付市场的失灵现象，结合我国的货币文化传统和货币管理体制，我国发行数字人民币的正当性不在于应对市场失灵，而仍主要体现在维护货币主权，以及相伴随的提升数字经济国际竞争力。

一方面，发行数字人民币的正当性在于维护货币主权。在既有现金人民币发行管理体系下，人民币具有高度的地域和权力统一性、较严格的强制流通性（如不得拒收）以及较严格的外部保障措施（如禁止印售代币票券）。这三大特征体现了我国古代和近代在长期大一统环境下货币的发展实践，使民众在和平时期天然地对国家发行的货币存在高度信任感。在古代，政府更强调禁止私铸，不区分主币辅币，更没有法偿性的概念；在近代，政府更强调禁止金银流通和限制外币流通。[1]在数字货币视阈下，我国维护货币主权的措施，同样表现在限制外国货币和私人货币的境内流通：其一，限制外国货币特别是外国法定数字货币的流通。相较于实体货币而言，数字货币的流通速度更快、流通领域更为广泛，如一国发行的法定数字货币在他国更受认可，他国政府便难以采用传统的外汇管制手段予以应对。当前，人民币国际化仍处于发展期，相较于美元、欧元和英镑，国际上将人民币作为计价和结算工具的比重仍然较低。如果这些国家将来发行境外可用的法定数字货币而我国仍未发行，那么我国的外汇管理体制必然会受到极大挑战。需要注意的是，虽然数字人民币的跨境流通可以弱化美元制裁的实效，[2]同时跨境支付同样是数字人民币最大的技术优势，但我国现阶段数字人民币的研发重心仍然是境内零售支付，加上人民币国际化水平仍然有限，数字人民币的境内零售支付并不会给既有以美元主导的国际货币体系造成太大冲击。

其二，限制私人数字货币特别是与他国法定货币相关联的稳定币的流通。目前最具影响力的私人数字货币是以比特币为代表，不具有内在价值的“加密货币”。但此类货币价格波动巨大，在实践中尚未被广泛用于商品或服务的交换，更多被用作投资工具。真正对货币主权有较大的影响的，是与他国法定货币（特别是美元）相关联、可在全球范围内流通的稳定币。如不对此类货币实施限制，我国的货币主权以及与之相关的数据主权均会面临极大挑战。从我国对私人数字货币的监管态度转变和国家的政策立场可以看出，私人数字货币背后的技术可能对集中式的国家权力构成威胁，但也可以“为我所用”，即通过对相关技术的应

[1] 参见彭信威：《中国货币史》，上海人民出版社2015年版，第408页。
[2] See House of Lords, *Central Bank Digital Currencies: A Solution in Search of a Problem?*, 2022, p. 5.

用使我国成为全球数字经济的领先者。[1]虽然美联储、欧洲央行、英国议会均对法定数字货币抑制私人数字货币的能力表示质疑，认为即便私人数字货币确实对既有货币体系存在威胁，在法定数字货币发行流通之后，使用具有匿名性的私人数字货币从事的违法犯罪活动也不会消失。但基于我国人民币的既有国际地位和对外汇管理体制的现实考量，通过发行法定数字货币抑制私人数字货币的流通仍具有较强的实效性。[2]

另一方面，发行数字人民币的正当性还在于提升数字经济全球竞争力。[3]按照产业发展的一般规律，如某市场主体率先在市场中推出特定的新产品，那么该主体便更有可能获得相关技术标准的主导制定权。我国虽然在数字经济发展方面极具后发优势，但在国际层面仍面临较为严峻的竞争挑战。在2019年脸书公司宣布将发行稳定币、中美贸易争端白热化之际，我国提出“我们要乘势而上，加快数字经济、数字社会、数字政府建设，推动各领域数字化优化升级，积极参与数字货币、数字税等国际规则制定，塑造新的竞争优势”，数字人民币由此承载了提升我国数字经济全球竞争力的愿景。从域外视角看，数字人民币迅速发展的现实给美联储等央行带来了较大冲击，如美联储理事布雷纳德认为，中国凭借移动支付平台的巨大影响力迅速推进法定数字货币的研发，鉴于美元处于重要地位，美国“必须保持在法定数字货币的研究、政策制定的前沿”。[4]不过，尽管我国启动数字货币研究的时间较早，并于2021年加入旨在提升跨境支付效率和支付互操作性的多币种法定数字货币桥项目，但仍被排除在由发达经济体主导的研发团体之外，后者目前仅由国际清算银行以及美联储、加拿大银行、欧洲央行、日本银行、英格兰银行等数家发达经济体的央行组成。[5]

（三）我国法定数字货币发行正当性的法律保障

如上文所言，由于我国私人市场主体已经可以提供较为快捷、收费较低的支付服务，除非将来支付行业出现法律和监管无法解决的重大风险，数字人民币并不存在较强的基于提升支付效率、改善金融普惠的发行正当性。基于维护货币主权、提升数字经济国际竞争力两大发行正当性，我国在设计数字人民币的表现形态和发行运营模式时，除了尽可能让数字人民币具有现金和非现金支付工具的一般功能之外，还应当在满足货币安全、稳定需求的技术功能（如离线支付）方面增加其竞争优势，以便数字人民币为更多人接受。为了进一步消除发

---

〔1〕 See Jake Laband, *Existential Threat or Digital Yawn: Evaluating China's Central Bank Digital Currency*, 63 Harvard International Law Journal (2022).

〔2〕 See Martin Chorzempa, *The Cashless Revolution Chinas Reinvention of Money and the End of Americas Domination of Finance and Technology*, Public Affairs, 2022, p. 182.

〔3〕 需要注意的是，通过发行数字人民币提升数字经济全球竞争力，不等同于通过发行数字人民币推动人民币国际化进程，后者的可实现水平更取决于我国在政治、军事等多方面的综合国力。

〔4〕 See Lael Brainard, *The Digitalization of Payments and Currency: Some Issues for Consideration*, https://www.federalreserve.gov/newsevents/speech/brainard20200205a.htm.

〔5〕 自2020年10月以来，由该8家机构组成的法定数字货币团体已在法定数字货币的发行动机、设计框架、实现功能、潜在影响等方面达成共识，并共同发布了5份报告。

行数字人民币带来的支付市场竞争减损等疑虑，应当允许多类私人市场主体参与数字人民币的发行运营过程，并通过外部保障和权力约束方式保护个人权益特别是个人信息权。

具体而言，商业银行等私人市场主体在面向个人或非金融企业提供钱包开立、身份识别、保管存储等方面的市场参与，进一步强化了其承担“准公共职能”的角色，而为了防止发行数字人民币导致额外的市场失灵，法律应当设立该类主体的准入与行为监管规则，以此保障其履行货币发行的准公共职能。例如，除了必要的资本金外，私人市场主体应当在技术水平、业务生态圈等方面具有强大优势，特别是在社交、电子商务等方面已有较成熟的用户群体。

此外，我国应当通过合理的外部保障和权力约束制度，更加清晰地界定私人发行数字货币的界限，以保护个人的货币权利特别是个人信息权。一方面，加强数字人民币发行权的外部保障，重点应当是完善既有代币票券规定，防止与数字人民币具有功能相似性的货币支付工具流通。现有的代币票券认定要素已不合时宜，代币票券认定要素残缺、效力认定混乱，无法有效规制现实生活中存在的“类代币票券”，无法有效维护人民币的法偿地位。基于此，应当对代币票券的具体法律规定进行完善，包括认定代币票券的必备要素和选择性要素，并根据代币票券的实际流通影响力等因素对代币票券进行分类监管，而非绝对地禁止。进一步看，基于不同的私人数字货币对金融稳定、消费者保护以及市场诚信的影响均存在差异，法律应对具有“系统重要性”的私人数字货币从严对待，例如对锚定法定货币发行、可在全球范围内发行流通的稳定币设立一套更加严格的监管标准，以防范可能引发的系统性金融风险。在将来国内金融安全形势趋好时，我国可建立常态化的私人数字货币监管机制，对此类私人数字货币的发行人设立更高的发行门槛，如更高的资本金及客户资金保管要求等。

另一方面，对数字人民币发行权实施约束，客观上也呼应了我国建设现代中央银行制度、完善中国人民银行内部治理体系的需要。[1] 基于数字人民币的特殊表现形态和发行模式，对央行搜集、使用、处理与数字人民币相关个人信息的行为进行规范，是数字人民币发行权约束的关键，特别是依法赋予央行处理数字人民币个人信息的职权，并完善相应的个人信息处理程序。由于数字人民币发行的公私混合属性较实体货币更为明显，此外数字人民币还需实现用户普遍认可和使用的目标，央行应当建立数字人民币个人信息的内控管理和外部监督制度。对于前者，央行应当设立具有相对独立性的下属部门作为数字人民币的具体运营部门，其作为市场化、非营利性的个人信息处理者，可解决数字人民币领域公私属性不明、央行法律责任过重以及监督不足的问题，同时设立个人信息保护的部门并允许外部政府机构对该运营部门实施监督。同时，法律应当为该运营部门设定比在公共数据情境下更为严苛的数据处理程序，且不得在非法定事由或未经脱敏化处理时，对其实施政府机构之间的数据开放

---

〔1〕 参见中国人民银行办公厅课题研究小组：《建设现代中央银行制度》，载《中国金融》2020 年第 8 期。

或共享。

由于法定数字货币的本质仍为法定货币，其也体现了国家获取铸币税的需要以及货币对社会生活的广泛影响、对国家认同的建构，因此具有行使主权权力的正当性。然而，面对法定数字货币特殊的表现形态和发行模式所致竞争损害风险和发行权扩张导致的数据垄断甚至国家监控，以获取铸币税为主要目的的主权权力难以提供充分的正当性。支付市场竞争与个人信息处理均涉及市场自身是否可以正常运作，因此市场失灵亦成为探讨法定数字货币发行是否具有正当性的分析路径。在实践中，支付服务提供者行使自主经营权会产生负外部性、难以提供公共物品以及难以实现公益目的等市场失灵问题。对此，国家可以提供体现国家信用的货币公共物品，并强化法定数字货币的多样性、稳健性以及普惠性应对市场失灵。不过，法定数字货币的正当性究竟是主要基于应对市场失灵还是行使主权权力，应当结合本国经济水平与支付服务行业发展实际综合决定。

我国在货币支付服务方面同样存在相应的市场失灵，因而需要公私法的干预，但在干预手段和干预程度方面存在一定国情特殊性，使通过既有的技术和监管手段便能有效应对相应的市场失灵。在此情况下，结合我国的货币文化传统和货币管理体制，我国法定数字货币——数字人民币的发行正当性更多地体现在维护货币主权，以及相伴随的提升数字经济国际竞争力。为确保数字人民币的发行不会对既有支付市场以及货币分层体系带来过多冲击，应当允许多类私人市场主体参与数字人民币的发行运营。此外，我国应当通过合理的外部保障和权力约束制度，更加清晰地界定私人发行数字货币的界限，以保护个人的货币权利特别是个人信息权。中国人民银行表示将根据试点情况进一步完善数字人民币的设计和使用机制，特别是“建立适合数字人民币的管理模式”。阐明发行数字人民币的正当性基础，必将进一步助力在法治轨道上构建数字人民币的常态化管理机制。

数字人民币的权利证立与法律因应

俞　越*

一、引言

随着数字经济时代的来临，区块链、智能合约等金融科技的运用催生了以"BITCOIN"为代表的数字货币产业的萌发与勃兴，并在世界范围内掀起了相关领域的开发与投资浪潮。然而，与之相伴的法律风险却始终萦绕不散，去中心化的货币设计理念，代表货币不再需要信用背书，对现有金融秩序下的国家铸币权和金融监管权形成了巨大的挑战。为了应对这一局面，不少国家和地区的中央银行或货币当局积极探索法定货币的数字化形态。截至2022年5月，至少有87个国家（占全球GDP的90%以上）正在探索、积极发展或正在实施中央银行数字货币（Central Bank Digital Currency，CBDC）〔1〕。7个国家已经完全实施了CBDC，另有17个国家目前正在试行。〔2〕由此可见，CBDC研发与试点工作，日渐被各国视为一项事关国家安全、金融稳定的重要事项。数字人民币由中国人民银行管理，与大多数旨在分散传统上由国家保留的权力的加密货币形成鲜明对比。2020年中

---

* 俞越，华东政法大学经济法学博士研究生。

〔1〕 央行数字货币，是指由中央银行或其授权的商业银行发行、以区块链等技术为依托，并以数字化信息形式存在的法偿货币。参见刘少军：《金融法学》（第2版），中国政法大学出版社2016年版，第99页。

〔2〕 See *Central Bank Digital Currency Tracker*, Atlantic Council, https://www.atlanticcouncil.org/cbdctracker/; Turner Wright, IMF Director, 110 *Countries Are "At Some Stage" of CBDC Development*, Cointelegraph (Oct. 5, 2021), https://cointelegraph.com/news/imf-managing-director-110-countries-are-at-some-stage-of-cbdc-development.

国人民银行发布的《中国人民银行法（修订草案征求意见稿）》（以下简称《银行法意见稿》）禁止数字和实物形式的数字货币的生产、流通和销售并对其处以罚款。同时，最高人民法院在内的10个机构发布的通知也禁止所有涉及私人虚拟货币的活动。[1]在某种程度上，数字人民币的研发是由对加密货币的反应驱动的。[2]

在这一背景下，中国人民银行于2014年即成立法定数字货币研究小组，开始对发行框架、关键技术、发行流通环境及相关国际经验等进行专项研究。2017年年末，经国务院批准，中国人民银行开始组织商业机构共同开展数字人民币的研发试验。目前，研发试验已基本完成顶层设计、功能研发、系统调试等步骤，试点工作正稳步开展。根据目前公布的官方资料，数字人民币的技术定位是中国人民银行发行的数字形式的法定货币，由指定运营机构参与运营，以广义账户体系为基础，支持银行账户松耦合功能，与实物人民币等价，具有价值特征和法偿性。[3]虽然这一定义澄清了对数字人民币的若干疑惑，但并未就此消除业界对数字人民币发行与流通中可能产生的"蝴蝶效应"之担忧。[4]不仅如此，一些关键法律问题也亟待解决——这些问题不仅涉及《中国人民银行法》需要修订等多项立法上的滞后，还包括现行法框架下解释理论的不足。既有的学术研究成果，主要聚焦于公法视阈下金融监管的构想，也存在一些在私法上对于权利归属、内容及变动的讨论，但整体上仍处于"各说各话"的局面。要追求法律秩序的统一与融贯，就不能忽视"公法与私法相互工具化"的趋势和力量。一方面，《民法典》塑造的民事权利体系对于数字人民币之权利框架的涵摄路径，不能逸脱于数字人民币的技术逻辑、监管目标乃至可能触发的经济效应；另一方面，建构一套契合《民法典》中规范要素的权利框架，继而延伸出对应的金融法制路径，才有可能在数字人民币的发行与流通中收获最好的法律治理效果。因此，本文首先结合数字人民币的技术特征，对当下主要存在的法律问题进行发掘并检讨，其次从金融法的规范意图出发厘清数字人民币的权利框架，最后基于此框架提出面向"数字人民币"的金融法制构想。

二、数字人民币的技术规划与法律困顿

（一）数字人民币的整体架构与执行环节

现代市场经济的体制构造正是建立在对货币功能的理解之上。探讨数字人民币的法律之

---

〔1〕《关于进一步防范化解虚拟货币交易和投机风险的通知》，载 http：//www. pbc. gov. cn/en/3688253/3689012/4353814/index. html，最后访问日期：2021年9月15日。

〔2〕 See Gabriel Soderberg et al. , *Behind the Scenes of Central Bank Digital Currency*, IMF FINTECH NOTES, Feb. 2022, at 1, 16.

〔3〕 参见《中国数字人民币的研发进展白皮书》，载 http：//www. gov. cn/xinwen/2021 －07/16/content_5625569. htm，最后访问日期：2022年11月13日。

〔4〕 比如数字人民币发行与流通对于传统货币供给理论的冲击，可能降低商业银行的盈利与贷款派生能力。参见周边、黄叶芃、周舒鹏：《法定数字货币与商业银行绩效》，载《国际金融研究》2021年第10期。

治，首先必须要理解其是如何发行的，发行之后又是如何在市场上被兑换或被用作交易的，这些均关乎货币价格尺度、流通手段等核心职能的发挥。立法需要深刻洞悉货币职能的内容及限度，合理配置与之相应的权责关系，使法定人民币充分发挥促进国民经济平稳有序运行的必要作用。

央行的数字货币主要定位是流通中现金（M0），保留了现有“人民银行—商业银行”的二元体系。根据主体差异可将数字人民币体系界定为 3 个层次，即顶层中央银行、中间层普通银行和应用层的基础用户。〔1〕具体而言，中央银行在数字人民币体系中居于中心地位，负责向指定商业银行批发数字人民币并进行全生命周期管理，核心模块为“一币、两库、三中心”。“一币”即央行数字货币，本质上是由国家信用担保并具有具体金额的加密数字串。“两库”指数字货币发行库和数字货币商业银行库。“三中心”包括认证中心、登记中心和大数据分析中心。其中，登记中心记录数字人民币对应用户身份，完成权属登记，并记录流水，完成数字人民币产生、流通、清点核对及消亡全过程登记。其主要功能组件分为发行登记、确权发布、确权查询网站应用、分布式账本服务 4 部分。〔2〕商业银行等机构则负责面向社会公众提供数字人民币兑换流通服务，社会公众作为实际货币使用的终端用户。〔3〕

在发行环节，数字人民币沿用了二元模式下的货币发行体系，即央行先将数字人民币发行至商业银行并等额扣减其超额准备金，社会公众只有凭现金或存款货币向商业银行兑换方可取得数字人民币。这种操作有诸多好处，一是央行不对终端用户直接提供服务，也就是说，普通公众不在央行“开户”，降低了央行的服务压力；二是由于是超额准备金的等额兑换，而不是扩表发行，因此就没有了超发货币的担忧，也因此对货币供应量的影响较为“中性”，不影响宏观经济和货币政策的正常实施；〔4〕三是央行将免于处于分配稀缺金融资源（信贷）的地位，否则将被推定为是低效的，并会违背开放市场的原则。〔5〕另外，由于分布式账本仅用于对外提供查询服务，交易处理仍由发行登记系统来完成，从而在分布式运营条件下实现了央行的中心化管控。

在流通环节，数字人民币作为法定货币的数字形态，仍依托第三方支付工具如支付宝、

---

〔1〕 参见吕睿智：《数字货币的交易功能及法律属性》，载《法律科学（西北政法大学学报）》2022 年第 5 期。

〔2〕 参见姚前：《区块链与央行数字货币》，载《清华金融评论》2020 年第 3 期。

〔3〕 参见穆长春：《顺应技术演进和经济发展趋势　积极推进以我为主的法定数字货币》，载《旗帜》2020 年第 11 期。

〔4〕 参见姚前：《法定数字货币的经济效应分析：理论与实证》，载《国际金融研究》2019 年第 1 期。

〔5〕 欧盟目前推进 CBDC 的重要阻力之一，正是发行 CBDC 可能会产生某扰乱信贷的有效分配，并赋予欧洲央行新的事实上的权力，从而违反《欧盟共同体条约》第 127 条之规定“欧洲中央银行体系应按照自由竞争的开放市场经济原则行事，支持资源的有效配置”的担忧。See Hossein Nabilou, *Testing the Waters of the Rubicon: The European Central Bank and Central Bank Digital Currencies*, Journal of Banking Regulation (2020) 21.

微信支付等进行消费。[1]考虑到银行卡、第三方支付等已经使国内形成了较为完善的消费支付体系及生态协同和路径依赖，再改换其他支付渠道的成本与难度均较高。并且，现有移动支付方式受商业利益驱动，其应用体验不断迭代升级，相对来说数字人民币应用面临内生动力不足的问题。所以，仍然强调支付宝、微信支付等电子钱包充分发挥作为零售支付基础设施的作用，使用数字人民币只是将用户电子钱包的货币从商业银行存款货币转换为法定数字货币形式。[2]如此，不仅数字人民币不会构成对支付宝、微信支付等移动支付手段的竞争，相反，以双层结构体系作为数字人民币的运营方向，一方面，可充分整合商业银行等金融机构和互联网平台等的现有市场、人才和技术资源，提升市场接受度；另一方面，中国人民银行可以专注于金融监管和货币政策调整，分散流通中的具体运营责任，避免声誉受损。当然，双层架构也有助于规避"金融脱媒"可能对商业银行等金融机构造成的不利影响，从而保证和维护现有的金融和货币体系稳定运行。

（二）数字人民币的法律困顿

1. "无限"抑或"有限"法偿性之疑问。

2020 年公布的《银行法意见稿》第 19 条第 2 款对人民币的表现形式进行了更新，采用了"数字形式"和"实物形式"并列的表述。结合央行有关负责人的发言可知，在法律适用上，数字人民币应等同于目前的现金法币。循此逻辑，《银行法意见稿》第 18 条所规定的"以人民币支付中华人民共和国境内的一切公共的和私人的债务，任何单位和个人不得拒收"，即对现金人民币的"法偿性"之无限要求，理当无差别适用于数字人民币的兑换与流通。

由此产生了一个重要的疑问，与数字人民币相配套的金融基础设施之普及程度是否已经充分满足实施"无限法偿性"的要求？目前我国对于数字人民币的推广工作仍局限于试点阶段，虽然不排除未来会大幅度放开数字人民币的使用，但就目前看来，数字人民币的配套建设很难短时间内覆盖全国大部分地区。何况我国民众长期形成的以第三方支付为主的消费习惯，很难短时间内认可并下载使用"数字人民币钱包" App。因此，现阶段要求数字人民币在所有支付场景中被接受，着实有些强人所难。因此，当前关于法定数字人民币具有"无限法偿性"的立法思路值得被重新审慎考虑。

2. "占有即所有"的权利归属规则之疑问。

学界通说认为，现金货币原则上属于私法上之动产，适用动产所有权的变动和返还请求

---

〔1〕 目前，可使用数字人民币的商户包括京东、美团、京东金融、滴滴出行、携程旅行、苏宁易购、百信银行、快手、58 同城和百度等多个平台。并且，所有试点基本上都是由试点城市或运营机构出资，以优惠政策（如发行消费券、红包等）吸引用户使用，但实际的支付规模和钱包余额有限（到 2022 年年末试点支付规模刚过 1000 亿元，钱包余额仅为 136.1 亿元），用户积极性和使用活跃度并不高，成本和效率不尽如人意。

〔2〕 参见黄国平：《数字人民币发展的动因、机遇与挑战》，载《新疆师范大学学报（哲学社会科学版）》2022 年第 1 期。

权规则，然而现金货币的特定化程度时常被高度流通状态下的种类物属性所覆盖。[1]换言之，现金货币（无论纸币、硬币）虽然均有编号，但一般人在外观上不易识别其特定性，混合、第三人善意取得的情形极为常见，现金货币适用动产所有权规则的可能性极小。或许也正因如此，支配性观点主张现金货币之权利归属应适用“占有即所有”法则。具体而言，货币的现实占有人，无论其取得原因为何、有无正当权利，均应被认定为货币的实际所有者。如接受货币之时须调查交付货币之人是否具有所有权，则有碍交易进行。[2]

对数字人民币，则可能有差别对待之可能。首先，数字人民币究竟是否可以纳入“物权法”的规制序列，还有待讨论。值得考量的是，如法定人民币和现金法币被等同视之，是否会对现金流通产生挤出效应，甚至造成货币乘数效应的减弱，妨害银行的放贷能力。[3]有业内人士指出，由于太过强调定位于 M0，目前数字人民币需要央行专门制作，配有专门的版面设计，并使之形成与存款隔离的完整运行和管理体系，造成很大无效投入，严重影响数字人民币向所有存款账户和金融业务的延申。其次，如数字人民币可被视作《民法典》所规范之“物”，“占有即所有”是否仍得证成？“占有即所有”建立于现金货币本身难以确认特定性的基础之上，系为保护交易信赖而对一般的动产物权规则之突破。然而，数字人民币以加密字符串的形式存在，天然具有独特的可识别“标签”，因此有观点主张，基于可追踪性，数字人民币不会因为混合而消灭其所有权。[4]不止如此，“占有即所有”确保货币流动性之目的也很容易被“善意取得”的制度功能所涵括。亦有有力的批驳观点主张，此规则无视货币归属的前提，为实现货币流通，过度突破了财产安全。[5]由此观之，仍以“占有即所有”作为拘束数字人民币之教条，或应被反思。最后，如“占有即所有”可被沿用于数字人民币归属之判定，其限度如何，应当依据何种事实确定占有关系；如该法则不可取，数字人民币就是“物权”之客体，权利变动中之公示要求何以完成，以交付为准还是登记为准？以上诸点，均是有待澄清之问题。

3. 法定权限与意定义务的配置疑问。

从监管法角度看，数字人民币的发行、流通涉及央行、运营机构等多层次参与主体，各参与者的权责关系配置应当予以明确。[6]按照数字人民币的设计思路，数字人民币系统的第二层机构拥有数字人民币相应系统、技术和设备所有权。基于责权相称原则，第二层机构在

---

〔1〕 参见朱晓喆：《存款货币的权利归属与返还请求权——反思民法上货币“占有即所有”法则的司法运用》，载《法学研究》2018 年第 2 期。

〔2〕 参见梁慧星、陈华彬：《物权法》（第 6 版），法律出版社 2016 年版，第 208 页。

〔3〕 参见袁曾：《法定数字货币的法律地位、作用与监管》，载《东方法学》2021 年第 3 期。

〔4〕 参见冯洁语：《论私法中数字货币的规范体系》，载《政治与法律》2021 年第 7 期。

〔5〕 参见其木提：《货币所有权归属及其流转规则——对“占有即所有”原则的质疑》，载《法学》2009 年第 11 期。

〔6〕 参见刘少军：《法定数字货币的法理与权义分配研究》，载《中国政法大学学报》2018 年第 3 期。

反洗钱、落实客户了解（KYC）和保护用户隐私方面理应承担第一性责任。[1]那么，如何合理划分中央银行、商业银行、互联网平台等机构的主体义务？中国人民银行等金融监管部门除了利用第二层机构提交的交易信息实施金融与货币调控管理，是否也存在承担首要主体责任的空间？如是，央行应对何种风险承担责任？虽然在双层架构下，数字人民币由中国人民银行向商业银行发行，而商业银行又将向用户提供“账户或数字钱包”，以促进CBDC持有和支付的管理，但是鉴于中国人民银行对于数字人民币的全流程管理，CBDC必须建立在由FRS管理的集中式区块链上，基础财务数据——谁在任何特定时刻拥有什么——将由央行管理并存储。[2]基于此，不止用户的身份信息，中央银行将有每笔交易的记录，其知道用户买什么、在哪里买。也就是说，中央银行将有新的能力来存储、控制和追踪公民的信息。[3]如何规制这种对个人信息的权力渗透，殊应反思。

从合同法角度看，由于数字人民币的发行流通采用的是双层架构，数字人民币账户可以理解为商业银行向用户提供的保管、储存和支付数字货币的工具，服务内容必须本于私法自治，通过意思表示一致的方式确定。例如，中国农业银行数字人民币钱包用户服务协议（个人版），明确了用户开立数字钱包系出于自愿，并规定了授权商业银行验证用户身份信息与数字钱包信息，提供绑定账户与数字钱包之间的资金划转等服务。由此可知，当商业银行违反法定职责造成用户财产损失或隐私侵害时，其亦存在承担赔偿责任的空间。问题在于，商业银行应承担何种程度的注意义务？私法上的注意是否应当等同于商业银行的法定职责？有无必要令其承担先行赔付的责任？同样特别值得思考的是，既然数字人民币有别于存款货币，系建立在央行信用之上，中国人民银行对金融基础设施亦承担着一定的维护与监管职责，那么监管者是否能在损害发生之时，完全置身事外？上述内容均属空白，有待于立法、司法补充与完善。

以上诸多问题，均涉及对数字人民币中的权利内容及流转逻辑的深入审视和重新确认。因此，下面笔者将从以数字人民币为载体的财产权利和人身权利的双重内涵出发，探讨法律对于数字人民币背后利益的评价维度，并基于“事物本质”的价值意蕴提出相应的法秩序方案。

---

〔1〕 参见何德旭、姚博：《人民币数字货币法定化的实践、影响及对策建议》，载《金融评论》2019年第5期。

〔2〕 See Thompson J. Hangen, *NOTE: We Know What's in Your Wallet: Data Privacy Risks of a Central Bank Digital Currency*, 75 Fed. Comm. L. J. 81, 75 Fed. Comm. L. J. 81.

〔3〕 See Vincent Tabora, *Tro Sides to Centrril Brink Digitril Currenaf (CBDC)*, MÉ - DIUM (Mar. 29, 2020), https://medium. datadriveninvestor. com/two - sides - to - central - bank - digital - currency - cbdc - 38035036c013.

三、数字人民币的权利嵌入透视

（一）作为民法物权的财产表征

1. 民法物权的概念涵摄。

目前对于 CBDC 的技术建构模式，主要包括两类：基于账户的 CBDC 与基于代币的 CBDC。基于账户的 CBDC 代表一种对银行的“货币”存款。货币转移涉及借记转移者（付款人）的全部或部分债权，并将该金额记入受让人（收款人）在中央银行或其代理银行的账户。在基于代币的 CBDC 中，货币代表中央银行发行的代币，每个代币都有特定的面值。在权利变动上，前者是通过转让方和受让方存款账户的登记变动进行的，后者则是通过其他中央银行指定的识别货币转移的形式进行的，具体而言，付款者产生一个数字“签名”，以验证代币所有权的转移，向受让人（收款人）转移所有权。[1]因此，在法律属性上，前者往往被认定为存款债权，后者被视为物权。

根据分析法学的观点，所谓财产，实质上就是指一种法律权利所保护的利益。[2]易言之，财产就是人可支配的合法利益。西梅尔认为，现代社会的货币已成为纯粹的交换功能之载体，作为价值集聚的象征而存在。[3]货币由国家主权进行信用担保，并充当“一般等价物”，发挥价值尺度、交易手段等经济功能。一旦拥有了货币，就等于拥有了开展交易活动的基础与前提。并且，货币流通系本于个人自愿，以平等主体的意思自治为依托。准此以言，既然现金货币显然具备财产属性之资格，等而视之，数字人民币也可以作为私法上的财产。

数字人民币惟同时具备“可支配性”与“独立性”，方可被视作物权之客体。首先，对于“可支配性”而言，通过商业银行提供的数字钱包，用户可以取得对数字人民币的绝对控制，其他未经授权之主体客观上难以侵犯用户的支配地位。其次，数字人民币也应当具有独立性。物权具有对世效力，因为只有当物权的数量被明晰化并彼此独立出来，才能期待第三人了解并且维护这些权利。这一观念在民法中被称为“物权客体特定性”或“确定原则”。每一个承载数字人民币的加密币串都包括了唯一的数字冠字号，因此数字人民币也可以被清晰地界定，并在个体间进行区分。

综上可知，数字人民币可算《民法典》所称之“物”，在具体类型上应属“动产”之列。

---

〔1〕 See Athanassiou, *Impact of Digital Innovation on the Processing of Electronic Payments and Contracting: An Overview of Legal Risks*. ECB Legal Working Paper Series No. 16.

〔2〕 参见王涌：《私权的分析与建构：民法的分析法学基础》，北京大学出版社 2020 年版，第 83 页。

〔3〕 参见［德］西美尔：《货币哲学》，陈戎女等译，华夏出版社 2002 年版，第 121 页。

2. 法律与金融的效果共振。

然而，概念适切并不一定意味着效果妥当。存款货币之所以在法律上被视作储户对商业银行之债权而非物权，虽然具有存款混同而导致物权消灭之考量，但更主要的动因在于其符合现代银行业“信用创造”的技术基础。在现有的金融体系中，客户将现金存于商业银行，商业银行支付储户利息，并将储户存款借贷出去，而借出的贷款存入银行又变成了银行贷款，如此循环实现了信用扩张。按照“存款创造贷款”理论，货币源于银行资产扩张，而贷款是最具代表性的银行资产。由于银行是货币创造的中枢，货币政策操作主要针对银行贷款创造存款货币的行为。[1]现代央行的货币政策工具正是建立在“存款创造贷款”这种金融格局之上。而作为动产的数字人民币则不同：第一，数字人民币依托于央行信用而产生，不同于基于商业银行信用的存款货币；第二，数字人民币与存款货币隔离，并且每个客户存入的数字货币是可识别的，在技术上具备不发生“混同”的条件。[2]因此，不乏学者对于上述“金融脱媒”的可能性表示担忧。例如，国际清算银行的领导小组告诫，中央银行不应使零售存款从商业银行转移到中央银行（它称为脱媒），这可能导致商业银行依赖更昂贵和更不稳定的资金来源。[3]与之相反，基于账户的零售 CBDC 可能会有较低的运营成本，因为货币转移只需通过账面记录即可实现。这就避免了设计和不断更新加密记录的安全性的需要。它对商业借贷的干扰也应该较小，因为消费者将保持存款账户，从而确保存款作为一个相对低成本的资金来源继续存在，银行可以从中获得商业贷款。

笔者认为，将数字人民币视为物权之客体更为可取，理由如下：

首先，数字人民币的物权属性符合 M0 的货币定位，基于物权特征和银行账户松耦合的设计，数字人民币可与现金货币一样，脱网也能实现点对点支付，避免了因没有网络而出现交易失败的问题。如使其归入债权，银行账户或支付账户则必须紧耦合，无法进行双离线交易。采用银行账户松耦合的设计，有助于提升普惠金融服务能力。譬如，对于传统账户服务难以覆盖的偏远地区，以及高铁、飞机等通信网络覆盖不佳的消费场景，公众完全可以依托数字人民币的双离线功能，享受基础性的金融服务。[4]

---

〔1〕 对于货币供给有四种理论，即存款创造贷款理论、货币乘数理论、政府创造货币的现代货币理论、贷款创造货币理论。其中，贷款创造货币理论已经逐渐成为共识。该理论认为，货币源于银行资产扩张，而贷款是最具代表性的银行资产。因此，在现代货币体系下，银行是货币创造的中枢，货币政策操作主要针对银行贷款创造存款货币的行为。参见孙国峰：《货币创造的逻辑形成和历史演进——对传统货币理论的批判》，载《经济研究》2019 年第 4 期。

〔2〕 参见吴云、朱玮：《数字货币和金融监管意义上的虚拟货币：法律、金融与技术的跨学科考察》，载《上海政法学院学报（法治论丛）》2021 年第 6 期。

〔3〕 See cf Mitsutoshi Adachi, et al., *A Regulatory and Financial Stability Perspective on Global Stablecoins*, EuR. CENT. BANK, https://www. ecb. europa. eu/pub/financial - stability/macroprudential - bulletin/html/eb. mpbu202005_1 -3e9aclOebl. en. html.

〔4〕 参见黄国平：《数字人民币发展的动因、机遇与挑战》，载《新疆师范大学学报（哲学社会科学版）》2022 年第1 期。

其次，虽然将数字人民币归入物权可能会削弱商业银行的信用创造能力，从而弱化商业银行对实体经济的信贷支持，导致“狭义银行”[1]的发生。这种担心不无根据，但言过其实。实际上，商业银行应该能够以更广泛的抵押品和更长的期限从中央银行借入 CBDC，额外的 CBDC 流动性将为银行提供稳定和廉价的资金，可用于满足经济中的信贷需求，从而避免信贷冻结和利率飙升。[2]作为一种激励措施，特别是在危机或持续通货紧缩时期，可以根据银行对特定部门（如小企业或绿色项目）贷款量有利的借款条件适用。这种类型的流动性援助在中央银行中并不是什么新鲜事。例如，自 2014 年以来欧洲央行一直在提供有针对性的长期再融资操作，TLTRO 允许向非金融公司和家庭提供更多贷款的银行以更低的利率从欧洲央行借入更多资金。[3]与此同时，商业银行信贷能力的弱化，亦不失为加速金融体系市场化改革的重要助推。发达国家的发展经验均表明，现代以银行为中心的金融体系向市场主导型方向发展系大势所趋。相比证券市场通过投资者自负原则将风险及时释放和消化，银行市场则很可能将风险隐藏和累积起来，“小病不治成沉疴”，“大而不能倒”，再传递给公共财政，最终由全体纳税人为银行经营的失败“埋单”。[4]市场化程度越低，证券公司的负外部性越小，银行业越“大而不能倒”；反之证券业发达的地区，证券公司受束于完善的信息披露机制和健全的信用惩戒机制，被“无形的手”推动，自觉诚信合法经营，而银行业也能强化责任机制，接受市场监督。

最后，如果央行数字货币替代现金，央行可将央行数字货币的利率设为负值，为解决“零利率下限约束”（ZLB）问题提供空间。所谓零利率下限约束，即在利率为零的情况下，当有必要降低利率时，中央银行不能低于零利率。中央银行之所以难以进入负利率状态，主要是由于存在可供财富转移的替代品，如现金。当中央银行将对银行在中央银行的存款实行负利率（储备金利息）时，银行希望通过对存款实行负利率来转嫁给存款人。[5]然而，由于储户可以获得现金，他们可能会从银行存款转向现金以避免负利率。事实上，如果在引入 CBDC 的同时取消现金和其他存款替代品，就可以提高负利率环境下货币政策工具的效率。

---

〔1〕 狭义银行，即实现完全准备金制度，要求商业银行存款（银行的负债）有 100% 的存款准备金（商业银行在央行的存款）支持。在这种模式下，商业银行将其所有存款转存入央行而不能发放贷款实现信用扩张，商业银行只是央行进行货币投放的渠道，所有的信用扩张，都依靠央行扩表来实现。在狭义银行体系下，全部货币都是央行供应的基础货币，没有商业银行通过贷款实现的货币乘数效应。

〔2〕 Arguing that *benign use of monetary prerogatives by the government would be the definition of a monetary regime with no forced tender*, *allowing competitive supply of money*. see Leônidas Zelmanovitz, *The Ontology and Function of Money*: *The Philosophical Fundamentals of Monetary Institutions* 203 –204 (2016).

〔3〕 About TLTROs and their costs and benefits, see Eric Lonergan & Megan Greene, *Dual Interest Rates Give Central Banks Limitless Fire Power*, VOXEU (Sep. 3, 2020), https://voxeu.org/article/dual-interest-rates-give-central-bankslimitless-fire-power.

〔4〕 参见邢会强：《金融法的未来：金融法内部结构之变动趋势展望》，载《法学评论》2022 年第 5 期。

〔5〕 然而国际货币基金组织文件认为，只有“基于账户”的 CBDC 才适合获得报酬。目前来看，由于数字人民币采用双层架构，并不产生对商业银行的存款，更接近于代币型 CDBC。See Bossu et al., *Legal Aspects of Central Bank Digital Currency*: *Central Bank Monetary Law Considerations*, IMF Working Paper 37 (2020).

利息支付取决于商业银行是否取得了资金的使用利益，数字人民币的物权属性决定了用户直接支配数字钱包中的数字人民币，商业银行无从使用或收益数字人民币，也就无须向用户支付数字人民币的利息。相反，由于商业银行为用户开设数字钱包，实质系替用户保管数字人民币，借此可以收取寄存人的保管费。通过收取并调整保管费的方式，实质上可以完成“负利率”的设想。〔1〕换言之，央行数字货币不仅是一种支付工具，还是一种计息资产，它将成为一种新的价格型货币政策工具。〔2〕

3. “占有即所有”的权利归属规则之反思。

既然数字人民币可以被视作《民法典》所规范之“动产”，那么公示手段是否仍应奉“占有”为圭臬？原本适用于现金货币的“占有即所有”之规则是否依然奏效？

在公示手段之选择上，笔者认为仍以“占有”为宜。理由是，一方面，数字人民币通过直接移动数字人民币加密字符串进行价值转移，并不需要银行系统中心服务器对账户余额做相应增减。〔3〕如采纳“登记”生效，就会发生即使“双离线支付”成功，却未在法律上产生权利变动效力的悖论。另一方面，由于分布式账本仅用于对外提供查询访问，交易处理仍由发行登记系统来完成，对发行登记的权属信息进行脱敏后将其异步发布到 CBDC 确权分布式账本中满足公众查询需求。因为登记中心和认证中心的分离，所以其未必符合权利公示的要求。〔4〕

既然如此，是否有必要更新“占有即所有”规则？事实上，涉及货币归属时，“占有即所有”规则被质疑的主要原因在于，其全然排除了当事人意思的决定地位。〔5〕严格来说，“占有即所有”只是概括呈现了现实中现金货币所有权归属的一般样态，即货币占有者通常为货币的所有者。但不可否认的是，现金货币作为动产，仍应以动产物权变动规则为原则性要求。因此，当事人间的具体法律关系而非占有事实才是确定现金归属的关键标准。依德国学者的观点，占有作为动产的公示手段，其中一项功能就是完成权利推定。〔6〕然而，当实际法律关系并不清晰之时，为便利诉讼和降低举证成本，解决名义权利人和实际权利人之间的确权纠纷，“占有即所有”可以在诉讼程序中发挥权利推定的作用。此时法官所作出的判决，就会有利于被推定的一方当事人，而所谓的实体举证责任即案件事实无法查清时“败诉”之危险，则由对方当事人承担。依此思路，数字人民币的权利归属判定亦当以法律关系优先，占有推定为次要手段。即使对于质押或让与担保等由第三人取得对数字钱包的占有的情形，

---

〔1〕 参见李建星：《数字人民币私权论》，载《东方法学》2022 年第 2 期。

〔2〕 参见姚前：《法定数字货币的经济效应分析：理论与实证》，载《国际金融研究》2019 年第 1 期。

〔3〕 参见吴云、朱玮：《数字货币和金融监管意义上的虚拟货币：法律、金融与技术的跨学科考察》，载《上海政法学院学报（法治论丛）》2021 年第 6 期。

〔4〕 参见姚前：《区块链与央行数字货币》，载《清华金融评论》2020 年第 3 期。

〔5〕 参见孙鹏：《金钱“占有即所有”原理批判及权利流转规则之重塑》，载《法学研究》2019 年第 5 期。

〔6〕［德］鲍尔、［德］施蒂尔纳：《德国物权法》，张双根译，法律出版社 2004 年版，第 35 页。

仍应根据具体的法律关系来判断何者对数字人民币享有所有权，“占有即所有”仅在法律关系无法证实之时发生推定效果。

概言之，作为动产的数字人民币，为保证其“双离线支付”的特性，应采“占有”为权利变动之公示；“占有即所有”法则仅在事实不明时具有推定作用，原则上确权判定仍应以实在的法律关系为准。

（二）作为个人信息的身份内含

当涉及保护隐私的安全措施时，中央—商业银行的“联邦制”是否更有效，也是值得反思的。如果基于账户的中央—商业银行是一个完全集中的系统，那么任何安全漏洞都是系统性的，每个人都会受到影响。然而，如果基于账户的CBDC利用商业银行的基础设施和安全措施，那么一家银行的漏洞不一定会出现在其他商业银行（因为安全措施的差异性，漏洞不一定存在于其他商业银行）。[1]

根据《个人信息保护法》第4条第1款的规定，个人信息为“以电子或者其他方式记录的与已识别或者可识别的自然人有关的各种信息，不包括匿名化处理后的信息”。所以匿名程度的高低，直接决定有无权利保障的必要。央行数字货币收集的用户信息少于电子支付，高程度匿名虽有利于防止个人信息泄露，但也导致非法交易处于监管缺位的状态，这显然与数字人民币的“中心化”定位不符。因此，为了满足反洗钱、反恐怖融资及反逃税等风险防范的要求，落实“可控匿名”就成了必然选择，以个人信息为载体的人身权利作为数字人民币权利框架中的潜在要素而存在。

1. 数字人民币中的个人信息属于个人金融信息。

关于个人金融信息的定义，散见于政策性文件和行业规范中，并无法律规定。

根据《中国人民银行关于银行业金融机构做好个人金融信息保护工作的通知》（以下简称《信息保护通知》），个人金融信息是指银行业金融机构在开展业务时，或通过接入中国人民银行征信系统、支付系统以及其他系统获取、加工和保存的个人身份信息、个人财产信息、个人账户信息、个人信用信息、个人金融交易信息、衍生信息、在与个人建立业务关系过程中获取及保存的其他个人信息。《中国人民银行个人金融信息保护技术规范》（以下简称《信息保护技术规范》）则规定，个人金融信息是个人信息在金融领域围绕账户信息、鉴别信息、金融交易信息、个人身份信息、财产信息、借贷信息等方面的扩展与细化，是金融业机构在提供金融产品和服务的过程中积累的重要基础数据。相较可知，上述二者总体上均采用了“列举＋概况”的定义方式，但相比之下《信息保护通知》之列举更加完整周延，将“个人信用信息”和“衍生信息”纳入保护范畴。根据数字人民币发行与流通的技术框架，

〔1〕 Sarah Allen et al., *Design Choices for Central Bank Digital Currency: Policy and Technical Considerations* 9, https://www.nber.org/system/files/workingpapers/w27634/w27634.pdf.

登记中心记载数字人民币的流转信息，认证中心负责认证使用人的身份信息。两者都涉及隐私、个人信息的保管问题，应纳入个人金融信息的范畴加以保护。

2. 数字人民币中的个人金融信息处理规则。

对于个人信息如何利用，在法律层面，《民法典》第1038条第1款规定，“……未经自然人同意，不得向他人非法提供其个人信息，但是经过加工无法识别特定个人且不能复原的除外”。该条确定了“知情—同意”授权机制是信息利用之核心前提。《个人信息保护法》第13条也重申了“知情同意”原则，并在第29条细化为“处理敏感个人信息应当取得个人的单独同意；法律、行政法规规定处理敏感个人信息应当取得书面同意的，从其规定”。在政策性规范层面，对于如何妥善处理金融领域的个人信息有更具体的规范，如《中国人民银行金融消费者权益保护实施办法》要求向个体提供满足格式要求的文件，并取得其单独授权且非以概括授权的方式；《信息保护通知》则要求金融机构满足“知情同意”“业务必要”“显著提示”“必要条款齐备”四项要件。当然，个人金融数据兼具私人性和公共性的特征，这也决定了对于个人金融数据的保护亦存在边界，如《个人信息保护法》第13条第2款规定：“依照本法其他有关规定，处理个人信息应当取得个人同意，但是有前款第二项至第七项规定情形的，不需取得个人同意。”根据《信息保护规范》《信息安全技术　个人信息安全规范》等行业规范，在与履行法定义务、国家安全、公共安全、重大公共利益相关，及通过合法公开披露渠道获取信息等情形下，共享个人金融信息无须个人授权同意。上述规定建构起了个人金融信息的规制框架。

目前，为了应对一些互联网平台过分追踪与收集用户“数字足迹”特别是各类金融信息的问题，数字人民币推出“子钱包”这一功能。当使用数字人民币在电商平台支付时，用户可以在母钱包下开通子钱包，用户的支付信息将被打包加密处理。同时，数字人民币钱包采取分层管理，开立四类数字人民币钱包不用绑定银行卡，仅凭手机号码便可实现。[1]根据《网络安全法》《个人信息保护法》等的规定，电信运营商不得随意将手机号对应的客户信息披露给包括人民银行在内的第三方，因此用手机号开立的四类钱包实际处在匿名状态。这些措施都起到了良好的个人信息保护效果。但是，仍旧缺乏针对数字人民币监管机关保护隐私、个人数据的专门法律规定，未来应立足于既有的个人金融信息的规制框架，确保隐私安全，保障个人信息不被滥用。

---

〔1〕个人数字人民币钱包被分为四类，根据不同的办理要求在交易限额上各有不同，例如仅需绑定手机号的四类钱包余额上限为1万元，单笔最高支付限额为2000元；在后续绑定身份证信息以及银行账户后，则可依次升级为三类钱包到一类钱包。其中单笔支付限额为5万元，余额上限为50万元的一类钱包需要在运营方机构现场面签。

四、数字人民币的规范路径

（一）基于物权逻辑的“法偿性”之解构

根据《银行法意见稿》的相关规定，数字人民币与现金货币具有的同等的“无限法偿性”，任何人不得拒收数字人民币。然而，在保障数字人民币流通的基础设施和市场观念尚未更新到位的前提下，过于刚性的“法偿性”要求不仅脱离现实，更存在剥夺民众现金法币使用权的可能，客观上面临侵蚀主权国家货币信用的风险。在第三方支付如“支付宝”等支付工具占据移动支付市场主流的今天，“数字人民币”之推广仍有待从消费习惯和硬件普及两方面入手，徐徐图之。否则，盲目推行“无限法偿性”之安排，势必会因现实阻力而导致规范目的落空，推高整个社会的货币流通成本，对货币流通的安全性构成挑战。[1]

当下的数字人民币实践，在特定场景下效果显著，取得了良好的社会反响。数字人民币的支付路径结合智能合约技术可以被预设、追踪，从而达成穿透支付的效果，可以支持“专款专用”。这不仅可以运用于农民工工资支付场景，保障工资不被分包企业截流、挪用，在精准扶贫、专项消费刺激、定向工程项目等方面也大有可为。[2]在数字人民币（试点版）App 9 月 7 日更新的 1.0.13 版本中，“服务”页面新增“元管家”功能。基于“元管家”的预付消费资金将以数字人民币的形式由运营机构管理，在实际完成消费后被划转给商户，这将有效防范预付资金类商户挪用资金。不止如此，在财政补贴、科研经费等定向支付领域，数字人民币智能合约还能够起到监测支付用途的作用，进而提升政府资金使用效率。根据人民银行有关负责人的观点，目前数字人民币智能合约已经在政府补贴、预付资金管理等领域被成功应用。随着底层平台和相关制度安排的逐步完善，其将在更大范围内加速落地。[3]

由上述内容可知，虽然目前暂不宜对数字人民币铺开“无限法偿性”的法律安排，但可以对部分场景中的支付手段作出强制要求，在预付消费、政府补贴、农民工工资发放等场景下作出“法偿性”的要求。有学者指出，可以对人民币的法偿性增设“法律、行政法规另有规定以及双方当事人另有约定的除外”这一例外规定，并在《人民币管理条例》中除“合意排除”法偿性之外，列举“单方排除”的情形，对于数字人民币之使用又仅可在“以正当合理的理由不使用人民币，且已充分告知他人”这一情形下适用“单方排除”。[4]笔者认为，上述规定过于烦冗。考虑到现金货币日趋边缘化的问题，强制现金货币的接受虽有意

---

〔1〕 参见柯达：《论我国法定数字货币的法律属性》，载《科技与法律》2019 年第 4 期。

〔2〕 参见《数字人民币“元管家”来了，可用于防范商户卷走预付金跑路》，载 https://baijiahao.baidu.com/s?id=1743398278200253581&wfr=spider&for=pc，最后访问日期：2022 年 11 月 14 日。

〔3〕 参见穆长春：《数字人民币：隐私与安全的平衡之道》，载《当代金融家》2022 年第 9 期。

〔4〕 参见柯达：《货币法偿性的法理逻辑与制度反思——兼论我国法定数字货币的法偿性认定》，载《上海财经大学学报》2020 年第 6 期。

义，但《民法典》第514条对此已有具文明确：金钱之债的支付方式，以意思自治为主，实际履行地法定货币偿付为辅。[1]这一法条实际上可以满足国内对于现金货币的“法偿性”需求。因此，无论是数字人民币还是现金货币，另行对“无限法偿性”作出规定并无实益，今后央行法仅需对特定场景下数字人民币的“法偿性”作出强行性规定即可。

（二）基于物权逻辑的财产保护机制之完善

纵览货币发展史，目前为止的所有货币本质上都是基于信任（fiduciary）而存在。社会依托于货币建立稳定的制度安排，其允许发展出信任关系，从而确保未来货币依然受到尊重。从这个意义上说，货币的历史是一部信任的历史，这种信任不仅出现在个体之间，也存在于个体与整体社会之间。[2]因此，数字人民币迥异于以“去中心化”为核心旨趣的加密货币之处在于，信任的对象是作为国家机器的中央银行，而非区块链下各个分散的节点。因此，发行数字形态主权货币的行为，从一开始就被深刻地打上了捍卫货币主权的烙印。[3]

由于用户对数字人民币拥有的财产权利被视为私法上的“动产物权”，其对数字人民币的信任不再来自金融中介，而直接来自中央银行。这体现的是货币拥有者和央行之间的关系，而不再是与金融中介的关系。央行能对数字人民币的流通和交易信息进行精准监控，而运营机构则提供服务及技术支持。有学者指出，法定数字货币的权利人可能因系统故障、系统受到恶意侵害等原因受到损失，且这些损失原因往往都是可被溯源的。[4]因此，本于货币信任和流通机制，如发生数字人民币因重大基础设施故障而灭失或被第三人窃取等事故时，除非能够证明是用户本人故意或者重大过失，否则应由央行和相关商业银行、互联网平台共同承担连带责任，其主体责任可以按过错比例分担。如系第三人侵权所致，应由央行等机构承担第一性的赔偿责任，之后再行追偿。鉴于数字人民币的物权属性，其可能作为债务人的责任财产而面临保全和强制执行的现实需求，故立法机关有必要明确数字钱包查询、冻结、扣划的法律条件，针对违法处置数字人民币的行为建立处罚机制。

（三）基于个人信息权的数据利用之规制

数字人民币的到来大大增加了消费者的隐私风险：消费者身份将与每笔交易相关联，以

---

〔1〕《民法典》第514条：“以支付金钱为内容的债，除法律另有规定或者当事人另有约定外，债权人可以请求债务人以实际履行地的法定货币履行。”

〔2〕参见［加］马尔科姆·坎贝尔－韦杜恩主编：《加密货币区块链与全球治理》，曾森等译，法律出版社2022年版，第29页。

〔3〕通过“招募”（通过颁发银行执照）私人股东和管理者运营银行，把扩张货币供应的职能外包给私人主体，满足人民交易和经济发展的需求，就成为各国银行业体系的主要生成结构。这一视角下，银行系统的角色不仅仅是金融中介，更重要的角色是创造货币，代表政府扩张货币供应。See Lev Menand, *Why Supervise Banks? The Foundations of the American Monetary Settlement*, 74 Vanderbilt Law Review 951 (2021).

〔4〕参见刘少军：《法定数字货币的法理与权义分配研究》，载《中国政法大学学报》2018年第3期。

提供整个数字金融系统的完整大数据图景。[1]考虑到隐私侵犯绝大多数是在后台进行的，普通用户极难知悉、取证、索赔。而法定数字货币体系建立后，所有人的消费习惯、行踪轨迹甚至工作生活的方方面面都将处于系统监控之下。[2]但同时，直接访问财务记录也可以帮助政府遏制逃税和监控货币支出。如何规制央行的权力，尚付阙如。笔者认为，应从以下两点予以完善。

第一，通过数字人民币收集个人信息时应遵守《个人信息保护法》等法律法规及行业规定，明确涵盖 CBDC 将收集的数据类型以及参与发布和管理支撑 CBDC 系统的官方机构，只收集与处理和目的直接相关的必要个人信息。[3]

以美国为例，为金融机构建立数据隐私标准的最重要的联邦法律是《格雷姆－里奇－比利雷法案》（Gramm Leach Bliley Act，GLBA），也是未来能够直接适用于央行数字货币中数据保护的法律。GLBA 适用于"金融机构"，规定了"尊重客户隐私"和保护客户"非公开个人信息"的积极义务。[4]其中，"非公开个人信息"的定义是消费者向金融机构提供的，或由金融机构与消费者的任何交易或为消费者提供的任何服务产生的，或金融机构以其他方式获得的个人可识别金融信息。[5]换句话说，消费者可能期望金融机构（如银行）保护其明确提供的任何个人信息（如姓名、出生日期、地址、收入信息等）以及与银行交易相关的信息。金融机构必须提供隐私和退出通知，以告知客户数据隐私政策，并为个人提供选择退出金融机构与"非关联第三方"共享信息的机制。金融机构还必须安全可靠地维护客户数据。

然而，GLBA 不要求金融机构保护不受该法案保护的消费者数据。这包括从访问者或非客户那里收集的网站上的信息，包括"行为生物特征数据"。行为生物特征数据包括击键和网页导航数据以验证用户的身份，此类数据可以创建唯一的用户配置文件，以识别未提供 GLBA 涵盖数据的用户。此类数据目前被金融机构用于欺诈检测以突出异常的行为。[6] CBDC 数据可以提供类似的"用户档案"，由使用数字现金构建的所有用户交易。此类数据将包含受保护和未受保护数据的混合。如果数据目前不受 GLBA 保护，金融机构可能没有动力保护用户数据。在我国的个人金融信息保护中，同样存在对于消费活动中产生的各类个人信息保护不够周延的问题。因此，应对个人金融信息的内涵进行修订，以包括使用 CBDC 时

〔1〕 See Brandon Van Niekerk, *Central Bank Digital Currencies: A Technocratic Fallacy*, Bitcoin Mag. (Oct. 17, 2021), https://bitcoinmagazine.com/culture/central-bank-digital-currencies-bitcoin.

〔2〕 参见袁曾：《法定数字货币的法律地位、作用与监管》，载《东方法学》2021 年第 3 期。

〔3〕 See Meredith E. Bock, Note, *Biometrics and Banking: Assessing the Adequacy of the Gramm-Leach-Bliley Act*, 24 N. C. BANKING INST. 309, 321-322 (2020); California Consumer Privacy Act of 2018, CAL. CIV. CODE § 1798.140 (b) (West 2018).

〔4〕 15 U. S. C. § 6801 (a).

〔5〕 15 U. S. C. § 6809 (4) (A).

〔6〕 See Fara Soubouti, Note, Data Privacy and the Financial Services Industry: A Federal Approach to Consumer Protection, 24 N. C. BANKING INST. 527, 528 (2020).

将收集的数据类型。

第二，有必要明确监管机关的个人信息保护权限和责任。尽管个人可以自由选择是否使用零售 CBDC，但监管机关可支配的权力可以用来控制个人行为，并有效地将零售 CBDC 作为侵犯公民自由的权威工具。按照现有技术框架，登记中心与认证中心间应设置信息隔离机制，避免双方信息被随意关联。[1]如存在反洗钱、打击恐怖活动融资等现实需求，上述隔离机制亦不妨碍国家机关取得关联信息以实现特定的执法目的。因此，对于信息同步的主体、条件、流程、使用范围以及法律责任应当加以规定。

由于各行政机构划分了自己的职责范围，从而确定了各类数据用途的兼容性，相关的隐私保护框架应定义零售 CBDC 记录的允许用途，以提供有关日常使用的参数。美国的《金融隐私权法案》（Right to Financial Privacy Act，RFPA）就程序保护提供了相关指导，这些程序保护可以增强其《隐私法》规定的当前披露保障措施。例如，根据 RFPA，从金融机构寻求客户财务记录的政府机构必须获得以下其中一项：客户授权；行政传票；搜查令；司法传票；正式的行政书面请求。[2]对于未经授权使用、披露和访问 CBDC 记录，应实施比《个人信息保护法》等现行法更严格的责任规定。此外，中央银行应向 CBDC 用户提供有关其信息使用的实际通知，如出于监管目的的信息共享的性质和程度。[3]对 CBDC 记录实施分层访问也是一项创新的在金融监管和个人隐私之间取得适当平衡的可能做法。具体而言，可以设置政府访问个人记录的程序要求和常规使用的例外，采用分层访问方法对数字人民币中的数据进行披露。例如，如果政府实体以合法的执法目的寻求个人信息，分层访问机制将为执法活动有效提供必要的灵活性，从而提升执法行为的合规性。

五、结语

考夫曼认为，对于具体的生活事实而言，只存在一种法：具体的、历史的、实证的。同样的，任何从直观的生活中抽取而出的法律概念，绝非只停留并固定在它们原有的直观的意义上，而是不断地经历一种“目的论的改造”，或者说，这些概念都表现了制定法趋于演替的“意义成分”。固然脱离具体的经验事实无法得出法律结论，但“单纯从事实中可以证立法律”的见解也不啻于一种妄想：价值性不能单纯从经验事实中萃取出，预先的评价性观点也必不可少。法律的制定与适用，既应基于“存在”诠释和更新“当为”，也须立足“当为”映射并改造“存在”。

---

〔1〕 参见李建星：《数字人民币与法律体系革新》，载《中国社会科学报》2021 年 8 月 31 日，第 2 版。

〔2〕 See The Right to Financial Privacy Act，EPIC，https：//epic. org/privacy/rfpa/#：text = The% 20reaction% 20to% 20the% 20Supreme，records% 20maintained% 20by% 20financial% 20institutions.

〔3〕 Nerenda N. Atako，Note：Privacy Beyond Possession：Solving the Access Conundrum in Digital Dollars，23 Vand. J. Ent. & Tech. L. 821.

准此以言，与其说数字人民币的出现因应数字时代的到来这一事实，不如说数字时代的到来形成了对既有的货币流通与监管模式的挑战，从而在法律与金融的领域内引发了基于规范要求的理论与实践的变革。这一切，都不只是纯粹的“事实的力量”的产物，其背后离不开作为“力量的事实”之推动——主权国家追求金融发展与监管目标的法制动力。例如，从普惠金融的角度上看，在现金可能消失的情况下，数字人民币可能是连接位于不存在银行的偏远和边缘地区的企业和人民的唯一可行选择。〔1〕又如，在包括私人发行的电子货币和数字货币在内的支付手段激增的经济背景下，中央银行可能有兴趣借助 CBDC 实现其在货币政策和金融稳定方面的目标。〔2〕再如，通过使用中央银行（一级）或商业银行（二级）收集的交易数据，国家将获得打击洗钱、逃税和恐怖分子融资的有力工具。然而，曾经央行的货币权力，体现在通过使用现有支付系统的结构来管理信息和资金的流动，银行充当市场参与者和中央银行之间的渠道，支付系统是中央银行在法定货币制度下管理货币供应的主要工具。〔3〕随着数字人民币的诞生，“存款产生贷款”的信用创造能力不再被奉为银行业“颠扑不破之铁律”，我国未来的金融格局将为之改变，数字人民币中嵌入的个体之财产和人身权利，其得丧变更之逻辑亦当反思。

综上，意图解决数字人民币所涉及的法律问题，应当立足宏观金融布局，搭建监管体系的同时，亦须着眼微观权利架构，协调不同主体间的利益平衡，方能为数字人民币的有序运行保驾护航，助力金融法制事业长远目标之实现。

〔1〕 See Christine Lagarde, *Winds of Change: The Case for New Digital Currency*, IMF (Nov. 14, 2018), https://www.imf.org/en/News/Articles/2018/11/13/sp111418-winds-of-change-the-case-for-new-digital-currency.

〔2〕 See BEN S. C. FuNG & Hanna Halaburda, *Bank of Canada Staff Discussion Paper*, *Central Bank Digital Currencies: A Framework for Assessing Why and How*, 2-3 (Nov., 2016), https://ssrn.com/abstract=2994052.

〔3〕 正是通过支付系统，中央银行才能控制银行在货币创造和流通方面的所作所为。只有在银行存款的转移最终结算在银行在中央银行的储备账户中时，中央银行才能收集有关银行交易量的信息。只有在所有银行存款转账的最终结算都使用电子准备金的情况下，中央银行才能对银行的货币交易量施加一定程度的控制。由于电子储备是一种只有中央银行才能发行的货币，中央银行可以通过限制银行可用的电子储备量来限制银行创造和交换更多货币（银行存款）的能力。Marcelo M. Prates, Money in The Twenty-First Century: From Rusty Coins to Digital Currencies, 15 Ohio St. Bus. L. J. 164.

企业数据产权可出资性研究

汤哲智*

进入21世纪以来，随着信息技术产业的迅猛发展，数据逐渐成为一类新的生产要素。中国信息通信研究院提出了我国数据价值化的“三化”发展框架，即数据资源化、数据资产化、数据资本化，高度凝练了我国数字经济的发展进程和前进方向。当前，我国的数字经济发展正处于数据资产化阶段，随着数据流通与交易的实践日趋成熟，数据资本化也必将在不远的将来提上议程。因此，对于企业数据产权可出资性的研究具有重要的前瞻性价值。

一、数据产权出资的可行性

（一）无形资产资本化——出资形式沿革的历史逻辑

在经济全球化与国家竞争的时代背景下，出于增强企业国际竞争力的迫切需要，各国在商事立法中纷纷软化强制性规则，拓展企业的自治空间。正如赖源河教授所言：“公司法之根本目的在于顺应时代之变化，以建立有效经营之组织。对此，需要调和公司之私益性与公益性之冲突，并寻求公司自治与公司监控之竞争性平衡。”[1]

出资形式的多样化代表着组建公司的灵活性和自由化。除了传统的货币出资形式，现物出资正发挥越来越重要的资本筹措功能，其形式亦随着科技的进步不断多元化。从公司的经营性特点出发，主流观点认为，一切可满足公司经营需要

---

* 汤哲智，任职于华东政法大学经济法学院。

〔1〕 赖源河等：《新修正公司法解析》，台北，元照出版有限公司2002年版，第1页。

的财产皆可用于出资。

随着公司资本制度改革的深化和资产信用理念的兴起，现代公司法一般都明确了发行股份的对价可以是任何有形财产和无形财产，包括对公司提供的利益。例如，美国标准公司法就规定了股东可以以任何有形或者无形财产作为出资标的，甚至包括期票、已履行劳务、将来提供服务的合同，[1]概言之，除现金出资以外，举凡可以用货币估价，并具有可转让性的财产或财产性利益均可以作为股东出资的财产。[2]日本《公司法典》第 28 条规定股东可以以金钱之外的财产出资。[3]《德国股份法》第 27 条第 1 款规定了实物设立，即允许实物出资或者约定有实物接收。实物出资指所有不以金钱形式进行的出资；实物接收指设立人约定，股份有限公司有权利从一个设立人或第三人处以支付不是以股份形式存在的对价为条件，即有偿地获得一个财产价值。适合作为实物出资的标的应该具有可确定的经济价值，可以作为出资的包括不动产、债权、专利、著作权甚至是使用权，甚至可以为获得股份而将整个企业投入进来。[4]

综观我国公司资本制度的不断修正，1993 年《公司法》为了严格贯彻资本三原则，对出资形式通过明确列举的方式予以限制，[5]同时设立了严格的资本审查制度。2005 年《公司法》顺应了扩大出资形式的实践需求与发展趋势，采取列举与兜底条款相结合的模式，将可以用于出资的“工业产权、非专利技术”扩张为“知识产权”，并规定了股东“可以用货币估价并可以依法转让的非货币财产”作价出资这一概括性兜底条款，实质性地扩张了股东以非货币财产出资的范围，适应了知识经济时代公司对知识和技术等无形资产出资的迫切需求。

对于现物出资标的物的适格性要件归纳，主要存在“四要件说”（日本）与“五要件说”（瑞士），其中，以“四要件说”最为典型。根据志村治美的归纳，非货币财产出资的标的物须满足以下四个要件：[6]第一，标的物的确定性。指标的物应当是客观存在、明确的且可以特定化的，以便在公司章程中明确地记载该出资物的类型、内容、数量、价格以及对应股份的种类、数额等情况。第二，标的物的价值性。指出资标的物必须具有财产性价值。

---

〔1〕 美国标准公司法 MBCA 6. 21（b）规定，股东的出资可以是任何有形或者无形财产或者利益，包括现金、期票、已履行劳务、将来提供服务的合同或者其他公司证券，依美国学者解释，无形财产包括专利权、专利权使用权、商标权、矿业租赁权、采油租赁权等。

〔2〕 参见施天涛：《公司法论》，法律出版社 2018 年版，第 182 页。

〔3〕 参见《日本公司法典》，崔延花译，中国政法大学出版社 2006 年版，第 12 页。依日本学者的解释，这里的“其他财产”包括动产、不动产、矿业权、专利权和著作权等无形财产权、动产和不动产的使用收益权、国债权、公司债、可转让的股份。

〔4〕 参见［德］格茨 · 怀克、［德］克里斯蒂娜 · 温德比西勒：《德国公司法》，殷盛译，法律出版社 2008 年版，第 365 -488 页。

〔5〕《公司法》（1993）第 25 条第 1 款：股东应当足额缴纳公司章程中规定的各自所认缴的出资额……以实物、工业产权、非专利技术或者土地使用权出资的，应当依法办理其财产权的转移手续。

〔6〕 参见［日］志村治美：《现物出资研究》，于敏译，法律出版社 2001 年版，第 134 页。

价值性包含价值的现存性和实益性两个方面，实益性指出资财产必须能为企业带来现时的和将来的收益。第三，标的物的评价性。指出资财产的价值能够以科学、客观、合理的标准与方式被评估。第四，标的物的可转让性。指标的物在法律上的可交付性，涉及股东出资义务的履行，出资标的物不能存在法律禁止或者限制转让之负担。我国《公司法》将“四要件说”加以凝练，形成了以“财产性、可转让性、可估值性”为标准的“三要件说”。

作为出资形式演变历史逻辑的延续，对于数字经济时代无形资产的新客体——数据产权，法律又是否应当允许其作为一类新兴的出资形式呢？本文所述数据产权出资，指在公司设立或增加资本时，发起人或认股人为取得股权，根据协议约定或者法律规定，向公司交付数据资产的法律行为。笔者也将以我国《公司法》所体现的“三要件说”为基础，对数据产权可出资性展开论证。

（二）数据资产资本化的社会需求

数字经济时代，我国不仅拥有百度、阿里、腾讯这样的巨型互联网企业，还拥有数量庞大的互联网中小微企业以及个人创业者，这些市场主体手中巨量的数据资源存在资本化利用的巨大潜力，且各方都面临以数据产权出资、入股的庞大需求。数据的价值在于利用。坚持“数尽其用”原则，最大化开发数据要素资本化应用价值，在宏观经济上能起到助力资本深化的作用。数据产权资本化制度的确立，不仅将激励企业不断更新技术，持续供给更高质量的数据产品服务，还将使数据出资人在公司的发展决策中享有更大的话语权，进而促使数据产业在社会经济发展中发挥更大的影响力。数据产权出资制度不仅将调动市场主体积极投身参与数字经济，还能促进数字化产业升级和企业经营发展，更高效地驱动数字经济与实体经济融合发展，进而实现全产业数字化水平的提高。

二、数据的财产属性与权属

（一）企业数据财产属性与权属的论证

1. 数据产权制度建构的主要争议。

数据的权属认定是数据流通与利用的逻辑前提。由于在当前的法律体系内缺乏清晰的界定，数据产权制度的构建也仍处于探索阶段，学术界围绕数据的性质和数据权属的分配众说纷纭。数据权属及其权益分配规则成为了全球数据治理的一大难题，也已成为数字经济发展的最大制度障碍。

欧盟《通用数据保护条例》（General Data Protection Regulation，GDPR）将数据权利主体定义为包括数据控制者、数据处理者在内的众多数据利益相关者。[1]针对数据权属问题，

---

〔1〕 See European Union，*General Data Protection Regulation*，https：//gdpr－info. eu/.

传统隐私权倡导者认为，数据产业者对于数据的赋值，建立在对个人信息获取的基础上，企业对原始数据的控制与使用必然会导致人格权益被侵犯。部分学者更是坚定地认为："个人信息、个人数据与企业数据是高度同源的，故企业控制了个人数据就等同于控制了个人隐私，交易数据就是在交易隐私。"其主张基于人格权的专属性和不可交易性，即便数据具有财产属性，法律也不宜将其作为一类财产予以对待，否则必将产生贬损自然人人格意义的危害。然而这种观点显然站不住脚。首先，这种观点无法解释人格权商品化的普遍现象，随着市场经济的发展，人格权逐步延伸出财产性功能，随着人格权益财产评价机制的完善以及大众对于精神权利的愈发重视，人格权的商业利用价值越来越大。例如，在实践中，一些名人将姓名、肖像许可于他人有偿使用的现象并不少见。

因此，多数学者对于数据赋权持积极态度。吴沈括表示，考虑数据要素市场的建设需要，赋予企业数据相应的财产性权益是正当的。对于个人而言，企业在原始数据采集的过程中，针对控制权"支付"的对价就是个人基于原始数据财产权益而获得的收益。〔1〕高富平认为，只要企业采集、利用个人信息具备合法性基础并遵守数据安全规定，同时不侵犯个人的隐私利益，就可以以任何非识别方式开发利用个人信息——用户更在意"掌控数据命运的能力或是得到尊重、选择的权利"。〔2〕数据作为新的生产要素，数据立法应当保护市场主体对数据的获取权，确认数据生产者价值创造的合法权益。申卫星表示，传统框架下对企业数据的保护是通过合同债权的方式实现的，难以促进数据的充分利用与流转，因此，必须通过数据立法，明确数据原发者和数据处理者之间的权利界限，将数据列为法定的财产权客体进行保护，增强数据财产的独立性。〔3〕

目前，数据的权利性质及归属如何认定、数据利益如何分配等问题均有待解决，否则会在一定程度上制约数据资源的公平合理利用以及数据要素市场发展。

2. 数据的定义与特性。

数据权是信息技术和网络技术发展过程中出现的一种新权利，其产生的根源是国家、企业、个人在新一代信息技术的冲击下逐渐虚拟化和数字化。我国《数据安全法》将数据定义为任何以电子或者其他方式对信息的记录，同时，将数据处理概括为对数据的收集、存储、使用、加工、传输、提供、公开等行为的总和。就人类的行为及活动而言，一般意义上的数字、文字、声音、图像、视频、光电信号等，经编码后都可被视为数据。〔4〕数据法学界主流观点认为，单一的数字或代码作为毫无意义的数字符号并无价值，只有经加工、处理、分析等智力劳动添附才能形成数据价值。因此，具有规律性和价值性的特定数据集才能成为数据

〔1〕 参见吴沈括、沈春蕾：《大数据时代如何保护隐私安全》，载《中国科学报》2020 年 5 月 14 日，第 7 版。
〔2〕 参见王玉林、高富平：《大数据的财产属性研究》，载《图书与情报》2016 年第 1 期。
〔3〕 参见申卫星：《论数据用益权》，载《中国社会科学》2020 年第 11 期。
〔4〕 参见中国资产评估协会印发的《资产评估专家指引第 9 号——数据资产评估》。

产权的客体。

我国《民法典》第111条与第1034条明示了个人信息保护的一般条款；第127条对数据的法律保护进行了表态，同时，从其将数据与网络虚拟财产并列表述可探知立法者对于数据财产属性的认可，同时又作了有意的立法留白。

我国《个人信息保护法》第4条明确了个人信息指与可识别的自然人有关的各种信息，不包括匿名化处理后的信息；[1]第73条明确匿名化、去标识化是指使个人信息无法识别至特定自然人的处理过程。[2]主流观点认为，“不包括匿名化处理后的信息”是各国立法采纳的个人信息与数据并非同一客体的态度。数据特指“去人格化处理后的信息”，即个人信息经去标识化、脱敏化等数据处理行为，产生的不具备识别至自然人个人身份能力且不能可逆复原的特定数据集合。个人信息属于人格权益范畴，而数据属于财产权范畴。个人信息权益强调内容，力求防范个人信息或隐私被泄露和滥用；数据权益则侧重于形态，其保护的是企业对于数据占有、使用的状态。[3]

3. 企业数据产权的客体。

广义而言，数据所承载的信息和价值既涉及人格属性又涉及财产属性。对于企业数据，主要包括企业自身经营所掌握的、不包含人格属性的非个人数据和从网络用户处收集、数据中介处获取的，包含人格属性的个人数据两类。[4]从个人信息保护层面出发，非个人数据因不涉及人格属性而不存在权属争议，不在本文的论述范围（笔者认为原始非个人数据应由社会共享而不适用先占原则，衍生非个人数据因其财产价值源于数据产业者对其的加工处理，因而其产权宜归于数据产业者）；个人数据则因涉及人格属性与财产属性，具体可以分为企业经明示授权或默示许可而合法收集到的原始个人数据，以及经过去人格化加工处理后所得的衍生个人数据。[5]具体而言，原始数据泛指一切具有人格属性的数据，其来源包括个人信息，以及虽经初步加工但尚未完成去人格化的个人数据。[6]衍生数据则是指在原始数据的基础上，通过“去人格化”[7]算法处理形成的可再生数据，已不具备识别至特定原始身份主体的能力，故对该类数据的利用不会侵犯原始数据主体的个人信息权及隐私权，继而深化了衍生数据的财产属性。[8]

---

〔1〕《个人信息保护法》第4条：个人信息是以电子或者其他方式记录的与已识别或者可识别的自然人有关的各种信息，不包括匿名化处理后的信息。

〔2〕《个人信息保护法》第73条第1款第3项、第4项：（三）去标识化，是指个人信息经过处理，使其在不借助额外信息的情况下无法识别特定自然人的过程。（四）匿名化，是指个人信息经过处理无法识别特定自然人且不能复原的过程。

〔3〕参见梅夏英：《企业数据权益原论：从财产到控制》，载《中外法学》2021年第5期。

〔4〕参见杜振华、茶洪旺：《数据产权制度的现实考量》，载《重庆社会科学》2016年第8期。

〔5〕参见魏远山：《我国数据权演进历程回顾与趋势展望》，载《图书馆论坛》2021年第1期。

〔6〕参见杨立新：《衍生数据是数据专有权的客体》，载《中国社会科学报》2016年7月13日。

〔7〕“去人格化”算法包括数据加工、数据清洗、数据分类与聚合、数据脱敏与匿名化等数据处理方式。

〔8〕参见刘双阳、李川：《衍生数据的财产属性及其刑法保护路径》，载《学术论坛》2020年第3期。

综上，为明晰研究边界，本文讨论的“数据资产”仅指上述个人数据中的衍生数据（对于“非个人数据”因不涉及争议在所不问），将企业对原始数据一系列的加工处理流程统称为“数据资产化”。[1]同时，本文的研究对象也仅限于衍生数据的可出资性论证，对于涉及人格属性的原始数据出资问题不予探讨。

4. 数据的资产化与财产属性。

2015 年，国务院发布的《促进大数据发展行动纲要》指出，大数据正引领着新一轮的产业革命与科技创新，正逐渐成为国家的基础性战略资源。人工智能、大数据、云计算、区块链等技术的蓬勃发展，又为数据的资产化提供了前提。

数据资产是与数据有关的一切财产性权益的总和。数据资产的提法最早出现于 20 世纪末，Michael L. Gargano 和 Bel G. Raggad 共同发表的论文中。[2]大数据概念提出后，“大数据是数据资产”的提法越发常见。[3]新兴的数据交易所更是在交易范围中明确了“大数据资产”的提法。[4]

通过对数据资产化相关文献的研究，同时参照官方文件对数据资产的定义[5]，可以将数据资产定义为原始数据经资产化过程所形成的资产，具体指在企业合法生产运营活动中形成的，为企业所拥有并控制的，在数据收集、加工处理、存储、传输和应用全过程中可控的，并能为数据经营者带来经济利益的电子数据集合。

根据前文的定义，个人数据包含原始数据与衍生数据，其中，原始数据难以作为资产化的客体。首先，原始（个人）数据系指向特定自然人的特殊数据，体现了原始数据主体的人格利益，具有专属性和隐私性，承载着数据主体的人格尊严，若将原始数据视为法律上可以交易的资产则存在法律伦理风险。其次，从法经济学角度出发，原始数据作为个人信息的集合，其低门槛性、非排他性和无穷性等特征使之达不到垄断性质的财产权益所需具备的独占性、排他性和稀缺性要求。相较而言，衍生数据则具备资产的特征。将原始数据通过收集（往往表现为通过知情同意原则获取原始数据主体的使用许可）、挖掘、加工、处理（包含去标识化、脱敏化、匿名化等数据清洗过程）、存储、计算、传输、挖掘分析、安全管理等过程打造为衍生数据，以上整个过程即数据的“资产化”——这也正是数据产业者通过“劳动财产权”理论获取数据财产性权益的正当性前提。

经数据资产化而形成的衍生数据在形态上往往表现为数据产品或数据服务。

---

〔1〕 包括数据过滤、清洗、聚合、脱敏、匿名化等在内的数据处理行为。

〔2〕 See Michael L. Gargano & Bel G. Raggad, *Data Mining – a Powerful Information Creating Tool*, OCLC Systems & Services, 1999, 15 (2), p. 81 –90.

〔3〕 See Tambe, Prasanna & Big Data Investment, *Skills and Firm Value*, Management Science, 2014, 60 (6), p. 1452 –1469.

〔4〕 贵阳大数据交易所 702 公约。

〔5〕 参见《商业银行数据资产估值白皮书》《资产评估专家指引第 9 号——数据资产评估》。

当前，虽然在物权法定原则下无法直接确认数据产业者对于其生产的数据产品依法享有财产所有权，但可以从经济和法律两个层面对其财产属性进行分析论证。首先，从经济性角度看，成为一项财产应具有相应的经济价值。数据产品可以金钱作为对价而转让且可产生金钱上可计算的经济收益，具备交换价值；对于数据产品的使用者而言，可凭借该产品获取有益的商业信息，据此提高经营决策水平，具备使用价值。其次，从特定性角度看，财产必须具有明确的边界与内容，以便实现交易的确定性、可计算和可预测的要求。对此，区块链及隐私计算技术赋予了数据产品相对独立性，使数据产品的内容完全可以被界定和控制，保证其能够在市场中被自由交易，符合财产权可转让性、可分离性的要求。最后，从排他性角度看，数据产品系开发者“去人格化”加工处理后形成的衍生数据，开发者及使用者可以通过排他性占有、使用、处分行为获取收益，其他主体无权干涉。综上，数据产品凝结了人力、物力和财力的付出，具有可被占有、使用、收益、处分的财产权属性，不仅符合法律上对于财产权的定义，而且满足财产权化的经济学分析。

根据《企业会计准则第 6 号——无形资产》第 3 条、第 4 条、第 9 条对无形资产的定义，显然，将经“资产化”过程的企业数据纳入无形资产的范畴并不存在明显障碍。此外，中国资产评估协会通过的《资产评估专家指引第 9 号——数据资产评估》更是将数据资产作为一类新型资产对其价值评估方法予以了确定。

根据马克思的劳动价值论，商品的价值来源于两个方面，一是生产者通过劳动从生产资料处转移的价值，二是劳动本身创造的新价值。企业数据价值的证成也是同理。在对原始数据加工处理的过程中，投入的劳动本身作为注入的价值也应当获得法律的承认和保护。从实践角度看，数据已可作为交易对象在数据交易平台进行交易，其财产属性与财产价值已然被社会接纳与承认。

（二）财产属性与权属论证的法理基础

高富平[1]、陆小华[2]、齐爱民[3]分别从不同视角提出并构建了信息财产权理论，认为大数据是随着信息技术发展而出现的一种新型财产权客体。

信息财产权理论将信息财产定义为，“固定于一定载体上并能够服务于生产生活需要的信息”，具有确定性、可支配性、独立性、价值性和稀缺性等特征。[4]在国际上，美国联邦贸易委员会将收集消费者个人数据并转售或与他人共享的市场主体专门定义为“数据经纪人”（data broker）。[5]2021 年出台的《深圳经济特区数据条例》和《上海市数据条例》两部

---

〔1〕 参见高富平：《信息财产——数字内容产业的法律基础》，法律出版社 2009 年版，第 3 页。

〔2〕 参见陆小华：《信息财产权——民法视角中的新财富保护模式》，法律出版社 2009 年版，第 2 页。

〔3〕 参见齐爱民：《捍卫信息社会的财产——信息财产法原理》，北京大学出版社 2009 年版，第 5 页。

〔4〕 参见齐爱民：《论信息财产的法律概念和特征》，载《知识产权》2008 年第 2 期。

〔5〕 Ramirez E. et al.，*Data brokers：A Call for Transparency and Accountability*，Federal Trade Commission，2014，p. 97 – 100.

地方性法规，更是对于数据的财产属性及权属予以明确。[1]

洛克的劳动自然权理论将财产权视为人的一种自然权利。基于劳动财产权理论，劳动在社会财富增加的过程中起到了核心作用，无论是使无主物脱离自然状态的情形还是创造出新产品的情形，人们都有权依据自己的劳动获得其所创造之物的财产权。[2]故数据产业者对其资产化的数据产品享有当然的财产权。

功利主义财产权学说也提供了合理性解释。休谟认为，对于劳动产出享有私人所有权这一规则在符合个人私利的同时自然也有利于公共福利。边沁则更明确地指出社会提供产权制度的终极原因在于提供创新激励的动机，以扩大相应成果的供给，保证社会公众能够获得充分的产品。以上理论对于数据财产权属性与归属的解释都具有很强的说服力。[3]

再者，根据以“勤勉奖励”为原则的现代产权理论，产权归属应该取决于合作方对最终产出的贡献度。在数据法律关系中，数据产业者的数据资产化与经营行为对于最终数据产品的使用和交换价值的贡献具有决定性作用。“数据的资产化”过程凝结了数据产业者的技术资源投入、人力财力调配等大量劳动力及资本的投入，实现了对原始数据的“赋值”。综上，赋予数据产业者对由其合法加工处理形成的数据产品和服务相应的财产权益亦存在合理性基础。

（三）欧美关于数据财产属性的规范

目前就如何平衡“个人信息保护”和“数据市场化利用”的关系，并没有一个被各国普遍接受的解决方案。总体来说，欧盟模式更倾向于保护前者，建立的是以“基本权利”为导向的数据治理模式，更多强调审慎流通与利用；而美国模式则更倾向于保护后者，建构的是“自由市场 + 强监管”的数据治理模式。[4]但不管怎么说，数据具备财产属性已成为基本共识。

1. 欧盟法律关于数据财产属性的规定。

自 20 世纪末的《数据库保护指令》开始，欧盟就在尝试在知识产权体系之外构建新的机制，力求通过财产权化的方式，对企业数据进行独立化保护。数据库权允许权利人通过许可、转让的方式实现其对于数据的经济利益，同时，权利人还对于第三方对数据库内容的提取和再利用享有排除效力。但数据库权的相关权利设计较为模糊，并未起到很好的法律效果。此后，欧盟数据立法开始以隐私权为中心展开，2002 年出台的《隐私和电子通信指令》创立了著名的“知情同意原则”。作为拥护信息自决权的代表，欧盟将尊重私生活和隐私放

---

〔1〕《上海市数据条例》第 12 条：本市依法保护自然人对其个人信息享有的人格权益。本市依法保护自然人、法人和非法人组织在使用、加工等数据处理活动中形成的法定或者约定的财产权益，以及在数字经济发展中有关数据创新活动取得的合法财产权益。

〔2〕参见［英］洛克：《政府论：论政府的真正起源、范围和目的》，叶启芳、瞿菊农译，商务印书馆 1964 年版，第123 页。

〔3〕参见崔国斌：《著作权法：原理与案例》，北京大学出版社 2014 年版，第 7、8 页。

〔4〕参见姬蕾蕾：《数据产业者财产赋权保护研究》，载《图书馆建设》2018 年第 1 期。

在发展数字经济之前，数据财产权的议题逐渐停滞。2017 年欧盟发布了政策性文件《打造欧洲数据经济》，文件中再次提出了拟确立“数据所有权”的提法。[1]2018 年横空出世的 GDPR 第 1 条便开宗明义地展现了欧盟开始转向个人数据权利保护与数据流通利用相平衡的立法价值倾向。[2]但在收集、使用个人数据的合法性标准上，GDPR 确定了合法公平透明、最小必要、目的限制、准确性、存储限制、完整性和保密性等一系列原则和规则，对数据处理者、经营者的数据利用行为进行极为严格的限制。遗憾的是，囿于民粹主义及自由主义思潮的政治正确考量，数据的财产权化立法始终难以向前迈出关键性的一步。如今，随着《欧洲数据战略》及相关配套政策的颁布实施，欧盟的数据财产权化已然重新启程。[3]

2. 美国联邦与各州关于数据财产属性的立法及判例。

早在 20 世纪末，美国的 Lawrence Lessig 教授就以个人对信息的自主决定权为基础，提出了信息财产化理论。他认为既然信息时代数据的流通不可避免，那么就应当赋予数据主体对数据的所有权，确定个人对于自身数据的财产性权利，进而赋予个人在信息流通与交易过程中的主动地位。[4]1999 年美国统一州法全国委员会通过了《统一计算机信息交易法》，将信息财产列为一项独立的法律关系客体，但在向各州推荐采纳时仅有两个州给予肯定回应。[5]2004 年，Paul M. Schwartz 教授在 Lawrence Lessig 教授理论的基础上，对数据财产化理论进行了进一步的阐释，[6]提出了最初的“知情同意”授权模式。[7]这一构想被视为 GDPR 的基础理论，也为数据产业者的数据采集与经营活动确立了法理基础。2014 年，美国官方在发布的 Big Data：Seizing Opportunities，Preserving Values 中首次使用了数据资产（data assets）这一提法，明确了数据的财产地位。2018 年颁布的《美国加利福尼亚州隐私保护法》（CCPA & CPRA）规定，当发生消费者请求删除个人数据或者禁止企业销售其个人数据等情形时，企业可以采用经济激励的方式，鼓励消费者不行使这些权利。同时，还规定了

---

〔1〕 2017 年 1 月 10 日，欧盟委员会发布政策文件 *Building a European data economy*，正式启动“打造欧盟数据经济”计划，并为此提出政策和法律解决方案。此外，该文件拟为非个人的机器生成数据的归属、交换和贸易制定规则，以促进数据分享。

〔2〕 GDPR 第一章第 1 条就指出，“本条例旨在确立个人数据处理中得到自然人保护和数据自由流通的规范……个人数据在欧盟境内的自由流通不得因为在个人数据处理过程中保护自然人而被限制或禁止”。

〔3〕 See Anna Art yushina, *The EU is Launching a Market for Personal Data: Here's What That Means for Privacy*, *MIT Technology Review*, https://www.technologyreview.com/2020/08/11/1006555/eu-data-trust-trusts-project-privacy-policy-o-pinion/.

〔4〕 See Lawrence Lessig, *Code and Other Laws of Cyberspace*, 1999, p. 122-135; Lawrence Lessig, *Privacy as Property*, 69 Soc. Res, 2002, p. 247-261.

〔5〕 参见 UCITA，§102 a（35）。该条规定了信息概念：“数据、文本、图像、声音、计算机集成电路布局平面图作品或计算机程序及上述对象的集合或编辑。”尽管只有两个州采纳，UCITA 仍然算是一部针对信息财产交易的专门法。

〔6〕 See Paul M. Schwartz, *Property*, *Privacy and Personal Data*, 117 Harvard Law Review 2055 (2004).

〔7〕 Schwartz 教授指出原始数据主体有权同意企业处理并利用其数据，同时享有“退出”和反对其数据被第三方进一步利用的权利。

符合一定条件的企业可以依法对个人数据进行收集、出售与共享，[1]这为数据产业者对数据的财产化利用指明了方向。[2]

（四）保护数据财产权益的法制实践

1. 数据权益在民法、经济法中的定位。

当前，我国对于数据相关法益的保护存在多样性的规范状态。在民法领域，我国《民法典》第 127 条对数据立法进行了有意的留白，前瞻性地将数据单独列为一类民法保护对象，这为企业数据产权的确立留下了较大空间。这种保护地位与“权利”相近，即至少可以在法律上作为一种“法益”进行保护。

在经济法领域，亦鲜有关于数据权益保护的规范。在司法实践中，法院在判决中多通过《反不正当竞争法》保护企业数据权益，但通常是从具体侵权以及具体竞争行为的角度切入，适用范围仍较小，导致在司法实践中遭受数据侵权的数据产业者只能以原则性规定起诉。此外，除《数据安全法》第 7 条对数据流通与利用的原则性规定以外，[3]尚缺乏站在数据产业者角度对于企业数据的流通与利用权益予以确认的具体立法。

2. 涉企业数据权益相关司法实践。

梳理近年来企业间数据侵权的案例，可以发现法院逐渐开始确认企业对经其投入劳动、合法收集、加工处理所生产的衍生数据享有财产性权益，具体可以参考表 1、表 2。

表 1　涉企业数据权益国内典型司法案例

案件名称	原告	被告	裁判观点	裁判依据
汉涛公司诉爱帮案，北京市第一中级人民法院（2011）一中民终字第 7512 号	上海汉涛信息咨询有限公司	爱帮聚信（北京）科技有限公司等	企业合法处理所得数据受法律保护，垂直搜索服务与被引网站构成实质性替代	《反不正当竞争法》第 2 条
汉涛公司诉百度案，上海市浦东新区人民法院（2015）浦民三（知）初字第 528 号	上海汉涛信息咨询有限公司	北京百度网讯科技有限公司等	市场竞争应尊重竞争对手在信息的生产、收集和使用过程中的辛勤付出，经公司处理所得的经营信息具有商业价值	《反不正当竞争法》第 2 条

〔1〕《加州民法典》第 1798. 140 条（CCPA）：企业是指：（1）年收入超过 2500 万美元；（2）购买、收取、出售或共享 100, 000 人甚至更多的消费者、家庭或设备的个人信息；（3）通过销售或共享消费者的个人信息获得其年收入的 50% 甚至更多。

〔2〕《加州民法典》第 1798. 140 条：出售（sale）：“出售”、“出售中”、“销售”或“已出售”是指企业以金钱或其他有价值的对价，通过口头、书面、电子或其他方式，向一家企业或第三方出售、出租、发布、披露、传播、提供、转让消费者的个人信息。

〔3〕《数据安全法》第 7 条：国家保护个人、组织与数据有关的权益，鼓励数据依法合理有效利用，保障数据依法有序自由流动，促进以数据为关键要素的数字经济发展。

续表

案件名称	原告	被告	裁判观点	裁判依据
新浪诉脉脉案，北京知识产权法院（2016）京 73 民终 588 号	北京微梦创科网络技术有限公司	北京淘友天下技术有限公司等	平台开放模式下第三方获取用户信息应遵循三重授权原则	《反不正当竞争法》第 2 条
淘宝诉美景案，浙江省杭州市中级人民法院（2018）浙 01 民终 7312 号	淘宝（中国）软件有限公司	安徽美景信息科技有限公司	衍生数据系无形资产，企业对其开发的大数据产品具有财产性利益	《反不正当竞争法》第 2 条
腾讯诉聚客通案，浙江省杭州铁路运输法院（2019）浙 8601 民初 1987 号	腾讯科技（深圳）有限公司等	杭州聚客通科技有限公司等	网络平台方对于数据资源整体与单一原始数据个体享有不同的数据权益	《反不正当竞争法》第 2 条
腾讯诉微播视界案，天津市滨海新区人民法院（2019）津 0116 民初 2091 号	腾讯科技（深圳）有限公司等	北京微播视界科技有限公司等	企业对基于自身经营活动收集数据并进行商业性使用的用户	《反不正当竞争法》第 2 条

表 2　涉企业数据权益域外典型司法案例

案件名称	原告	被告	国家及地区	裁判观点	裁判依据
Ryanair Ltd. vs. PR Aviation BV（Ryanair Ltd. v. PR Aviation BV，20152 CMLR36，C－30/14）	Ryanair Ltd.	Aviation PR Agency	欧盟	网站可通过合同条款禁止第三方抓取不受版权或数据库保护的数据	《数据库指令》（Database Directive）
Facebook vs. Power（Facebook，Inc. v. Power Ventues，Inc.，844 F. 3d1058 9th Cir. 2016）	FACEBOOK INC.	POWER-VENTURES，INC.	美国	未经授权侵入计算机系统并获取数据构成侵权	《计算机欺诈和滥用法案》（CFAA）
hiQ vs. LinkedIn（hiQ Labs，Inc. v. LinkedIn Corporation，273 F. Supp. 3d 1099 2017）	hiQ LABS，INC.	LINKEDIN CORPORATION	美国	机器爬虫自动爬取公开信息并不违反《计算机欺诈和滥用法案》	《计算机欺诈和滥用法案》

三、企业数据可交易性立法与实践

（一）我国鼓励数据交易的立法、政策与规范

国家早在 2015 年就明确提出了推动开展数据共享、开放、交易、安全等方面立法研究工作的要求。[1] 2020 年《中共中央、国务院关于构建更加完善的要素市场化配置体制机制的意见》指出，发展数字经济需要“研究建立促进……数据资源有效流动的制度规范，……研究根据数据性质完善产权性质……培育大数据交易市场”。2021 年《数据安全法》对数据的可交易性作了立法表态。[2]

《深圳建设中国特色社会主义先行示范区综合改革试点实施方案（2020 – 2025 年）》中明确指出要“研究论证设立数据交易市场或依托现有交易场所开展数据交易”，明确了“中心化”的数据交易制度构建模式。2022 年 1 月，在国家发展和改革委员会、商务部印发的《关于深圳建设中国特色社会主义先进示范区放宽市场准入若干特别措施的意见》中，提出“加快数据要素在粤港澳大湾区的集聚与流通，鼓励深圳在国家法律法规框架下，开展地方性政策研究探索，建立数据资源产权、交易流通、跨境传输、信息权益和数据安全保护等基础制度和技术标准”[3]。

2021 年 6 月 29 日通过的《深圳经济特区数据条例》第 65 条、第 67 条明确了经合法处理形成的数据产品和服务的可交易性及交易方式。[4] 2021 年通过的《广东省数字经济促进条例》第 40 条第 2 款明确了广东省“探索数据交易模式，培育数据要素市场，规范数据交易行为，促进数据高效流通。有条件的地区可以依法设立数据交易场所，鼓励和引导数据供需方在数据交易场所进行交易”的要求。

2021 年 8 月，上海市发展和改革委员会发布的《上海市促进城市数字化转型的若干政策措施》第四部分下“建立数据要素交易流通体系”中，明确了搭建交易场所、建立交易规

---

〔1〕《促进大数据发展行动纲要》，载 http：//www. gov. cn/zhengce/content/2015 – 09/05/content_10137. htm，最后访问日期：2021 年 12 月 2 日。

〔2〕《数据安全法》第 19 条规定，“国家建立健全数据交易管理制度，规范数据交易行为，培育数据交易市场”，第 33 条规定，“从事数据交易中介服务的机构提供服务，应当要求数据提供方说明数据来源，审核交易双方的身份，并留存审核、交易记录”。

〔3〕《国家发展改革委、商务部关于深圳建设中国特色社会主义先行示范区放宽市场准入若干特别措施的意见》，载 http：//www. gov. cn/zhengce/zhengceku/2022 – 01/26/content_5670555. htm，最后访问日期：2022 年 1 月 26 日。文件指出，针对数据交易，深圳应当“以人民币结算为主，研究推出一批需求明确、交易高频和数据标准化程度高的数据资产交易产品，利用区块链、量子信息等先进技术实现数据可交易、流向可追溯、安全有保障”。

〔4〕《深圳经济特区数据条例》第 65 条第 2 款、第 67 条明确了“市场主体合法处理数据形成的数据产品和服务，可以依法交易”；“市场主体可以通过依法设立的数据交易平台进行数据交易，也可以由交易双方依法自行交易”。

则、完善体系建设三大目标。[1]2021 年 11 月通过的《上海市数据条例》中，第 15 条、第 47 条、第 48 条分别就数据的可交易性、数据交易主体、数据要素市场配套制度体系建设（涉及资产评估、登记结算、交易撮合，争议解决等领域）以及政府相关职责的问题作出了回应。[2]

上海和深圳两部数据条例深刻总结提炼了近年来国内外数据产权学术理论以及数据利用实践经验，不约而同地确立了数据处理者的“数据财产权益”，[3]并明确了数据的可交易属性，[4]为数据产权立法提供了实践范例。

（二）我国数据资产市场交易实践

1. 国内数据交易中心的数据交易实践。

大数据交易平台作为数据市场的关键主体，承担着对交易数据真实性、合法性的审核义务。国内最早的数据交易组织为 2012 年成立的中关村大数据交易产业联盟。同年，中关村数海大数据交易平台正式上线运行，发布了我国首个数据交易行业规范《中关村数海大数据交易平台规则》（征求意见稿），对交易对象予以明确。[5]2015 年 4 月，全国首个大数据交易所——贵阳大数据交易所经省政府批准正式挂牌运营。“贵阳大数据交易所十大标准及规范”对交易数据的要求亦作出了明确规定。[6]2015 年后，各地以“政府主导，社会参与、市场化运营”为宗旨，大数据交易平台如雨后春笋般涌现，平台业务模式既有数据中介模式——平台负责提供数据供应查询、数据需求发布，撮合成交以及在交易过程中的数据质量与交易安全保障等服务；又有做市商模式——平台先从上家买入数据，再将数据卖给不同的下家，赚取差价。北京国际大数据交易所采用隐私计算、区块链等手段分离数据所有权、使用权，

---

〔1〕《上海市促进城市数字化转型的若干政策措施》，载 http：//service. shanghai. gov. cn/XingZhengWenDangKuJyh/XZGFDetails. aspx? docid =REPORT_NDOC_007913，最后访问日期：2022 年 1 月 3 日。第四部分下“建立数据要素交易流通体系”中，明确了“探索建立国有企事业单位数据产品进场交易机制。在重点领域探索数据资产化的实施路径，并在部分企业试点”。

〔2〕《上海市数据条例》第 15 条规定，“自然人、法人和非法人组织可以依法开展数据交易活动……”。第 47 条规定，“……深化数据要素市场化配置改革，制定促进政策，培育公平、开放、有序、诚信的数据要素市场，建立资产评估、登记结算、交易撮合、争议解决等市场运营体系，促进数据要素依法有序流动”。第 48 条规定，“市政府办公厅应当制定政策，鼓励和引导市场主体依法开展数据共享、开放、交易、合作，促进跨区域、跨行业的数据流通利用”。

〔3〕《上海市数据条例》第 12 条第 2 款规定，“本市依法保护自然人、法人和非法人组织在使用、加工等数据处理活动中形成的法定或者约定的财产权益，以及在数字经济发展中有关数据创新活动取得的合法财产权益”。《深圳经济特区数据条例》第 4 条规定，“自然人、法人和非法人组织对其合法处理数据形成的数据产品和服务享有法律、行政法规及本条例规定的财产权益……”。

〔4〕《上海市数据条例》第 56 条规定，“市场主体可以通过依法设立的数据交易所进行数据交易，也可以依法自行交易”。

〔5〕《中关村数海大数据交易平台规则》（征求意见稿），第三节“交易对象”明确，“本规则所称的交易对象，是指原始或经处理后的数字化信息，包括但不限于个人、企事业单位、社会团体等各类主体所持有或拥有的各类数据”。载 http：//www. shuhaidata. com/doc/，最后访问日期：2021 年 11 月 28 日。

〔6〕《贵阳大数据交易所十大标准及规范》，明确“交易的不是底层数据，而是经数据清洗、建模分析的数据结果”，并要求“数据买卖双方要保证数据所有权、合法、可信、不被滥用”。载 http：//www. gbdex. com/Legal - rules. html，最后访问日期：2021 年 11 月 28 日。

力求打造“数据可用不可见，用途可控可计量”的新型交易范式。其服务内容如表 3 所示。

表 3　北京国际大数据交易所的服务内容

服务项目	服务内容
数据信息登记服务	建立北京市统一的数据管理规则和制度，建立以信息充分披露为基础的数据登记平台，明晰数据权利取得方式及权利范围。构建规范的数据产品库，利用区块涟技术、数据安全沙箱、多方安全计算等手段，全面提升数据登记的安全性、合规性、保密性
数据产品交易服务	建立数据产品交易规则和业务规范，建立数据确权工作机制，形成价值评估定价模型，健全报价、询价、竞价、定价机制，构建高效的交易服务流程，搭建区块链数据产品交易系统。数据产品范围包括商业数据、数据分析工具、数据解决方案等
数据运营管理服务	制定数据中介服务机构运营管理制度，严控数据中介服务机构准入，培育专业的数据中介服务商和代理人。建立全链条数据运营服务体系，为市场参与者提供数据清洗、法律咨询、价值评估、分析评议、尽职调查等服务
数据资产金融服务	探索开展数据资产质押融资、数据资产保险、数据资产担保、数据资产证券化等金融创新服务。提供质押标的处置变现、风险代偿和评价估值服务
数据资产金融科技服务	深入挖掘多方安全计算在数据安全、数据应用等方面的作用，探索数据所有权和使用权的合理剥离，实现“数据可用不可见”，促进数据资产化、产品化。通过大数据、云计算、人工智能、区块链等技术，发挥交易平台线上交易、智能评估、智能撮合、风险提示等功能

上海数据交易所重点聚焦于数据交易过程中的确权难、定价难、互信难、入场难、监管难等关键共性难题，提出了“五大首发”理念。其服务内容如表 4 所示。

表 4　上海数据交易所的服务内容

全国首发服务项目	服务内容
数商体系构建	构建“数商”新业态，具体涵盖数据交易主体、数据合规咨询、质量评估、资产评估、数据交付等多领域，培育和规范数据产业主体，构筑更加繁荣的数据流通交易生态
数据交易配套制度	率先针对数据交易全过程提供一系列制度规范，涵盖从数据交易所、数据交易主体到数据交易生态体系的各类办法、规范、指引及标准，确立“不合规不挂牌，无场景不交易”的基本原则，让数据流通交易有规可循、有章可依
全数字化数据交易系统	上线新一代智能数据交易系统，保障数据交易全时挂牌、全域交易、全程可溯
数据产品登记凭证	首次通过数据产品登记凭证与数据交易凭证的发放，实现一数一码，可登记、可统计、可普查
数据产品说明书	以数据产品说明书的形式使数据可阅读，将抽象数据变为具象产品

2. 数据交易未来的可能路径。

参照欧盟2018年发布的《关于欧洲企业间数据共享的研究》，未来的数据共享和交易可表现为两种模式：第一种是以“去中心化”的形式实现数据的“货币化”，即市场主体之间可以直接通过“现货交付”的方式实现数据交易，无须第三方参与交割。区块链、分布式存储等新技术的发展将会改变大数据存储与交易的方式，数据资产存在被物权化的可能性。例如，利用数字加密技术得到的不可替代通证（Non-Fungible Tokens，NFT）有助于验证虚拟资产，使得各种数据资产的通证化成为可能——NFT的应用将使区块链数据资产承载物权特征，赋予其真正意义上的排他性与可支配性。还有一种技术方案即利用区块链这一基本工具，以类似比特币的方式解决数据确权与交易问题。通过分布式账本记录数据的来源路径并且使数据无法篡改，使数据资产的边界更加清晰，进而实现真正意义上的数据“特定化”“物权化”。第二种则是以“中心化”的形式建立全国统一的数据交易市场。(见表5)

表5　国内大数据交易平台比较

交易平台	平台类型	数据来源	产品类型	所涉领域	交易规则
贵阳大数据交易所	综合数据服务平台	政府公开数据；数据供应方提供的数据；企业内部数据；网页爬虫数据	API、数据包	全领域	《贵阳大数据交易观山湖公约》
东湖大数据交易中心	综合数据服务平台	政府公开数据；数据供应方提供的数据；企业内部数据	数据包、决策方案、云服务	全领域	《东湖大数据交易中心用户须知》
江苏大数据交易中心	综合数据服务平台	政府公开数据；数据供应方提供的数据；网页爬虫数据	API、数据包、决策方案、数据产品、数据定制服务	全领域	《华东江苏大数据交易中心用户协议》
华中大数据交易所	第三方数据交易中介	数据供应方提供的数据	API、数据包	全领域	《华中大数据交易平台规则》
中关村数海大数据交易平台——重庆交易市场	第三方数据交易中介	数据供应方提供的数据	API	政府、经济、教育、环境、医疗、交通	《重庆大数据交易市场平台规则》
聚合数据	综合数据服务平台	企业内部数据；网页爬虫数据；互联网开放数据	API、决策方案、数据产品、数据定制服务	经济、人文、地理、交通、人工智能	《聚合云数据用户服务协议》
京东万象	综合数据服务平台	企业内部数据；数据供应方提供的数据；合作伙伴数据	API、数据包、决策方案、数据产品、数据定制服务	经济、人文、交通、人工智能、商业	《万象平台用户协议》

（三）欧美数据交易实践

早在 20 世纪 70 年代，美国与欧盟在隐私权保护上的巨大差异逐渐演变为双方数据贸易争端的焦点。欧盟设立的“充分保护”标准为美国企业在欧盟开展数据交易业务设置了较高的门槛。为解决这个问题，2000 年双方签署的安全港协议确立了美国和欧盟之间从事跨境数据交易时隐私手续的框架。根据安全港协议，用户是个人信息以及数据的所有者，有权决定企业使用数据的范围和方式。而企业若想将数据转移给第三方，则需得到个人授权。安全港协议暗示，数据作为信息时代的一类新兴社会资源，其可转让性已然被官方文件承认。

美国、欧盟的数据交易机构多由民间力量发起，如 Acxiom、Datalogix 等，体现为一种“去中心化”的发展趋势。官方则多致力于搭建数据共享平台。例如，美国政府于 2009 年以 data. gov 网站为平台，向社会提供公共数据开放服务。与此同时，IBM 国际商业机器公司、惠普公司、富士通公司等传统互联网技术公司和 Factual 等新兴大数据企业纷纷投身数据产业，参与数据市场建设。（见表 6）

表 6　国外大数据交易平台

交易平台	平台类型	数据来源	产品类型	所涉领域	交易规则
Factual	综合数据服务平台	政府公开数据；网页爬虫数据；数据供应方提供的数据；数据社区提供的数据	API、数据包、数据产品、决策方案	地理	Terms of Service
Qlik Data market	综合数据服务平台	网页爬虫数据；数据供应方提供的数据；线下方式收集数据	数据包	经济、商业、人文	Terms and Conditions
Infochimps	综合数据服务平台	企业内部数据；网页爬虫数据；数据供应方提供的数据	API、决策方案、云服务	经济、医疗、人文、通信、商业	INFOCHIMPS Terms of Service
RapidAPI	第三方数据交易中介	数据供应方提供的数据	API	全领域	Terms of Use
Quandl	第三方数据交易中介	数据供应方提供的数据；数据社区提供的数据	API、数据包	经济	Terms of Service
Data Plaza	第三方数据交易中介	数据供应方提供的数据	数据包	全领域	无
Azure	第三方数据交易中介	数据供应方提供的数据	API、数据包	经济、教育、环境、人文	21 Vianet Online Services Standard Agreement for Azure

四、企业数据可估值的论证

当前我国数字经济已发展至数据资产化阶段，已衍生出了相当成熟的估值体系与定价模型，通过对当前市场中主流数据资产估值方式（评估体系与定价算法）的分析，可证明企业数据的可估值性。

（一）数据的可估值性与可定价性

1. 企业数据的可估值性。

数据资产的估值包括价值评估与定价两个阶段。当前，国内在数据资产的价值评估和资产定价领域已进行了积极的探索，中国资产评估协会制定的《资产评估专家指引第9号——数据资产评估》第三章就针对数据资产价值的评估列举了成本法、市场法与收益法三种基本方法。实践中，专业机构在上述评估方式的基础上也构建了一系列更加精确的定价机制和模型。例如，南方电网制定了《中国南方电网有限责任公司数据资产定价方法（试行）》，规定了南方电网数据资产的产品类型、成本构成和定价方法，值得参考。中国光大银行与瞭望智库则以传统无形资产估值体系为基础，构建了一套面向金融行业数据资产的估值体系与方法，发布了《商业银行数据资产估值白皮书》，开辟了行业先河。

2. 数据的价值评估与定价之联系。

价格是价值的表现形式，本质是市场供求关系；价值则通常通过使用价值衡量，是价格的基础。不同于普通实物资产，数据资产的价值评估不仅受到使用价值与供求关系的影响，还受其自身非实体性、可复制性、增益性等特性的影响。因此，数据资产的价值在实践中往往远高于其交易价格，故数据资产的价格应视为其在单次交易中的价值体现。[1]

针对数据资产的价值评估和定价之间的关系问题，戴炳荣等认为数据资产的估值与定价系数据价值化过程中的两个独立阶段，[2]数据资产估值是对其所承载之使用价值的度量，可在数据资产化阶段实现，数据资产的价格则始终处于动态变化之中，在数据交易的过程中实现。

（二）数据资产的价值评估体系

当前实务界针对数据资产的价值评估，基础性工作就是围绕基本原则、价值评价指标体系两个方面先行选择或构建合适的计算架构模型，之后再展开价值指数的分析与具体的计算工作。

1. 数据资产价值评估的基本原则。

场景化原则。数据资产的价值评估不应以数据为标的物按量计价，而应针对特定的使用

---

〔1〕 参见尹传儒等：《数据资产价值评估与定价：研究综述和展望》，载《大数据》2021 年第4 期。

〔2〕 参见戴炳荣、闭珊珊等：《数据资产标准研究进展与建议》，载《大数据》2020 年第 3 期。

方式、使用场景下的特定效用进行估价。同时，相关政策的变化、应用场景的丰富等因素都会对价值产生重要影响。[1]

成本考量原则。数据的要素化不仅需要平台前期的物力、财力等硬件投入，还包括在要素化过程中添附的算力成本等软件投入。同时，数据价值的实现还需要依托强大的计算、存储等安全保障能力和专业化的管理运营。

贡献度原则。在数据的资产化过程中，不同参与主体对于价值实现的贡献程度不同，根据“劳动价值论”，应当依据不同主体在数据价值挖掘过程中所添附价值的大小厘清各自的贡献度，进而认定权益分配的多寡。

相关因素原则。数据资产价值评估还需考量以下几类因素：

一是法律因素。通常包括数据资产的权利属性（所有权、使用权、收益权）以及权利限制，通过对数据资产以往的使用及转让情况、涉诉情况等因素对其进行分析。二是经济因素。通常包括数据资产的生产成本、获取成本、获利状况，类似资产的交易价格、市场应用情况、市场规模、市场占有率、市场竞争情况等。三是风险因素。数据的不当采集或使用可能会招致危害国家安全、泄露商业秘密、侵犯个人隐私等问题。因此，数据资产的估值需要量化各类风险因素对价值的影响。其他因素，在此不再赘述。

2. 数据资产价值评价指标体系。

针对特定的数据资产，参照不同的评价指标体系进行估值，将会得出不同的评估结果。德勤资产评估有限公司联合阿里研究院以应用、质量与风险维度为基础，构造了一套较为全面的数据资产价值评估指标体系，具体如图 1 所示。

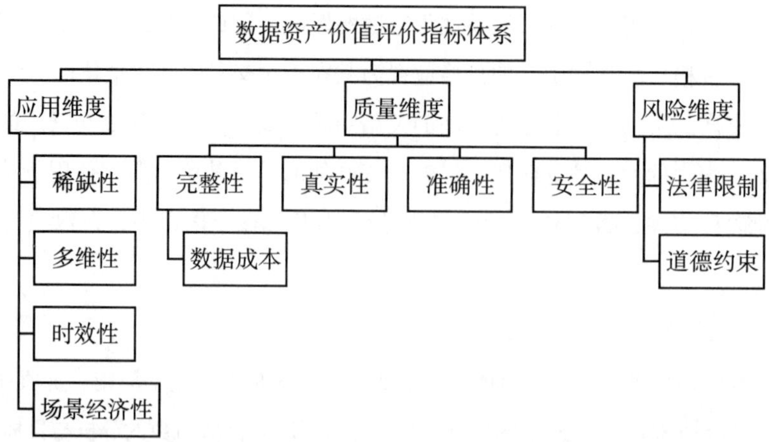

图 1　德勤资产评估有限公司与阿里研究院构造的价值评价指标体系

---

〔1〕 如将同一汽车数据分别应用到汽车广告精准投放、汽车保险产品开发、汽车保养服务这三个不同的场景中时，其发挥的价值肯定是不同的。

作为我国数据资产估值领域的首个国家级标准，《电子商务数据资产评价指标体系》也构建了价值评价指标体系，见图2。

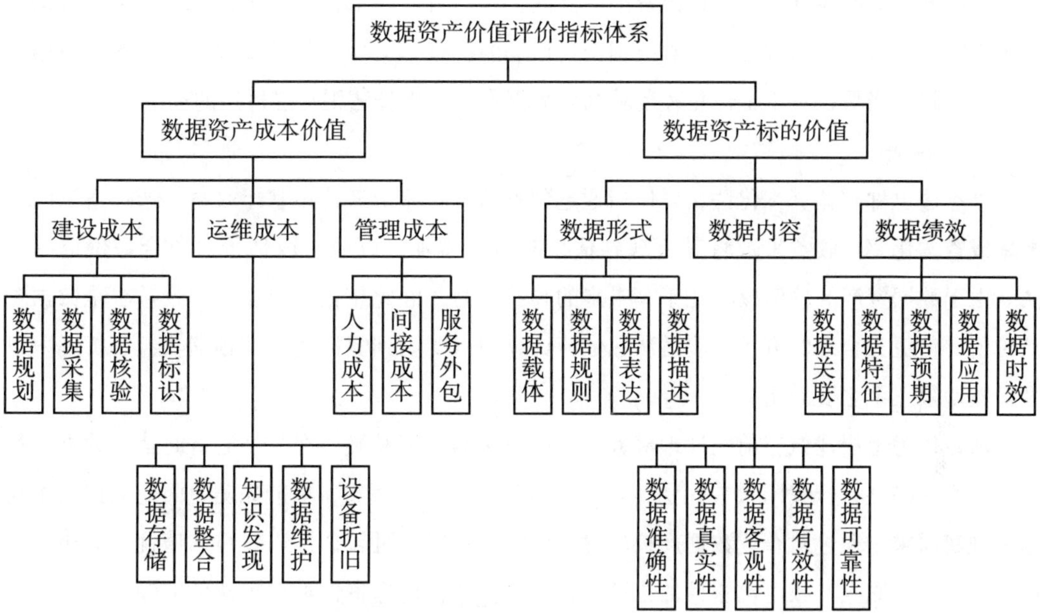

图2 《电子商务数据资产评价指标体系》搭建的价值评价指标体系

（三）数据资产的估值与定价方法

作为信息产品和知识产品，数据资产的估值与定价受多种主客观因素影响。《资产评估专家指引第9号——数据资产评估》第三章针对数据资产的价值评估列举了成本法、市场法与收益法三种基本方法，国内学者也对大数据交易的定价方式进行了相应的研究，并在上述基本定价方法的基础上构建了一系列更加精确的定价模型。通过对相关领域学者提出的定价模型进行分析提炼，总结出以下几类较为合理的数据资产估值与定价方法。

1. 成本法。

成本法是将数据资产的重置成本作为价值计量基础进行估值的一种方法，适用于交易市场不活跃的情况。在具体计算上，数据资产的价值可以在知道该项数据资产的重置成本、机会成本、贬值因素、成新率的情况下被确定。其中，重置成本与数据资产的使用价值（可用使用权许可费用代替）和生产成本密切相关，还包括利润和税费。贬值因素则包括功能性、实体性和经济性贬值。

由于数据资产的价值主要在于其与算法相结合所能产生的收益能力，其获取成本与实际价值难以呈现较强的关联性，成本法无法将数据的预期获益能力纳入计算，进而呈现的结果往往偏低。

2. 市场法。

又称市场价格比较法，是以均衡价格理论为基础，参照当前市场中的可比交易案例，通过比较被评估资产与近期同类售出资产的异同，利用可比因素进行修正，[1]从而确定待估资产价格的一种资产评估方法。随着数据交易市场的扩张，交易案例的增多，市场法的适用空间愈发广阔。当然，对于个性化程度较高的数据资产，市场法则存在适用的局限性。

3. 收益法。

收益法也称收益资本化法，具体指通过预测估价对象未来的正常净收益，选择适当的报酬率或资本化率、收益乘数将其折现到估价时点后累加，以此求取估价对象合理价值的方法。由于数据资产的价值核心在于其未来的收益能力，因此相较于成本法，收益法是数据资产价值评估更为合理的方法。收益法在估值计算中需要用到数据资产的预期收益、折现率以及效益期限三个主要的指标。

法律作为上层建筑应前瞻性地服务于其所依赖的经济基础。在数字经济时代，数据产权出资制度的确立符合我国《公司法》出资制度演进的历史逻辑，更能完美地回应数据资本化这一现实需求。通过对企业数据产权的财产属性、权属、可转让性以及可估值性的分析，可以实现对企业数据产权可出资性的论证。针对数据产权可出资性如何入法的问题，建议在未来我国数据产权制度正式建立之后，可于《公司法》关于可作为非货币财产作价出资的明确列举中增设“数据产权”这一新兴出资方式，以顺应时代和市场的发展需要。

---

〔1〕 可比因素涉及技术水平、价值密度、评估日期、数据容量等。

全球化背景下的涉外金融法

国际环境新形势下人民币对美元汇率风险及应对

王凡平　许殿宇　吴　洁　唐　可*

一、研究背景

当前世界处于百年未有之大变局。2018 年美国政府主动挑起中美贸易争端，长期来看，国际形势在单边主义与多边主义间摇摆不定，全球化最终走向何处也很难确定。新冠疫情暴发以来，特别是拜登政府上台后，美联储宽松政策持续性、欧美疫苗接种节奏及经济恢复程度、发达经济体及新兴市场经济体的债务可持续问题持续影响外汇市场。这其中，中美两国作为全球前两大经济体，人民币对美元汇率是全球外汇市场的关注核心。在中美关系进入新阶段的情况下，拜登政府大概率不会采取特朗普时期“黑天鹅”式对外政策，2021 年 9 月中美元首通话、孟晚舟获释归国后，中美关系阶段性向好，因此目前外汇市场风险点主要还是非政治因素，包括利差、市场预期、宏观政策调控等。

历史上看，新兴经济体对外开放过程中，通常会伴随汇率风险，而不同经济体应对风险的方法不同，最终结果也不尽相同。1998 年“港币阻击战”时期，索罗斯通过股市、外汇市场、资金市场对港币进行做空套利。当时索罗斯在外汇市

---

* 本文为上海金融法制研究会 2021 年专项委托课题《国际环境新形势下人民币对美元汇率风险因素研究》的成果。课题组负责人：王凡平，经济学博士、高级经济师，中国人民银行上海总部秘书处处长。课题组成员：许殿宇，浙商银行交易员；吴洁，立信会计金融学院金融学院副院长、副教授；唐可，中国人民银行上海总部秘书处主任科员。本文仅为个人观点，不代表所在单位意见。

场上主要通过外汇期货开展套利交易，外汇期货属于场内交易，便于监管部门开展监测；香港金管局因此后续组织了有效的货币操作开展反击，守住了香港固定汇率制度。但1997年泰国货币危机时，索罗斯选择的外汇操作工具是场外市场的外汇远期，信息不够透明，且泰国在相关的外汇合约到期日前又临时撤换了财长和央行行长，影响了相关干预操作开展的连续性，一定程度上导致了最终泰国固定汇率制度失守。

随着我国资本市场开放程度进一步加深，跨境资本流动在将会愈加频繁（见图1、图2）。如何应对这一新局面，是亟待我们思考和解决的问题。孙天琦、刘芳、吕晓等指出，如何在复杂形势下坚持对外开放，在全面开放中守住风险底线，是今后一个时期必须跨越的重大关口。经济主体由于经贸、投资、旅行等行为产生了跨国支付需求，需要以双方合意的货币进行支付，各经济主体间货币持有量与需求不匹配的矛盾催生了货币兑换市场（狭义上的外汇市场）和外币借贷市场的产生和发展，承载支付使命的各国货币则根据需要不断在离岸在岸账户之间快速划转。孙天琦、刘芳、吕晓等也提到，外汇市场是联系国际国内市场的枢纽，是国际经贸矛盾的市场载体和集中反映。随着我国贸易、资本市场开放程度进一步加深，跨境资本流动将会愈加频繁，近年来境外机构投资境内证券资产速度也在不断加快。[1]

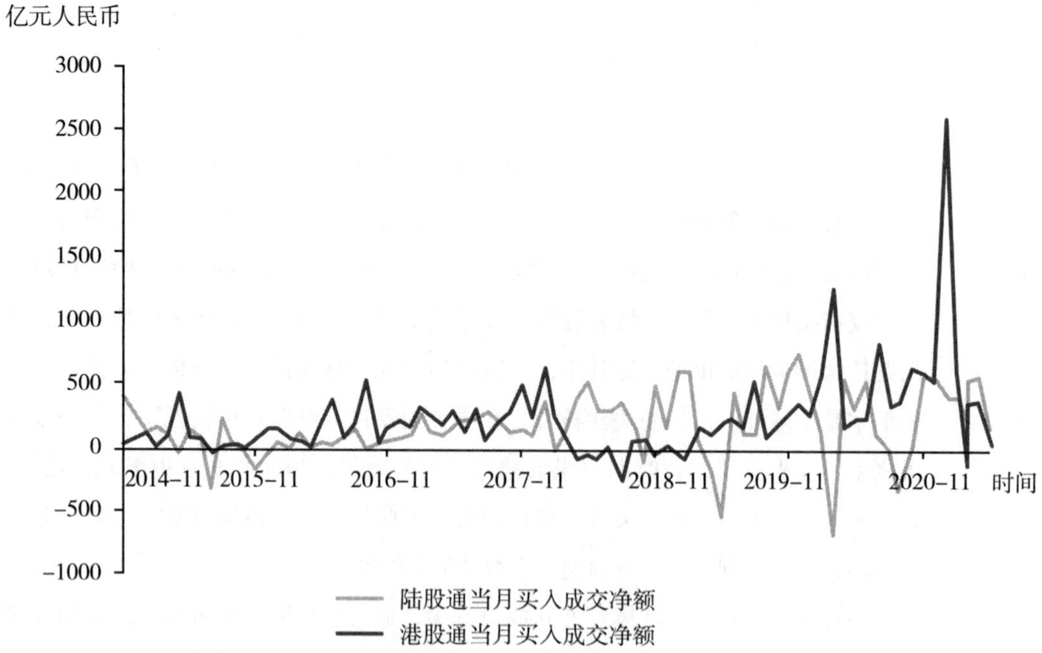

图1　近年来陆股通港股通资金流入流出波动增大

（数据来源：Wind金融终端）

---

〔1〕参见《完善我国外汇市场"宏观审慎+微观监管"两位一体管理框架》，孙天琦、刘芳、吕晓等译，载《跨境资本流动管理政策与工具——国际货币基金组织文献选编》，中国金融出版社2020年版。

邢自强梳理了1949年后日本由完全禁止外汇和跨境资本交易，到1979年后基本放开资本账户，再到后来基本实现资本自由流动体系的渐进式开放历史，也认为跨境资金套利行为是经济体资本项目开放后需要十分重视的问题。[1]潘功胜在第一财经专访中提到，中国不会重回资本管制的老路，“打开的窗户不会再关上”。[2]如何做好政策顶层设计，维护外汇市场基本稳定，防止大规模跨境资本流动引发系统性金融风险，建立健全跨境资本流动监测、预警和响应机制，采取必要的数量和价格工具进行有效调控，成为监管层面需要认真思考的课题。

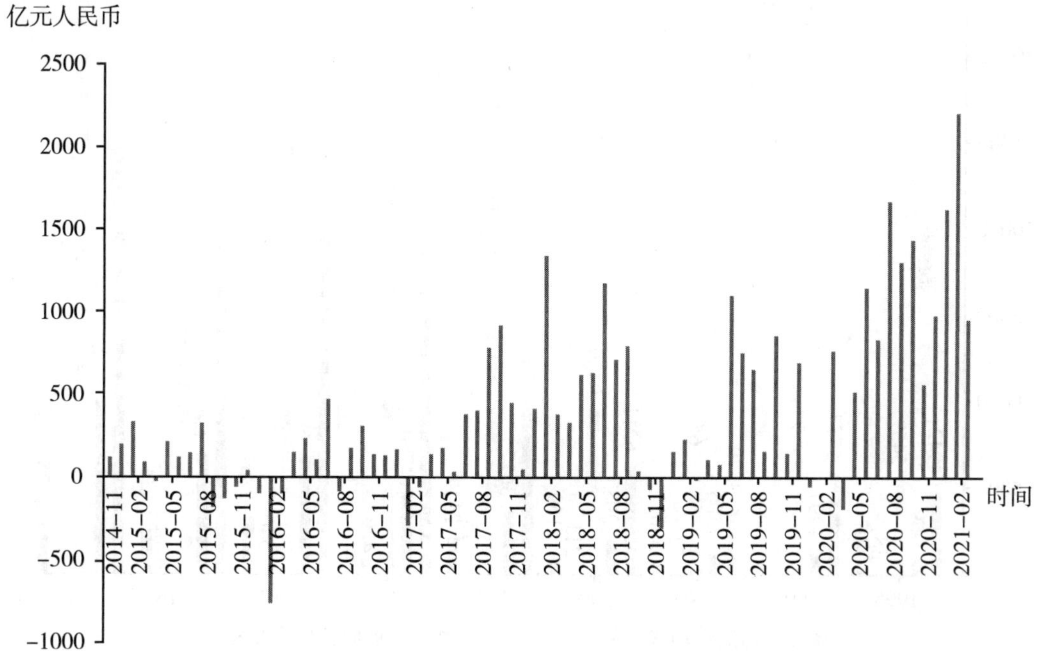

图2　近年来境外机构和个人持有境内人民币债券月度净增加额

（数据来源：Wind金融终端）

二、文献综述

不同于常人熟悉的股票市场，外汇市场通常是无形的场外市场，买家与卖家以询价等多种交易形式自由开展货币兑换。最常见的外汇交易是外汇即期，外汇即期交易产生的汇兑价格就是我们经常提到的即期汇率。成熟的国际金融市场中，由于即期汇率往往取决于宏观基本面、调控政策、地缘政治、极端事件、市场情绪等多种因素，走势极难预测，跨境资本一

〔1〕 参见邢自强：《日本资本账户开放经验》，载《中国金融》2015年第1期。

〔2〕 参见https：//mp. weixin. qq. com/s? __biz = MjM5MjY0MDQ4NQ == &mid = 2649513209&idx = 1&sn = 3825e5369f50ba02c3ee5f169e36348f&chksm = bebbc07389cc4965c70ba404154266f62d41858b2b3bb4f9031829 1bbb43a0ba26d045bc9f6c&scene = 0#rd，最后访问日期：2023年5月8日。

般不会单边赌货币升贬值，往往会选择合适的金融工具对冲汇率风险，国际上较为多见的汇率对冲工具有外汇远期、外汇掉期、外汇期权、外汇期货、无本金交割外汇远期（NDF）等。据国际清算银行数据，全球场外外汇交易量不断增加，其中外汇掉期是交易量最大的场外外汇交易产品，2019 年日均成交额超过 3 万亿美元（见图 3）。

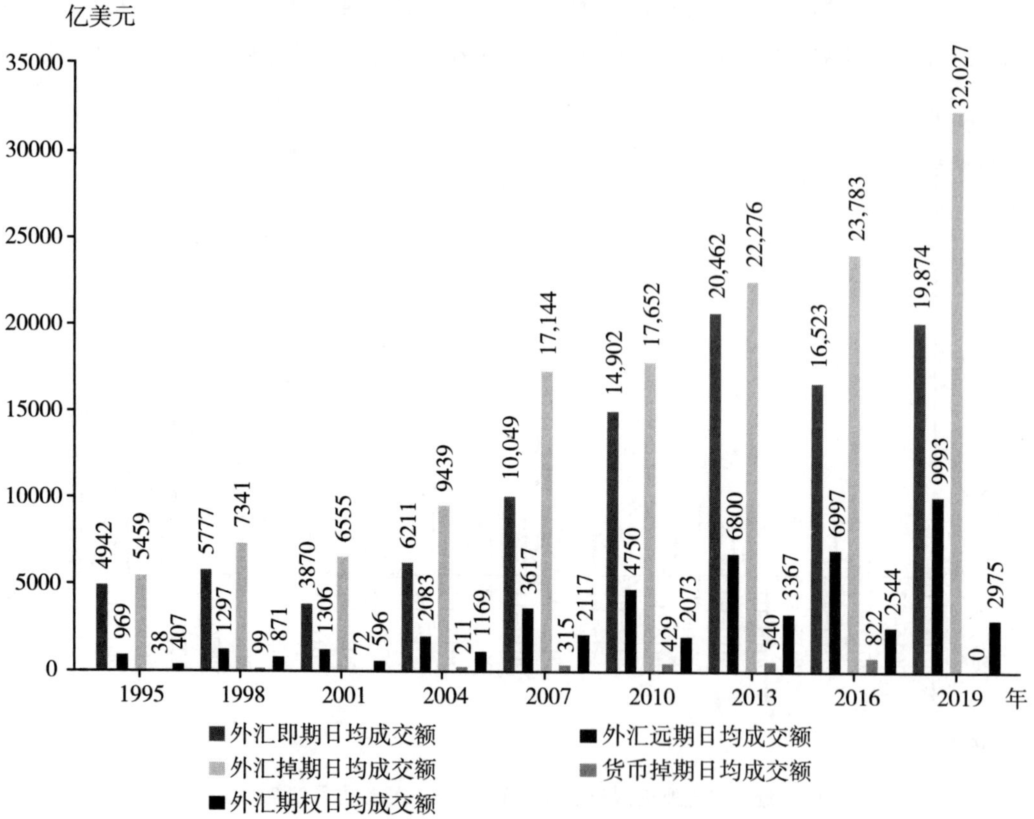

图 3　近年来全球场外外汇交易量不断增加，外汇掉期交易量居首

（数据来源：国际清算银行）

我国的外汇市场主要有银行间外汇市场（批发市场）和柜台市场（零售市场）两个层次。企业与个人根据自身实需，在柜台市场上向指定银行或特定非银金融机构提出外汇交易需求开展客盘交易。指定银行及特定非银金融机构则在银行间外汇市场开展外汇交易调节自身外汇头寸。而央行择机在银行间外汇市场开展操作调节外汇供需。可以说，柜台市场是外汇资金的来源，是零售市场；而银行间外汇市场则承载了大额外汇资金的交易交割，交易数据更加权威、可得。目前，我国银行间外汇市场主要有外汇即期、外汇远期、外汇掉期、外汇期权、货币掉期、外汇拆借等产品。在我国银行间外汇交易市场，外汇掉期也是交易量最大的外汇交易产品。2021 年 8 月，我国银行间外汇市场共成交人民币外汇即期 52, 737 亿元人民币、人民币外汇掉期 116, 782 亿元人民币、人民币外汇远期 50, 707 亿元人民币、人民币外汇期权 4742 亿元人民币、人民币外汇货币掉期 48 亿元人民币（见图 4）。

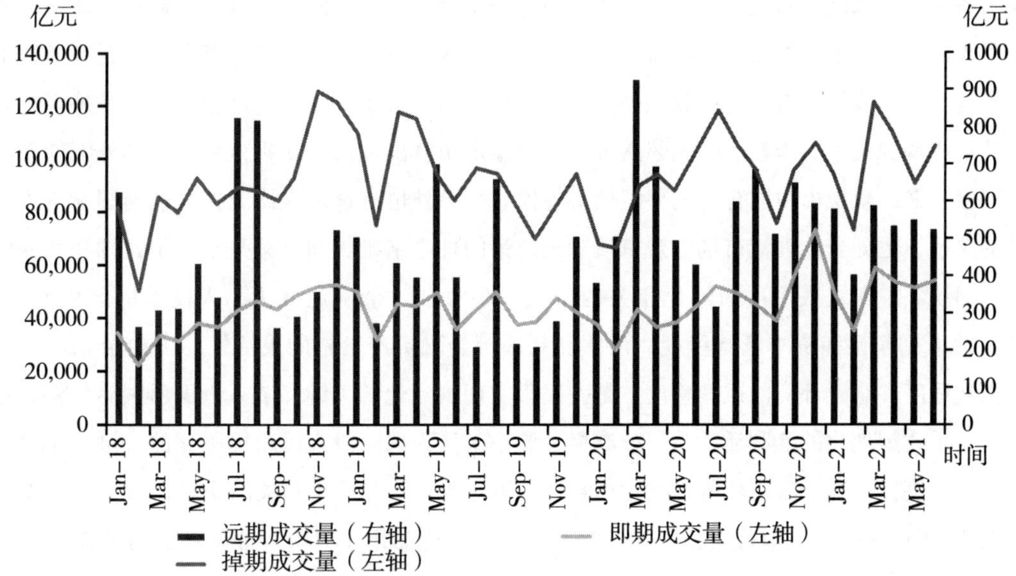

图 4　银行间外汇市场人民币即期、远期、掉期（仅 USD/CNY 货币对）月成交量

（数据来源：中国外汇交易中心）

可以看出，外汇掉期在国际、国内外汇市场中占据十分重要的地位。外汇掉期要求交易双方按照约定的价格在较近的时间点进行一定数量的货币兑换，并在未来较远的时间点以另一约定的价格开展同等数量的货币反向兑换。外汇掉期的本质是两种货币在约定时间内所有权的交换，交易双方会根据持有两种货币的综合成本收益决定是否成交。它主要有两个功能，一是作为外贸企业、银行管理汇率风险，锁定汇率的工具。二是作为市场参与者开展本外币融资或进行套利交易的重要工具。近年来，中国人民银行《中国货币政策执行报告》多次提到，要引导企业和金融机构树立“风险中性”理念。探索综合利用多种外汇产品适度对冲汇率风险是未来企业及金融机构的努力方向之一。总之，无论是国内市场还是国际市场，外汇掉期都是研究外汇市场的最佳工具变量之一，本文也拟采用这一变量对汇率风险进行分析。

目前，国内外学者对外汇市场或跨境资本流动的研究主要集中在如下几个方面：一是汇率的决定因素。易纲认为人民币即期汇率变动可以由绝对购买力平价理论、相对购买力平价理论、利率平价理论、国际收支情况、央行货币政策变化等解释。[1]林伯强[2]、施建淮、余海丰[3]等对人民币对美元均衡汇率和汇率失调情况进行了测算。二是研究汇率变化与实体经济、国际收支的关系。戴祖祥认为，1981 年至 1995 年，我国为改善国际收支而实施的

〔1〕 参见易纲、范敏：《人民币汇率的决定因素及走势分析》，载《经济研究》1997 年第 10 期。

〔2〕 参见林伯强：《人民币均衡实际汇率的估计与实际汇率错位的测算》，载《经济研究》2002 年第 12 期。

〔3〕 参见施建淮、余海丰：《人民币均衡汇率与汇率失调：1991—2004》，载《经济研究》2005 年第 4 期。

贬值政策是成功的、有效的。[1]汪洋分析了 1082 年至 2002 年中国国际收支平衡表的特征，在利率平价的基础上验证国际利差将驱动跨境资本套利。[2]卢向前、戴国强通过实证检验验证了人民币实际汇率波动对进出口的影响存在 J 曲线效应。[3]王晋斌、李南认为更有弹性的汇率制度改革能够更有效地吸收国外物价变化对国内物价水平带来的冲击。[4]三是外汇与货币政策协调的关系。李巍、张志超从维护金融稳定角度出发探讨新兴市场经济体外汇储备影响因素，最终模拟出中国合意的外汇储备规模。[5]另外也有很多人研究托宾税与国际资本流动的关系，也即当前外汇市场宏观审慎管理政策的理论基础，如冯菊平给出了我国托宾税的应用建议。[6]四是人民币国际化相关的研究。高海红、余永定认为，人民币的区域使用、货币的可兑换性和资本管制程度、汇率和利率等金融资产价格的灵活性、国内金融市场的自由化程度和金融部门的成熟程度，是人民币实现国际化的关键环节。人民币国际化将刺激针对货币政策变化的套利活动。[7]彭红枫、谭小玉认为现阶段人民币国际化的关键在于完善我国的制度体系和金融市场等结构性因素。[8]五是外汇产品应用相关的研究。郭飞基于 2007 年至 2009 年 968 家中国跨国公司的数据发现外汇衍生品用于风险对冲将对公司带来 10% 的溢价。[9]李晓峰、陈华认为境外 NDF 市场相对境外期货市场和境内即期市场处于市场价格信息的中心地位。[10]伍戈、裴诚认为在岸人民币市场对离岸市场的价格有引导作用。[11]

关于汇率风险的研究，目前主要集中在如下两个方面：一是关于主要国家之间的货币政策不同步带来的溢出效应冲击及应对。彭兴韵梳理并分析了次贷危机时期美联储应对危机采取的货币政策国际协调机制。[12]孙国峰、尹航、柴航使用了一个两国博弈模型进行分析，研究发现货币当局采取货币政策国际协调是有必要的。[13]谢怀筑、于李娜撰写了一个关于货币政策溢出效应与国际协调的文献综述。[14]二是外贸金融企业面对汇率风险暴露采取措施的研

〔1〕 参见戴祖祥：《我国贸易收支的弹性分析：1981～1995》，载《经济研究》1997 年第 7 期。

〔2〕 参见汪洋：《中国的资本流动：1982～2002》，载《管理世界》2004 年第 7 期。

〔3〕 参见卢向前、戴国强：《人民币实际汇率波动对我国进出口的影响：1994～2003》，载《经济研究》2005 年第 5 期。

〔4〕 参见王晋斌、李南：《中国汇率传递效应的实证分析》，载《经济研究》2009 年第 4 期。

〔5〕 参见李巍、张志超：《一个基于金融稳定的外汇储备分析框架——兼论中国外汇储备的适度规模》，载《经济研究》2009 年第 8 期。

〔6〕 参见冯菊平：《改进的两级托宾税设计模型与我国的外资管理》，载《金融研究》2002 年第 6 期。

〔7〕 参见高海红、余永定：《人民币国际化的含义与条件》，载《国际经济评论》2010 年第 1 期。

〔8〕 参见彭红枫、谭小玉：《人民币国际化研究：程度测算与影响因素分析》，载《经济研究》2017 年第 2 期。

〔9〕 参见郭飞：《外汇风险对冲和公司价值：基于中国跨国公司的实证研究》，载《经济研究》2012 年第 9 期。

〔10〕 参见李晓峰、陈华：《人民币即期汇率市场与境外衍生市场之间的信息流动关系研究》，载《金融研究》2008 年第 5 期。

〔11〕 参见伍戈、裴诚：《境内外人民币汇率价格关系的定量研究》，载《金融研究》2012 年第 9 期。

〔12〕 参见彭兴韵：《金融危机管理中的货币政策操作——美联储的若干工具创新及货币政策的国际协调》，载《金融研究》2009 年第 4 期。

〔13〕 参见孙国峰、尹航、柴航：《全局最优视角下的货币政策国际协调》，载《金融研究》2017 年第 3 期。

〔14〕 参见谢怀筑、于李娜：《货币政策溢出效应与国际协调：一个文献综述》，载《金融与经济》2011 年第 1 期。

究。蔡艳菲研究了中国商业银行汇率风险管理情况，总结了美国、我国香港特别行政区等地银行汇率风险管理的经验。

三、理论分析和模型建立

新冠疫情暴发后，世界各国都采取了相应的防疫政策、货币政策和财政政策进行对冲。美国采用了典型的以保需求为主的支持政策。从其国内政策来看，美联储调降了联邦基金利率，同时通过购买国债等多种方式向金融机构提供美元流动性。美国也通过财政政策向失业或受疫情影响人员提供资金支持，保证国内总需求的稳定。在离岸市场上，美联储通过与多个国家央行之间的本币互换安排提供美元流动性稳定预期。这一连串的措施很快稳定了美国经济，但美元指数在流动性工具使用后开始不断走弱，从 2020 年的 102 左右的高点下降到 2021 年的 90 左右，跌幅达 10% 。我国在疫情之后采取的政策思路以保供给为主，通过向重点企业提供再贷款的方式提供资金支持，保证了经济恢复。同时，我国较快退出了疫情期间流动性支持，保持了正常货币政策空间。2020 年 5 月底之后，外部政治因素的逐渐稳定叠加我国出口贸易份额的迅速抬升，人民币对美元即期汇率由 7 以上升至 6.4 以下。

展望未来[1]，随着疫苗接种率不断提高及特效药的研究推进，新冠疫情得到控制的概率不断提升。美联储已在 2021 年 6 月、7 月开始讨论缩减购债规模，并在 2021 年年底认为通货膨胀率已经达到预想位置。可以预见，2022 年某个时刻美联储将宣布加息，[2]开启正式的收缩政策。受经济下行预期影响，我国在 2021 年下半年先后两次调低存款准备金率，近期的中央经济工作会议也透露出 2022 年中国经济工作的重点是稳增长。这意味着 2022 年中国面临的基本面和货币环境是较弱和偏宽松的，与美国正好相反的情况。从这一方面来看，2022 年人民币对美元有一定贬值压力。[3]从国际收支口径来看，我国目前出口已到了一定高位，随着疫情防控局势不断向好，经济触底恢复，我国当前在出口贸易上的暂时优势将回归相对正常的水平。此外，新冠疫情如超预期好转，旅行项下的逆差恢复也可能使人民币对美元承受贬值压力。

人民币贬值会使国产贸易品价格相对降低，增强国际竞争力，利好出口企业。但人民币贬值同时也将提高进口商进口成本，甚至在我国对外依存度较高的大豆、铁矿石、石油等领域，本币贬值将明显提高相关产业的生产成本，挤占企业利润，较为严重时甚至会引起输入

[1] 以下展望均为写作时点 2021 年 11 月的分析预测。

[2] 美联储 2022 年 3 月开启加息周期应对高通胀，目前已连续进行 5 次加息，累计加息 300 个基点。9 月 21 日，美联储再次宣布加息 75 个基点。

[3] 2022 年 9 月 28 日，人民币对美元即期汇率 16 时 30 分收盘报 7.2458，较上一交易日跌 878 个基点，这一收盘价创下了 2008 年 1 月中旬以来的新低。2022 年前三季度，人民币对美元汇率在在岸和离岸市场的跌幅均超过了 13.5%。

性通胀。

此外，我们也应当谨防几类“黑天鹅”：一是新冠病毒新变种的出现。奥密克戎（Omicron）毒株刚被发现时，超强的传播能力及疫苗免疫规避能力快速压降了全球市场风险偏好，但后续其较弱的症状和带来新冠病毒抵抗能力的可能性又让全球投资者燃起了信心。目前全球有大量新冠病毒感染者，我们无法排除未来是否有出现具有较大威胁的变异新毒株，再次造成国际金融市场、世界经济波动的可能性。二是中美关系的不确定性。近期中美高层多次对话，展现了共同面对疫情挑战，承担大国责任的担当。但我们仍然要认识到，如果美国疫情得到有效遏制，经济恢复正常，美国政府仍有动力制造不和谐以遏制中国发展劲头。因此未来的不确定性也值得我们做好应对。

从经典的抛补利率平价理论来看，在一国实现资本自由流动的前提下，投资者不论是选择持有本国无风险资产的策略，还是选择在当下将本币兑换为外币并投资外国无风险资产，同等时间后售出并兑换为本币的策略，两种策略都应当实现相同的收益率，而第二种策略中实现“当下将本币兑换为外币，在未来某一时点将外币兑换为本币”并在当下便可锁定交易成本/收益的工具便是外汇掉期。因此，国际金融市场投资者常常在利率平价不均衡时利用外汇掉期进行套利/跨币种融资，反过来促进了利率平价的成立。在这一实践意义上，外汇掉期价格是受本外币利差（合适的本外币收益率曲线需要进行仔细研究并多做几次尝试性的检验）驱动的。间接标价法下，满足抛补利率平价时：

$$F_t = S_t e^{(r_d - r_f)(T-t)}$$

其中，F_t 为远期汇率，S_t 为即期汇率，r_d 为本国无风险利率，r_f 为外国无风险利率。

当外汇即期市场出现本币贬值预期时，进口商有时会选择开展远期购汇锁定未来购汇成本。银行间外汇市场外汇掉期流动性更佳，因此一笔远期购汇交易常常被拆成一笔即期购汇交易和一笔 S/B 外汇掉期交易，由此产生的掉期供需将导致掉期价格发生变化。因此，外汇掉期价格也会受汇率预期（常用的指标之一是风险逆转期权价格，常用期权波动率表示）影响。

延伸来看，利率平价理论中投资者持有的是无风险资产，但真实世界里投资者的资产种类是多种多样的，典型的资产种类便有股票和债券。这两类资产价格不仅受到无风险利率的影响，同时也由经济周期、风险溢价、信用利差等因素决定。因此，广义的利率平价理论也指明外汇掉期价格受到上述因素影响。

将资本自由流动、交易无成本、无摩擦的理想条件略微放开，我国采取的宏观审慎管理政策（如此前的远期售汇风险准备金）、交易成本、微观市场流动性也会左右外汇掉期价格。

综上，笔者将需要估计的模型设计为：

$$\begin{aligned} B_t &= \ln F_t - \ln S_t \\ &= \alpha + \beta_1 (r_d - r_f)(T-t) + \beta_2 E(S_T) + \beta_3 (RP_d - RP_f) + \beta_4 (CS_d - CS_f) + \beta_5 MPP_t + \varepsilon \end{aligned}$$

其中，B_t为实际掉期远端价格对数值与近端对数值之差，E（S_T）是对 T 时刻即期汇率的预期，RP_d是本国风险溢价，RP_f是外国风险溢价，CS_d是本国信用利差，CS_f是外国信用利差，MPP_t为实施宏观审慎管理政策带来的冲击。

四、数据处理及实证检验

笔者选取2016年1月1日至2021年6月30日数据进行研究。[1]

第一，外汇掉期的情况。因为银行间外汇市场3个月以下期限的外汇掉期流动性较好，所以首先分析3个月期的人民币对美元外汇掉期点。银行间外汇市场做市场常常采用掉期点的形式进行报价，即远/掉期全价 = 即期价格 + 掉期点。笔者将银行间外汇市场掉期点买报价及卖报价平均，得到人民币对美元外汇掉期点报价中间价。数据来自中国外汇交易中心主办的中国货币网。

第二，无风险利率相关情况。对境内3个月期的无风险利率，笔者采用中国国债到期收益率来近似；对境外3个月期的无风险收益率，笔者采用美国国债到期收益率来近似。数据来自Wind金融终端。从图5和图6中可以看出，中美3个月国债收益率利差与3个月期外汇掉期点买卖报价走势拟合度较高。

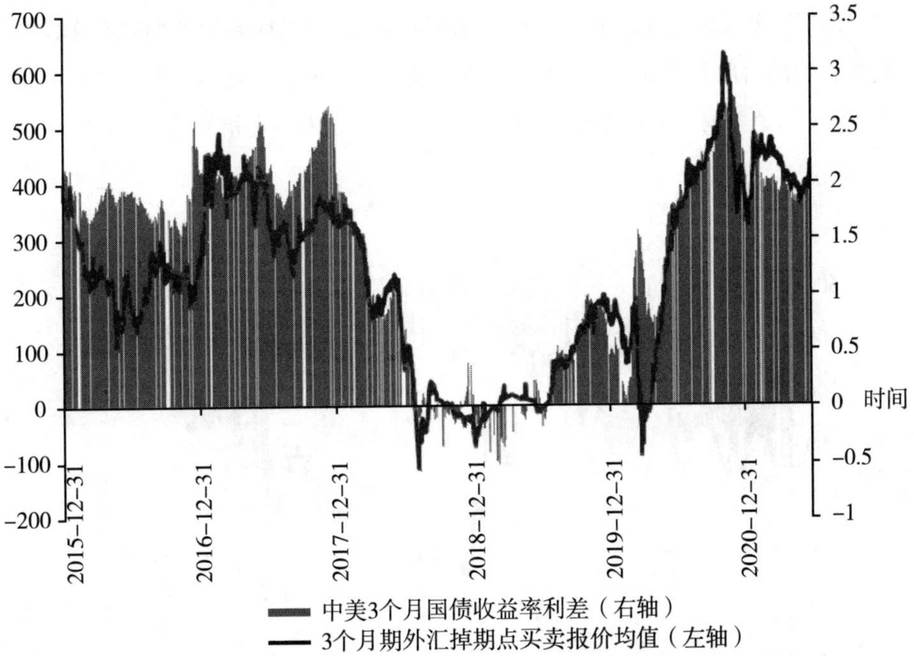

图5　近年中美3个月国债收益率利差与3个月期外汇掉期点买卖报价走势

（数据来源：Wind金融终端，中国货币网）

〔1〕 主要的数据来源为Wind金融终端及彭博终端，外汇宏观审慎管理政策相关信息来自中国人民银行官网。

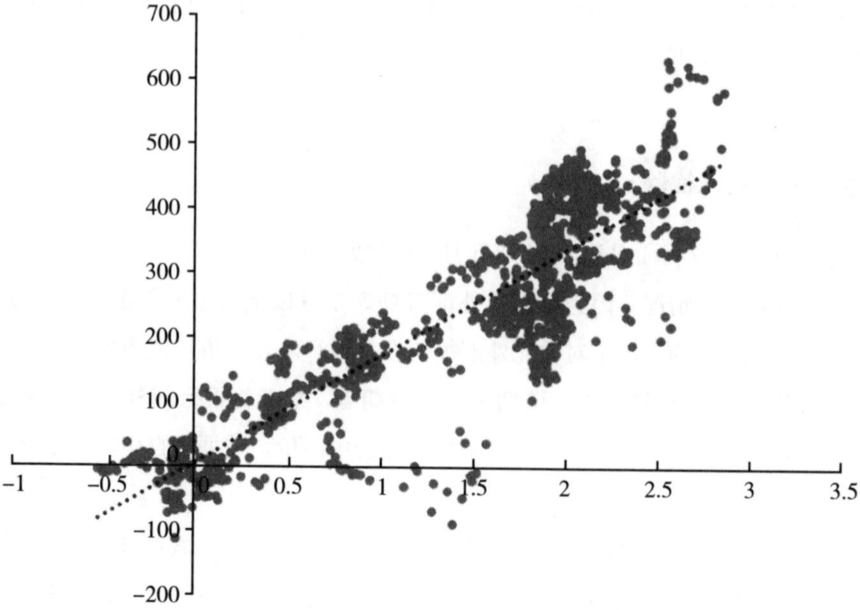

图 6　中美 3 个月国债收益率利差与 3 个月期外汇掉期点买卖报价均值呈正相关关系

（数据来源：Wind 金融终端，中国货币网）

第三，信用利差相关情况。笔者选取短期融资券和美国高收益企业债收益率作为计算中国信用利差和美国信用利差的参考指标，数据来自 Wind 金融终端。从图 7 和图 8 中可以看出，中美信用利差之差与 3 个月期外汇掉期点买卖报价均值有一定相关关系，但拟合度不够高。

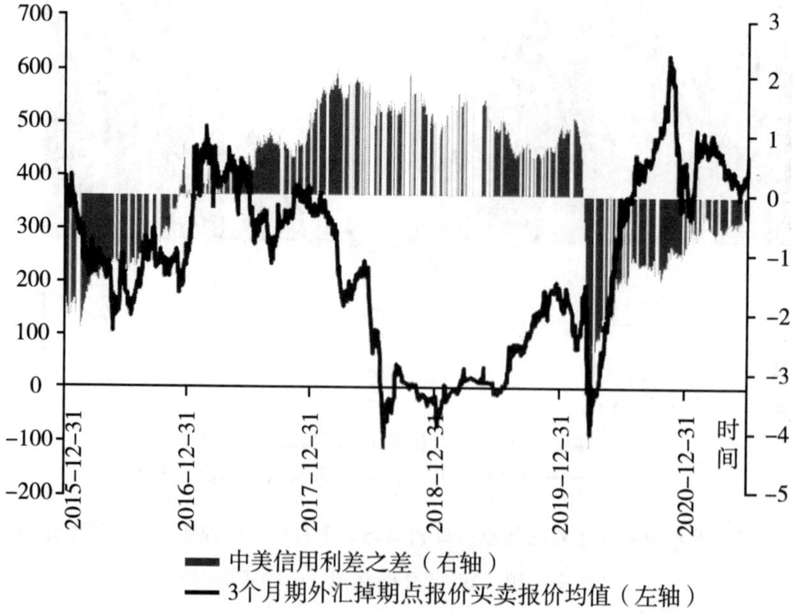

图 7　中美信用利差之差与 3 个月期外汇掉期点买卖报价均值关系

（数据来源：Wind 金融终端，中国货币网）

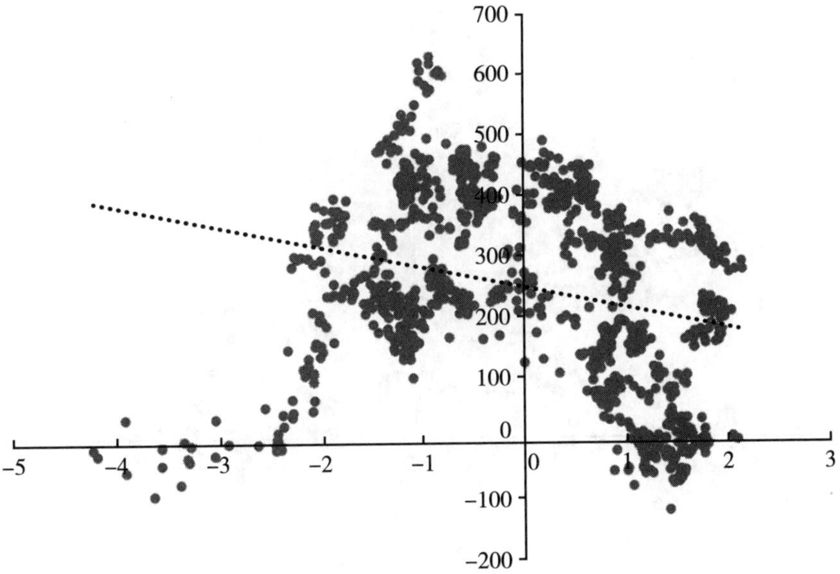

图 8　中美信用利差之差与 3 个月期外汇掉期点买卖报价均值散点图

（数据来源：Wind 金融终端，中国货币网）

第四，风险溢价相关情况。考虑中美跨境投资实际，我们优先考虑蓝筹股票，选取沪深 300 指数及标普 500 指数作为计算中美股票市场风险溢价的基础，数据来自 Wind 金融终端。图 9 和图 10 可以看出，美股市风险溢价与 3 个月期外汇掉期点买卖报价均值关联度不高，这可能从一个侧面反映出中国股票市场与美国股票市场互联互通程度较低的现状。

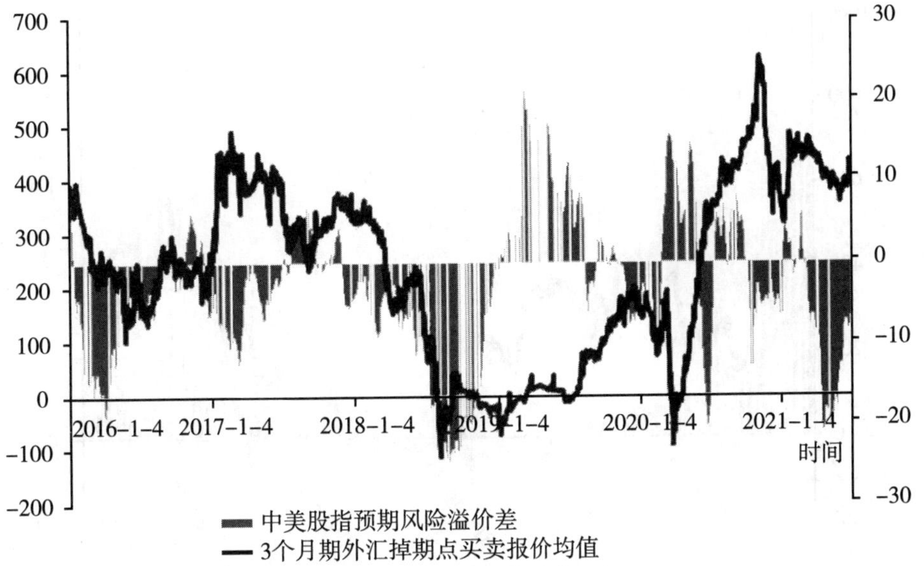

图 9　近年中美股市风险溢价与 3 个月期外汇掉期点买卖报价均值走势

（数据来源：Wind 金融终端，中国货币网）

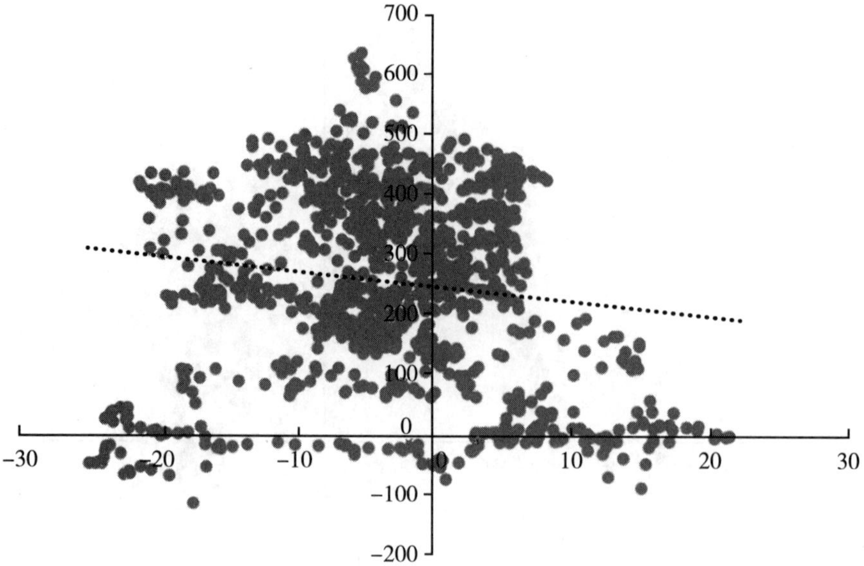

图 10 中美股市风险溢价与 3 个月期外汇掉期点买卖报价均值散点图

（数据来源：Wind 金融终端，中国货币网）

第五，汇率预期方面。利用风险逆转期权隐含波动率作为参考指标，若风险逆转期权价格/隐含波动率上升，则表示市场预期未来美元相对人民币升值。此处笔者使用在岸 3 个月期的风险逆转期权隐含波动率，数据来自彭博终端。图 11 和图 12 显示，汇率预期对外汇掉期点买卖报价影响较小。

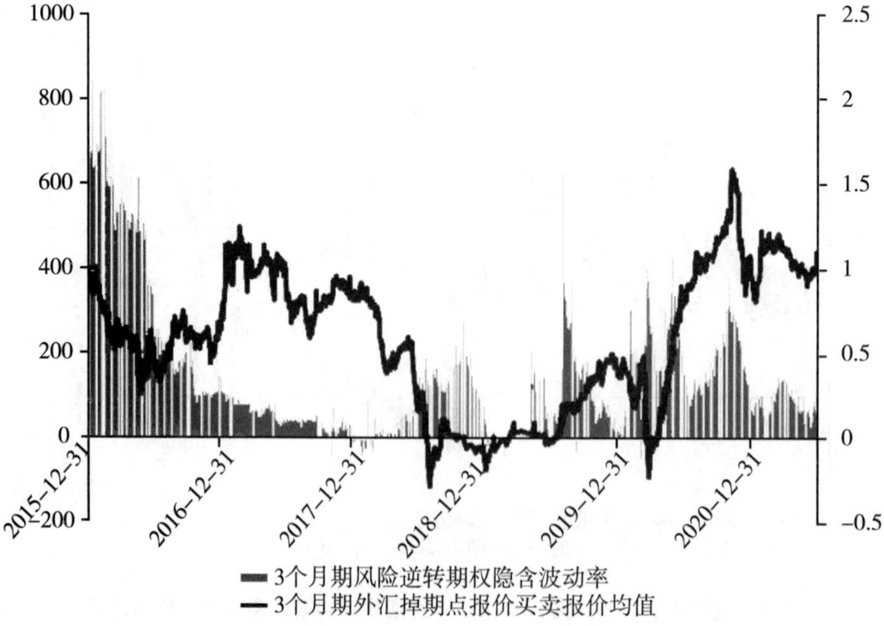

图 11 近年来 3 个月期风险逆转期权隐含波动率（汇率预期）与 3 个月期外汇掉期点买卖报价均值走势

（数据来源：Bloomberg，中国货币网）

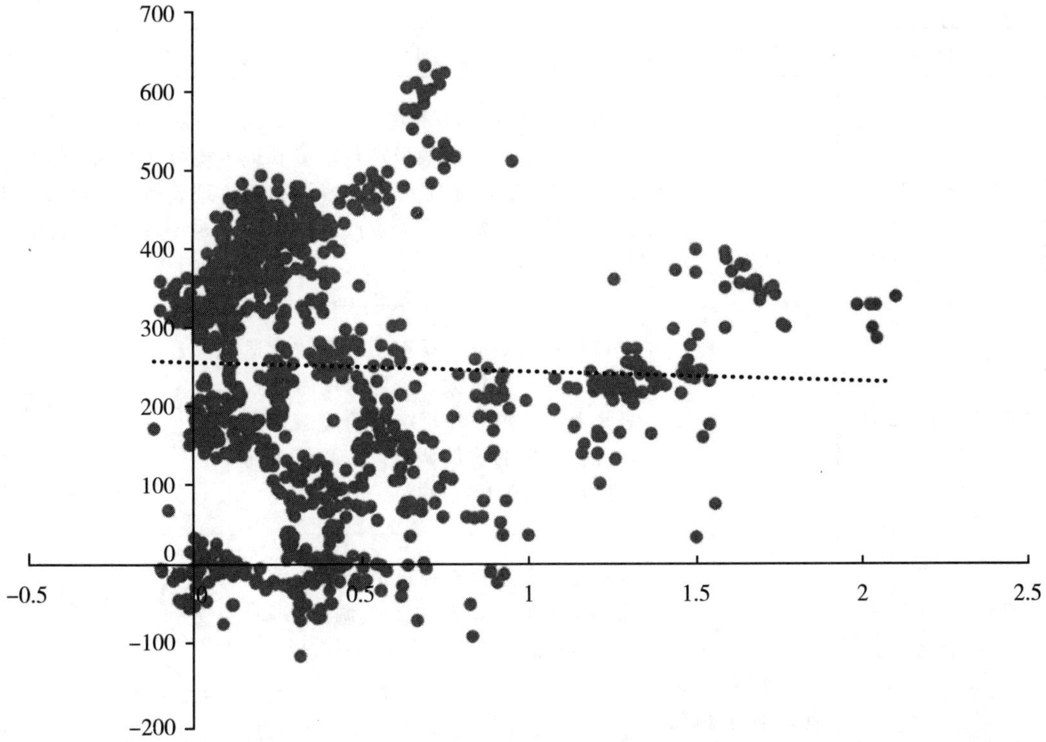

图 12　3 个月期风险逆转期权隐含波动率（汇率预期）与 3 个月期外汇掉期点买卖报价散点图

（数据来源：Bloomberg，中国货币网）

第六，外汇宏观审慎管理政策方面。笔者将考察时间段内部分有关政策整理为表 1，主要包括远期售汇风险准备金政策及全口径跨境融资宏观审慎政策。（见表 2）

表 1　近年来部分外汇相关宏观审慎管理政策

时间点	涉及政策	具体细节	因子设计考虑
2015 年 10 月 15 日	远期售汇风险准备金	中国人民银行首次将远期售汇风险准备金率上调为 20%	政策因子 1 此后设置为 1
2017 年 9 月 11 日		中国人民银行首次将远期售汇风险准备金率调整为 0	政策因子 1 此后设置为 0
2018 年 8 月 6 日		中国人民银行再次将远期售汇风险准备金率上调为 20%	政策因子 1 此后设置为 1
2020 年 10 月 12 日		中国人民银行再次将远期褒汇风险准备金率调整为 0	政策因子 1 此后设置为 0

续表

时间点	涉及政策	具体细节	因子设计考虑
2016 年 5 月 3 日	全口径跨境融资宏观审慎管理政策	中国人民银行发布《关于在全国范围内实施全口径跨境融资宏观审慎管理的通知》，规定建立宏观审慎规则下基于微观主体资本或净资产的跨境融资约束机制	首次实施全口径跨境融资宏观审慎管理政策，对应政策因子 2 此后设置为 1
2017 年 1 月 12 日		全口径跨境融资宏观审慎管理政策适用范围进一步扩大，企业跨境融资杠杆率上调，内保外贷纳入跨境融资风险加权余额的比例调减，该政策对向境外融资行为相对放松	政策因子 3 此后设置为 1
2020 年 3 月 12 日		全口径跨境融资宏观审慎管理政策中宏观审慎调节参数由 1 上调至 1.25，该政策对向境外融资行为相对放松	政策因子 4 此后设置为 1
2020 年 12 月 11 日		金融机构跨境融资宏观审慎调节参数由 1.25 下调至 1，该政策对向境外融资行为相对收紧	政策因子 5 此后设置为 1
2021 年 1 月 5 日		企业境外放款宏观审慎调节系数由 0.3 上调至 0.5，鼓励企业向境外使用资金	政策因子 6 此后设置为 1
2021 年 1 月 7 日		企业跨境融资宏观审慎调节参数由 1.25 下调至 1，该政策对向境外融资行为相对收紧	政策因子 7 此后设置为 1
2021 年 5 月 25 日		资本小于 1000 亿元人民币的银行类金融机构（含外国银行境内分行）的跨境融资杠杆率从 0.8 上调至 2，并为每家银行增加 100 亿元的初始融资额度，减小了对规模相对较小银行从境外融资的限制	政策因子 8 此后设置为 1

资料来源：中国人民银行官网，本课题组整理。

表2　截面数据回归结果

项目	因变量B	因变量B	因变量B	因变量B	因变量B	因变量B	因变量B
截距项	0.0000812	−0.0002454***	0.0000229	0.00031***	0.0000707	0.0008039***	−0.000554*
中美利差	0.0024684***	0.0026827***	0.0024529***	0.0025125***	0.002578***	0.0023927***	0.0028121***
中美信用利差差值	—	0.000315***	—	—	0.001324***	0.000074	0.0009631***
中美股市风险溢价差值	—	—	−0.000025***	—	−0.0000289***	−0.0000212***	−0.00000426
汇率预期	—	—	—	−0.0007827***	−0.0006645***	0.0004453***	0.0003716*
政策因子1	—	—	—	—	—	−0.0007321***	0.0006115***
政策因子2	—	—	—	—	—	—	−0.0015175***
政策因子3	—	—	—	—	—	—	0.0004036***
政策因子4	—	—	—	—	—	—	0.0020154***
政策因子5	—	—	—	—	—	—	−0.0002964
政策因子6	—	—	—	—	—	—	0.0005317
政策因子7	—	—	—	—	—	—	0.0007223
政策因子8	—	—	—	—	—	—	−0.0001908
R-square	0.7556	0.778	0.7635	0.7736	0.7894	0.8041	0.8864
Prob>F	0	0	0	0	0	0	0

五、结论与建议

（一）研究结论

根据计量结果，因变量与 3 个月期中美无风险收益率利差显著正相关，即中美无风险利率利差扩大时，中美外汇掉期价格上升。且在单变量回归中，中美利差大约解释了中美外汇掉期价格 3/4 的变化，解释力度较好，与预期相符。

中美信用利差差值与因变量有一定正相关关系，中美信用利差差值扩大时，中美外汇掉期价格上升。该点解释力度不强在一定程度上可能是因为目前中美跨境债券投资主要关注利率债。

中美股市风险溢价差值与因变量有一定负相关关系，中美股市风险溢价差值扩大时，中美外汇掉期价格下降。该点解释力度不强在一定程度上可能是因为目前中美跨境股票投资市场参与者没有太强的动力或工具利用外汇衍生品对冲汇率风险。

汇率预期与因变量相关关系还需进一步分析验证。理论上，如果存在企业利用外汇远期/掉期锁定未来汇率的行为，人民币贬值预期将导致中美外汇掉期点上升，即汇率预期变量与中美外汇掉期价格正相关。

远期售汇准备金政策变量与因变量相关关系不明确，也还需进一步分析验证。理论上，抑制直接远期的相关政策将降低外汇掉期价格，即政策变量 1 与因变量负相关。

政策因子 2 与因变量负相关，即当全口径跨境融资宏观审慎管理政策落地后，中美外汇掉期价格是相对下降的。原因可能是该政策在一定程度上抑制了境内主体跨境融资。

政策因子 3、政策因子 4 与中美外汇掉期价格正相关，即当全口径跨境融资宏观审慎管理政策对境内主体跨境融资限制放松后，中美外汇掉期价格是相对上升的。这与预期是相符的。

政策因子 5 ~ 8 目前来看相关关系检验结果不显著。但综合加入政策因子 1 ~ 8 后，模型的解释度提升近 1/5，说明政策的累加调节效应仍然是不可忽略的因素。

此外，值得注意的是，政策因子 1 ~ 8 是按时间顺序排列的。2015 年至 2020 年年初的宏观审慎政策对外汇市场的影响较为显著，而 2020 年年底到 2021 年年中密集出台的宏观审慎政策影响不明显，可能说明市场主体对外汇管理部门的政策有了预期和“免疫”，政策的边际效果有所下降。

（二）政策建议

一是应当继续引导企业和金融机构树立“风险中性”理念。实证结果表明，除利差因素对汇率影响较为明显外，其余因素影响不够明确，这揭示了外汇市场的复杂性和难以预测性。2022 年 9 月 27 日，全国外汇市场自律机制电视会议也再次指出，“汇率的点位是测不准的，双向浮动是常态，不要赌人民币汇率单边升值或贬值，久赌必输”。因此，对于企业来说，应当加强金融衍生工具知识学习，将汇率波动的影响纳入日常财务决策，合理运用衍生品规避汇率风险；对于金融机构来说，应当在合理范围内积极开展金融产品设计，注重风险控制，提升展业能力，尤其要协助缺少外汇管理经验的企业做好风险规避。

二是应当重视和加强政策的引导和干预作用。近年来，以美国为首的西方国家不断施压中国，要求中国放开外汇管理，实施所谓“金融自由”。但事实上，面对经济下行压力和世界局势的不确定性，包括美联储在内的西方货币当局也采用了各种方式干预金融市场，我们绝不能放弃货币和外汇政策的主动权。当前，美联储加息周期仍未进入尾声，欧洲经济基本面相对偏弱，未来不排除美元指数继续上冲，中美货币政策分化也使中美利差倒挂加深。理论上，本文的实证证明，宏观审慎政策组合对汇率市场的干预和引导是有效的；实践上，2022 年 9 月 28 日，央行远期售汇业务的外汇风险准备金率从 0 上调至 20% 正式生效。今后我们仍然要坚持把握政策的主动权，加强对市场的方向引导甚至直接干预，综合分析、科学判断是否需要出台新的政策组合。

三是应当丰富政策工具箱的工具种类，提高政策的不可预知性，避免市场的“政策免疫”。监管部门应当做好研判工作，厘清政策实施的成本及可能对市场造成的冲击。政策实施后，也要保持跟踪，实时开展本外币资金价格等重要金融市场因素异常变化的综合监测，判断市场的反应情况，为后续政策的出台提供参考。尤其值得注意的是，“如果央行对市场的干预是有规律的、可预期的，那么市场参与者就会针对央行的干预逻辑建立模型”[1]。本文的实证结果证明，政策的边际效果有可能随着时间的推移而下降。因此金融市场尤其是境外市场参与者与监管当局的博弈也应纳入政策的考量，需要央行丰富政策工具箱的工具储备，动态调整政策内容、政策力度、政策组合和政策出台时机，尽力避免市场形成“政策免疫”。

四是继续完善离岸人民币流动性调节机制，防范内外部冲击引起的流动性异常。2008 年的金融危机首先反映为流动性危机，因此在外汇市场的博弈中，保持外汇市场的流动性是至关重要的。目前我国有货币互换及离岸央票发行等工具直接或间接调节离岸人民币流动性。当市场受到政策冲击或疫情冲击时，人民币流动性相对外币流动性会相对宽松或收紧。为保持跨境资本流动平衡，央行可考虑采用发行离岸央票的方式收紧离岸人民币流动性，或者利用央行间本币互换提供离岸人民币流动性，防范流动性异常造成其他衍生冲击，进而影响金融稳定乃至引起金融危机，这一点在中美博弈的新形势下尤为重要。

---

〔1〕 刘晓春：《金融风险的市场因素与非市场因素》，载《经济观察报》2022 年 7 月 20 日。

浦东新区促进跨境金融服务贸易发展立法研究

李建伟等 *

一、浦东新区跨境金融服务贸易立法的基础研究

（一）服务贸易

服务贸易是国际贸易的重要组成部分和国际经贸合作的重要领域，在构建新发展格局中具有重要作用。党中央、国务院高度重视发展服务贸易。我国在 2020 年和 2021 年中国国际服务贸易交易会全球服务贸易峰会上发表重要致辞，强调了服务贸易发展的重要意义，提出了促进服务贸易的重要举措。《中共中央、国务院关于推进贸易高质量发展的指导意见》要求，“深化服务贸易领域改革和开放，持续推进服务贸易创新发展试点，完善促进服务贸易发展的管理体制和政策体系”。

“十三五”期间，我国服务贸易行业持续发展。运输、建筑等传统服务贸易平稳增长，金融、电信、计算机和信息服务、知识产权使用费、其他商业服务等知识密集型服务贸易快速增长，成为服务贸易增长的主要推动力。2021 年，我国持续推进自由贸易试验区服务贸易改革发展。一是推出了国家在跨境服务贸易领域

---

* 本文为上海立法研究所、上海金融法制研究会 2022 年立法并行研究课题成果。课题组长：李建伟，上海社会科学院法学研究所副所长、研究员。课题组副组长：刘晓明，上海立法研究所秘书长。课题组成员：殷啸虎，上海社会科学院法学研究所原副所长、研究员；主力军，上海社会科学院法学研究所经济法室副主任、副研究员；申海平，上海对外经贸大学法学院副教授；郝春光，上海华夏经济发展研究院经济法研究中心副主任；孙祈，上海社会科学院法学研究所研究人员；尹晓文，上海社会科学院法学研究所学术秘书；朱笑莹、李鑫澳，上海社会科学院法学研究所研究生。

的第一张负面清单，即海南自由贸易港跨境服务贸易负面清单，包括11个门类70项特别管理措施，实现了我国服务贸易管理模式的重大突破。二是推出了新一批改革创新举措，其中重点是《关于推进自由贸易试验区贸易投资便利化改革创新的若干措施》，共19项，涵盖提升贸易、投资、国际物流、金融服务实体经济便利度和探索司法对贸易投资便利的保障功能等方面。三是推出了新一版外资准入负面清单，即《自由贸易试验区外商投资准入特别管理措施（负面清单）（2021年版）》，特别管理措施压减到27条，实现了制造业条目清零，服务业开放持续扩大。四是推广了新一批18个“最佳实践案例”，涉及投资贸易便利化、金融服务实体经济、国企改革、环保等多个领域，国家层面累计推广制度创新成果达到278项。2021年，我国21家自贸试验区实际使用外资2130亿元，实现进出口总额6.8万亿元，同比分别增长19%和29.5%。全国21个自贸试验区占全国国土面积不到4‰，实现了占全国18.5%的外商投资和17.3%的进出口额，为稳外贸、稳外资、促增长作出了积极贡献。新发展阶段，服务贸易在推进更高水平改革开放、高质量增长和新格局构建中，承担着重要职责和任务。

（二）跨境金融服务贸易

跨境金融服务贸易是指发生在国家（地区）与国家（地区）之间的金融服务的交易活动和交易的过程，是服务贸易的重要模式和内容拓展。跨境金融服务贸易以“破坏性金融创新”理论为基础，符合“破坏性创新”的三个构成要素，即“变革”、“替代性潜力”和“结构性影响”，并且从“市场准入”和“业务运行”等方面革新了以金融抑制与金融深化理论为基础的传统金融服务贸易规则。跨境金融服务贸易自由化是经济全球化和金融深化发展的必然结果。

根据《服务贸易总协定》(General Agreementon Trade in Services，GATS）金融服务附件的定义，金融服务是指成员国的金融服务提供者向金融人提供的服务，包括所有保险和与保险相关的服务，以及所有银行和其他金融服务（保险除外)。GATS金融服务附件对除保险以外的金融服务详细列出了12条进行说明，包括了所有可能的融资、支付、证券发行、金融中介和咨询、资产管理等金融服务形式。跨境金融服务贸易的内涵与外延在国际上尚未达成统一。按照服务贸易的基本理论与划分，服务贸易通常可分为跨境交付（Cross Border Supply)、境外消费（Consumption Abroad)、商业存在（Commercial Presence)、人员流动(Movement of Personnel）4种类型，跨境金融服务贸易一般亦可分为相应4种模式或类型：一是跨境交付，指金融服务的提供者在本国向境外的非居民消费者提供服务，它是基于信息技术的发展和网络化的普及而实现的跨越国界的远程交易。二是境外消费，指金融服务的提供者在本国向当地的非居民提供服务，如一国金融机构对到本国境内旅行的外国消费者提供服务。三是商业存在，指一国的金融机构到其他国家设立商业机构或专业机构，如果具有法人资格就可以该国居民的身份为当地的消费者提供金融服务，这种贸易模式有利于避免跨境交付的限制，迎合了东道国消费者的“本土偏好”，还便于外国金融机构与当地建立长期的业务关系。四是人员流动，指金融服务提供者以自然人形式到境外为当地消费者提供服务。境外消费和人员流动这两种模式在交易总体中所占份额很小，跨境金融服务贸易的提供方式主要是跨境交付和商业存在这两种模式。

在现行国际经贸协定中，对于“跨境金融服务贸易”的含义通常存在两种类型解释，这两种解释均是基于跨境金融服务的提供方式进行的划分：一是以美国为代表的《北美自由贸易协议》（North American Free Trade Agreement，NAFTA）类型项下的跨境金融服务贸易，包括金融服务的跨境交付、金融服务的境外消费以及金融服务的人员流动三种模式；二是以欧盟为代表的跨境金融服务贸易，包括金融服务的跨境交付和境外消费两种模式。此外经济合作与发展组织（Organization for Economic Co-operation and Development，OECD）早在 2000 年的《金融市场趋势》中就认为：跨境金融服务贸易是指金融公司在一个国家向居住在另一个国家的客户提供金融服务，而不在客户所在国家（东道国）设立分支机构或子公司。该定义中的金融公司所在国家既可以是总部所在国，也可以是分支机构或子公司所在的第三国。

根据我国商务部等 24 部门制定的《“十四五”服务贸易发展规划》，“十四五”期间我国将加快发展金融服务贸易等新兴服务贸易。支持国内金融机构建立健全境外分支机构和服务网络，加大对企业开拓国际市场的支持力度。鼓励金融机构创新适合服务贸易发展特点的金融产品和服务，拓宽轻资产的服务贸易企业贷款抵质押物范围。推动人民币跨境支付系统（CIPS）功能升级完善，促进跨境支付便利化。在依法合规、风险可控的前提下，利用新型信息技术提升金融服务水平，提升我国金融服务国际市场竞争力。

我们认为，跨境金融服务贸易不同于传统商业存在模式下的金融服务，其重点在于跨境，涵盖了跨境交付、境外消费以及人员流动三种服务贸易提供模式，并且以金融数据的跨境自由流动为关键性因素。关于商业存在模式，其实质上是外资根据东道国的国内法成立东道国法律实体而提供的服务，并不存在服务要素的流动。因此，本研究建议浦东新区跨境金融服务贸易立法中，跨境金融服务贸易应包括：（1）从一缔约方境内向另一缔约方境内提供金融服务；（2）在一缔约方境内向另一缔约方的人提供金融服务；（3）一缔约方的国民在另一缔约方境内提供金融服务。

（三）跨境金融服务贸易规则

跨境金融服务贸易规则是伴随着国际贸易、国际投资等跨境经济行为的出现而逐渐形成的。20 世纪初国际社会就跨境贸易制定统一规则（《关税与贸易总协定》）时期，金融服务只是作为国际货物贸易的辅助工具，并没有专门针对跨境金融服务贸易的国际规则。

1.《服务贸易总协定》。

20 世纪 80 年代，在金融服务贸易自由化和全球化这一国际背景下，金融服务被作为一个重要部门列入乌拉圭回合服务贸易谈判中，有关跨境金融服务贸易的规则才逐渐被纳入国际法的进程中。

GATS 的主要法律原则是指 WTO 成员之间权利义务关系的一般性准则。其内容包括：最惠国待遇原则、国民待遇原则、透明度原则、逐步自由化原则。此外，GATS 还包括发展中国家更多参与的原则、公共秩序优越权原则、市场准入原则、对服务业进行管理的原则、资格承认的原则、国际支付和转移的原则、为特殊服务行业制定特别规则的原则等。这些原则规定也是各 WTO 成员在立法尤其是金融服务贸易立法中应当遵循的基本原则。

GATS 关于金融服务有两个附件，即金融服务附件一和金融服务附件二。前者对金融服务的范围和定义，有关金融服务的国内法规、认可以及争端解决等实质性内容作了规定；后者主要对金融服务贸易谈判的时间安排作出了规定。金融服务附件一适用于对金融服务有影响的各种措施。"金融服务"是指由一成员方的金融服务提供者所提供的任何在资金融通方面的服务，金融服务提供者是一成员方希望提供或正在提供金融服务的任何自然人和法人（金融服务提供者不包括成员方政府，中央银行，货币发行机构以及由政府所有、控制的主要执行政府意图的或为政府的意图而活动的其他机构）。

2.《金融服务贸易协议》。

在世界贸易组织的主持下，乌拉圭回合以后，在服务贸易总协定的原则框架下，对金融服务贸易进行了进一步的谈判，于 1997 年 12 月 12 日在日内瓦达成《金融服务贸易协议》（Financial Service Agreement，FSA），金融服务置于服务贸易章节，全球 95% 的金融服务贸易纳入逐步自由化的进程之中。《金融服务贸易协议》的签订，大大加速了全球金融服务贸易自由化的进程，使金融服务贸易自由化进入到一个新的阶段。

《金融服务贸易协议》协议由三个文件构成：第五议定书；通过第五议定书的决定；关于金融服务承诺的决定。其中最重要的是第五议定书、各成员的承诺表和豁免清单及其附件。第五议定书主要是金融、保险业市场准入的规定，该议定书的内容主要包括：一是允许外国在国内建立金融服务公司并按竞争原则运行；二是外国公司享受同国内公司同等地进入市场的权利；三是取消跨境提供服务和跨境消费的限制；四是允许外国资本在投资基础上的比例超过 10%。我国作为 WTO 成员国，无论是贸易服务总协定所确定的基本原则，还是相关附件和金融服务贸易协议规定的基本内容，都将按照有关约定和承诺逐步在我国使用。

3. 自由贸易协定。

自由贸易协定（FTAs）在跨境金融服务贸易准入前、准入后以及风险防范方面有较为完整的规则体系，表现为市场准入规则成为跨境金融服务贸易的前提条件、非歧视待遇规则成为跨境金融服务贸易的中间保障、审慎例外规则成为跨境金融服务贸易的风险屏障等特征。

（1）市场准入规则成为跨境金融服务贸易的前提条件。

“市场准入规则”源于第二次世界大战后西方国家建立自由贸易体制的初衷，即以全球市场为目标，将原来零星、分散、不稳固的双边自由贸易转变为多边自由贸易体制。市场准入规则主要关注服务提供者最初的进入或许可，即服务提供者能否且能在多大程度上进入东道国市场。在 NAFTA、GATS 之前的区域贸易协定，并没有单独区分跨境金融服务贸易的市场准入，仅就“金融机构的设立”进行了规定，而《美墨加三国协议》（USMCA）则设跨境金融服务贸易的市场准入条款。市场准入规则最初设定的目的是作为服务贸易规则的前提条件，一方面推动自由化的发展，另一方面也是对准入环节的规制。由于互联网技术尚未普及且发展中国家金融市场的竞争力不足，一直以来，国际社会并未就跨境金融服务贸易领域的市场准入自由形成统一的国际规则，USMCA 首次将跨境金融服务贸易纳入市场准入的条款中。

（2）非歧视待遇规则成为跨境金融服务贸易的中间保障。

非歧视待遇规则决定了服务提供者在进入东道国市场后，能否与本国的服务和服务提供者享有相同的待遇。非歧视待遇规则分为最惠国待遇和国民待遇，二者共同保证服务提供者在东道国市场内享有公平竞争的环境。国际经贸秩序在倡导贸易自由化的同时，也将公平贸易作为贸易发展的一个目标，FTAs 继承了 WTO 致力于构建一个开放（open）、公平（fair）和未被扭曲的（undistorted）竞争环境的原则。其目的就是最大限度地营造充分的市场竞争环境，在不同成员之间实施非歧视待遇，保证市场竞争机会均等。

（3）审慎例外规则成为跨境金融服务贸易的风险屏障。

跨境金融服务贸易为金融创新创造了有利的环境，但也给金融监管带来了压力。在跨境金融服务贸易的开放领域，集合投资计划、电子支付卡服务等新兴的产品都为金融创新创造了条件，在此种情况下，若没有有效的金融监管，金融风险将急剧增大，给国民经济造成极大的冲击。“审慎监管”是金融服务贸易体系的核心内容，其旨在确保金融市场的正常运作、保护投资者以及防控金融风险。“审慎例外”条款是审慎监管在跨境金融服务贸易领域的表现形式，虽然规定地较为原则，但正是其原则性的规定使各主权国家能够自主决定其金融监管的措施。

总之，全球区域贸易协定的签署以及发达国家与新兴市场对国际金融服务贸易规则主导权的博弈使得国际社会越来越关注跨境金融服务贸易。从 NAFTA 到 USMCA，有关跨境金融服务贸易的规则理念从 20 世纪 70 年代的金融自由化转向以防范金融危机为目标之一的金融开放与金融监管并行；规则内容从允许缔约方自主开放的选择性模式转向正面清单承诺开放的强制性模式；规则执行从仅规定“逐步自由化”的概括性条款向直接要求“金融信息自由转移”的可操作性条款转变。市场准入规则、非歧视待遇规则和审慎例外规则即成为跨境金融服务贸易实体内容的主要构成部分。这对浦东新区跨境金融服务贸易立法，具有重要的参考和借鉴意义。

二、浦东新区跨境金融服务贸易立法的实践分析

（一）跨境金融服务贸易法治探索

近年来我国为进一步加强对外开放，陆续出台了一系列扩大金融市场对外开放的政策和举措，并依托自由贸易试验区、自由贸易港等先行开放区域建设，不断构建和完善投资资金自由化、便利化的体系并进行相关的法治探索。

1. 自由贸易试验区的跨境金融服务贸易法治探索

（1）中国（上海）自由贸易试验区

上海承担着国家改革开放、经济建设等国家战略排头兵、先行者的重要职责。2013 年9 月29 日中国（上海）自由贸易试验区（以下简称上海自贸试验区）正式成立。上海自贸试验区作为我国在自贸区战略上的第一个试点区域，对金融体系的创新围绕金融服务行业，以促进区域间贸易和投融资便利化为目标，在风险可控的情况下，提供条件创新金融体系，坚持改革创新，着力推进人民币资本项目下可兑换、人民币跨境流通、存贷款利率市场化、外汇监管等领域的改革。制度上，自上海自贸试验区设立以来，“一行三会”等金融管理机构就发布了一系列促进金融发展和创新的政策措施，极大地促进了上海自贸试验区的金融业态发展。同时，为响应中央的各项金融创新政策，上海自贸试验区也推出了相应的金融支持措施。总体而言，上海自贸试验区的经验：一是金融制度的创新，改变了传统的层层审批观念，接轨国际实际，实行负面清单投资准入制度；二是在金融体系创新上，创造了自贸区独特的金融体系，以更专业化的服务满足自贸区投资与融资的需求，多层次、多元化、区域化地构建区域金融体系；三是金融理论的创新，坚持理论创新多元化，促进理论成果的产业化。

2018 年 11 月 1 日，上海自贸试验区首次施行了跨境服务贸易负面清单的管理制度，开启了跨境服务贸易制度体系的发展。负面清单的管理制度无论是应对国际经贸格局的重大变化，营造法治化、国际化、便利化的营商环境，还是落实国内对外开放的措施、实现自贸试验区的不断深化和扩大开放都有积极的作用。根据《中国（上海）自由贸易试验区跨境服务贸易特别管理措施（负面清单）（2018 年）》，我国有关跨境金融服务贸易的特别管理措施共计 31 项，涉及货币金融服务、资本市场服务、保险业、其他金融业等。客观而言，其特点主要表现为：第一，资本市场服务限制较多，31 项措施中有 20 项是针对资本市场服务的限制。第二，市场准入为跨境金融服务贸易主要的限制性措施，如“在中国境内从事国债承销业务，须为中国债券承销机构”“中国境内信托登记业务，由中国信托登记有限责任公司负责”等，这些内容实质为禁止性规定，即零配额的限制性措施。第三，商业存在成为金融服务贸易的主要要求，众多跨境金融服务要求以法人的形式存在，如“期货交易所会员须为中

国企业法人或其他经济组织”“在中国境内从事证券市场资信评级业务，须为中国法人”。

（2）海南自由贸易港

海南自由贸易港（以下简称海南自贸港）作为国家建设高水平开放经济特区的战略，全面推进“贸易自由便利、投资自由便利、跨境资金流动自由便利、人员进出自由便利、运输来往自由便利、数据安全有序流动”的体系建设。

2020 年 6 月《海南自由贸易港建设总体方案》出台，标志着海南自贸港“国际离岸金融中心”的发展战略部署正式拉开序幕。

2021 年 3 月，中国人民银行、原中国银行保险监督管理委员会、中国证券监督管理委员会、国家外汇管理局联合发布《关于金融支持海南全面深化改革开放的意见》，提出 37 条具体措施。具体而言，第一，稳步推进境外机构布局人民币资产业务，促进跨境投资便利化。一是增发合格境内有限合伙人（QDLP）试点基础额度。允许海南自贸港内合格境外有限合伙人（QFLP）按照余额管理模式自由汇出、汇入资金，给予海南自贸港 QDLP 试点基础额度。二是开展本外币合一跨境资金池业务试点。支持符合资格的非银行金融机构开展结售汇业务试点。银行机构可进一步拓展本外币合一跨境资金池业务，发挥银行结售汇传统业务优势。三是完善跨境融资宏观审慎管理政策框架。适当提高海南自贸港内注册的非金融企业（不含房地产企业和地方政府融资平台）跨境融资上限，实现更高额度的跨境资金融入规模。第二，进一步加大金融业和金融市场双向开放力度。一是扩大银行业、保险业对外开放。鼓励境外金融机构落户海南，支持设立中外合资银行；扩大保险业对外开放，加强与港澳地区保险市场深度合作。二是扩大金融市场开放。符合条件的境外金融机构可在海南全资拥有或控股参股期货公司，依法合规获取支付业务许可证；在海南自贸港内试点扩大可跨境转出的信贷资产范围和参与机构范围。三是面向国际市场扩大人民币境外投资业务。允许海南企业在境外发行人民币计价的债券等产品，可在海南设立保险资产管理公司，向境外发行人民币计价的资管产品，开展境外投资业务。

2021 年 8 月 30 日，海南省为贯彻落实国家对于海南自贸港金融业深化改革开放的工作部署，进一步出台了《关于贯彻落实金融支持海南全面深化改革开放意见的实施方案》并推动落地实施。在推动跨境货物贸易、服务贸易以及新型国际贸易结算便利化，探索适应市场需求新形态的跨境投资外汇管理，探索开展跨境资产管理业务试点，探索放宽个人跨境交易政策，支持开展本外币合一跨境资金池业务试点等方面提出 89 条具体发展措施。在此基础上，海南省推动出台了 QFLP、QDLP 试点工作暂行办法，开展贸易外汇收支便利化试点工作，扩大企业所得税和个人所得税优惠政策对私募基金创业投资、QDLP/QFLP 基金管理企业的适用范围。

2021 年 6 月 10 日《海南自由贸易港法》经第十三届全国人大常务委员会第二十九次会议通过。该法明确，国家在海南岛全岛设立海南自贸港，分步骤、分阶段建立自由贸易港政策和制度体系，实现贸易、投资、跨境资金流动、人员进出、运输来往自由便利和数据安全有序流动。在贸易自由化方面，海南禁止、限制的进出口货物、物品清单以外的货物都可以自由地进出海南。在服务贸易方面，对负面清单以外的跨境服务贸易以内外资一致的原则进行管理。在投资方面，全面推行极简审批投资制度，实行更加简化的外商投资负面清单和更加简化的市场准入特别清单，并且实行市场准入承诺即入制，在投资领域给予更大的便利。在与投资贸易相适应的税制方面，按照减税制、零关税、低税率的原则构建与海南自贸港建设相适应的税制体系。

2021 年 8 月 26 日开始施行的《海南自由贸易港跨境服务贸易特别管理措施（负面清单）（2021 年版）》，统一列出在国民待遇、市场准入、当地存在、金融服务跨境贸易等方面对于境外服务提供者以跨境方式提供服务（通过跨境交付、境外消费、自然人移动模式）的特别管理措施，适用于海南自贸港，适用的地域范围为海南岛全岛。《海南自由贸易港跨境服务贸易特别管理措施（负面清单）（2021 年版）》之外的领域，在海南自贸港内按照境内外服务及服务提供者待遇一致原则实施管理。

（3）中国（广西）自由贸易试验区

2019 年 8 月 30 日中国（广西）自由贸易试验区（以下简称广西自贸试验区）成立后，跨境金融合作不断取得创新和突破，“边境地区跨境人民币使用改革创新”获评全国自贸试验区第 4 批“最佳实践案例”。广西自贸试验区还积极构建以中国—东盟跨境金融改革创新为代表的金融开放生态，中国—东盟金融城累计引入金融机构达 244 家。其创新开展中马“两国双园”跨境金融合作试点，形成点对点金融便利化合作新机制。截至 2021 年 6 月，广西跨境人民币结算总量已达 1.37 万亿元，在 9 个边境省（区）、12 个西部省（区、市）中排名第一。

广西自贸试验区创新发展人民币对柬埔寨瑞尔等东盟国家货币的银行间市场区域交易。广西区域货币交易市场成为全国挂牌币种最多、境外参与行最多、交易最活跃的市场。广西自贸试验区创新了人民币对越南盾资金清算模式；设立了互市贸易服务中心，上线口岸贸易结算信息服务平台；推动了大宗商品人民币计价结算，全国首例以人民币结算的民营企业铁矿石交易落地。

广西自贸试验区在金融领域的改革创新举措主要有：一是推动多项金融政策和创新试点落地实施。联合相关部门出台 20 项金融支持广西自贸试验区建设政策以及《广西稳步推进跨境人民币业务的实施方案》，夯实金融创新的制度基础；在自贸试验区率先实施 9 项外汇创新业务，多个外汇收支便利化试点相继获批。二是提升跨境人民币使用便利化程度。推出跨境人民币更高水平贸易投资便利化试点，将跨境结算优质企业增至 122 家；推动中马钦州产业园 5 项金融创新试点落地，截至 2021 年 7 月末试点金额 53 亿元；搭建互市贸易互联互通信息平台，实现互市贸易安全高效结算。三是促进跨境贸易投资自由化便利化。稳步推进外汇收支便利化试点，优化个人留学及薪酬购付汇手续，赋予合规守信市场主体更多便利；推动 QFLP 试点落地，联合片区管委会出台南宁、钦州港片区促进外商投资股权投资类企业发展暂行办法。截至 2021 年 7 月末，办理外汇收支便利化业务 4123 万美元，自贸试验区外债资金流入 1.27 亿美元。四是助力外贸企业融资纾困。运用跨境金融区块链服务平台，打造“百强千企聚链”工程，切实解决涉外企业融资难题。广西成为出口信保保单融资应用试点，为涉外企业拓展融资新渠道。截至 2021 年 8 月，为 162 家企业办理融资 61 亿元，其中中小企业占比 95% 以上。上述金融服务，有力地推动了广西自贸试验区跨境投融资自由化便利化和高质量发展。

2. 我国 FTA 中可参考的相关规定

FTA 通常指两个以上的国家或地区通过签订自由贸易协定，相互取消绝大部分货物的关税和非关税壁垒，取消绝大多数服务部门的市场准入限制，开放投资，从而促进商品、服务、资本、技术、人员等生产要素的自由流动，实现优势互补，促进共同发展。NAFTA 是最早对跨境金融服务贸易进行规定的 FTA。

自 2001 年以来，我国采取了积极、稳妥的自由贸易区推进策略，逐渐加大了缔结 FTA 的力度，积极组织与世界各国之间就 FTAs 签订的谈判。2020 年 11 月 15 日，《区域全面经济伙伴关系协定》（Regional Comprehensive Economic Partnership，RCEP）正式签署，标志着迄今为止全球最大体量的自贸区最终建成。近年来，我国与多个国家和地区商签 FTAs。截至 2022 年 1 月 1 日《中华人民共和国政府和柬埔寨王国政府自由贸易协定》生效时，我国已签署的 FTAs 达到 21 个，正在谈判的共 10 个，涉及国家、地区达 42 个。因此，如何在新的自由贸易协定项下应对跨境金融服务贸易的发展趋势，构建面向全球的高标准自由贸易区网络成为当前构建国内大循环、国内国际双循环的重要一步。

客观而言，我国对外尚未形成专门针对跨境金融服务贸易的规则。有关服务贸易规则的谈判大多承接了 GATS 的体例以及内容，见表 1：

表 1　承接 GATS 的体例及内容

FTAs 种类	金融章节的构成	市场准入条款	非歧视待遇条款	审慎例外条款
中国—格鲁吉亚	同 GATS	同 GATS	同 GATS	同 GATS
中国—马尔代夫	停滞			
中国—澳大利亚	同 GATS	同 GATS	同 GATS	同 GATS
中国—韩国	单独章节	仅规定金融机构的市场准入	同 GATS	直接命名为“审慎例外”
中国—瑞士	同 GATS	同 GATS	同 GATS	同 GATS
中国—冰岛	同 GATS	同 GATS	同 GATS	同 GATS

续表

FTAs 种类	金融章节的构成	市场准入条款	非歧视待遇条款	审慎例外条款
中国—哥斯达黎加	无	无	无	无
中国—秘鲁	同 GATS	同 GATS	同 GATS	同 GATS
中国—新西兰	无单独附件，作为服务贸易章节的一部分	同 GATS	同 GATS	同 GATS 内容，但规定在例外章节中
中国—新加坡	同 GATS	同 GATS	同 GATS	同 GATS
中国—智利	无	无	无	无
中国—巴基斯坦	同 GATS	同 GATS	同 GATS	同 GATS
中国—东盟（10+1）	同 GATS	同 GATS	同 GATS	同 GATS
CEPA	同 GATS	同 GATS	同 GATS	作为单独的审慎原则列出
ECFA	无	无	无	无

我国签署的 FTA 对于服务贸易规则的设计普遍效仿 GATS 体例，部分 FTAs 中的定义乃至条款甚至直接照搬 GATS 原文，承诺清单的内容也与 2001 年加入 WTO 时的内容一致。近年来，考虑到我国经济发展水平，我国已经采纳了其他高标准的区域贸易协定中的规定。就金融服务的内容而言，中国—韩国 FTAs 是借鉴其他最新 FTAs 中内容较多的，其单独设金融服务章节，规定了金融机构的市场准入条款，并直接将审慎规制条款命名为“审慎例外”，并没有单独对跨境金融服务贸易进行规定。

（二）跨境金融服务贸易规则存在的问题

我国跨境金融服务贸易规则，无论在国内层面还是在国际层面都尚未达到健全完善的跨境金融服务贸易促进、保障和规范的法律规范体系的要求。总体存在以下问题：一是金融法律与国际规则冲突较多。与金融发达国家相比，我国在金融市场主体、金融业务、金融产品与服务准入等方面的立法相对薄弱，一些金融法律与国际规则冲突较多。二是部分金融法规无法满足实际业务需要。由于金融监管体制改革等原因，部分金融法规相对滞后或缺失，难以适应创新金融业务和市场发展的实际需要。三是金融数据的监控、共享和跨境流动管理法规不足。我国金融信息数据保护和跨境流动的相关规定欠缺，与国际上对金融信息数据保护、共享相关的具体条款差距较大，有待立法来推动金融信息的数据保护和跨境流动。四是金融业负面清单不符合金融业规律和特点，可执行性较差。目前金融业的负面清单管理有待完善，部分保留措施描述较为模糊，缺乏锁定现行开放程度的措施，而且尚未列明法律依据，负面清单加准入前国民待遇原则难以落地实施。五是部门规章和规范性文件稳定性预期弱。我国现有的金融法律以部门规章和规范性文件为主，给投资者和消费者特别是境外投资者和消费者带来一定的不确定性，难以给市场主体形成稳定的预期。六是地方层面创制性立法难以突破。按照《立法法》规定，金融基本制度只能由全国人大及其常委会行使立法权，作为我国金融法律体系主体的部门规章和规范性文件基本都由中央层面的金融监管部门制定，地方只能在不同中央制定的法律和行政法规相抵触的前提下制定地方性法规。

跨境金融服务贸易规则在推进上，问题瓶颈主要表现为国内层面的市场准入限制较多、国际层面即 FTAs 中关注的内容较少以及单就审慎例外条款而言，我国都尚未形成一致性的意见。

1. 国内法层面的市场开放较少，准入限制较多。

经梳理，我国跨境金融服务贸易措施呈现出开放领域较少、商业存在为主要限制措施以及法律规范层级较低等不足。

（1）开放的跨境金融服务贸易领域较少。

根据我国《国民经济行业分类》（GB/T 4754 - 2017），金融服务的种类共计数十项，然而，经统计，仅少量辅助性金融服务领域允许跨境交付。以服务的提供模式进行划分，可以将其分为模式一跨境交付和模式二境外消费下的跨境金融服务贸易。

模式一下的跨境金融服务贸易指服务提供者通过跨境交付的方式向消费者提供服务，仅存在服务的跨境，我国在此领域的开放仅限于提供和转让金融数据信息，金融数据处理，与其他金融服务提供者有关的软件咨询、中介等附属服务以及部分保险服务（包括再保险，国际海运、空运和运输保险，大型商业险经纪，国际海运、空运和运输保险经纪，再保险经纪）。但与发达国家相比，存在一定差异。在 GATS 项下，各成员方均依靠承诺表的形式进行承诺，所涉及的内容也基本上相差无几，但新的 FTAs 却极大地增加了模式一下的跨境金融服务贸易的开放领域，主要有电子支付卡服务和集合投资计划等。这一方面是由于互联网信息技术的发展使得越来越多的金融服务能够通过互联网技术得以传递；另一方面是由于发达国家金融服务业的创新，亟须拓展国外金融服务市场。

模式二下的跨境金融服务贸易是指服务提供者不动、消费者移动的跨境金融服务贸易提供模式。早期 WTO 成员方曾就金融服务的模式一和模式二的区别进行争论。我们认为应当从服务贸易构成要素的跨境来区分服务模式。对模式二下的跨境金融服务贸易，WTO 成员方大多没有作出过多的限制，但实践中发展中成员方由于没有实现资本项目下的自由流动，所以实质上模式二下的跨境金融服务贸易也没有实现完全的自由化。如只有经批准取得境外上市外资股（B 股）业务资格的境外证券经营机构方可通过与境内证券经营机构签订代理协议，从事境内上市外资股经纪业务；以及只有境外证券服务机构代理合格境内机构投资者才能买卖境外证券等。我国分别于 2002 年和 2011 年先后实行合格境外机构投资者（Qualified Foreign Institutional Investors，QFII）和人民币合格境外机构投资者（RMB Qualified Foreign Institutional Investors，RQFII）制度试点，2019 年 1 月 31 日证监会修订整合《合格境外机构投资者境内证券投资管理办法》《人民币合格境外机构投资者境内证券投资试点办法》，逐步放宽资本市场的准入条件以及适用范围，并且2019年9月外汇管理局已经取消QFII和RQFII的投资额度限制。我国虽然在稳步推进资本项目的可自由兑换，但相较于发达国家所采取的较为成熟的资本项目自由兑换还有一定的差距，开放程度较低。

（2）商业存在成为跨境金融服务贸易的主要限制性措施。

跨境服务贸易规则与GATS模式下的服务贸易规则的一大差别在于新增了当地存在要求的例外，当地存在要求与商业存在要求紧密相连，商业存在为投资领域的范畴，在众多要求以商业存在模式进行服务贸易领域，其实质是禁止服务贸易的跨境交付。目前我国31项跨境金融服务贸易特别管理措施中有16项要求成为中国企业法人，如在中国境内从事非金融机构支付业务，须为中国有限责任公司或股份有限公司，且为非金融机构法人。近年来，我国逐步放宽外资领域的市场准入，对外资银行和证券公司均放宽外资持股比例，并且根据2019年《自由贸易试验区外商投资准入特别管理措施（负面清单)》，取消了证券公司、期货公司、证券投资基金管理公司、寿险公司的外资股比限制。

（3）众多限制性措施法律规范层级较低。

我国法律规范层级分为法律、行政法规、地方性法规、自治条例和单行条例。根据《立法法》的规定，金融基本制度只能制定法律，但对于何为“基本制度”也存在极大的不确定性。并且，跨境金融服务贸易属于新兴的金融服务领域，在较高的法律层面也相应地缺乏规定。“跨境服务贸易负面清单”等金融服务贸易特别管理措施的法律依据多为部门规范性文件，不属于《立法法》中明确的法律层级，效力层级较低，如《证券市场资信评级业务管理暂行办法》(已失效)、《关于进一步加强商品期货实物交割监管工作的通知》、《关于加强黄金交易所或从事黄金交易平台管理的通知》等。《行政诉讼法》第53条规定了附带审查制度，促进了在行政诉讼中对于事实上存在的行政规范性文件的司法审查问题的解决，建立起了较为完备的审查制度。虽然规范性文件的附带审查制度已经建立，但法律规范层级较低通常会带来权利义务分配不均衡的问题。

2. FTAs中较少涉及跨境金融服务贸易的规定。

我国签订的FTAs基本仿效GATS模式，新签订的FTAs中只有《中华人民共和国政府和大韩民国政府自由贸易协定》单设了金融服务章节，但并没有强调跨境金融服务贸易规则，国际上由发达国家主导的区域贸易协定改变了传统GATS的构成模式，增设金融服务单独章节，并单列跨境金融服务贸易条款。我国FTAs尚未开始关注跨境金融服务贸易，但随着金融服务的国际化以及信息科技的发展，金融服务的跨境交付成为必然趋势。2018年，我国香港特别行政区发布《虚拟银行的认可》指引，允许设立虚拟银行，但要求“必须在香港设立实体办事处，作为主要营业地，以处理金管局和客户的查询或投诉，但不必设立实体分行”。因而，跨境交付成为金融服务发展的必然趋势，我国在对外跨境金融服务贸易规则领域的谈判还有待完善。

3. FTAs 中审慎例外条款的规定不一。

审慎例外条款作为跨境金融服务贸易国际规则的重要组成部分，在中国对外签订的 FTAs 中也有所体现。在已有的 21 个 FTAs 文本中，审慎例外条款呈现出多样性，见表 2。

表 2　涉及的相关协定

是否存在审慎例外条款	相关的协定
无审慎例外条款	中国—智利 FTAs 第 1.2（a）条；中国—哥斯达黎加 FTAs 第 91.3（e）条
援引 GATS 的规定	中国—东盟 FTAs 服务贸易协议第 28.1 条；中国—巴基斯坦 FTAs 服务贸易协议第 22.1 条；中国—新加坡 FTAs 第 76 条；中国—冰岛 FTAs 第 79 条
明确规定审慎例外条款	中国—新西兰 FTAs 第 203 条；中国—秘鲁 FTAs 第 197 条；中国—瑞士 FTAs 附件 6 第 11 条；中国—韩国 FTAs 第 9.5 条；中国—澳大利亚 FTAs 第 8 章附件 2 第 3 条

与 GATS《关于金融服务附件》第 2（a）条相比，含有审慎例外条款的中国 FTAs 亦可以分为两类。第一类审慎例外条款的内容与第 2（a）条的规定完全一致，即通过直接纳入的方式将 GATS 金融服务附件纳入 FTAs 中，如中国—冰岛 FTAs 第 79 条规定，“《服务贸易总协定》的《关于金融服务附件》被纳入本协定并成为本协定的一部分”。第二类审慎例外条款的内容与第 2（a）条有所差异，如中国—东盟 FTAs 和中国—巴基斯坦 FTAs 中规定，金融服务附件经必要调整后，适用于该协议。但如何进行“必要调整”，FTAs 并没有明确的规定。但也存在一些较 GATS《关于金融服务附件》第 2（a）条差异较大的 FTAs，如有的协定直接删除了限制权利滥用的第 2（a）条的规定，仅规定了“尽管本协议有其他规定，一方不应被阻止出于审慎原因而采取或维持与金融服务有关的措施。这些审慎原因包括保护投资者、存款人、投保人或金融服务提供者对其负有信托义务的人或确保金融系统的完整与稳定”。

中国已经签订的 FTAs 中存在不同的审慎例外条款表述，给实践中的法律应用带来了极大的困难。根据《维也纳条约法公约》第 31.3（c）条的规定，“适用于当事国之间关系之任何有关国际法规则”应与上下文一并考虑。因而，无论是在 WTO 体系下对 GATS 条款的解释，还是中国 FTAs 内容的解释，都有必要明确审慎例外条款的内容。

（三）跨境金融服务贸易规则存在问题的原因

我国跨境金融服务贸易起步较晚，并且规则体系存在一定的不足，其一方面是由于国际上对跨境金融数据流动尚存在争议，另一方面是由于国内对金融行为监管能力不足以及国家本身对条件不具备及风险防范方面的考虑。

1. 跨境金融数据流动尚存在争议。

在数字经济趋势大背景下，随着金融全球化以及网络技术在金融业的广泛应用，金融信息的转移与流动，实际上已经构成了现代金融生命的血液，尤其是对于跨境金融服务贸易而言，跨境金融信息的转移成为金融业务开展和创新的前提。但鉴于数据的跨境自由流动会削弱经济规制效果，尤其是在金融领域，部分国家往往会纳入部分限制性或例外措施以确保本国法律的施行以及维护金融体系安全。国际上存在美国型、欧盟型以及其他类型的跨境数据流动理念。美国型的跨境数据流动（包括跨境金融数据流动）通常出于贸易利益的驱动要求跨境数据的自由流动，认为贸易规则应当确保公司不在其所服务的任何辖区内建立或租用特有的资本密集型数字基础设施，并且 WTO 成员方应当以最小的贸易限制措施来实现合法的公共政策目标。欧盟则是在坚持最大限度地维护个人权利的基础之上推动数据的流动。其他类型的跨境数据流动理念主要是对跨境数据流动持较为保守的态度，从 WTO 最新的电子商务谈判内容来看，成员方允许出于商业目的的跨境信息转移，但也设置较多的公共政策例外规定。对于我国而言，《网络安全法》第 37 条规定了“关键信息基础设施的运营者在中华人民共和国境内运营中收集和产生的个人信息和重要数据应当在境内存储……”。其坚持数据本地化存储的观念，这与欧美所持的跨境数据流动还存在一定的差异，这是因为跨境数据的自由流动将对网络安全、数据主权、个人信息保护、政府获取数据带来较大挑战，其实质上是对我国的治理能力、法律体系和管辖权行使的挑战。

2. 金融行为监管能力不足。

跨境金融服务贸易不同于传统金融服务，其实质是“互联网 + 金融 + 跨境的新型金融服务”模式，仅就国内互联网金融而言，从 2014 年开始，就频频出现 P2P 网贷平台制造庞氏骗局的案例；以“比特币”为代表的数字货币市场进入国内，众多资本进入虚拟货币市场，引发潜在风险；2017 年 9 月，央行宣布暂停首次币发行业务（initial coin offering）等。这些现象从侧面反映出我国监管存在真空地带。我国对传统金融业务实施“分业经营”，金融监管机构各司其职，权力较为分散。但通过互联网传递的金融业务不仅要求监管部门要有金融行业标准，也要实现技术上、科技上和创新上的匹配。我国在第五次全国金融工作会议中提出“要以强化金融监管为重点，……更加重视行为监管”。然而，当下，我国的监管体制主要是审慎监管，而轻行为监管，我国的行为监管部门较为分散，难以掌握整个市场行为的情况，统筹安排无法实现，加之职能与监管存在重叠，根本无法有效保护消费者的权益。

3. 条件不具备及风险防范方面的考虑。

首先，在条件不具备方面，我国众多金融领域的文件通常存在较大的模糊性，即仅点明“研究启动”“创新”“探索”。例如，中国人民银行、商务部、原银监会等联合发布的《进一步推进中国（上海）自由贸易试验区金融开放创新试点加快上海国际金融中心建设方案》（金改 40 条）中规定“（三）研究启动合格境内个人投资者境外投资试点，适时出台相关实施细则，允许符合条件的个人开展境外实业投资、不动产投资和金融类投资”，其自 2015 年发布至今，一直因条件不具备而未能实施。又如，2013 年《中国（上海）自由贸易试验区总体方案》中提出“改革境外投资管理方式，对境外投资开办企业实行以备案制为主的管理方式，对境外投资一般项目实行备案制，由上海市负责备案管理，提高境外投资便利化程度”。据此，《中国（上海）自由贸易试验区条例》第 16 条规定：“自贸试验区内投资者可以开展多种形式的境外投资。境外投资一般项目实行备案管理，境外投资开办企业实行以备案制为主的管理，由管委会统一接收申请材料，并统一送达有关文书。境外投资项目和境外投资开办企业的备案办法，由市人民政府制定。”2015 年后，随着条件发生变化，对外投资项目开始收紧，如房地产项目、俱乐部项目等对外投资事实上已经被叫停。其次，在风险防范方面，金融服务的开放着实强调金融安全的稳定，如 2013 年《中国（上海）自由贸易试验区总体方案》中提出的“可在试验区内对人民币资本项目可兑换、金融市场利率市场化、人民币跨境使用等方面创造条件进行先行先试”，前面有前提“风险可控”。2015 年我国发生股灾同时外汇储备快速下降后，金融开放特别是资本项目可兑换进程明显放缓。

三、浦东新区跨境金融服务贸易立法的对策建议

我们在以下 10 方面提出推进浦东新区跨境金融服务贸易立法对策建议：一是浦东新区跨境金融服务贸易的立法体例选择；二是浦东新区跨境金融服务贸易的立法宗旨确定；三是跨境金融服务贸易市场准入的有序放松；四是跨境金融服务贸易的依法合规注册认可；五是正面清单跨境金融服务贸易的制度建设；六是安全可控原则下跨境金融数据有序流动；七是将金融科技纳入金融监管审慎例外条款；八是探索完善跨境金融服务贸易的监管立法；九是构建以数据为核心的跨境金融监管模式；十是试点跨境金融服务贸易的监管沙盒模式。

（一）浦东新区跨境金融服务贸易的立法体例

随着我国大批自贸区的建立，该如何进行金融创新，是每一个自贸区所面临的机遇。一是制度机遇。中央全方位的深化改革将给浦东新区金融创新提供更好的制度条件。二是市场机遇。经济新常态下产业转型升级将对金融创新产生更多、更新、更专业的需求。三是技术机遇。现代信息技术已经在很大程度上改变了社会生产方式，可以创造出新的金融生态和金融业态，这给浦东新区金融创新带来技术机遇。在此背景和基础上，建议统筹推进我国跨境金融服务贸易多层次规则立法及其协调，重点是在统筹协调 WTO 的多边层面跨境金融服务贸易规则的参与和发展完善、我国签订的各大 FTA 的区域层面跨境金融服务贸易规则的健全与完善基础上，推进浦东新区跨境金融服务贸易的率先单边自主立法。

浦东新区法规的创制，是党中央、全国人大和国务院关于新时代社会主义法治建设的重大部署，标志着我国社会主义现代化建设从创新到创制的重大发展。浦东新区法规，是制度

型改革开放的创制。浦东新区法规的诞生，直接背景和目的是建立完善与支持浦东大胆试、大胆闯、自主改相适应的法治保障体系，推动浦东新区高水平制度型改革开放的发展升级，打造社会主义现代化建设引领区。基于跨境金融服务贸易立法的创新性、引领性，建议以浦东法规形式对跨境金融服务贸易促进进行立法，具体体例采用条例形式。其名称建议定为“上海市浦东新区促进跨境金融服务贸易发展若干规定”。

（二）浦东新区跨境金融服务贸易的立法宗旨

跨进金融服务贸易涉及国际、双边多边和本国本地区经济发展。同时，由于金融尤其是跨境金融的风险性、复杂性，在相关立法中，应高度重视、积极稳妥处理好立法宗旨及其实施落实问题。浦东新区跨境金融服务贸易促进立法，应立足浦东，做好服务浦东、上海和国家经济社会多层面系统的制度安排。

建议浦东新区跨境金融服务贸易立法在直接意义上的促进跨境金融服务贸易规范发展的基础上，实现三个层面的促进和服务。一是服务浦东新区高水平改革开放、打造社会主义现代化建设引领区，二是服务深化上海“五个中心”建设，三是提高金融服务新格局构建和高质量发展水平。

（三）有序放松跨境金融服务贸易的市场准入

近年来，国际上大型的 FTAs 如全面与进步跨太平洋伙伴关系协定（Comprehensive Progressive Agreement for Trans-Pacific Partnership，CPTPP）等金融服务章节的一个重要的特点就在于扩大了跨境金融服务贸易的开放领域。事实上，WTO 的各成员方也不再仅仅局限于 WTO 时期的开放承诺，而是以主动开放的形式扩大跨境金融服务贸易的开放领域，如美国主动开放跨境信用评级服务市场。2016 年我国颁布《银行卡清算机构管理办法》规定仅为跨境交易提供外币的银行卡清算服务的境外机构，原则上可不在我国境内设立银行卡清算机构。可见，我国也在逐步主动扩大跨境金融服务贸易的开放领域。我国在博鳌亚洲论坛 2018 年年会开幕式上发表演讲提到要大幅度放宽市场准入，扩大服务业的对外开放，尤其是在金融服务贸易领域。

因此，建议可在浦东新区扩大跨境金融服务贸易的开放领域，如规定试点外机构可对跨境交付从事跨境人民币的银行卡清算业务；境外依法设立的信用评级机构法人可以跨境交付方式开展信用评级服务；扩大交易所市场熊猫债的主体资格和多元化计价方式等。

（四）跨境金融服务贸易的依法合规注册认可

国际实践表明，以网络平台为传递媒介的跨境金融服务贸易往往存在业务牌照造假、业务牌照混用的行为。如一家中国零售外汇经纪商在新西兰冒用注册号、虚假宣传金融产品被当地市场监管局警告；澳大利亚监管部门也曾发现当地存在较多持牌机构无资产也无实际交易，其仅在英属维尔京群岛、塞舌尔、马耳他、塞浦路斯等地注册。有学者提出，跨境金融服务不得无照经营或超范围经营，跨境金融业务必须持牌经营。

我们认为，浦东新区跨境金融服务贸易立法，需有牌照的跨境金融服务贸易。CPTPP 金融服务章节第 11.6 条第 3 款规定了一缔约方可以要求另一缔约方的跨境金融服务的提供者和金融工具进行登记或取得许可。网络无国界，但金融牌照必须存在国界，境外金融机构在境外获得的金融牌照，无论是在线上还是线下均存在其应适用的范围，外国金融机构跨境在浦东新区从事金融服务，其合法身份需经过包括浦东法规等我国法律法规的认可。

（五）正面清单跨境金融服务贸易的制度建设

由于金融服务对经济发展的重要作用，各国在双边或多边经贸协定中，通常采取较为审慎的态度。跨太平洋协定（Trans-Pacific Partnership Agreement，TPP）第 11.6 条明确规定在跨境金融服务中，任何一个缔约方都应该在特定条件下给予另一缔约方的跨境金融服务提供者在附件 11 – A 的范围内所承诺开放的金融服务范围内的国民待遇。可以看出，TPP 下跨境金融服务采取的是正面清单的开放承诺模式，这种模式是 TPP 对 GATS 的延续，究其原因，是各国对于金融服务贸易的开放尤为谨慎，采用正面清单的开放承诺模式，有利于各国严格控制跨境金融服务领域的开放范围以及开放程度。

建议在浦东新区跨境金融服务贸易立法中采取正面清单的开放模式。首先，世界上无论是发达国家还是发展中国家，均采用正面清单的模式对跨境金融服务贸易进行规定。其次，金融开放采取负面清单的模式通常对一国在健全的金融基础设施、较高的市场成熟度、消费者完整的信任度、政府较强的监管能力、有效的司法体系等方面都有较高的要求。最后，虽然上海自贸试验区已经先行编制了跨境金融服务贸易领域的负面清单，但仅仅是现有跨境金融服务贸易领域管理措施的负面清单，并非开放领域的负面清单，跨境金融服务贸易领域的开放需把握好循序渐进的步骤，谨慎开放。

（六）安全可控原则下跨境金融数据有序流动

跨境数据流动成为驱动当今各种交易活动的重要载体。在信息时代大背景下，金融信息的转移与流动，实际上已经构成了现代金融生命的血液，尤其对于跨境金融服务贸易而言，跨境金融信息的转移成为金融业务开展和创新的前提。众多国家如新加坡、加拿大、巴西等均在承认自身监管需求的基础上，允许出于商业目的的跨境信息转移，USMCA 第 17.19 条首次规定了金融信息的自由转移，即当以电子方式进行跨境信息传输的活动是为了金融服务提供者在授权许可范围内的商业活动时，每一缔约方均应当允许以电子方式进行跨境信息传输，包括个人信息。缔约方拥有采取或维持保护私人数据、个人隐私以及个人记录和账户机密措施的权利。2018 年，中国人民银行发布《关于加强跨境金融网络与信息服务管理的通知》，允许跨境交付金融网络和信息服务，但境外提供人和境内使用人均需履行合规义务。

因此，我们认为浦东新区法规应当坚持安全可控原则下的跨境金融数据自由流动。一方面我国的互联网企业尤其是跨境电商蓬勃发展，跨境数据流动有助于我国企业与其他国家企业开展贸易；另一方面，国际社会中的发展中国家如巴西虽未提出如美国、日本以壁垒最少化为目标的数据跨境流动方案，但也将商业行为的跨境数据自由流动纳入其中。

（七）将金融科技纳入金融监管审慎例外条款

数字技术变革了金融服务贸易的生产和交付方式，催生了数字化金融服务的新形态。数字技术在变革传统金融服务的同时，也对国际贸易规则提出了挑战，使传统以商业存在模式为重心的国际金融服务贸易规则向以跨境提供模式为主的方向转变。近年来，金融科技在中国迅猛发展，金融机构数字化转型持续推进，以金融科技为代表的新金融业态也逐渐引领人类社会迈向数字经济时代。在国际层面，国际组织也意识到金融科技的重要性，国际保险监管委员会《普惠保险业务准则》、金融稳定理事会《金融科技的全景描述与分析框架报告》、国际证监会组织《金融科技研究报告》等，全面评估了人工智能、区块链、大数据等金融科技在证券等资本市场中的运用。

跨境金融服务贸易基于“破坏性金融理论”，依托互联网技术实现金融服务的跨境交付。国际上主要国家已经针对金融创新实施了监管科技创新，国内监管科技的实践对于跨境金融服务贸易的监管具有一定的借鉴意义。审慎例外条款固有的原则性监管的特性使金融科技可成为监管的工具之一。我国近年来也在逐步推动金融科技的研究，中国人民银行 2017 年5 月成立金融科技委员会，旨在加强金融科技工作的研究规划和统筹协调。金融科技委员会 2019 年第一次会议提出持续强化监管科技应用，提升风险态势感知和技防能力，增强金融监管的专业性、统一性和穿透性。2018 年 8 月，证监会也发布了《中国证监会监管科技总体建设方案》，明确了监管科技 1.0、2.0、3.0 各类信息化建设工作需求和工作内容。可见，我国对于监管科技的内容已经有了一定的研究基础，这对于完善跨境金融服务贸易的监管科技具有一定的借鉴作用。

（八）探索完善跨境金融服务贸易的监管立法

改革开放以来，我国形成了以《中国人民银行法》《商业银行法》《银行业监督管理法》《证券法》《保险法》等基础金融法律为核心，相关行政法规、部门规章及规范性文件为重要内容的金融法律制度框架。但对于发展需求和竞争要求，国内现有金融法律体系与之不适应、不匹配、不协调的问题较为突出，建立起与国际规则相协调、相衔接的金融法律体系，推进跨境金融服务贸易立法具有必要性和紧迫性。国际上，USMCA 为跨境金融服务贸易设计了较为完整的规则体系，表现为逐步扩大开放领域、强调市场准入规则、采用正面清单的管理模式、禁止金融数据存储本地化以及优化金融审慎例外条款等，并且呈现出规则理念从金融自由化到金融开放与金融管制并行、规则内容从自愿型向强制型、规则执行从概念化向可操作化转变的趋势。

首先，建议在修订完善我国现有的金融监管法律的基础上，增加跨境金融监管合作内容，明确合作开展程序、牵头实施部门等。其次，出台跨境金融监管制度评估指南，密切跟踪研究国际及跨境金融监管合作国监管规则最新进展，在推进跨境金融监管合作的同时不断完善浦东新区跨境金融相关监管法律制度。再次，出台跨境金融监管工具使用指引。密切跟踪研究双边和多边合作中跨境金融监管合作情况，重视收集跨境金融监管工具使用案例，综合分析各类监管工具适用环境、使用利弊，在此基础上编制跨境金融监管工具使用指引，指导使用跨境金融监管工具。最后，注重参与及推动多边、双边国际金融监管合作。

（九）构建以数据为核心的跨境金融监管模式

跨境金融服务贸易的本质是数据而不是互联网。有学者认为金融与互联网科技的结合使监管层的监管理念落伍、僵化。首先，在监管方式上，传统的监管方式只能隔离商业银行和网络借贷之间的风险传播途径，然而，跨境金融服务贸易突破了传统商业银行实体存在的模式，并且实现了跨市场跨行业的发展，简单的隔离方式很难实现风险的防范。其次，在监管路径方面，我国目前针对金融机构采取的是自上而下的监管路径，更多的是通过预设的规则来实现对金融机构的监管，加之跨境金融服务贸易管辖权之冲突，很难更好地发挥市场和技术的创新动力。最后，在监管能力方面，监管部门还面临着掌握现代科技、提升监管能力的任务。

因而，在浦东新区跨境金融服务贸易立法中，应构建以数据驱动为核心的监管理念。坚持金融监管工作的重点在于以数据为本、丰富数据监管手段，核心理念是透明、平等和智能。以数据监管为核心的监管理念首先包括数据的收集与触达，即能够获取数据。由上文可知，目前国际上对于跨境数据的自由流动还存在不同的观点，建立适当的数据获取机制是当前之亟须。其次是数据共享，实现有效监管的基础在于在监管者、行业协会以及消费者之间能够进行数据分享、传递，尤其是针对跨境金融服务贸易，只有在服务提供者的母国和消费者所在国之间形成完整的信息传递桥梁才能达到监管效率的最大化。最后是数据的分析处理，监管机构需要对收集到的信息进行评估，并识别出风险。新的信息处理技术有助于监管机构获取较为准确及时的信息，从而做出相应监管决策。

（十）试点跨境金融服务贸易的监管沙盒模式

"监管沙盒"最早由英国政府提出。根据英国金融行为监管局的定义，"监管沙盒"为一个安全空间，在此空间内允许经营新型金融的企业向监管机构提出申请，在一定的时间范围内获得监管机构的豁免开展营业。试点跨境金融服务贸易"监管沙盒"模式即允许部分金融服务贸易领域跨境交付，放宽监管标准。从参与主体的角色定位来看，在现有的金融基础设施条件下，通过允许金融服务提供者通过特定的渠道跨境交付金融服务，监管者以相关技术为基础，通过沙盒接口连入创新链，及时获取数据和反馈信息，可对跨境金融服务的提供者进行可行性的评估和风险防范。

近年来，信息革命、数字经济的出现改变了传统金融服务贸易的交易模式，对国际金融服务贸易规则的一致性、进一步的金融开放和金融管制提出了新的诉求。从 NAFTA 到 USMCA，有关跨境金融服务贸易的规则理念从 20 世纪 70 年代的金融自由化转向以防范金融危机为目标之一的金融开放与金融监管并行；规则内容从允许缔约方自主开放的选择性模式转向正面清单承诺开放的强制性模式；规则执行从仅规定“逐步自由化”的概括性条款向直接要求“金融信息自由转移”的可操作化转变。随着我国在世界上政治经济地位的提升以及国际话语权的增强，可以考虑在浦东新区跨境金融服务贸易领域顺应国际发展趋势，主动扩大跨境金融服务贸易的开放领域，在安全可控原则下对接跨境金融服务贸易规则的国际标准，提出符合中国利益、具有浦东特色的跨境金融服务贸易“沙盒监管”模式。

附：《上海市浦东新区促进跨境金融服务贸易发展若干规定（草案建议稿）》

上海市浦东新区促进跨境金融服务贸易发展若干规定

（草案建议稿）

第一条　为服务浦东新区高水平改革开放、打造社会主义现代化建设引领区，深化上海“五个中心”建设，提高金融服务新格局构建和高质量发展水平，根据法律、行政法规的基本原则，结合浦东新区实际，制定本规定。

第二条　本规定适用于浦东新区行政区域内跨境金融服务贸易的发展促进和保障活动。

第三条　本规定所称跨境金融服务贸易，是指：

浦东新区内金融服务提供者向境外市场主体和消费者提供的金融服务；

境外金融服务提供者向浦东新区内的市场主体和消费者提供的金融服务；

在浦东新区内向来自内境外的市场主体和消费者提供金融服务；

在境外向来自浦东新区内的市场主体和消费者提供金融服务；

境外金融服务提供者通过在浦东新区内的自然人提供的金融服务；

浦东新区金融服务提供者通过在境外的自然人提供的金融服务。

第四条　浦东新区发展跨境金融服务贸易，应以支持实体经济高质量发展为目标，根据市场主体和消费者对跨境金融服务的需要，不断提升金融服务效率和水平，有效满足实体经济多样化金融需求。

第五条　本市坚持法治引领、改革创新、开放合作、风险预防、科学规范的原则，推进浦东新区跨境金融服务贸易发展。

第六条　本市推进建立浦东新区跨境金融服务放宽市场准入特别措施清单制度和注册机制。

第七条　本市推进建立浦东新区跨境金融服务贸易的国民待遇促进措施制度。

第八条　加强浦东新区跨境金融网络与信息服务管理，推进建立跨境金融服务贸易的金融数据存储管理制度。

第九条　本市支持区域金融合作机制总部机构在浦东新区的设立与运营。

第十条　稳步推进浦东新区人民币资本项目可兑换、人民币跨境使用等改革创新，探索建立与浦东新区发展相适应的本外币账户管理体系。

第十一条　拓展浦东新区跨境人民币结算业务，扩大人民币在跨境金融服务贸易中的适用范围，创新面向国际的人民币金融产品，加快跨境人民币业务发展。

第十二条　浦东新区内的符合条件的金融机构可以通过自由贸易账户，在风险可控的前提下，借鉴国际通行的金融监管规则提供便利的离岸金融服务。

第十三条　浦东新区内实施跨境货物贸易、服务贸易和新型国际贸易结算便利化措施，浦东新区内金融机构可以在充分了解客户和业务并开展尽职审查的基础上，对区内符合条件的企业实行凭收付款指令直接办理贸易外汇收支业务。

第十四条　在浦东新区推进完善“跨境理财通”试点，探索拓宽境外人民币回流渠道。

第十五条　推进浦东新区债券跨境发行交易，可以在境外发行以人民币计价的地方政府债券和绿色债券。

第十六条　优化沪港通机制，扩大浦东新区扩大基金互认、ETF（交易所交易基金）互联互通范围。支持上海证券交易所建立健全境外企业上市制度，吸引更多境外优质企业在上海证券交易所发行上市。

第十七条　推进浦东新区跨境资金流动便利化。支持浦东新区企业跨境财务结算中心集聚发展，建立本外币一体化账户体系，符合条件的跨国企业集团可以建立本外币合一资金池，在境内外成员之间集中开展本外币资金余缺调剂和归集业务。

第十八条　浦东新区内金融机构可以开展经常项目贸易外汇收支便利化试点业务。

第十九条　支持浦东新区内市场主体开展跨境融资，允许浦东新区内符合条件的中小微高新技术企业、专精特新企业在等值 500 万美元额度内自主借用外债。

第二十条　浦东新区金融机构可以对市场主体自主优化离岸转手买卖业务审核流程。

第二十一条　浦东新区合格境内机构投资者主体资格范围扩大至境内外机构在浦东新区设立的投资管理机构，包括证券公司、基金公司。

第二十二条　浦东新区内合格境内机构投资者可以开展包括境外直接投资、证券投资和衍生品投资在内的各类境外投资业务。

第二十三条　浦东新区内金融机构在符合“反洗钱、反恐怖融资、反逃税”和贸易真实性审核的要求下，便利市场主体的跨境资金收付。

第二十四条　浦东新区可以创新面向国际的人民币金融产品，扩大境外人民币境内投资金融产品范围，促进人民币资金跨境双向流动。

第二十五条　构建与上海国际金融中心相匹配的离岸金融体系，浦东新区内经批准的金融机构可以通过指定账户发展人民币离岸交易、跨境贸易结算和海外融资服务。

第二十六条　支持浦东新区率先建立人民币跨境贸易融资和再融资服务体系，为跨境贸易提供人民币融资服务。

第二十七条　符合条件的内资和外资机构可以在浦东新区依法申请设立银行卡清算机

构，参与国内人民币银行卡清算市场。

第二十八条　支持浦东新区内符合条件的保险机构开展外汇寿险业务，支持保险公司依托自由贸易账户开展保险跨境业务创新。

第二十九条　支持浦东新区内符合条件的外资银行开展国债期货交易，更广泛地参与商品期货、标准仓单、标准仓单质押及场外衍生品业务等，获得银行间债券市场非金融企业债务融资工具主承销资格。

第三十条　加大出口信用保险对服务贸易的支持力度，深化"政银保"合作，依托"大数据＋担保＋银行"、"信保＋担保＋银行"等模式，扩大出口信用保险覆盖面。

第三十一条　支持浦东新区内金融机构利用大数据、区块链等技术，提升金融服务效率，为服务贸易企业提供无担保信用融资、保单融资、应收账款质押融资、供应链融资等服务。

第三十二条　本市建立浦东新区跨境金融服务贸易数据流动分类监管模式，开展金融服务贸易数据跨境流动安全评估试点，建立跨境金融服务贸易数据跨境传输安全管理制度。

第三十三条　在浦东新区试行允许符合条件的外资金融机构因集团化管理而涉及其在境内控股金融机构向境外报送有关数据，特别是涉及内部管理和风险控制类数据。

第三十四条　提升浦东新区金融科技在跨境业务中的应用水平，拓展金融科技应用场景。

第三十五条　浦东新区放开跨境金融服务贸易相关专业领域境外人才从业限制，允许取得国际专业资质或具有特定国家和地区职业资格的金融、贸易等领域专业人才经备案后为浦东新区市场主体和消费者提供服务。

第三十六条　在浦东新区合法工作的外籍、港澳台人员按照规定，可以申请参加跨境金融服务贸易相关专业技术类职业资格考试。对符合条件的境外专业资格认定，实行单向认可清单制度。

第三十七条　本市为浦东新区跨境金融服务贸易海外人才提供入出境和停居留便利。

第三十八条　本市在浦东新区设立跨境金融服务贸易促进服务机构，开展跨境金融服务贸易咨询、协调、服务、研究等工作，协助国家和本市跨境金融服务贸易管理机构开展跨境金融服务贸易的事中事后监管等工作。

第三十九条　本市在浦东新区设立跨境金融服务贸易促进综合服务平台，开展银企匹配、信用评估、融资租赁、供应链金融、跨境结算、资金管理、政策兑现、出口退税政策咨询等全周期服务，打造多位一体的跨境金融股服务贸易生态圈。

第四十条　探索在浦东新区试点跨境金融创新"沙盒监管"管理模式，建设跨境金融创新监管试验区。

第四十一条　建立完善浦东新区跨境资金流动的监测分析机制和管理框架，强化事中事后监管，推进浦东新区与境外在金融科技、监管科技等领域的交流合作，提高跨境金融风险预警防范能力。

第四十二条　市地方金融监管部门、浦东新区人民政府应当创新跨境金融服务贸易监管服务模式和协调机制，推动跨境金融服务贸易健康发展。

第四十三条　对符合条件的跨境金融服务贸易机构，本市和浦东新区有关部门应当在其管理模式、体制机制改革等方面给予指导和支持。

第四十四条　本市建立浦东新区跨境金融服务贸易多元化纠纷调解机制，提升金融仲裁、金融审判的专业化水平。

第四十五条　本市贯彻落实国家金融安全战略，建立健全浦东新区跨境金融服务贸易风险监测预警体系。

第四十六条　本规定自　年　月　日起施行。

证券虚假陈述民事责任

中介机构债券虚假陈述比例连带责任探讨

伍　坚　刘慈航　丁亚会　张嘉雯 *

《证券法》第 85 条与第 163 条定下了债券虚假陈述行为中各主体承担连带赔偿责任的基调。但在法律的适用过程中，连带赔偿责任逐渐显现出其弊端：债券虚假陈述纠纷的多方参与主体中，各中介机构往往各司其职，要求其因部分过错而承担传统连带责任下的全额连带赔偿责任，可能导致过错与责任不相适应、处罚过重的问题。在此背景下，法院为贯彻保护资本市场投资人利益、督促中介机构履行"看门人"职责的同时，也为探索中介机构的责任与过错相统一的最优方案，最终在中安科案、五洋债案、康美药业案等虚假陈述案件中采用了比例连带责任这一特殊责任形式。但是，比例连带责任在虚假陈述案件的实际适用过程中，显现出与传统连带责任、按份责任、不真正连带责任的明显差异性。不同主体的注意义务、注意能力和过错形态，均会对比例连带责任的适用产生影响，致使各主体间责任分配不一。

另外，在证券虚假陈述民事诉讼赔偿中，中介机构承担的责任是一种侵权责任，并以违反其注意义务即勤勉尽责义务为前提。在中介机构承担比例连带责任的背景下，中介机构勤勉尽责的认定是衡量连带责任比例的重要因素。然而，由于勤勉尽责的标准具有较强的主观性、弹性和模糊性，实践中对于中介机构勤勉尽责的认定难以统一，这同样是债券虚假陈述案件中的一大难题。

---

* 伍坚，华东政法大学经济法学院教授；刘慈航、丁亚会、张嘉雯，华东政法大学经济法学院硕士研究生。本文写作中参考了上海市法学会金融法研究会、华东政法大学虞伟庆金融法律研究院主办的"中介机构在债券虚假陈述中的民事责任问题"研讨会上各位专家学者的真知灼见，在此一并致谢。

一、债券虚假陈述立法和司法实践现状

（一）中介机构虚假陈述民事责任的现行立法审视

现行《证券法》第85条、第163条规定了当出现证券虚假陈述时，包括保荐人、承销的证券公司、证券服务机构在内的中介机构的民事责任。根据《证券法》第85条的规定，信息披露义务人未披露信息或存在虚假披露等，保荐人、承销的证券公司及其直接责任人员，应当与发行人承担连带赔偿责任，但是能够证明自己没有过错的除外。《证券法》第163条规定："证券服务机构为证券的发行、上市、交易等证券业务活动制作、出具审计报告及其他鉴证报告、资产评估报告、财务顾问报告、资信评级报告或者法律意见书等文件，应当勤勉尽责，对所依据的文件资料内容的真实性、准确性、完整性进行核查和验证。其制作、出具的文件有虚假记载、误导性陈述或者重大遗漏，给他人造成损失的，应当与委托人承担连带赔偿责任，但是能够证明自己没有过错的除外。"

在债券市场中，由前述两条可知，中介机构承担民事责任的归责原则是过错推定原则，除非能够证明自身在虚假陈述行为中无过错，否则将与发行人/委托人承担连带责任。但是，应当注意的是，《证券法》并没有明确以下两点：一是中介机构的民事责任是否只能是全额连带责任。二是此处的"过错"具体包含何种类型的过错。依据民法的一般原理，"过错"包括故意和过失，过失又可以进一步分为重大过失、普通过失（又称一般过失）和轻微过失，从这个角度看，中介机构的主观形态至少可以划分为故意、重大过失、普通过失和轻微过失四个层次。[1]但是，此条中的"过错"是否与民法上的过错保持一致，单从该条文中难以直接得出结论。

2022年1月22日实施的《最高人民法院关于审理证券市场虚假陈述侵权民事赔偿案件的若干规定》（以下简称《虚假陈述司法解释》）进一步细化和明确了证券市场虚假陈述侵权民事赔偿责任的构成要件及追究机制等主要内容。与前述《证券法》相比，其一方面明确了"过错"的具体内涵，该司法解释第13条规定："证券法第八十五条、第一百六十三条所称的过错，包括以下两种情形：（一）行为人故意制作、出具存在虚假陈述的信息披露文件，或者明知信息披露文件存在虚假陈述而不予指明、予以发布；（二）行为人严重违反注意义务，对信息披露文件中虚假陈述的形成或者发布存在过失。"由此可见，《虚假陈述司法解释》将证券法第85条、第163条规定的过错进行了限缩，使其仅仅包括故意和严重违反注意义务的过失。具体而言，过错推定归责原则下，中介机构与发行人承担证券虚假陈述行为

---

〔1〕 参见杨志国、李阿敏：《会计师事务所虚假陈述民事赔偿责任承担方式研究》，载《中国注册会计师》2019年第9期。

情形下的连带赔偿责任，但是，当中介机构能够证明其不存在故意和严重违反注意义务的过失时，不承担连带责任。另一方面，《虚假陈述司法解释》对中介机构承担连带责任的责任追偿作出进一步规定。该司法解释第 23 条的规定，承担连带责任的当事人之间的责任分担与追偿，按照《民法典》第 178 条的规定处理。《虚假陈述司法解释》第 23 条解决的是连带责任人内部追偿的问题，《民法典》第 178 条是关于责任主体对外连带、对内有份额以及内部进行追偿的规则，这些并不能解决《证券法》在虚假陈述领域所遗留的连带责任是否只能是全额连带责任（全额连带责任属于对外承担责任的范畴）的问题。

（二）司法实践中比例连带责任的突破

现行《证券法》第 85 条、第 163 条及《虚假陈述司法解释》并未明确规定连带责任是否可以按比例承担，导致在司法实践中，法院对连带责任的适用存在不同理解。中介机构在故意、重大过失、一般过失情形下如何适用连带责任？不同中介机构的责任在同一案件中是否需要有所区分？如适用连带责任，如何平衡其与判罚数额以及按份责任的关系？近年来，法院逐渐意识到，机械适用全额连带责任将带来过罚不当、责任承担不公平的问题，在司法判例中，越来越多的法院采用了比例连带责任这一区别于“一刀切”的全额连带责任的责任承担方式。

中安科案中，上海市高级人民法院二审从 1998 年《证券法》的规定出发，分析《证券法》的历次修改变化以及《虚假陈述司法解释》和《最高人民法院关于审理涉及会计师事务所在审计业务活动中民事侵权赔偿案件的若干规定》（以下简称《审计侵权若干规定》）中的相关表述，在此基础上，通过目的解释和体系解释得出“连带赔偿责任并非仅限于全额连带赔偿，部分连带赔偿责任仍是法律所认可的一种责任形式”的结论。[1]

除此之外，五洋债案、康美药业案等虚假陈述案件中，法院基本都采取比例连带责任的裁判思路，根据过错程度判决各中介机构在具体比例范围内承担连带赔偿责任。[2]在比例连带责任下，可能出现部分中介机构承担全部责任、部分中介机构按照比例承担责任或须承担责任的中介机构均按照比例承担连带责任的情形。

总之，司法实践中对中介机构采取比例连带责任的处理方式似乎是对《证券法》第 85 条和第 163 条的突破。从裁判结果上看，全额连带责任明显存在违背过错程度与责任大小相适应的原则，这将导致部分可责难性程度较小的被告承担过重的责任，可能引发证券市场的滥诉和中介机构的业务危机，不利于证券市场的长久健康发展。因此，在立法者没有明确界定“承担连带赔偿责任”的具体范围这一现实立法状态下，需要从虚假陈述民事责任产生的源头，即民法有关共同侵权的规定出发，分析比例连带责任的法理基础，同时研究中介机构

〔1〕 参见上海市高级人民法院民事判决书，（2020）沪民终 666 号。

〔2〕 参见浙江省杭州市中级人民法院民事判决书，（2020）浙 01 民初 1691 号；广东省广州市中级人民法院民事判决书，（2020）粤 01 民初 2171 号。

责任承担比例的考量因素，从而为比例连带责任在中介机构虚假陈述民事责任中的适用提供支持。

（三）勤勉尽责的认定难题：注意义务标准界分模糊

债券虚假陈述案件具有很强的市场性、技术性。作为“看门人”的中介机构，其注意义务往往因证券产品、发行人结构以及中介机构自身的不同领域而有所不同。在监管和司法实践中，证监会与法院对中介机构专业业务事项与非专业业务事项的注意义务标准的区分进行了不少探索。但在债券发行过程中，中介机构工作职责交叉重叠，不同机构相关文书相互引用、相互担保的情况很多，导致监管和司法实践中对于中介机构注意义务标准界分模糊，莫衷一是。

例如，在“欺诈发行退市第一股”欣泰电气案中，监管和司法层面均认为券商、律师应当对会计师出具的审计报告中的财务造假情形负有审慎审查的义务和责任。证监会指出，券商“直接引用会计师事务所审计工作底稿，且对审计工作底稿未能审慎核查”〔1〕；律所“在工作底稿中直接引用会计师事务所的《审计报告》及保荐机构的相关资料，对明显瑕疵没有履行一般注意义务”〔2〕。法院认为，“在法律尽调的过程中，律师事务所应当在合法的范围内，充分利用各种方法对包括公司财务状况在内的公司整体情况展开全面调查，并在综合分析所有材料的基础上，从法律风险评估的角度出具意见。……在尽调过程中，律师事务所应当对包括审计报告在内的相关材料进行全面综合分析，并在审慎查验的基础上针对公司整体情况独立出具法律意见书并对结论负责。法律尽调与财务报表审计属于不同层面、不同性质的工作，尽调不是针对审计报告本身的复核，审计报告也不能成为免除律师事务所勤勉义务的依据”〔3〕。

又如，在五洋债案中，法院认可律所“对财务数据相关事项仅负有一般注意义务”，但是“其应当对可能涉及债券发行条件、偿债能力的重大债权债务、重大资产变化等事项给予关注和提示”。法院认为，律所对于评级机构的《评级报告》中提到的投资性房产出售价格异常情况，应当“对该重大合同及所涉重大资产变化事项关注核查”，发现“占比较高的重大资产减少情况对五洋建设偿债能力带来的法律风险”。〔4〕而在中安科案中，法院认为律师事务所虽然“结论是基于评估机构对相关资产定价的评估确定”，但是“律师事务所并非专业的审计或评估机构，其仅是从合法性、合规性角度对该定价作出评价，故要求律师事务所

〔1〕 参见中国证监会行政处罚决定书，〔2016〕91 号。

〔2〕 参见中国证监会行政处罚决定书，〔2017〕70 号。

〔3〕 参见北京市第一中级人民法院行政判决书，（2018）京 01 行初 106 号。

〔4〕 参见浙江省高级人民法院民事判决书，（2021）浙民终 389 号；浙江省杭州市中级人民法院民事判决书，（2020）浙 01 民初 1691 号。

对基于专业机构评定的资产价值的准确性、真实性、完整性负责，于理无据”。[1]

二、全额连带责任严重违反过责相当原则

最高人民法院审判委员会专委刘贵祥大法官曾在访谈中专门指出：“人民法院也强调责任追究的过罚相当，责任与过错相一致，而不是采取一刀切，不问过错程序一律让中介机构承担全部连带责任。”可以说，比例连带责任是在现有的《证券法》连带责任框架下的一种灵活解释。在虚假陈述案件中，比例连带责任被聚焦的原因在于，《证券法》第85条与第163条本身存在一定缺陷，要求公司高管、实控人、中介机构等主体在一定情况下承担连带责任，但连带责任的适用问题随着案件争议而显现。在司法实践中，全额连带责任被认为判罚过重，超出了过罚相当的原则，最终法院对相关当事人采用了部分连带的责任承担形式。在上位法已经做出规定的情况下，比例连带责任是一个不违背连带责任法理的承担补救功能的责任承担形式。关于该问题，需要进一步明确中介机构的角色定位，并结合其所发挥的作用予以回答。

（一）中介机构的角色定位

证券中介机构是包含保荐机构、承销机构和证券服务机构在内的相关机构。根据《证券法》第160条第1款的规定，证券服务机构又包括会计师事务所、律师事务所以及从事证券投资咨询、资产评估、资信评级、财务顾问、信息技术系统服务的机构。证券中介机构受聘于发行人或上市公司，对其信息进行核查、验证、发表意见，以其自身声誉为其提供证券质量担保，其职责履行情况导向市场效率与投资者福利，故被称为证券市场的“看门人”。[2]之所以称其为“看门人”，是因为其能缓解市场各主体之间的信息不对称问题。然而，目前已有学者提出看门人制度的缺陷，主要是从理论与制度脱离实际、利益冲突在所难免、委托代理问题根深蒂固这三个角度展开的[3]，总的来讲，中介机构事实上无法真正发挥当前被赋予的证券市场“看门人”这一至关重要的作用。

（二）中介机构履职具有局限性

1. 基础信息多来自委托人。

在大多数情况下，中介机构是依据委托人原始信息的生产者，其多依据发行人/委托人提供的基础信息发表意见，对公司披露的基础信息做出审查与确认。发行人/委托人是否配

---

〔1〕 参见上海市高级人民法院民事判决书，（2020）沪民终666号；上海金融法院民事判决书，（2019）沪74民初1049号。

〔2〕 参见徐子淇：《中介机构证券虚假陈述民事责任认定的审视与路径探索》，载《辽宁经济》2022年第1期。

〔3〕 参见邢会强：《证券中介机构法律责任配置》，载《中国社会科学》2022年第5期。

合中介机构开展工作，所提供的信息是否真实、准确、完整，将实质性地影响中介机构的工作质量。从这一角度看，中介机构在履职的过程中并不是完全“独立”的，其受制于发行人/委托人向其提供的信息。

2. 中介机构在债券发行过程中各有分工、履职要求不同。

专业意见的形成是一项技术活动，存在较大不确定性，需要中介机构保持职业审慎并做出适当的专业判断。[1]对中介机构而言，出具本专业的专业意见在计划、程序实施、完成的每个阶段，可能都涉及技术性和不确定性，遑论其他中介机构审查非本专业意见面临的挑战。因此，对于中介机构对其他机构出具专业意见或报告的审查要求不能过分苛刻。

美国《1933 年证券法》第 11 条规定：非专业人士对于无专家陈述支撑的内容，以及专业人士对自身出具的专家陈述，均须进行“合理调查”（Reasonable Investigation）后信赖相关陈述真实；非专业人士对于专业人士出具的专家陈述或官方文件无须“合理调查”，仅需证明没有合理理由相信且确实不相信存在虚假陈述或遗漏，即“合理信赖”（Reasonable Reliance）；专业人士对其出具的专家陈述以外的虚假陈述不承担责任。[2]通常认为，专家陈述是注册、发行说明书中由专业人士制作、出具并署名的部分，一般指会计师、律师、评估师等出具的专业意见。换言之，美国《1933 年证券法》第 11 条意为：会计师、律师、评估师等作为专业人士对自己出具的专业意见，以及承销商作为非专业人士对无专业意见支撑的其他内容需要进行“合理调查”；而承销商作为非专业人士对于专业意见可以“合理信赖”。

承销机构作为中介机构“统筹者”而常被误解应承担更重的责任，但负责证券服务工作的组织协调并不代表其对于每个事项都是“专家”。2020 年 6 月修订的《证券发行上市保荐业务管理办法》第 22 条已经与美国《1933 年证券法》理念接轨，区分了专家陈述与非专家陈述，对于其他中介机构出具的专业意见，只要没有重大异常、前后矛盾等问题，保荐机构、承销机构可以合理信赖，同时保持必要的职业怀疑、运用职业判断进行分析。

而律师事务所、会计师事务所、评估机构等证券服务机构应在其工作范围和专业领域内负“合理调查”的特别注意义务，对非专业业务只需尽到普通人在类似情形应有的谨慎与注意即可。普通人不具有核实与验证专业信息之真实准确性的客观能力，《证券法》第 163 条规定的核查与验证义务，应仅限于与其已知的事实进行比照，如有明显的、一般人稍加关注即能发现的异常，则应进一步调查或问询；如无异常，即便事后发现其引用或以之为陈述基础的材料存在虚假陈述，也应当认定其已经勤勉尽责。[3]

---

〔1〕 参见郭雳、李逸斯：《IPO 中各中介机构的职责分配探析——从欣泰电气案议起》，载《证券法苑》2017 年第 5 期。

〔2〕 参见张保生、牛馨雨：《精准厘定中介机构虚假陈述民事责任》，载《中国金融》2023 年第 10 期。

〔3〕 参见周淳：《证券发行虚假陈述：中介机构过错责任认定与反思》，载《证券市场导报》2021 年第 7 期。

综上所述，中介机构的辅助性角色定位及履职的局限性决定了不区分情形一律对不能证明自己不存在过错的中介机构适用全额连带责任的不合理性，这也是需要进一步考虑对中介机构适用比例连带责任的原因所在。

（三）中介机构勤勉尽责的认定标准：区分注意义务的“普通”与“特别”

1. 普通注意义务与特别注意义务。

早在2010年，《律师事务所证券法律业务执业规则（试行）》中已经提到法律专业人士在法律专业领域内要履行特别注意义务。而后，《公司债券发行与交易管理办法》等最高人民法院、证监会出台的有关规范中进一步强调：证券服务机构及其从业人员应当对本专业相关的业务履行特别注意义务，对其他业务事项履行普通注意义务。

普通注意义务是普通社会成员非基于专业知识和专业技能而承担的，在相同或相似条件下所采取的行为标准。特别注意义务是特别职业团体成员基于勤勉尽责义务而产生的，凭借其专业知识和专业技能，在相同或相似条件下所应采取的行为标准。[1]特别之于普通而言，区别在于“特别职业”。特别职业负有异于一般人的专业知识、技能，因而其注意能力当然高于普通社会成员的注意能力。需要注意的是，特别注意义务并不要求该职业团体成员具有本职业团体最高水平，而是本职业团体的一般可达到的中等水平。无论是特别注意义务，还是普通注意义务，本质上都是一般注意义务，只是参照系不同。前者参照的是本职业团体成员的一般注意水平，后者参照的是社会大众的一般注意水平。[2]

在债券市场领域，债券发行涵盖多方中介机构，包括且不限于承销机构、受托管理人、资产评估机构、资信评级机构、财务顾问、会计师事务所、律师事务所等。不同中介机构在债券发行过程中分工协作，基于各自的专业承担不同的职责，专业领域跨度较大。中介机构在自身专业职责范围内，基于其专业知识、技能具有更高的注意能力，履行特别注意义务；而对于非自身职责范围的事项，则仅履行普通注意义务。

2. 区分普通与特别注意义务下的中介机构责任承担。

中介机构对投资者承担侵权赔偿责任的前提在于其违反勤勉尽责义务，存在过错。对于中介机构过错的认定，关键在于判断中介机构在开展业务过程中是否勤勉尽责，以中介机构的勤勉尽责程度认定其过错程度。在虚假陈述案件中，出于保护投资者的立场，《证券法》第85条规定采取过错推定的归责原则，中介机构需要证明其行为没有过错，其业务开展已经做到勤勉尽责，方可免予承担连带责任。中介机构的勤勉尽责的自证，应当在区分普通注意义务与特别注意义务的前提下展开。

承销机构对于专家陈述以及律师事务所、会计师事务所、评估机构等证券服务机构对其

---

〔1〕 参见丁宇翔：《证券发行中介机构虚假陈述的责任分析——以因果关系和过错为视角》，载《环球法律评论》2021年第6期。

〔2〕 参见邢会强：《证券市场虚假陈述中的勤勉尽责标准与抗辩》，载《清华法学》2021年第5期。

他中介机构出具的专业意见，仅承担普通注意义务，各中介机构仅需保持一般的职业谨慎，能够排除合理怀疑的，可以合理信赖。中介机构若已经尽到一般谨慎义务，即使该事项出现虚假陈述，中介机构也不承担责任。而中介机构对基于自身专业知识和技能出具的专业意见，需要承担特别注意义务。如果某中介机构违反其特别注意义务，就彻底达不到法律要求其参加证券发行的制度目的，即使其履行了普通注意义务，也无济于事。反之，如果中介机构履行了特别注意义务，则即使其履行普通注意义务有瑕疵，也没有对相应的制度目的造成根本破坏。[1]因此，不同中介机构对于统一事项均存在过失，履行特别注意义务的中介机构的责任应当重于仅履行普通注意义务的中介机构。

债券市场与股票市场同是资本市场的重要组成部分，但是两者之间存在较大区别。债券具有存续期限，需要还本付息，其发行频率比股票高。在我国，债券市场融资规模远比股票市场大，每年新发行债券数量也远多于股票发行数量。一般而言，股票发行（尤其是 IPO）所需的中介服务工时远远多于债券发行，因而债券发行业务中介机构的服务费远低于股票发行业务。基于此，不能将股票市场虚假陈述民事赔偿的过错认定逻辑简单套用于债券市场，应当注意债券市场与股票市场的区别。

资本市场的吸引力，不仅包括其对投资者的吸引力，也包括对上市公司和中介机构的吸引力。在资本市场，普通投资者处于信息不对称、地位不对等的弱势地位，应该得到倾斜性保护，但是对于投资者的保护应当有所限度，过犹不及。因此，法律责任之设置不但要保护投资者利益，也要兼顾中介机构的利益。综上所述，债券虚假陈述案件中介机构的责任承担，应当考虑债券市场与股票市场的区别，在区分普通注意义务与特别注意义务的前提下，识别中介机构在不同业务领域中的注意义务与注意能力。对于仅负普通注意义务的中介机构，如其保持一般的职业谨慎，能够排除合理怀疑的，则不应承担责任；不同中介机构均存在过失的，承担普通注意义务的中介机构责任应当小于承担特别注意义务的中介机构。

三、比例连带责任的可适用性分析

（一）现行《证券法》为比例连带责任预留了解释空间

如前所述，现行《证券法》并没有对连带赔偿责任具体指何种连带责任，是否只能是全额连带责任做出明确界定，为将“比例连带责任”解释为“连带责任”的一种特殊类型预留了空间。且从目的解释的角度，比例连带责任制度的设置，一方面，能够实现对中介机构的高压态势、保护投资者利益最大化的政策导向；另一方面，又能在考虑中介机构的职责范

〔1〕 参见丁宇翔：《证券发行中介机构虚假陈述的责任分析——以因果关系和过错为视角》，载《环球法律评论》2021 年第 6 期。

围和过错行为的基础上，基于公平合理的原则，判定中介机构所应承担的责任，符合“责任与其过错相当”的基本原则。

（二）现行其他规范为比例连带责任适用提供了规范支持

虽然，在现行《证券法》及《虚假陈述司法解释》中没有明确连带责任是否只能是全额连带责任，但是，现行其他规范为法院突破性地适用比例连带责任提供了规范支持。例如，《审计侵权若干规定》第6条第1款规定：“会计师事务所在审计业务活动中因过失出具不实报告，并给利害关系人造成损失的，人民法院应当根据其过失大小确定其赔偿责任。”依据该规定，对于作为中介机构的会计师事务所进行责任认定时，应当考虑其过失大小，根据过失大小确定赔偿责任。除此之外，《全国法院民商事审判工作会议纪要》第六章在关于证券虚假的陈述中指出，“责任承担与侵权行为及其主观过错程度相匹配”。前述两规范均传达了“责任与过错相适应”的原则。因此，这与不论过错程度，只要存在过错一律全额连带责任的结论相矛盾。另外，《全国法院审理债券纠纷案件座谈会纪要》（以下简称《债券会议纪要》）第31条第2款提出，债券服务机构的责任范围与其工作的内容和其专业性相关。该会议纪要提及工作内容和专业性也是考量债券服务机构责任范围的重要因素之一。因此，工作内容及专业性也会影响到责任的范围，反过来讲，在证券虚假陈述中，各个中介机构的责任范围应该受其工作内容及专业性影响，应因其工作内容及专业性不同而有所不同。

总之，比例连带责任在现行规范体系下有其适用的空间。在此基础上，需要进一步厘清证券虚假陈述中介机构民事责任的认定思路。

四、虚假陈述中介机构民事责任的认定思路

（一）过失情形下中介机构不应承担全额连带责任

通说认为，证券虚假陈述属于侵权责任的范畴，因此，债券虚假陈述的民事责任不仅需要考虑证券法的相关规定，也涉及民事侵权法律的规定。《证券法》和《民法典》属于特别法和一般法的关系，由于作为特别法的《证券法》关于中介机构承担民事责任的规定不明确，依照特别法和一般法的适用逻辑，可以适用《民法典》的有关规定来确认中介机构应当承担的责任。证券市场信息披露由发行人/委托人以及各证券中介机构互相协作完成，证券市场虚假陈述在本质上是典型的多数人侵权。

民法上的多数人侵权在责任构成上包括共同侵权、共同危险行为、无意思联络的多数人侵权等。在证券虚假陈述中，如果中介机构和发行人之间存在意思联络，共同实施了虚假陈述侵权行为，如《虚假陈述司法解释》所规定的行为人故意制作、出具存在虚假陈述的信息披露文件，则构成民法上的共同侵权。《民法典》第1168条规定了共同侵权行为下的连带责任。因此，可以明确的是，在证券虚假陈述案件中，中介机构与发行人属共同故意的，中介

机构要对全部损害结果承担连带赔偿责任。《民法典》第 1171 条规定："二人以上分别实施侵权行为造成同一损害，每个人的侵权行为都足以造成全部损害的，行为人承担连带责任。"将该情形对应到证券虚假陈述案件中，若中介机构虽然和发行人/委托人之间没有意思联络，但由于其自身侵权行为足以造成全部损害，中介机构应当与发行人承担全额连带责任。但一般情况下，中介机构在债券发行过程中各司其职，并需时刻与发行人保持业务联系，故一则难以认定没有意思联络，二则难以认定对"全部损害"负有责任。另外，连带责任强调的是对外责任效果，"连带"表达了权利人可以向任何一个债务人主张承担全部或部分责任。美国等成熟证券市场诉讼实践表明，在连带责任的规则之下，证券中介机构被迫要承担与其过错不相符的巨额赔偿责任，也会引发市场的滥诉倾向。对此，美国 1995 年《私人证券诉讼改革法案》明确规定，除非有关方故意违反证券法律，否则各方之间按其过错及所造成的损失比例承担责任。我国法院在中安科案等案中形成了"比例连带责任"的判案思路，也在一定程度上达到了异曲同工的效果。

关于比例连带责任的"按份责任"性质，根据《民法典》第 1172 条，能够确定责任大小的，不同主体应当各自承担相应责任。发行人是虚假陈述行为的主要责任人，是信息的生产者和源头。根据"追首恶"原则，发行人承担严格责任与主要的虚假陈述赔偿责任。与此同时，中介机构仅是发行人信息披露的辅助者，仅承担过错责任。《虚假陈述司法解释》明确，此处的"过错"仅指故意和重大过失。在故意情形下，判令中介机构对其负责的虚假陈述事项所致损失承担全部赔偿责任，属应有之义。然而，如判令仅具有过失的中介机构承担全额赔偿责任，不仅有违"过责相当"原则，而且会降低事后定责对中介机构事前履职的引领与震慑作用，同时使负有主要侵权责任的发行人逃脱赔偿，有违"追首恶"原则。最高人民法院法官刘贵祥亦指出，中介机构与公司内部人对发行人财务造假的主观过错并不相同，对过失导致虚假陈述的当事人应适用"过责相当"原则，避免不必要的负面效应。总之，在仅有过错的情形下，中介机构应当仅承担比例连带责任，而非全额连带责任。

（二）综合考虑确定各行为人的连带责任比例

在比例连带责任适用的前提下，如何进一步划分各主体间的比例份额，是责任适用的另一大问题。综合前述现行法律规范及司法实践经验，在确定连带责任的比例时，至少应当考虑以下因素：

1. 过错程度。

根据民法的一般原理，过错包括故意、重大过失、一般过失和轻微过失四种，在证券虚假陈述案件中，中介机构的主观心态也主要分为这四种形态。当中介机构的主观心态是故意时，中介机构应承担全额连带责任，不存在比例连带责任的适用空间。因此，若以适用比例连带责任为前提，此时中介机构的主观心态涉及重大过失、一般过失和轻微过失。显然，过失程度越大，中介机构所要承担的比例连带责任中的比例就越高。在确定中介机构在证券虚假陈述中的过失程度的问题上，可以采纳“职业谨慎”判断标准。一是在执业方式方面，中介机构在进行专业服务时必须是谨慎而小心的。二是在执业能力方面，中介机构应当具有同其专业相符的能力和水平。三是在职业态度方面，执业者应当遵循忠诚、公正等基本准则。

2. 原因力。

原因力，是指违法行为对损害结果发生或扩大所发挥的作用力，其可用于责任的有无与大小的确定。在侵权法语境下，原因力包括交易因果关系和损害因果关系两个层面的内容。《虚假陈述司法解释》有对这两个层面的涉及。然而，除《虚假陈述司法解释》的规定外，依照学者的观点，考虑到证券投资损失的复杂性，还需要考虑以下三个要素：（1）理性投资者的合理注意义务。若投资者未尽到理性投资者应尽的义务，其对交易因果关系的发生也发挥了一定的作用力，即受害人有过错，可以在一定程度上减轻证券中介机构的责任。（2）中介机构虚假陈述的影响力。该因素可以采用投资者决策测试辅助判断。（3）证券中介机构的地位。具体而言，虽然证券中介机构处于辅助性地位，但一方面，在具体证券虚假陈述案件中，个别中介机构可能处于统领地位；另一方面，处于辅助性地位的中介机构的独立性程度也可能有所不同。

3. 注意义务与注意能力。

中国证券监督管理委员会（以下简称证监会）、最高人民法院和证券交易场所的有关规范多次强调：证券服务机构及其从业人员应当对本专业相关的业务履行特别注意义务，对其他业务事项履行一般注意义务。在中安科案中，除区分故意和过失之外，法院根据各中介机构（本案中不涉及保荐承销机构）的职责，在过失的基础上，进一步区分特别注意义务和一般注意义务，就中介机构违反特别注意义务的行为判决其承担相应的责任。在证券虚假陈述案件中，对注意义务的划分是切乎中介机构责任的一个良好视角。

债券发行涵盖多方中介机构，包括且不限于承销商、受托管理人、资产评估机构、资信评级机构、财务顾问、会计师事务所、律师事务所等。不同中介机构在债券发行过程中分工协作、职责不同、专业领域跨度大。如发生一般意义上的债券虚假陈述行为而导致债券违约、欺诈发行，往往涉及多个“事实”被虚假记载、误导性陈述或重大遗漏。由部分事实追索全部中介机构，当然欠缺原因力及因果关系的要件。另外，受限于专业领域，中介机构对其他中介机构工作内容的注意能力并不相同，由此，首先，应明晰：特别注意义务是一种法定义务，其义务内容由法律、司法解释规定，其内涵在司法实践中日益丰富，但总体而言，仍应遵守《证券法》《虚假陈述司法解释》的解释方法，不得随意扩大解释。其次，部分中介机构的特别注意义务是其他部分中介机构的普通注意义务，不得将某些中介机构的特别注意义务一概视为所有中介机构的特别注意义务，须注意特别注意义务与一般注意义务的转化。最后，普通注意义务应有一定限度，其义务内容的确定须具有合理性。在非专业范围内，中介机构仅保持一般的职业谨慎即可，没有承担连带责任的可责性，除非有相反证据提示存在虚假陈述的重大风险。中介机构对其他中介机构意见的核查，应重点关注其是否有特别注意义务人应有的资质和能力、专业意见的前提及假设是否合理、所依据的资料和核查程序是否充分等，只有专业意见存在前后矛盾或与其知悉的情况存在重大不符时，才需要进一步调查、复核。

4. 民事责任与行政处罚的衔接。

在债券虚假陈述案件中，中介机构可能承担的责任除对投资者的民事赔偿责任外，还包括证监会作出的行政处罚。行政处罚针对的是行政违法行为，严厉程度更甚，其实体标准要求更高。而在虚假陈述案件中，行政处罚作为证券法公共执行的一种方式，性质上属于行政责任，其所保护的利益更多地关乎社会管理秩序，从公法的层面上对虚假陈述进行打击并起到警示和震慑的效果，其功能在于惩罚和预防；民事责任所保护的利益主要是私人利益，其功能有时虽然也包括惩罚，但更多的是补偿和救济投资者因虚假陈述遭受的损失。

我国当前的虚假陈述行政处罚表露出较强的处罚倾向，注重流程的标准和细节的完美。证监会采用大量的明线规则，以发现中介机构尽职调查中形式瑕疵为处罚要点，如未编制查验计划、未制作目录索引、欠缺访谈对象签字等。基于信息不对称的限制，虚假陈述从实施到发现需要一定时间，而证监会的调查处罚通常在虚假陈述的不良影响已经达到一定规模后进行。从事后确定的不良后果去倒查事前的风险防范，较容易发现或多或少的形式瑕疵。然而，形式瑕疵未必代表中介机构未尽审慎注意，形式完美也未必意味着中介机构始终维持其对虚假陈述风险的认知能力。

在《虚假陈述司法解释》出台前，虚假陈述民事案件以行政处罚作为前置程序，法院往往直接引用行政处罚对中介机构过错的认定。[1]这样一来，法院实际上将行政责任的标准适用到民事责任的范畴内，对中介机构勤勉尽责的要求过于严苛。正如前文所述，连带责任作为一种加重的责任形式，适用时须格外慎重，防止过罚不当。民事责任更强调补偿或赔偿投资者损失，而非对中介机构的惩戒、制裁。民事责任如果援用行政处罚的标准，无异于以轻责任对标重标准，有违私法中的比例原则。

《债券会议纪要》第 30 条规定，在债券承销机构“尽职调查工作虽然存在瑕疵，但即使完整履行了相关程序也难以发现信息披露文件存在虚假记载、误导性陈述或者重大遗漏”的情形下，法院认定其没有过错，无须承担赔偿责任。《债券会议纪要》此条规定考量了民事责任与行政责任差异，表明了科学配置法律责任，防止中介机构惩罚畸重的价值取向。因此，在虚假陈述案件中，需要注意司法与监管在勤勉尽责认定上的差异。在民事案件中，即便承销机构的程序存在瑕疵，如果承销机构完整履行了相关程序也难以发现虚假陈述行为，

[1] 参见上海市第一中级人民法院民事判决书，(2016) 沪 01 民初 877 号。

同样也可以认定承销机构“无过错”。

五、结语

针对债券市场，本文通过对新近案例与责任性质的法理探讨，针对中介机构比例连带责任及比例划分问题认为：第一，如中介机构的过错形态为“过失”而非“故意”的，不应承担全额连带责任，而仅应承担比例连带责任。第二，应对特别注意义务与普通注意义务进行区分，对于仅负普通注意义务的中介机构，如其能够排除合理怀疑的，则不应承担责任；即使存在一定过失的，其责任也应当小于承担特别注意义务的中介机构。第三，根据“追首恶”“过责相当”等原则，应当区分各行为人在虚假陈述侵权中不同的过错程度、原因力、注意义务与注意能力，以及民事责任与行政处罚的衔接关系，以分别确定各行为人承担连带赔偿责任的不同比例。

证券虚假陈述重大性要件的司法审查研究

——基于148份司法判决的实证分析

葛思雨 *

通过对我国司法判决的实证分析发现，鉴于我国行政机关在打击证券虚假陈述等违法行为上具有的主体优势，司法实践对重大性要件这一概念的认识不够深入，存在将重大性要件与信赖要件混淆、过度信赖行政处罚来认定重大性、重大性要件认定标准散乱等现象。实际上，重大性要件是信赖推定的前提，重大性要件与信赖要件相对独立。用股价敏感标准证明重大性在逻辑上并不严密，将其归入理性投资者标准下作为一种经验证明方法而存在较为合理。在厘清重大性要件与信赖要件关系的前提下，可尝试以重大性审查为抓手设计证券虚假陈述案件的审理制度。

一、证券虚假陈述重大性要件司法审查现状之检视

2015年来，我国法院对证券侵权责任中重大性要件保持持续关注，2019年最高人民法院发布的《全国法院民商事审判工作会议纪要》（以下简称《九民纪要》）第85条对重大性要件的理解误区进行澄清，要求各级人民法院准确认识重大性要件和信赖要件的关系，纠正以投资者不信赖虚假陈述违法行为为由否定虚

* 葛思雨，任职于中国银保监会上海监管局。

假陈述行为重大性的错误审判思路。〔1〕但因司法实践中证券虚假陈述重大性要件的审查更多依赖《证券法》的笼统规定及司法解释，重大性要件的司法审查规则亟待系统梳理。

笔者在中国裁判文书网、威科先行、北大法宝等网站中以证券虚假陈述责任纠纷为案由，初步筛选出2017年至2021年5年间来自全国各级法院的共148份有关证券虚假陈述纠纷的判决书。通过对148份判决的争议焦点和判决结果进行分析、统计，其中共有143份判决认定被告构成证券虚假陈述，占实证样本总数的96.6%。与此同时，根据对判决书所归纳的争议焦点中重大性要件论证的有无的统计，共有76份判决书涉及重大性要件的分析，占实证样本总数的51.3%，仍有近一半的判决书中对重大性这一证券虚假陈述的基本构成要件只字未提，表明重大性要件在证券虚假陈述司法实践中未受到足够重视，易为司法审查所忽视。

（一）重大性要件与信赖要件的混淆

在148份判决书的实证样本中，存在一个较为突出的问题，即部分法院未分清重大性要件与信赖要件，在适用过程中将二者混淆，这一现象也曾为《九民纪要》所提醒，即部分人民法院会以行政处罚认定的信息披露违法行为对投资者的交易决定没有影响为由否定违法行为的重大性，即以否定信赖要件为由推翻重大性要件。除上述现象外，实践中还存在对是否能以肯定重大性要件为由直接推出信赖的争议。在上海游久游戏股份有限公司（以下简称游久公司）证券虚假陈述一案中，被告刘某与代某同为游久公司的股东，因两人登记结婚成为一致行动人后未公告而被证监会行政处罚。原告认为，根据《九民纪要》，系争虚假陈述行为已受证监会处罚，因此应被认定为具有重大性的违法行为，而所谓重大性是指所涉信息会对投资决策产生重要影响，法院认定其对投资决策没有实质性影响错误。而被告则共同辩称，《九民纪要》仅强调不能依据虚假陈述行为对投资者的交易决定没有影响来否定违法行为具有重大性，但并未规定虚假陈述行为具有重大性必然会对投资者的交易决定产生影响。〔2〕可以看出，影响投资者决策同时连接了重大性与交易因果关系，即重大性与信赖，这是这两个概念产生混淆的重要原因。

（二）重大性要件的认定标准不一

在76份涉及重大性的样本判决书中，法院通常参照《证券法》第80条重大事件的范围直接认定虚假陈述行为的重大性，若虚假陈述所涉信息在重大事件范围内，即符合重大性的

---

〔1〕《最高人民法院关于印发〈全国法院民商事审判工作会议纪要〉的通知》（法〔2019〕254号）第85条：审判实践中，部分人民法院对重大性要件和信赖要件存在混淆认识，以行政处罚认定的信息披露违法行为对投资者的交易决定没有影响为由否定违法行为的重大性，应当引起注意。重大性是指可能对投资者进行投资决策具有重要影响的信息，虚假陈述已经被监管部门行政处罚的，应当认为是具有重大性的违法行为。在案件审理过程中，对于一方提出的监管部门作出处罚决定的行为不具有重大性的抗辩，人民法院不予支持，同时应当向其释明，该抗辩并非民商事案件的审理范围，应当通过行政复议、行政诉讼加以解决。

〔2〕上海市高级人民法院民事判决书，（2020）沪民终479号。

要求。除此之外，部分法院还采用股价敏感标准、投资者决策标准或两者结合的二元标准判定系争虚假陈述行为的重大性。股价敏感标准为《证券法》等法律法规界定重大事件所采用的标准，且股价具备较易识别的客观外在化证据，部分法院更倾向于采纳此种标准。但股价敏感标准的单一性与封闭性难免对司法裁判产生桎梏。首先，股价波动作为证据外观更常用在证明虚假陈述是否对投资者造成损失以及虚假陈述与损失之间的因果关系上。股价未波动或者非因虚假陈述而产生波动的情况下，损失因果关系较难成立，虚假陈述行为人不负赔偿责任，这与否定重大性的最终结果相同，致使损失因果关系与重大性判定较难区分。类似于股价敏感标准容易将重大性判定与损失因果关系判定等同，投资者决策标准的最突出问题系将重大性判定与交易因果关系等同。而二元标准的问题则在投资者决策标准与股价敏感标准的关系上。若认为两者属于独立并行关系，则仅须满足其中之一即可，这实际上在考察股价敏感标准对虚假陈述重大性的证明力。若认为两者属于上下位概念的关系，投资者决策标准则会因外缘模糊而容易被误认为重大性的口袋条款。由此可见，认定标准的梳理和重新确立是重大性要件研究的当务之急。

（三）证券虚假陈述新司法解释的司法适用盲点

2022 年 1 月，《最高人民法院关于审理证券市场虚假陈述侵权民事赔偿案件的若干规定》（以下简称《虚假陈述若干规定》）正式出台，回应了司法实践的现实需求，完善了证券虚假陈述民事责任的体系构建。该司法解释站在新时代金融审判的起跑线上，已经做出了较多突破性革新，解决了一些历史遗留问题，但由于证券虚假陈述民事赔偿制度的高度复杂性，仅依靠《虚假陈述若干规定》尚不能完全破除前述重大性司法审查的 3 项困境：

第一，《虚假陈述若干规定》首次在体例中体现重大性要件的独立地位，将其与交易因果关系作为单独的一部分并做出相应的规定。但对于理论上所探讨的重大性究竟属于证券虚假陈述行为要件的一部分还是交易因果关系要件中的一部分未作释明。

第二，在重大性要件的司法审查与行政前置程序的关系上，虽然《虚假陈述若干规定》第 2 条明确取消了行政前置程序，规定人民法院不得仅以虚假陈述未经监管部门行政处罚或者人民法院生效刑事判决的认定为由裁定不予受理，但实践中对《九民纪要》所采用的以行政处罚直接作为重大性的认定依据这一做法能否继续适用、行政处罚在未来的司法审判中将承担何种功能仍有疑惑。

第三，在重大性要件的认定标准上，《虚假陈述若干规定》做了较为全面的规定，在重大性的认定标准上采用了以价量波动为核心的股价敏感标准，理性投资者决策的标准无迹可寻，也引起了对股价敏感标准周延性的质疑之声。

二、证券虚假陈述重大性要件的独立性辨析

我国证券虚假陈述民事审判趋向于尊重监管机关所作专业判断，重大性要件在司法裁判

过程中的重要意义未得到充分强调，以至于明珠蒙尘。主流观点认为，重大性同时是证券信息披露与证券虚假陈述民事责任承担中需要考量的标准和因素。重新确立重大性要件地位首先需要肯定其理论上的独立性，重大性要件的独立主要是指重大性要件不应被虚假陈述信赖要件所掩盖或包含。根据《九民纪要》及司法裁判，重大性与信赖要件或都包含对投资者的决定产生影响。二者的区别主要在于，前者针对的是广泛投资者，即所谓一般理性投资者，对其交易决定的影响仅需达到非常可能的程度；后者针对的是涉案的特定投资者，对其交易决定的影响需要达到“若无则不”的标准。

（一）基于证券虚假陈述侵权理论

虽然重大性要件与信赖要件均为限制或减轻行为人责任的制度安排，两者任一被否定的情形下行为人均不负赔偿责任。[1]但可注意到，重大性与信赖分属于证券虚假陈述的行为要件与因果关系要件两个不同层次：重大性作为各虚假陈述具体类型的统合认定标准，其考察的是行为本身的性质，由对广义上的理性投资者的影响所决定；而信赖则判断的是特定原告投资者的交易决定是否确实受到了案涉行为的影响，由给定情形下对特定投资者的影响决定。[2]

更重要的是，重大性是对侵权行为违法程度的判断。[3]按照侵权法原理，一般侵权行为具有三层结构，包括事实要件、违法性以及有责性。侵害诸如生命权、健康权、所有权等受法律保护的重要权利，因其该等重要权利的侵害结果而认定侵害行为的不法性，是为结果不法。而证券虚假陈述乃是一种特殊的侵权行为，其侵害的对象为受法律保护的权益而非权利，理论上应遵循行为不法的原则，即判断侵害行为有无违法性，应就具体案件通过检视其行为本身是否违反注意义务加以认定。换言之，并非所有的信息披露违法行为都当然具备侵权法上的不法性，重大性作为信息披露标准对发行人在披露可能影响投资者交易决策的信息上施以较高的注意义务，要求该等披露必须真实、完整、准确，因而重大性与发行人对信息披露的注意义务紧密联系，从而影响虚假陈述的违法性判断。重大性信息的披露中，由于发行人承担较高的注意义务，更容易成立侵权法上的违法性。

（二）基于行政监管独立需求

重大性不等同或从属于信赖要件的另一个重要原因在于行政程序与民事审判的显著差别。在证券侵权诉讼中，欲使被告承担侵权责任，原告必须证明证券虚假陈述（虚假性与重大性）、损失及因果关系（包含信赖要件）。但证监会及其他监管部门对证券信息披露违法行为给予行政处罚时，并不需要证明该违法行为对特定投资者交易决策产生了实际影响或投资者损失，但仍须证明证券虚假陈述行为的存在。换句话说，在不需要证明信赖要件的行政程

---

〔1〕 参见杨临萍：《当前商事审判工作中的若干具体问题》，载《人民司法（应用）》2016 年第 4 期。
〔2〕 参见廖升：《虚假陈述侵权责任之侵权行为认定》，载《法学家》2017 年第 1 期。
〔3〕 参见刘道远：《证券侵权法律制度研究》，知识产权出版社 2008 年版，第 140 页。

序中，行政机关仍有必要证明披露信息的重大性才能予以处罚。[1]由此可见，重大性要件独立于信赖要件。

（三）基于美国判例法发展

导致重大性要件与信赖要件混淆的另一大重要原因为对欺诈市场理论的不同理解。部分学者认为该理论在证券虚假陈述侵权中，用重大性标准取代了信赖要件的证明；[2]另一部分学者则认为，欺诈市场理论为美国最高法院在 Basic 案中所正式确认的信赖推定的基础之一，其肇始之目的仅是在一定程度上豁免证券虚假陈述侵权中原告的信赖证明要求，以减轻其举证责任。[3]"取代论"这一理解的偏颇之处在于，似乎重大性是为进行信赖推定所创设的隶属于因果关系证明的标准。"豁免论"则否定了重大性与信赖推定之间的关联。实际上，重大性要件与信赖要件既有区别又有联系。

在美国证券欺诈司法实践中，原告需要证明被告陈述的虚假性或误导性、被告的明知、陈述的重大性以及原告的信赖，重大性与信赖证明一直是两个独立、分别论述的重要争议焦点。如在 Basic 一案中，Basic 公司因隐瞒了潜在的并购计划而被原告起诉，地区法院、上诉法院以及美国最高法院的判决都主要围绕着重大性与信赖证明进行。美国最高法院判决所解决的第一个问题为应适用什么标准以确定该案所涉信息的重大性，紧接着法院便讨论了第二个问题，即应当如何证明信赖以及是否能够进行信赖推定。法院认为，基于欺诈市场理论、非面对面交易中市场本身的中介作用、举证责任的合理分配以及对公平、公共政策及法律经济的考量，可进行信赖推定，但该信赖推定可以股价未波动、虚假陈述事先原告已知悉（明知）或其他非价格原因而交易等理由进行辩驳。即使在如 List v. Fashion Park，Inc 案等不进行信赖推定的案件中，重大性认定与信赖认定同时存在且相互独立。[4]

虽然司法中重大性认定与信赖认定相互独立，但不可否认的是，两者之间存在着实质联系，即重大性或由信赖正当性（justified）演变而来。在普通法欺诈案件中，原告需要证明信赖存在且其对被告的信赖是正当的。这种正当性要求陈述或者隐瞒的信息必须是重大的。美国侵权法欺诈中，重大性与信赖合理性联系紧密，重大性甚至是信赖合理性的判断因素之一。同时，重大性标准也有主客观之分，主观重大性仅要求涉案信息对原告而言是重大的，而客观重大性要求该特定信息对任何理性人做出决策而言是重大的，后者标准相对较高。[5]《九民纪要》第 85 条规定不能以不具备信赖要件为由认定信息不具有重大性，此处系从客观

---

〔1〕 参见王彦光：《证券信息披露中的重大性认定——以"万家文化案"为例》，载《金融法苑》2020 年第 3 期。

〔2〕 参见焦津洪：《"欺诈市场理论"研究》，载《中国法学》2003 年第 2 期。

〔3〕 See Basic Inc. v. Levinson，United Status Reports，Vol. 485，1988，p. 224.

〔4〕 See List v. Fashion Park，Inc，Federal Reporter，2nd Series，Vol. 340，1965，p. 457.

〔5〕 参见刘东辉：《谁是理性投资者——美国证券法上重大性标准的演变》，载《证券法律评论》2015 年第 00 期。

重大性及特定投资者个体信赖关系层面进行考量，特定个体信赖的判断不影响信息是否具有重大性的判断。

重大性与实际信赖是不同的,[1]特定个体信赖与重大性的区别显而易见，容易造成二者概念上纠缠的原因之一在于，信赖推定的运用与重大性判断均采用一般理性投资者的视角，而不在特定投资者个体的主观认知或真实决策动机上纠结。另一原因则在于，若对证券虚假陈述的行为要件和因果关系要件进行精细划分，两者相互独立。但从广义上理解，重大性和信赖都可被认为是证券虚假陈述因果关系链条上的一环，在某些无法证明信赖的情况下，通过重大性也可证明因果关系。但由于我们通常将信赖等同于因果关系，便会误认为以重大性证明信赖。Basic 案法官提出，一般而言，信赖为证明被告的虚假陈述与原告的损失之间的因果关系提供了必要条件，但该案多数意见拒绝将信赖直接等同于因果关系。证明因果关系存在多种方式,[2]如在 Affiliated 一案中，被告遗漏了重大事实，法院认为，在重大遗漏的情况下，积极证明信赖并非求偿的必要条件，负有披露重大事实的义务但未披露已经能够证明事实因果关系,[3]即隐瞒事实本身即构成因果关系。[4]该例外规则实际将单个的特定的信赖关系，通过“重大性”要件转化为一般理性投资者的信赖判断。[5]

因此，虽然一般而言重大性判断与信赖证明本是相互独立，但由于在信赖推定情形下二者采用一般理性人视角，重大性与信赖合理性十分接近。即使没有直接信赖的证据，但购买股票及虚假陈述重大性的证据已足以证明因果关系，这是因为重大性间接证明了投资者的信赖以及在购买时股票价格的虚涨，此时因果关系链条业已成立。[6]换言之，欺诈市场理论假定所有重大的信息公开材料都直接影响到相关证券的市场价格，投资者在任何时点上交易证券，实际上都无法“不信赖”有关的公开信息。[7]也有学者称之为通过重大性要件对信赖的拟制（constructive reliance）。

三、《虚假陈述若干规定》之股价敏感标准的适用谬误

《虚假陈述若干规定》明确了重大性为证券虚假陈述侵权行为的要件之一，其第 10 条直

---

〔1〕 See Nancy My Nguyen, *Materiality Immaterial? Revising Standard for Security Class Certification in Amgen Inc. v. Connecticut Retirement Plans and Trust Funds*, 8 Duke Journal of Constitutional Law & Public Policy Sidebar 155 (2013).

〔2〕 参见李清池：《如何界定“重大性”》，载《金融法苑》2001 年第 10 期。

〔3〕 See Affiliated Ute Citizens v. United State, United Status Reports, Vol. 406, 1972, p. 128.

〔4〕 参见汤欣：《美国证券法上针对虚假陈述的民事赔偿机制——兼论一般性反欺诈条款制度的确立》，载《证券法苑》2010 年第 1 期。

〔5〕 参见石一峰：《违反信息披露义务责任中的交易因果关系认定》，载《政治与法律》2015 年第 9 期。

〔6〕 See Blackie v. Barrack, Federal Reporter, 2nd Series, Vol. 524, 1975, p. 891.

〔7〕 参见马其家：《美国证券法上虚假陈述民事赔偿因果关系的认定及启示》，载《法律适用》2006 年第 3 期。

接从 3 个层面明确了重大性的外延，其主要采纳了股价敏感标准，即以虚假陈述是否能导致相关证券交易价格或者交易量明显变化作为认定重大性的核心标准，抛弃了此前草案中理性投资者标准与股价敏感标准并用的观点。股价敏感标准的确立，合理规避了理性投资者标准过度抽象难以助益审判实践的弊端，在理论设想上，这样的事后标准不仅符合《证券法》的相关规定，还便于法官查明事实，统一司法裁判的尺度和标准。[1]但基于对司法判决的实证分析，笔者认为，股价敏感标准在实践适用上亦非十全十美，还存在较多的争议和局限有待深入探讨和完善。

（一）股价敏感标准的理论局限

虽然股价敏感标准具有很强的操作性，但从理论上看，并非所有影响投资者决策的信息都表现出价格的强敏感性，原因在于：第一，价格对信息的反应速度取决于市场的有效程度，在无效市场或者弱式有效市场下，市场反应可能出现滞后，导致价格对投资者决策所需的重大信息失灵。第二，市场价格可能在短期内因证券市场上诸如内幕交易、市场操纵等违法行为被扭曲，价格变化的变现并不明显。第三，证券市场中还存在着经济社会等宏观因素或者信息披露义务人同时披露的其他信息，这导致价格无法反映出真正重大的信息。同时，相对于理性投资者标准而言，证券价格标准所能涵盖的因素较为狭隘，不及理性投资者标准广泛而深刻。[2]

事实上，股价波动更常用于证明证券虚假陈述的损失因果关系，其理论依据为有效市场假说。有效市场假说认为，当新信息充分进入到市场当中，股票价格便会迅速反映至该信息的水平。根据这一理论，重大的虚假信息将会导致股价的波动。而用股价波动证明信息具有重大性，则是对这一假说进行的反向推断，这种做法的逻辑并不是十分严密，因为两者之间是本命题与逆命题的关系，并非在任何情况下都确定同真。因此，重大性要件与损失因果关系的证明共享了股价波动的证据外观，但损失因果关系的股价波动证明以有效市场假说为依据，而股价波动证明信息的重大性更多是一种经验。除此之外，有效市场假说无法证明股价的全部波动均是由涉案信息所影响，基于有效市场假说的事件研究法也遭受相同的阻碍：即使能够测量出价格的非正常变化和超额收益率的存在，但当研究期间内的所有信息杂糅在一起时，就难以将价格的变化归因到特定涉案信息中，使得测量结果与涉案信息的关联性降低。[3]

---

〔1〕 参见樊健：《证券虚假陈述重大性要件的再厘清：基于司法实践的批判性思考》，载《深圳社会科学》2021 年第 6 期。

〔2〕 参见李有星、董德贤：《证券内幕信息认定标准的探讨》，载《浙江大学学报（人文社会科学版）》2009 年第 6 期；张小妮：《证券市场内幕信息重大性认定研究》，载《私法研究》2014 年第 2 期；梁爽：《日本证券虚假陈述责任法律适用对我国的启示》，载《法学》2011 年第 1 期。

〔3〕 参见徐文鸣：《新〈证券法〉视域下信息披露“重大性”标准研究》，载《证券市场导报》2020 年第 9 期。

（二）股价敏感标准的实践误差

针对《虚假陈述若干规定》直接以股价波动作为认定标准这一做法，实务界的疑惑主要集中于一些特殊情况下的股价失灵：如在诸如未披露重大债务违约、对外担保等“沉默型”虚假陈述中，交易价格和交易量可能只会在揭露日后才有所变化，甚至经过实施日至披露日这一较长阶段的利多利空转换后，即使揭露利空也并未导致交易价格和交易量的变化，会对举证造成一定阻碍。实践中还可能存在虚假陈述内容被揭露时相关证券已经停牌或处于无法交易的特殊状态，可能导致“影响市场价格”标准难以实施。

特殊情况下的价格机制失灵或只是少数，如何根据《虚假陈述若干规定》第 10 条选择价量波动变化参照的时间区间、波动幅度，以及交易量变化应如何把握也将会成为司法裁判中的难题。在价量变化时间区间上，目前《虚假陈述若干规定》第 10 条第 1 款第 3 项规定了可以实施日、揭露日或更正日作为参考区间，并规定只有产生了“明显”的变化才可认定为重大性。从文义解释上看，似乎只要上述 3 个时间点前后任一时间区间内产生了价量波动即可认定重大性，而第 2 款规定的抗辩则需要 3 个时间点都未导致价量明显变化才可援引。

适用股价敏感标准时所参考的时间区间一直是司法裁判中争议的焦点，虚假陈述实施日或揭露日后皆有可能为法院所选择，而被告则会以实施日或揭露日其中一日后未产生波动主张不具备重大性，由此引发争议。在贵州长征天成控股股份有限公司证券虚假陈述纠纷一案中，被告认为一审法院通过不实披露行为揭露日前后的股票价格，而不是不实披露行为实施日前后的股票价格对价格敏感标准进行判断，存在明显错误；法院则认为，无论是虚假陈述的实施日还是揭露日前后股票价格差距过大都意味着虚假陈述对证券价格产生了实质性影响。[1]而在尔康制药一案中，虽然涉案公司股票价格在揭露日复牌后连续跌停，但由于其价量在实施日均处于平稳状态，该案一审法院的认定不具备重大性。这正是当前控辩双方所持立场的真实展现，实践中常出现实施日后并未产生明显的价量变化，但立案调查公告后，股价却大幅下跌，即使立案调查可能最终不予处罚，但这时股价的下跌已然发生。如果按照严格的文义解释，只要实施日或揭露日任一日及其各自之后的合理区间内有价量波动即可认定重大性，那很可能将导致实施日成为一个重大性认定中摆设。

通过实证分析我们也可以发现，当前司法裁判中更多讨论的是价格的变化，对于交易量变化较少涉及，仅有 3 个案件进行了简单的分析。但证券市场中股票交易量放大但股价波动并不明显，或者股价波动大但交易量波动微小的情况并不少见。如在汇嘉时代未披露关联交易虚假陈述一案中，虽然该公司的股价在揭露日后有较大的下降，但实际上当天交易量仅为略增，[2]因此有观点认为交易量有无巨大的变动和虚假陈述重大性并非正相关关系，股价敏

---

〔1〕 参见贵州省高级人民法院民事判决书，（2020）黔民终 813 号。

〔2〕 参见新疆维吾尔自治区高级人民法院民事判决书，（2021）新民终 360 号。

感标准只具有验证性而非推定性作用。

（三）股价敏感标准的性质探讨

基于有效市场假说的股价波动既然更常用于损失赔偿额的计算，又是怎样通过司法判例的更迭而逐渐成为重大性证明方法之一的呢？协议原则曾是地区法院提出的一种明确的重大性检验方法，即只要已经达成了合同的框架条款，关于该合同的信息披露就具有重大性。这一方法十分直截了当且一般不具有模糊性，但美国最高法院的结论表明其认为重大性的认定应当是一项精妙（dedicated）且对事实敏感（fact - sensitive）的评估，而非仅凭一项明线规则（bright - line rules）就可解决。正如美国最高法院指出：针对诸如重大性认定等基于事实的审查，任何将单一的事实或事件作为决定性依据的方法要么范围过大要么范围过小。〔1〕

在重大性的认定上，美国最高法院对该类公式化评估方法的反对再清楚不过，一些巡回法院也紧跟其指示予以审判。但第三巡回法院对 Basic 案存在不同的解读，并在该案的基础上通过几个司法判例确立了股价敏感标准这一类公式化的重大性认定标准。从 1997 年的 Burlington 案到 2010 年 Schiff 案，第三巡回法院以有效市场假说及欺诈市场理论为基础，完全将重大性的认定与市场对信息的反应（股价变动）绑定，依据其阐述：对于上市的公司，应该适用股票价格测试（stock - price test），如果信息影响到公司在公开市场上的股价，那么信息就是重大的。〔2〕其提出，法律通常将“重大性”信息定义为对合理投资者作出投资决定十分重要的信息，而在有效市场的背景下，重大性的概念转化为改变公司股票价格的信息。

依据第三巡回法院在判例中的阐述，Basic 案所发展出的欺诈市场理论是其采用股票价格测试的重要依据。其在 2008 年的 Merck 案中解释了该种做法的具体理由：第一，欺诈市场理论用“市场”取代了理性投资者；第二，对市场重大的信息将反映在股票的价格上。〔3〕其实，美国最高法院在 Basic 案中采用欺诈市场理论对信赖进行分析时，在形式上和逻辑上是与重大性的分析分开的。法院藉由发生相关事件的可能性及影响程度对重大性进行审查，既不信赖市场欺诈理论，也不信赖一般的有效市场原则。而第三巡回法院将重大性的认定等同于股价波动的这一观点把重大性和信赖两个要件混为一谈，违背了美国最高法院明确拒绝明线规则的精神。〔4〕第三巡回法院自己也承认，股价测试被广泛用作市场是否有效的证据，

〔1〕 Any approach that designates a single fact or occurrence as always determinative of an inherently fact - specific finding such as materiality, must necessarily be overinclusive or underinclusive.

〔2〕 See In re Burlington Coat Factory Securities Litigation, Federal Reporter, 3rd Series, Vol. 114, 1997, p. 1410. ; U. S. v. Frederick S. SCHIFF. , Federal Reporter, 3rd Series, Vol. 602, 2010, p. 152.

〔3〕 See In re Merck & Co. , Inc. Securities, Derivative & "ERISA" Litigation, Federal Reporter, 3rd Series, Vol. 543, 2008, p. 105.

〔4〕 See Brian J. Boylea, Bright - Line Rules And Sufficient Markets: The Third Circuit's 10b - 5 Materiality Doctrine is Ripe For Revision, Villanova Law Review, Vol. 57, 2012, p. 683.

但却不是证明重要性的唯一方法。因此，从上述股价敏感标准的比较法来源上看，股价敏感标准本身也是理性投资者标准的证明方式之一。[1]

对股价敏感标准的部分质疑并不意味着要将其全面抛弃。不可否认，证券价格会影响投资者的决策，股价本身也是理性投资者会考虑的信息，很难想象投资者对于对证券价格有重大影响的信息不为所动。投资者决策和证券价格之间通常存在正向传导的信息关联，其实并没有本质上的冲突。通过价格和行为的媒介，大部分情况下投资者敏感信息与价格相互反映、相互影响。但由于证券的价格对于投资者来讲只是应考虑的诸多因素之一，其他譬如利率、市场前景、公司背景都是影响投资者决策的因素，只要求信息披露人仅考虑到信息是否会影响到证券的价格是远远不够的。[2]因此，重大性的认定还是应当坚持以理性投资者标准为指导，股价敏感标准为其中一种经验证明方法而存在，结合其他具体事实进行个案的综合考量。

四、证券虚假陈述重大性要件司法审查之完善

（一）明确重大性要件的司法审查权

金融立法、金融执法和金融司法是化解金融纠纷、防范金融风险、维护金融稳定的三大基石。在《虚假陈述若干规定》颁行之前，法院是否能够对证券虚假陈述重大性要件进行独立审查或许还存有争议。而《虚假陈述若干规定》的亮点之一即取消了前置程序，并专门就重大性的定义与标准做出了规定，明确赋予了民事诉讼程序中重大性审查独立的地位。前置程序的废除、行政程序与民事程序的区分是正确的方向。

最高人民法院2003年《关于审理证券市场因虚假陈述引发的民事赔偿案件的若干规定》实施以来，行政处罚的前置条件普遍被法院视为证券纠纷案件的特殊受理条件而予以严格适用。这类民事判决将行政行为确定的事实作为依据在司法实践中并不罕见，这也被称为民事诉讼中的行政先决问题。结合《虚假陈述若干规定》所体现出来的制度变化趋势，我们必须要对行政处罚在民事审判中的功能进行重新定位。具体而言，可以将行政处罚决定作为初步证据在审判中进行审查。行政机关做出的行政处罚属于证明力较强的公文书证，将其作为初步的证据在民事诉讼中进行证据效力的审查，只是对其确认的事实做出认定，并不会推翻该行政行为的效力或对行政机关产生约束，有别于行政判决对行政行为合法性的认定。这样的方式既维护了民事审判的自主权，又不会与行政行为的公定力理论相冲突。

---

〔1〕 参见王彦光：《证券信息披露中的重大性认定——以“万家文化案”为例》，载《金融法苑》2020年第3期。

〔2〕 参见原海滨：《论证券重大信息披露》，载《河南省政法管理干部学院学报》2002年第6期。

（二）完善重大性要件的司法审查标准

从前述分析可知，股价敏感标准与理性投资者标准并不冲突，一般理性投资者的决策会投射到交易价格和交易量中去，在比较法中，股价敏感标准本身就是为了证明投资者决策而存在。因此《九民纪要》第 85 条所采用的理性投资者标准应在司法实践中延续，允许法官在一些特殊情形下采用理性投资者标准进行自由裁量。[1]同时，在理性投资者标准的指导下，包括股价敏感标准在内的证明方法的重新划分将为重大性的认定提供不同维度的参考。

重大性证明主要分为先验方法和经验方法，先验方法是指在事前可通过信息披露的性质及数量等因素确定该信息是否具有重大性的方法。[2]相较于美国判例法中确定的信息集测试、可能性/影响程度测试等，中国司法实践更多采用定性与定量兼顾的判断方法。经验方法主要是指通过实证研究并借助统计学的手段来进行判断，其中包括股价敏感标准、民意调查及模拟投资等。依据《虚假陈述若干规定》的要求，股价敏感标准在未来的司法实践中势必占据主流地位，将为法院审查重大性提供明确的标准和极大的便利，但仍需注意的是，由于市场波动本身是“太钝的工具”，不能仅信赖股价去判断一个事实是否重要，法院还需发挥主观能动性，在理性投资者标准的框架下，让重大性的认定既借助金融分析的手段又不脱离法学领域的探讨。因此，在股价敏感标准优先适用的原则下，对其他证明方法也应当留出适用空间。[3]

股价敏感标准是最常用的经验方法之一，其基础为科学对比法，利用统计学上的手段，对比虚假陈述存在的股价与虚假陈述未存在的股价来判断虚假陈述的重大性。从前述针对具体案例中股票价量变化的分析能够看出，法院对股价敏感标准的具体认识和操作步调不一。因此，科学对比法中所应当注意的对照组的选择、时间区间的选择、对比的效果等，在股价敏感标准中同样十分重要，值得进一步进行精细化规范。

（三）厘清重大性要件与信赖要件的关系

不可否认，在基于欺诈市场理论的信赖推定中，重大性要件与信赖要件的关系十分密切。在 Amgen 案中，法院提出，无法证明重大性对所有集体诉讼的原告成员而言意味着该案件的败诉，即重大性要件的欠缺将导致证券欺诈侵权不成立，但无法证明市场效率以及虚假陈述的公开性只是无法进行信赖推定，使得个人信赖占据主导地位。Halliburton 案则确认援引欺诈市场理论的信赖推定需要证明以下几个要件：（1）被指控的虚假陈述是公开的；（2）虚假陈述是重大的；（3）股票在有效的市场上交易；（4）原告在虚假陈述作出后

---

〔1〕 参见陈洁：《虚假陈述民事赔偿制度的新发展理念及其规范实现》，载《法律适用》2022 年第 3 期。

〔2〕 参见王彦光：《证券信息披露中的重大性认定——以“万家文化案”为例》，载《金融法苑》2020 年第 3 期。

〔3〕 参见陈洁：《证券民事赔偿诉讼取消前置程序的司法应对——以虚假陈述民事赔偿为视角》，载《证券市场导报》2021 年第 5 期。

和真相被揭露之前交易了股票。由此，重大性要件是信赖推定的前提，也是证券虚假陈述侵权判定的第一步，其认定应该前置于信赖的判断，若不具有重大性，信赖及损失因果关系的判断亦没有意义。

厘清重大性与信赖的意义在于，在过去以行政处罚为中心的证券虚假陈述审判中，重大性要件的独立意义通常是被忽视的，法院基本上不需要对重大性做出认定。这也导致了很多案件中法院实际论述了如实施日及揭露日股价未明显波动或虚假陈述所占比例微小等可认定不具备重大性的缘由，但由于行政处罚意味着重大性这一观念根深蒂固，法院只能在判决中回避对重大性问题作出裁决。[1]《虚假陈述若干规定》颁布后，法院若能认定虚假陈述具有重大性，则可进行信赖的推定，此时由被告举证原告交易行为不信赖虚假陈述的事由；若虚假陈述不具备重大性，则证券侵权行为直接不成立，就无须再对交易因果关系、损失因果关系等侵权要件进行讨论，这也在一定程度上缓解了前置程序取消后诉讼暴增带来的司法压力。

〔1〕 参见海南省高级人民法院民事判决书，(2020) 琼民终 379 号。

金融司法实务

金融控股集团风险处置的路径探索与规则研究

黄贤华　王益平　刘　琳*

防范化解重大风险位列党的十九大报告提出的“三大攻坚战”之首。打好防范化解重大风险攻坚战的重点是防控金融风险。我国强调，防范化解金融风险，事关国家安全、发展全局、人民财产安全，是实现高质量发展必须跨越的重大关口。金融是实体经济的血脉，风险是金融的固有属性。近年来，我国一些大型金融机构开展跨业投资，形成金融集团，还有部分非金融企业投资控股多家多类型持牌金融机构，成为事实上的金融控股集团（financial holding compang）。个别企业集团盲目向金融业扩张，而缺失隔离机制，导致风险不断累积。本文聚焦金融控股集团风险处置，分析和反思现有处置经验以及存在的问题，以市场化、法治化思维探寻完善和优化金融控股集团风险处置的路径和规则。

一、金融控股集团风险的追本溯源和处置现状

（一）金融控股集团的由来及发展

1. 金融控股集团的概念和特征

2008 年全球金融危机爆发后，由巴塞尔银行监管委员会、国际证监会组织、国际保险监督官协会组织联合设立的论坛于 2012 年发布《金融集团监管原则》，

---

* 本文为上海金融法制研究会 2021 年度专项委托课题成果。课题组成员：黄贤华，上海市第三中级人民法院破产庭副庭长；王益平、刘琳，上海市第三中级人民法院破产庭法官。

提出金融集团监管的基本框架，为各国政府、标准制定机构、监管机构提供全面深入的金融集团监管原则。该原则对金融集团的定义为：在受监管的银行业、证券业或保险业中，实质性地从事至少两类金融业务，并对附属机构有控制力和重大影响的所有集团公司，包括金融控股公司。[1] 为反思 2008 年全球金融危机中金融集团所暴露出的问题，该原则特别强调要关注金融集团中未受监管实体引发的风险，将其一体纳入监管和评估体系之中。

2020 年 9 月，国务院发布《关于实施金融控股公司准入管理的决定》，实施金融控股公司准入制，并对金融控股公司的概念作出界定，即依照《公司法》和本决定设立的，控股或者实际控制两个或者两个以上不同类型金融机构，自身仅开展股权投资管理、不直接从事商业性经营活动的有限责任公司或者股份有限公司。该决定所称的金融机构类型包括商业银行（不含村镇银行）、金融租赁公司、信托公司、金融资产管理公司、证券公司、公募基金管理公司、期货公司、保险公司、再保险公司、保险资产管理公司以及国务院金融管理部门认定的其他机构。中国人民银行同期发布《金融控股公司监督管理试行办法》，正式将金融控股公司纳入监管框架，并首次对金融控股集团作出界定，其指金融控股公司及其所控股机构共同构成的企业法人联合体和金融机构跨业投资控股形成的金融集团。

2. 金融控股集团的发展进程

金融控股集团是企业集团在全球金融混业经营和综合经营发展趋势下形成的一种特殊集团类型。美国于 1999 年颁布《金融服务现代化法案》，废止了实施 60 余年的金融分业经营制度，促进银行、证券、保险之间联合经营的新金融组织模式，首次承认金融控股集团的法律地位；英国于 1986 年颁布《金融服务法案》，允许银行兼并证券公司形成经营多种金融业务的集团；日本于 1997 年颁布《金融控股公司整备法》，于 1998 年颁布《金融体系改革一揽子法》，放宽对银行、证券、保险等业务的限制，允许各金融机构跨行业开展各类金融业务，建立金融控股集团法律框架；德国《银行法》设立了全能银行制度，在银行内部设立证券、保险等子公司开展综合金融业务；欧盟于 2002 年颁布的《关于对金融集团中的信贷机构、保险企业和投资公司进行补充监管的指令》全面界定金融集团的法律概念，将子公司从事银行、保险等金融业务的企业集团统一纳入监管范畴。[2]

我国的金融控股集团肇始于改革开放，走过了混业经营——分业经营——探索综合经营的发展历程。我国加入世界贸易组织后，金融业综合经营的要求和动力日益增强。自“十一五”规划、“十二五”规划相继提出“稳步”和“积极稳妥”推进金融业综合经营试点以来，金融业综合经营稳步发展，金融业跨业投资步伐加快，已初具规模。据不完全统计，我国事实上的金融控股集团数量已达 77 家，其中中央金融控股集团有 24 家、地方政府金融控股集团有 17 家、民营金融控股集团有 36 家。从金融控股集团的业务牌照看，银行、证券、

〔1〕 参见中国银监会政策研究局译，《金融集团监管原则》，中国金融出版社 2014 年版，第 8 页。
〔2〕 参见刘鹏：《金融集团发展与监管——国际经验及中国实践》，中国金融出版社 2017 年版，第 26 -35 页。

保险三类业务牌照最受青睐，占比达70%以上，信托、期货、基金、融资租赁业务牌照的需求次之，占比在50%左右。[1]

我国的金融控股集团按照控股主体来源不同，可划分为四种类型：一是银行控股的金融控股集团，如以五大国有商业银行以及四大资产管理公司为代表形成的金融控股集团。二是非银行金融机构控股的金融控股集团，如以平安、光大、中信为代表的金融牌照齐全的金融控股集团。三是产业资本控股的金融控股集团。例如以招商局、华能、上海国际为代表的央企和地方国企投资控股两类以上金融机构而形成的金融控股集团；又如"明天系"[2]、复星国际、海航等民营企业通过投资、并购控股多家多类型金融机构形成的金融控股集团。四是头部互联网企业向金融业拓展建立综合化金融服务平台而形成的金融集团，如阿里巴巴、腾讯、苏宁、京东等互联网企业开展互联网金融业务建立的金融公司。

（二）金融控股集团风险的成因分析

1. 何谓金融风险

金融风险是指有关主体从事金融活动过程中，因某些因素发生意外的变动而蒙受经济损失的可能性。金融风险按照能否被其承担主体所分散抵消可划分为系统性金融风险和非系统性金融风险，源于金融体系共同风险暴露的积累或金融关联促成的风险强传染性，某一事件（系统重要性金融机构倒闭、金融产品挤兑、自然灾害、政治因素、管理者道德风险等）的发生导致整个金融体系或金融功能受到极大破坏，进而使实体经济遭受巨大损失的情形，即属系统性风险的范畴。[3]系统性金融风险是金融体系丧失稳定性的风险，这种风险影响范围广泛，会削弱金融系统的功能，对金融机构产生巨大冲击。金融机构是社会资本的重要来源，一旦金融机构出现经营困境甚至破产，会使整个社会总资本下降，并提高资本的成本，这是系统性金融风险最严重的直接后果。[4]

2. 风险成因分析

中国人民银行原行长周小川曾指出："近期以来金融风险在很大程度上跟一系列大中型企业集团陷入危机，甚至被接管、清盘有关，也有部分金融机构在这种情况下出了问题，受此拖累及引发的连带反应，金融风险明显上升。"[5]近年来，若干大型企业集团风险处置案例受到社会高度关注，如安邦集团、北大方正集团、紫光集团、华信集团、明天集团、海航

---

〔1〕 参见邓瑛：《金融控股集团风险控制和监管改革研究》，中国金融出版社2020年版，第29－30页。

〔2〕 "明天系"是指市场对肖建华控制的数十家上市公司、金融机构的统称。明天控股公司总部设于北京，在国内不仅控股、参股及曲线持有几十家上市公司，还构建了涵盖证券、银行、保险、信托、期货、PE、基金等机构的完整金融产业链，使"明天系"成为一家持有金融全牌照的民营资本机构。

〔3〕 参见刘锡良、董青马等：《防范系统性和区域性金融风险研究——基于金融适度分权的视角》，中国金融出版社2018年版，第7－8页。

〔4〕 参见唐学敏、闻岳春：《金融机构关联性视角下的系统性金融风险研究》，吉林大学出版社2020年版，第27页。

〔5〕 周小川：《公司治理与金融稳定》，载《中国金融》2020年第15期。

集团等，分析反思其中暴露出的问题，结合中国人民银行自 2019 年起连续 4 年发布的《中国金融稳定报告》对金融控股集团风险的剖析，金融控股集团引发金融风险的成因集中体现在三个方面：

一是违规投资金融领域、规避金融监管。企业集团投资控股商业银行、证券公司、保险公司等金融机构，控股股东或实际控制人往往通过隐瞒方式粉饰股东资质，通过指派“代理人”控制金融机构关键岗位，刻意规避、架空公司治理和内部控制机制，将金融机构作为大股东的“提款机”，通过直接贷款、股权质押、理财产品、信托计划、保险产品投资等方式大量占用金融机构资金。

二是公司治理和内部管理存在严重问题。存在集团内部债权债务混同、隐匿不当关联交易、披露信息失实等问题，财产不分、人事交叉、互联互保的问题突出，组织架构复杂不透明，虚假注资、循环注资的现象较为普遍。集团内部治理失灵、管理混乱导致的风险不断累积，主要表现为：风险隔离机制缺失，金融业风险和实业风险交叉传递；控制关系或受益关系复杂，风险隐蔽性强；缺少整体资本约束，集团整体缺乏能够抵御风险的真实资本；控股股东不当干预金融机构经营，利用关联交易隐蔽输送利益，损害金融机构和投资者的权益。

三是过度利用融资工具扩大风险敞口。系统性风险的相关研究表明，过度利用金融工具、高杠杆率、资金空转等过度金融化及资产价格波动、过度负债都是引发金融系统性风险的重要原因。[1]金融控股集团发展扩张过程中，以母公司或成员单位名义过度利用信贷、信托计划、公司债、保理、基金等金融工具融资，以高杠杆和高负债维系经营，盲目进行跨行业、跨境业务布局，融资超出承受能力，存在以贷养贷、以贷养息现象，在出现重大决策失误或发生内部重大变故等突发事件时，一旦到期债务无法按时清偿兑付，将直接导致资金链断裂，进而产生违约连锁反应。

（三）当前我国金融风险处置模式分析

不同的国家按照相关机构的职能和作用不同，对金融风险所采取的处置模式不尽相同，大致可以分为三种模式：一是由金融监管机构等金融当局主导的行政处置模式；二是由法院主导的司法破产模式；三是两者兼具的二元模式。[2]从处置目标角度可归纳为两类：重组救助与市场退出。

1. 监管机构主导的风险处置

政府负有维护金融市场交易秩序、保障金融安全稳定的监管职责。防控金融风险，守住不发生系统性金融风险的底线，是金融监管的工作底线和永恒主题。对于金融控股集团旗下

---

〔1〕 参见刘锡良、董青马等：《防范系统性和区域性金融风险研究——基于金融适度分权的视角》，中国金融出版社 2018 年版，第 9－10 页。

〔2〕 参见［韩］吴世庸：《韩国金融机构破产制度研究》，载陈景善、张婷主编：《东亚金融机构风险处置法律评论》（第 2 辑），法律出版社 2018 年版，第 136 页。

持牌金融机构出现的风险，根据我国金融分业监管的职能划分，分别由原中国银行保险监督管理委员会（以下简称原银保监会）、中国证券监督管理委员会（以下简称中国证监会）按照经营风险严重程度的不同分类实施整顿、托管、接管、重组、撤销、行政清理、申请破产清算和重整的风险处置措施。实践中形成了以中国证监会、原银保监会为主导，地方政府、司法机关、投资者保护基金、中介机构等相关各方共同参与开展工作的处置模式。对于非金融企业控股或实际控制两家以上不同类型金融机构所设立的金融控股公司，根据中国人民银行于2020年9月11日发布的《金融控股公司监督管理试行办法》，中国人民银行会同原银保监会、中国证监会区别情形采取风险警示、早期纠正、风险处置措施，要求金融控股公司采取注资、转让股权等适当措施进行自救；金融控股公司难以持续经营，不退出市场将严重危害金融秩序、损害公众利益的，应当依法实施市场退出。依据中国人民银行、原银保监会、中国证监会于2018年11月26日联合发布的《关于完善系统重要性金融机构监管的指导意见》，按照相关评估和识别标准，经国务院金融稳定发展委员会（以下简称金融委）认定为系统重要性金融机构的金融控股公司，中国人民银行牵头原银保监会、中国证监会及财政部等其他相关单位组建危机管理小组，负责建立系统重要性金融机构的特别处置机制，系统重要性金融机构发生重大风险，经批准，由中国人民银行会同相关部门成立风险处置工作小组，进行应对和处置。

近年来，金融监管部门依法依规对违反审慎经营规则、累积大量风险的金融控股集团开展了一系列风险处置工作。例如，2018年2月12日原银保监会对安邦集团实行接管；2019年11月14日，中国证监会撤销华信集团全资子公司华信证券全部业务许可并对其进行行政清理和托管；2019年5月起，中国人民银行牵头协调原银保监会、中国证监会对“明天系”旗下的银行、证券公司、期货公司、保险公司开展风险处置工作。经过集中攻坚，以上金融集团的风险处置工作取得阶段性成效，系统性金融风险上升势头得到有效遏制。安邦集团相关保险业务已由新设立的大家保险集团承接，安邦集团和安邦财险依法予以清算注销；华信证券的证券业务已由新设证券公司承接，华信证券将在公司清算后予以注销；包商银行相关业务、资产及负债，分别转让至徽商银行和新设的蒙商银行之后，已进入破产清算程序，“明天系”的风险处置工作仍在进行之中。

2017年7月召开的第五次全国金融工作会议宣布成立金融委。至此，我国形成了“一委一行两会”即金融委、中国人民银行、原银保监会、中国证监会构成的新金融监管格局。新的金融监管框架更加注重和强化行为监管，实现金融监管对各类金融行为的全覆盖，金融监管部门不仅要监管金融机构的金融行为，更要监管各类准金融机构和非金融机构的金融交易行为，纠正各种金融乱象。[1]2022年4月，中国人民银行会同国家发展和改革委员会、司法

---

〔1〕 参见王国刚：《新时代金融监管框架点论》，载《中国金融》2018年第7期。

部、财政部、原银保监会、中国证监会、国家外汇管理局着手起草了《金融稳定法（草案征求意见稿）》。草案专设一章“金融风险处置”，对工作机制、处置方式、程序衔接、权利救济等方面作出具体设计。

2. 司法破产处置

因金融控股集团具有成员单位众多、债权债务庞杂、资产处置难度大、社会影响广泛等特点，与普通企业破产存在显著差异，在法院审理的企业集团破产案件中，合并破产成为常见审理模式。法院对企业集团合并破产的态度经过了从回避、尝试到接受的转变，并开始探索将金融机构与其关联企业进行合并破产。2004 年 8 月起，中国证监会对证券公司开展综合治理，法院随之集中受理了一批证券公司破产案件。例如，2006 年深圳市中级人民法院裁定受理的南方证券股份有限公司及 2 家关联企业合并破产清算案，以及 2008 年该院裁定受理的汉唐证券有限责任公司及 46 家关联企业合并破产清算案。对于金融机构与关联企业的合并破产，最高人民法院在“全国法院证券公司破产案件审理工作座谈会上的总结讲话”中，明确了法院在审理证券公司破产案件时，对于与证券公司在人员、财务、业务上混同的特殊的关联公司，可以“一并破产”。

在申请主体方面，原银保监会、中国证监会有权就符合破产原因的商业银行、证券公司、保险公司等金融机构向人民法院提出重整或者破产清算的申请。当金融机构或其债权人申请破产时，还须经金融监管机构的前置审批程序。

在审理模式方面，按照最高人民法院印发的《全国法院破产审判工作会议纪要》关于“关联企业破产”的规定，人民法院立足于破产关联企业之间的具体关系模式，分别采取实质合并、程序协调的审理方式审理。对于实质合并程序启动模式，司法实践中主要有“1 + N”模式、“分别申请再合并”模式。第一种模式是先启动核心企业的单独破产程序，在后续审理中再申请合并其他关联企业，如华信集团 70 家关联企业实质合并破产清算案即属该种模式；第二种模式是企业集团各关联企业分别单独启动破产程序，审理中再视情申请实质合并，如海航集团 321 家关联企业实质合并重整案、雨润集团 78 家关联企业实质合并重整案即属该种模式。

在府院协调方面，对金融控股集团旗下上市公司的破产案件，重整计划草案涉及证券监管机构行政许可事项的，受理法院应当通过最高人民法院启动与中国证监会的会商机制，还应当参考并购重组专家咨询委员会的专家咨询意见，作出是否批准重整计划草案的裁定。对金融控股集团旗下金融机构的破产案件，重整计划还应向中国证监会提交，重整计划涉及《证券法》第 122 条规定事项的，还应向中国证监会提出批准申请，重整计划监督期届满，还应当向中国证监会提交监督报告。

二、金融控股集团风险处置难点问题

对当前金融控股集团风险处置案例进行总结和梳理，堵点、难点问题主要体现在：一是债权人参与风险处置的有序性、规范性有待进一步提升；二是监管机构主导的风险处置与司法机关主导的破产处置存在协调性不足、衔接机制不健全的问题，导致处置成本增大，处置效果发挥不充分；三是司法机关破产处置的针对性不强。

（一）债权人参与风险处置缺乏有序规范的机制

1. 信息披露不充分致使广大债权人难以有效参与风险处置

金融控股集团风险处置直接影响债权人的切身利益，理应将广大债权人纳入风险处置的参与者之中。但鉴于金融控股集团风险处置的复杂性、敏感性，信息不对称成为广大债权人有效参与金融控股集团风险处置的主要障碍。债权人与企业之间信息不对称不可避免，陷入危机的企业具有强烈动机隐瞒自身存在的真实经营问题和财务状况，如果债权人自身风险控制制度不健全，仍然有可能发生权力寻租行为，从而导致企业逃废债行为。[1]即便部分债权人与出险企业集团达成债务延期、债转股等重组协议，可以停止行使债权人申请企业破产的权利，但无法有效阻止其他债权人单独行动另行对出险企业集团采取诉讼行动或申请破产。

2. 金融机构债权人委员会运行机制存在争议

金融机构债权人的利益保护问题是完善市场主体退出关联权益保障机制的重要一环。[2]金融机构债权人委员会（以下简称金融债委会）为风险处置和化解工作发挥了积极作用。但在实际操作中，金融债委会的地位和运行存在不容忽视的问题，主要反映在：

第一，金融债委会的权力来源仍不清晰。银监会2016年下发的《关于做好银行业金融机构债权人委员会有关工作的通知》（以下简称《做好金融债委会工作的通知》）规定，金融债委会是金融机构债权人自发成立的协商性、自律性、临时性组织。该组织既不属于金融监管机构依据相关规定指定的托管组、接管组、行政清理组，也不是破产程序中依法选任的债权人委员会，不具有法律法规授权开展风险处置工作的主体资格，其参与问题企业集团的债务重组、资产保全等事务的主体合法性尚未得到充分的上位法支撑。金融债委会权力之广泛与其法律地位之模糊形成巨大反差，其行为的合法性、正当性受到质疑。

---

〔1〕 参见屈军、梁凯乔：《债转股与银企关系：实践经验、现实问题与对策建议》，载《西南金融》2018年第5期。

〔2〕 2019年6月22日，国家发展和改革委员会、最高人民法院等十三部门联合印发《加快完善市场主体退出制度改革方案》，提出要“完善市场主体退出关联权益保障机制”，该机制的三项主要内容是建立健全社会安全网、依法保护金融债权人利益、切实防范国有资产流失。

第二，金融债委会与其他债权人的利益保护有失平衡。金融机构以组建金融债委会的形式参与企业集团风险处置，实际上达到提前介入摸清风险底数的效果。然而除金融债权之外，还可能存在规模不容小觑的贸易类、公司债券类以及其他民间融资类债权。该类债权人往往市场主体庞杂、人数众多，对市场交易秩序和社会稳定同样存在压力和隐患，但难以获得与金融债委会同等的提前介入机会，也缺乏有效的组织形式参与出险集团的债务重组等工作。这种局面导致金融债委会与其他债权人之间因信息不对称而产生猜忌和矛盾，进一步加深市场恐慌，各寻路径、各显神通的无序救济将加剧企业集团的风险处置难度。

第三，金融债委会处置行为效力易引发争议。按照《做好金融债委会工作的通知》以及原银保监会、国家发改委、人民银行、中国证监会于 2020 年联合制定的《金融机构债权人委员会工作规程》（以下简称《金融债委会工作规程》）的规定，金融债委会可对出险企业集团开展债务重组、资产保全工作。债务重组方案涉及现金清偿、变更担保、市场化债转股等内容。资产保全在狭义的法律概念上属于财产保全范畴，实施措施有查封、冻结、扣押，而广义的资产保全还可以包含为防止资产流失、维护资产完整所采取的封存、托管、限制使用、盘活、出售变现等一系列措施。金融债委会的上述行为和措施对企业集团的资产状况有重大影响，关系到包括非金融机构在内的全体债权人的利益。金融债委会及其成员可能发生违反《金融债委会工作规程》规定以及签署的债权人协议，利用自身优势地位与企业达成个别清偿、追加担保等“抽屉协议”的道德风险。上述行为的效力认定存在较大法律风险，处置行为缺乏规范的事前、事中和事后的监督和检视，利益受影响主体的救济路径以及责任认定存在较大难度和争议。

（二）行政处置程序与破产程序的互动与衔接不充分

1. 行政介入的风险处置中司法参与机制不完善

行政机关对金融控股集团进行风险处置与后续司法程序存在协调衔接机制不明确的问题，主要表现在：

第一，金融监管机构对金融控股集团的风险处置定性模糊。企业集团除旗下金融机构可依法被金融监管机构撤销并开展行政清理之外，对非持牌的企业集团成员，乃至属于人民银行监管对象的金融控股公司，则无法直接适用接管、撤销并开展行政清理等风险处置行政措施。金融监管机构依据《关于完善系统重要性金融机构监管的指导意见》《金融控股公司监督管理试行办法》等部门规范性文件对问题金融控股集团实施的监管和风险处置机制，是基于系统重要性金融机构对金融体系和实体经济的影响而采取的额外监管措施，并不取代银行业、证券业、保险业监管部门的日常监管职责。从风险处置的领导主体、处置目标、处置原则来看，均具有显著的行政监管色彩，但因无法直接认定为行政接管、行政清理等法定风险处置措施，相关处置行为缺乏上位法支撑；处置程序的启动与有关债权人启动诉讼、执行、破产等司法程序存在交叉、冲突的可能，是否有先后顺位，如何协调衔接，能否适用“三中止”〔1〕，以及相关主体能否向法院申请变现处置已诉讼保全的相关资产，均缺乏相应的制度安排。

第二，金融监管机构对金融控股集团的风险处置效力与破产程序难以紧密衔接。按照《证券公司风险处置条例》，行政清理组未经批准不得转让证券类资产以外的资产，不得对债务进行个别清偿。《最高人民法院关于适用〈中华人民共和国企业破产法〉若干问题的规定（二）》第10条规定，债务人经过行政清理程序转入破产程序的，《企业破产法》第31条和第32条规定的可撤销行为的起算点，为行政监管机构作出撤销决定之日。上述规定将行使破产撤销权的时间起算点前移至行政监管机构作出撤销决定之日，对两个风险处置程序的平稳有序衔接起到了至关重要的作用。而金融控股集团的风险处置却无法直接援引上述法定规则，由此产生一系列问题：金融控股集团风险处置工作由谁主导和负责；风险处置工作的性质是市场化企业自救还是行政救助、清理；风险处置环节可能存在的不当资产处置、清偿债务行为如何规制；风险处置的时效性如何把控和约束；若因开展风险处置而未能及时启动破产清算或重整程序，相关权利救济如何保障和实现。

2. 司法处置中府院协调机制不健全

在金融控股集团风险处置的实践操作中，仍存在制约和影响府院协调联动的机制性疑难问题，主要体现在以下几点：

第一，前序风险处置与破产程序缺乏明确的工作衔接规范。对于经托管、接管、行政清理的企业集团旗下持牌金融机构，托管组、接管组以及行政清理组应当与人民法院指定的破产管理人进行工作移交，但在移交程序、移交范围、移交期限以及责任承担等方面，尚缺乏规范性指引，导致出现移交不及时、不完整甚至拖延移交的现象，对管理人的后续履职工作造成较大障碍；由律师事务所、会计师事务所等中介机构组建的行政清理组继续参与破产程序的身份和路径还不顺畅，金融监管机构较为慎重使用管理人推荐权，即便向人民法院推荐行政清理组所属中介机构担任管理人的，还有可能与各地法院的管理人名册存在不匹配的情况，导致推荐指定的路径无法操作；对于经行政介入的风险处置而转入破产清算或重整的金融控股集团，由于前序风险处置不属于法定接管、行政清理，目前缺乏工作对接机制，相关工作成果能否为破产程序所承继和认可，存在较大的不确定性。

第二，金融监管机构参与破产程序的长效工作机制尚未建立。根据《最高人民法院关于审理企业破产案件指定管理人的规定》第18条、第19条的规定，在破产受理前已按有关规定成立清算组的，人民法院可以指定清算组为管理人，人民银行及金融监督管理机构可以按

〔1〕“三中止”系根据国务院整体部署，由最高人民法院下发通知，在一定期限内对已进入风险处置阶段的金融机构、企业集团为被告的民事案件尚未受理的暂缓受理，已经受理的中止审理，对其作为被执行人的案件中止执行。《企业破产法》第134条第1款规定，国务院金融监督管理机构依法对出现重大经营风险的金融机构采取接管、托管等措施的，可以向人民法院申请中止以该金融机构为被告或者被执行人的民事诉讼程序或者执行程序。

照有关法律和行政法规的规定派人参加清算组。金融监管机构除了通过以上方式参与破产程序外，目前并无明确的路径接口直接参与破产程序的推进，在实践中往往限于“一事一议”“因案协调”，因案因地差异较大。这种形式较为灵活机动，但需要耗费大量时间精力在对接联系环节，工作效率不高；由于法院与金融监管机构就金融风险处置缺乏专门的府院协调启动、议事等运行机制，个案协调效果也十分有限。

（三）司法应对金融风险处置的针对性不足

1. 金融控股集团的合并破产模式有失规范

我国的《公司法》《企业破产法》等法律关于企业集团和企业集团破产问题存在“留白”。我国也尚未建立金融机构特殊破产法律制度，企业集团合并破产能否纳入旗下持牌金融机构，也缺乏明确的法律依据。该类企业集团合并破产在司法实践中面临以下突出问题：

一是实质合并破产的认定缺乏明确统一的标准，2018 年最高人民法院以《全国法院破产审判工作会议纪要》的方式确立了人格混同、财产区分成本过高、损害全体债权公平清偿利益的关联企业实质合并破产认定的三个要件，但法院在个案审理中对三个要件的理解和认识上存在较大差异，认定要件的侧重点也有所不同。二是金融监管机构对问题金融机构采取迅速风险隔离、与企业集团其他成员分类处置的模式，可能与法院关注的整体处置效果、债权债务公平清理、审理效率存在处置思路和价值取向上的分歧。三是在金融机构纳入企业集团合并破产的问题上，对合并要件的认定还需要考量金融监管层面对金融机构关联交易等风控监管措施的实施情况，认定合并破产的难度和标准远高于普通关联企业。

2. 尚未建立针对金融控股集团特殊金融业务、产品的破产处置机制

金融控股集团管理、发行的众多金融业务和产品，往往资金规模巨大、涉及投资人广泛，具有代表性的是基金、资产管理计划等金融衍生产品，公司债券等有价证券。金融控股集团进入破产清算或重整司法程序后，面临对其管理、发行的金融业务和产品依法妥善处置问题，以维护金融市场秩序稳定和广大投资人的合法权益，处置方案不仅涉及与广大投资人的协商谈判，还须接受监管职能部门的监管和指导。在此过程中，市场需求、监管尺度、破产规则需要统筹协调达成高度共识和平衡，这项工作是破产司法处置面临的新课题，需要引起充分关注。

目前存在的主要问题有：在金融机构进入破产程序后，其曾经开展的专项资产管理业务依照监管规定要求面临终止清算，该项工作与破产管理人的法定职责是何种关系？是否属于破产管理人职责范围？破产管理人是否具备专业能力开展此类金融产品清算工作？清算分配采取何种方式更加高效稳妥？金融控股集团发行上市的公司债券，在发行人进入破产程序后持券人如何高效参与破产程序的问题比较突出，如果由广大持券人自己申报债权、参加债权人会议行使表决权，成本较高且效率低下，如何在破产程序中充分发挥债券托管人、债券代表人维护持券人利益的职能？按照证券交易所公司债券发行上市规则，在证交所决定停牌或

终止交易并摘牌之前，公司债券仍可在场内正常持续交易，目前并无发行人在宣告破产之前即可停牌暂停交易的规则，导致在破产程序中持券人身份处于实时变动状态，易手率较高，影响债券类债权人行使破产程序知情权、表决权、清偿分配权。

3. 破产处置的信息披露机制尚不健全

《企业破产法》中的信息披露主要包括公开破产程序、债务人信息披露、管理人信息披露等方面，[1]但规则设计方面存在诸多不足。近年来，最高人民法院、国家发改委等关注到破产信息披露的重要性，通过发布司法解释、政策性文件回应现实需求。上海市高级人民法院还专门制定《上海法院企业破产案件管理人信息披露规则（试行）》，建立了管理人信息披露平台。但由于条款宣示性强又欠缺配套机制，实践落地效果并不理想。破产实务界关于破产信息披露对防止假借破产逃废债、推进重整计划达成和债权人利益保护的重要性，缺乏足够重视。对金融控股集团而言，在破产申请审查时，对企业集团申请破产时提交材料与普通债务人企业未作任何区分，未在并表经营层面对提交的财务或资产负债材料提出针对性要求，忽视了在全面性、整体性的视角下判断破产原因；在重整程序中，面对企业集团以及前期风险处置情况信息披露不全的情况，不能及时纠正；在破产重大财产拍卖中，管理人对应当披露的拍卖标的物情况不予全面披露；企业集团重整案件，甚至出现债权人不能及时全面掌握重整计划草案就被要求参与投票的现象，程序参与权与知情权受限。

三、金融控股集团风险处置机制的完善和创新

（一）推进专门立法：构建金融风险处置法律体系

1. 加快金融风险处置专项立法进程

在国家立法层面确立金融风险处置特殊机制，使处置工作步入法治化轨道是国际趋势。尤其是在2008年金融危机爆发后，主要金融市场国家和地区均加快了风险处置的立法进程。美国强化了系统性金融风险防控及金融稳定立法工作，出台《多德-弗兰克华尔街改革和消费者保护法》（*Dodd-Frank Wall Street Reform and Consumer Protecting Act*），确立了“有序清算制度”（Orderly Liquidation Authority），为陷入财务危机的复杂大型金融公司提供快速高效的清算程序，授权联邦存款保险公司（FDIC）成为在《破产法典》无法胜任时，执行对该类公司的清算与解散的接管人，享有确立具体规则的广泛权力。[2]金融危机后，英国陆续出台了《2009年银行法》《2012年金融服务法》《2016年英格兰银行与金融服务法》等法律法规，进一步改革其金融治理体系，明确了英格兰银行、审慎监管局、财政部在危机金融机

---

〔1〕 参见杨忠孝：《破产法上的利益平衡问题研究》，北京大学出版社2008年版，第162页。

〔2〕 参见《美国破产法协会美国破产重整制度改革调研报告》，何欢、韩长印译，中国政法大学出版社2016年版，第364页。

构处置中的职责，要求加强协调配合，确定了金融稳定、货币政策和微观监管的法定职责、组织体系和政策举措。德国也专门出台了《金融稳定法》，明确中央银行负责分析识别重大金融风险，强化信息收集获取能力，并设立金融稳定委员会，加强中央银行、财政、监管部门的协调。日本出台《存款保险法》，对金融机构有序处理的法律框架法定化，确立了金融危机应对措施的基本条件、责任主体、基本法律程序、具体措施等。[1]澳大利亚、巴西、印度、俄罗斯等国也强化了金融稳定法律或制度的设立或修订。

从我国现阶段发展态势来看，在供给侧结构性改革深化、中美博弈对抗加剧、新冠肺炎疫情冲击等多重因素叠加影响下，我国国内金融风险呈不断累积和持续暴露的态势。融资杠杆率高企、房地产市场风险可能对一些金融机构的正常经营形成一定冲击，处置不当有可能引发区域性乃至系统性风险。目前，我国应对金融风险的法律制度还处于统筹协调性不强、实施操作性较弱的状况。《商业银行法》《证券法》《保险法》等针对分业经营金融机构的专门立法，对处置问题金融机构仅作出原则性规定，在适用和实施中可操作性不强；人民银行、原银保监会、中国证监会等监管机构出台的部门规章，规制对象特定化，受制于部门立法、行业自律，缺乏跨行业、跨部门从全局高度对金融稳定制度的统筹安排，未建立有效的处置协调机制，已不能适应履行金融稳定职责和金融风险处置实践的需要。因此，亟需在全国人大层面对金融风险处置进行专项立法，统筹整合各方力量和资源，披露和共享风险调查信息，提供充分法律依据、强力法律保障，明确监管机构、政府、人民法院、行业组织在金融风险处置中的职责，规范风险处置的启动条件、参与主体、处置措施、程序衔接、责任追究、权利救济等，使风险处置有法可依，增强处置程序的公开性、处置措施的公正性。

2. 金融风险处置立法需要重点关注的问题

第一，遵循市场化、法治化的风险处置原则。市场化关键体现在以下两个方面：一是要压实问题机构和主要股东、实际控制人的主体责任，出现风险首先要由企业积极自救化险纾困，按照处置计划或者监管承诺补充资本，减少对公共资金的依赖，打消对政府、监管机构的“等、靠、要”兜底思想，立即纠正违法违规经营行为，尽最大努力归集回笼资金缓解流动性趋紧态势；二是调动市场化资金，运用公开招募、商业谈判、拍卖等市场化方式对问题机构开展并购重组、资产处置，杜绝暗箱操作、利益输送等不当行为。法治化主要体现在以下三个方面：一是存款保险基金、行业保障基金、金融稳定保障基金的运用须设定启动条件、审查标准、拨付流程、使用监管等法定程序，确保上述基金的使用合法、公开、透明、适度；二是政府、监管机构采取的接管、业务/资产/负债概括转移、更换高管、追回巨额绩效薪酬、实施股权、债权减记、债转股等风险处置措施，需要设定法定实施程序，依据有权机关出具的法律文书予以执行；三是将行政处置措施与破产清算、重整挽救共同纳入法治化

〔1〕 参见张世君：《中国金融机构破产的理论探索与制度构建》，法律出版社2017年版，第68页。

风险处置机制之中，并加强彼此之间的协调和衔接，建立和完善金融风险处置的信息披露制度，掌握好向社会公众公布风险处置情况的节奏，对导致金融风险发生、蔓延、风险处置不当的违法违规行为依法追究相关责任人的法律责任，构成犯罪的依法追究刑事责任，对不当风险处置行为，为股东、债权人和相关利益主体提供司法审查和权利救济途径。

第二，注重金融风险处置立法与其他部门法律的衔接。金融风险处置立法需要做好与《商业银行法》《证券法》《保险法》《信托法》《期货和衍生品法》《公司法》《企业破产法》《民法典》等部门法律之间的衔接。一是将分业经营和监管背景下出台的各类金融机构基本法、行政法规、部门规章中关于风险处置的程序、措施、责任追究等内容全面整合纳入金融风险处置立法，保持法律的延续性和稳定性，将金融风险处置立法定位于现有金融机构基础法律的特别法；二是对涉及问题金融机构大股东、实际控制人施加的一系列风险监管、处置措施与《公司法》的修订保持同步和一致，明确其权利义务边界，《公司法》保护小股东合法权益的立法精神在问题金融机构风险处置过程中也要贯彻和体现；三是风险处置中所实施的概括转移、股权、债权减计、债转股、暂停终止净额结算等工具和措施，因涉及金融市场各类民商事合同关系的调整以及金融交易市场的稳定，须与各类金融交易部门法、《民法典》保持一致；四是行政风险处置措施涉及审计评估、委托法律服务中介机构、资产变价处置、债权依序清偿能够与《企业破产法》的破产清算、重整司法程序有效衔接。

第三，明确风险处置立法的适用范围。《金融稳定法（草案征求意见稿）》附则对该法适用的金融机构概念和适用范围作出了原则性规定，主要适用于问题持牌金融机构以及境外金融机构在我国境内设立的分支机构。但从近年来中国人民银行会同有关部门和地方政府开展的重大金融风险攻坚战实践来看，例如对“明天系”“安邦系”“华信系”“海航集团”等风险程度高、资产负债规模大的高风险集团进行的“精准拆弹”，引发金融风险的市场主体不仅是单体金融机构，持有银行、保险公司、证券公司等多类型金融机构股权的金融控股集团所暴露出的问题、潜在的风险愈加严峻和突出，应该引起高度关注。对单体问题金融机构的处置难以实现彻底、有效处置和化解金融风险的目的，亟须将金融控股集团置于通盘考虑、整体处置的框架下一并处置。因此，金融风险处置立法应扩展适用金融风险化解和处置的对象范围，将金融控股公司、金融集团纳入风险处置的规制和调整范畴，在立法层面最大限度发挥金融稳定职能和效果。

（二）完善风险处置机制：规范债权人参与、公权力介入等处置机制以及建立各类处置程序之间的协调衔接机制

1. 建立债权人参与金融控股集团风险处置的运行机制

一是明确债权人参与风险处置的方式、规则。应当允许主要债权人推选代表，或组建债权人委员会并指定成员代表，组织和牵头与企业集团的协商谈判；债权人有权就重组方案所需的信息和数据聘请专业中介机构对出险企业集团开展尽职调查并制定重组方案，该等信息

可以在参与重组的债权人之间完整共享，债权人应承诺承担所获企业经营信息、财务数据的保密义务；商定“个别救济暂停期”，为了让企业继续运营以及债权人有足够的时间获取和评估关于债务人经营财务状况，以及制定可行性重组方案，需要债权人与企业集团之间达成一项在一定期限内暂停债务人或参与谈判债权人采取个别诉讼、强制执行等不利行动的协议；支持继续提供流动性，参与债权人之间就重组期间的融资达成债权排序退让的协议，自愿谈判的债权人可以商定，为支持重组而向问题企业集团继续提供贷款等融资的债权人，其新发生的债权可以排在其他债权人之前获得清偿；税务机关为重组成功的企业提供企业重组所得税特殊性税务处理。

二是完善金融债委会的运行机制。2019 年 6 月 22 日国家发改委、最高人民法院等十三部门联合印发《加快完善市场主体退出制度改革方案》，明确了金融债委会在市场主体债务风险化解中的作用和职责。[1] 金融债委会成员应当严格依照《做好金融债委会工作的通知》《金融债委会工作规程》，遵守各成员共同签署的债权人协议，有序参与金融控股集团的风险化解和处置工作；建立金融债委会与其他类型债权人的沟通会商机制，广泛听取其他债权人对重组方案的意见建议，并及时披露重组进展情况；完善金融债委会及其成员不当行为的惩戒和纠正机制，除现有的相关自律组织采取的内部通报、自律性惩戒、监管部门约谈、向成员总部通报等措施外，还应在监管规定层面施以责令限期改正的义务；在债权人协议的意思自治层面，对金融债委会成员禁止行为的范围予以明确约定，赋予利益受到损害的债委会成员向不当行为实施成员追究违约损害赔偿责任的权利。

2. 完善行政与司法之间的处置衔接转换机制

金融监管机构基于自身职责和专业性，开展识别发现金融风险、使用风险隔离的政策性工具，协调组织资源等处置工作具有反应迅速、处置高效的专业优势。行政处置也存在权力滥用、监管姑息、监管俘获和过度干预产生的公平性问题。而司法处置符合现代法治原则，在风险处置程序、资产处置方式、债权人利益保护等方面所体现的法治化市场化有着不可替代的制度价值。因此，在金融风险处置中，要针对金融控股集团的风险性质、影响范围、严重程度分类施策，在行政与司法之间建立协同配合、高效衔接的风险处置机制。

第一，突出金融监管机构先行介入的迅速干预职能。金融监管机构启动风险处置的机制被称为“迅速纠正措施”（prompt corrective actions）。该机制源自贝斯特和考夫曼教授提出的“早期干预理论”（structured early intervention and resolution），理论核心是要求监管机构必须及时采取监管性干预以保护公共资金。[2] 根据我国国情，现阶段要坚持和突显金融委对

〔1〕 参见《加快完善市场主体退出制度改革方案》第七部分“完善市场主体退出关联权益保障机制”（二）依法保护金融债权人利益：明确金融债权人委员会的法律地位、议事规则和程序，通过统一的金融债权人委员会加强与债务人的沟通协调，避免金融债务过度累积，防范恶意逃废债，有效监控债务风险，维护金融债权人合法权益。

〔2〕 参见苏洁澈：《银行破产监管责任研究》，中国政法大学出版社 2016 年版，第 132－137 页。

重大金融风险处置工作的指导、统筹、协调地位，将金融控股集团整体纳入风险处置特殊机制之中。金融控股集团发生重大金融风险时，由中国人民银行会同相关金融监管机构、属地政府等职能部门成立风险处置工作小组介入，结合庭外重组和行政重组、清理等方式，协调各方安全、快速、有效处置，保障其关键业务和服务不中断，同时防范“大而不能倒”风险。

第二，注重发挥法院的重整挽救与市场出清的司法职能。中国人民银行相关负责人在公开场合多次呼吁，我国要建设与整个金融体系相配套的退出机制，对于经营出现风险、经营失败的金融机构，要建立有序的处置和退出框架，允许金融机构“有序破产”；消灭风险最好的方式就是让风险暴露，换句话说就是允许金融机构破产。2019 年 6 月 22 日，国家发改委、最高人民法院等十三部门联合制定《加快完善市场主体退出制度改革方案》，强调破产法律制度的挽救功能和市场出清功能。中国人民银行制定的《金融控股公司监督管理试行办法》明确规定，金融控股公司难以持续经营，若不市场退出将严重危害金融秩序、损害公众利益的，应当依法实施市场退出。因此，人民法院主导的破产清算、重整程序是实现金融控股集团挽救或出清目标的根本性和兜底的制度保障。在采取行政与司法相结合处置金融风险时，需准确把握司法介入时机，遵循宜早不宜晚方针。在清产核资完成，重整条件具备后，应及时转入破产重整程序，以提高风险处置的效率与公信力；经行政先行处置仍未重组成功或需要退出市场的，应及时转入重整或破产清算程序。

第三，加强行政与司法的处置衔接机制。金融控股集团在行政介入处置期间，法院可依行政处置的需要和申请，参照传统金融机构风险处置的模式做好相关配合工作：一是程序配合，对集团的涉诉、涉执行案件实施“三中止”措施；二是资产处置配合，对法院已诉讼保全的金融类资产申请先行变现处置〔1〕。行政介入后需要转入破产程序的，风险处置工作组与人民法院应提前进行工作对接并建立信息共享机制，将行政介入阶段的风险处置工作予以全面、充分地披露；行政介入处置期间提供法律服务的中介机构应与人民法院指定的管理人进行工作移交，明确移交程序、移交范围、移交期限等；行政处置阶段通过公开竞争方式参与有关专业服务的中介机构，若符合破产管理人指定条件的，可继续参加破产程序的管理人邀请竞争等遴选活动；在破产程序中建立府院协调联席会议制度，人民法院与金融监管部门、属地政府之间在工作成果衔接、涉众型债权妥处、金融资产处置、股权调整等事项进行会商协调。

第四，建立风险处置措施的司法审查机制。从全球范围看，金融市场发达国家和地区均建立了金融风险处置的司法审查制度。如英国设立了“金融服务与市场法庭”，对金融监管

---

〔1〕 参见《证券公司风险处置条例》第 32 条规定，为保护债权人利益，经国务院证券监督管理机构批准，行政清理组可以向人民法院申请对处置前被采取查封、扣押、冻结等强制措施的证券类资产以及其他资产进行变现处置，变现后的资金应当予以冻结。

机构的权力行使按照“违法性原则”“不合理性原则”“程序不适当原则”三个标准进行司法审查；美国法院有权对金融监管机构施加的监管性干预适用行政程序法进行司法审查，审查标准包括“肆意、多变”“滥用自由裁量权”“违背法律”“违背宪法权利”“越权”“不符合程序”“缺乏充分证据”等；法国的行政法院担任对金融监管机构决定的司法审查职能，确立了“越权”“程序不当”“违反法律”“权力滥用”的四大审查标准；德国建立了联邦层面的行政法院对金融监管机构的决定进行司法审查，审查标准分为“程序不当”“越权”“平等原则”。上述司法审查对监管行为进行效力认定，当监管行为造成实质性损害时，多数国家还给予受害人损害赔偿的救济司法程序。与此同时，许多国家吸收了监管机构责任豁免理论，通过立法赋予金融监管机构法定的保护。[1]中国人民银行牵头起草的《金融稳定法（草案征求意见稿）》也关注到了金融风险处置措施的合法性问题，其中第 38 条[2]的规定实质上建立了风险处置措施的事后司法审查机制。金融风险处置措施的司法审查，既属于行政诉讼法范畴，又因与破产处置密切相关而涉及破产法问题，政策敏感性较强，法律技术性较高，建议进一步明确和细化相关司法审查程序的启动主体、管辖法院、审查范围和标准、裁判效力等机制实施问题，促进金融监管机构依法规范开展风险处置工作，使得风险处置的结果和效力在后续司法破产程序中能够得到持续稳定的延续和承继。

（三）提升破产处置能力：进一步加强人民法院处置金融风险的针对性和有效性

1. 审慎开展金融控股集团关联企业合并破产

第一，完善合并破产启动程序。申请主体上，根据《企业破产法》《证券法》《商业银行法》《保险法》等规定，金融控股集团所涉的证券公司、商业银行、保险公司等金融机构在出现重大风险、信用危机、偿付能力严重不足等情形时，首先要经过相应的行政接管、托管等程序，再由国务院金融监督管理机构向法院提出重整或破产申请，故在启动金融控股集团破产或重整程序时，除了由关联企业成员、债权人、清算义务人，已进入破产程序的集团成员企业管理人等主体申请外，金融监管机构也有权向法院提出合并申请。启动模式上，如在行政接管程序中发现金融持牌机构与其他集团成员之间符合实质合并标准，可采用“一并申请、合并破产”的方式。如汉唐证券实质合并破产案中，由于前期证监会在委托中国信达资产管理公司对汉唐证券进行行政清理时，发现其余壳公司严重工具化，故在转入破产程序时将汉唐证券及 46 家壳公司一并实质合并破产。[3]但如金融持牌机构的股权结构、关联交易及“防火墙”设置等符合监管法律要求，应秉承实质合并破产的审慎、例外原则，依法将

[1] 参见苏洁澈：《银行破产监管责任研究》，中国政法大学出版社 2016 年版，第 161 - 185 页。

[2] 《金融稳定法（草案征求意见稿）》第 38 条：国务院金融管理部门实施的金融风险处置程序中，已经完成的资产核实、资产评估、资产保全、债权登记、财产处分等风险处置措施，人民法院经过审查后认为不违反法律规定的，应当认定其效力。

[3] 参见王静：《非讼程序视角下实质合并的申请与审查》，载《法律适用》2021 年第 6 期。

金融机构排除在集团破产之外，行政接管、托管或清理完成后，启动集团破产下的单独清理程序。集中管辖上，应由集团母公司住所地法院管辖，母公司不明确的，由集团核心控制企业住所地法院管辖，核心控制企业也无法明确的，由集团主要财产所在地法院管辖。多个企业成员均存在破产原因但不符合实质合并条件的，可由共同的上级法院确定集中管辖法院。为整体化解金融控股集团风险，无论采取实质合并还是程序合并模式，最高人民法院均可指定由企业集团母公司、总部所在地法院集中管辖，便于集团风险整体处置。例如华信集团破产清算案，最高人民法院指定由上海市第三中级人民法院集中管辖，海航集团重整案则指定由海南省高级人民法院集中管辖。

第二，严格适用实质合并标准。最高人民法院印发的《全国法院破产审判工作会议纪要》确立了“法人人格高度混同、区分各关联企业成员财产的成本过高、严重损害债权人公平清偿利益”三项适用标准。对于部分民企金融控股集团而言，出现借助所控股金融机构获取大量金融体系资金，通过关联交易等进行利益输送，满足集团内成员以及境内外扩张需求的现象，但该等利益输送往往通过多层或交叉持股等方式隐蔽进行，金融机构自身在设立、资本充足、流动性风险方面有其破产隔离的特定监管要求，故即便存在不当关联交易，不足以导致金融机构自身财产与集团财产显著、广泛、难以区分的混同时，不应适用实质合并破产程序。在处置金融控股集团破产风险时，更应充分考虑所涉金融机构的特殊性，遵循底线救济原则，注重体系内金融机构真正平稳地退出市场问题，避免将金融机构纳入实质合并破产造成资源挤兑，维护金融安全与稳定。对于除金融机构之外的其他集团企业，则应以“资产分离困难”为核心标准，依据《企业破产法》《金融控股公司监督管理试行办法》《金融控股公司关联交易管理办法》等规定，对成员企业之间的关联交易采用穿透式核查，在关联企业成员之间严重丧失法人意志独立性的情况下，将实质合并作为穷尽其他救济手段后的最后选择，同时注重不同利益债权人之间的利益平衡，减少实质合并适用的随意性与不确定性。

第三，规范实质合并的程序保障。一是规范实质合并听证程序。从程序正当性原则来看，法院依职权主持的听证审查过程中，应充分保障参与听证对象的被通知权、举证质证权、辩论权、复议权等各项诉讼权利。对于涉及大量金融机构债权人的企业集团破产案件，应通知前期托管、清理过程中介入的金融债委成员参加听证，涉及将金融机构纳入合并破产的，还应通知金融监管机构列席听证，听取监管部门意见建议，从监管视角审视金融机构与企业集团其他成员之间控制关系、关联交易的合规性。二是规范实质合并“大程序”与单个企业清算（重整）“小程序”的协同审理路径。如前所述，最高人民法院印发的《全国法院破产审判工作会议纪要》原则上规定了“实质合并”与“协同审理”两种方式。在“华信系”企业破产审理过程中，法院先后将中国华信等70余家关联企业纳入实质合并破产程序，但对于成员企业海南华信石油基地有限公司（以下简称海南华信）、上海华信证券有限责任公司（以下简称华信证券）等公司采用合并下的单独审理方式。其中，对于海南华信采用重整方式处置股权资产，使其摆脱债务困境，步入经营正轨。对于华信证券采用行政清理托管后，再行强制清算，剩余资产负债依法纳入“华信系”统一处置。协同审理的规范要点，主要包括：指定同一管理人负责不同案件的破产程序，或者分别指定管理人，但确保管理人之间协调配合；确定申报债权的联合程序，集约化方式向全体债权人发送通知；协调变现和变卖资产；召开债权人联合会议或在各债权人委员会之间协调开会等。该种程序嵌套模式既兼顾与监管部门风险处置的程序衔接，又充分考虑恢复单个体系内企业经营价值，维护债权人利益最大化，为依法整体清理金融控股公司实现退出、防范化解重大金融风险提供了样本。

2. 依法高效开展金融控股集团相关金融业务和产品的处置工作

根据破产隔离规则，作为资产管理人的金融机构进行清算时，资产管理计划财产不属于清算财产。为防控金融风险、维护金融市场秩序以及保护投资人权益，资产管理计划的处置工作仍属金融机构破产程序的重要工作。关于资产管理计划的清算主体及实施事宜，根据中国证监会于2018年10月22日颁布的《证券期货经营机构私募资产管理业务管理办法》相关规定，证券期货经营机构被宣告破产且在6个月内没有新的管理人承接，资产管理计划应当终止，证券期货经营机构须开始组织清算资产管理计划财产。破产管理人经人民法院依法指定，依据《企业破产法》第25条规定理应负有组织清算资产管理计划的职责；由于资产管理产品按照投资性质的不同可分为固定收益类产品、权益类产品、商品及金融衍生品类产品和混合类产品，具有交易结构复杂、投资领域专业等特点，已与破产管理人的执业专长、业务能力无法完全匹配和适应，难以苛责破产管理人凭借一己之力胜任和完成相关清算工作。因此，建议允许破产管理人以聘请、委托等方式与金融资产管理公司等专业机构开展合作，或由管理人以留用、续聘方式指令金融机构原资产管理计划负责团队继续履职完成清算工作，相关清算费用按照资产管理合同约定在资产管理计划收益中予以支付。关于资产管理计划非现金财产的分配，《证券期货经营机构私募资产管理业务管理办法》《信托公司集合资金信托计划管理办法》均有“现状分配”[1]之规定，即对资产管理计划的非现金财产以分配时所处的资产现状返还给投资人，后续行使收益权、追索权等相关权利均由投资人自行负责。在破产程序中破产管理人亦可沿用“现状分配”模式对投资人进行资管计划分配。“现状分配”主要适用于单一资产管理计划，而集合资产管理计划按监管规定应以货币分配，若采取“现状分配”，则须在金融监管部门认可的前提下征得资管计划所有份额持有人的一致同意。为顺利推进破产管理人与投资人之间关于“现状分配”的协商谈判，实务中有采取“现状分配”+“委托清收”的模式，即在完成“现状分配”了结投资人与资产管理人之间的

[1] 所谓现状分配，又称原状返还、分配，即在资产管理合同期限届满、提前终止时，资产管理人有权以委托资产现状方式向委托人返还。该种分配模式在证券公司、基金公司、信托公司的资产管理业务中比较常见，亦属于金融监管部门对资产管理业务的风险控制要求。

权利义务关系后，再由投资人与管理人另行签署“委托清收”协议，由管理人受托对相关财产权益开展集中清收。此外，证券、期货、保险、信托等金融行业均设立了相关保障基金公司，主要任务和目标就是化解和处置业内金融机构风险。在破产程序的资管计划处置工作中，应当注重发挥行业保障基金公司的职能作用，建议人民法院与原银保监会、中国证监会共同磋商建立保障基金公司以市场化、法治化方式参与破产程序的机制安排，大力推动其参与金融机构破产风险处置、涉风险金融产品清算等工作。

对于金融控股集团发行上市的公司债券的破产处置，核心是持券人的权利保护问题。持券人系发行人的债权人，享有企业破产法规定的债权人知情权、监督权、表决权和分配权。按照中国证监会于2014年11月15日颁布的《公司债券发行与交易管理办法》（已修订）第50条的规定，公开发行公司债券的受托管理人应当履行发行人不能偿还债务时，可以接受全部或部分债券持有人的委托，以自己的名义代表债券持有人提起民事诉讼、参与重组或者破产的法律程序。依据最高人民法院于2020年7月15日印发的《全国法院审理债券纠纷案件座谈会纪要》，人民法院在案件审理过程中，要充分发挥债券持有人会议的议事平台作用，尊重债券持有人会议依法依规所作出决议的效力，保障受托管理人和诉讼代表人能够履行参与诉讼、债务重组、破产重整、和解、清算等债券持有人会议赋予的职责，并在确定债权人委员会的成员时，应当将债券托管人或推选的代表人作为债权人代表人选。因此，从降低债券持有人维权成本、提高破产案件审理效率的角度出发，应当鼓励通过召集持券人会议授权受托管理人或推选共同代表人代表全体持券人参与发行人的破产程序，并将受托管理人或推选的代表人列入债委会候选名单。对于进入破产程序后的债券交易问题，可从两条路径解决：一是以受托管理人名义申报债权。破产管理人将受托管理人或公司债名称列入债权表，法院裁定无异议债权的效力及于其所代表的持券人。无论持券人如何变化，该受托管理人所管理的债券项下权益总额不变，且仍由受托管理人参与破产程序，受托管理人受领清偿款后根据持券人变动情况自行安排分配。二是可由破产管理人向证券交易所申请停牌暂停债券的场内交易。根据上海证券交易所发布的《上海证券交易所公司债券上市规则（2022年修订)》规定，发行人出现不能按时还本付息或未能按约履行加速清偿义务等情形，且未按规定披露相关信息的，本所可以对其债券进行停牌，待相关情形消除后予以复牌。为准确界定参加破产财产分配的持券人范围，破产管理人可在受理破产后及时向交易所提出停牌申请，从而避免债券持续交易导致的持券人变动问题。另外，发行人宣告破产、法院裁定批准重整计划或认可破产和解协议均为触发债券终止上市交易并摘牌的规定情形，在法院作出上述裁定并由破产管理人向证券交易所书面报告后，证券交易所应按规定及时启动摘牌程序。

3. 注重破产风险处置程序的信息披露

明确信息披露的主体范围。英国《破产法》将“官方接管人认为能提供所需信息的人”都包括在内，日本《破产法》规定的信息披露义务主体包括破产人的（普通）雇员和曾经的（普通）雇员。[1]我国《证券法》规定的信息披露义务主体包括上市公司、发行人、上市公司股东、实际控制人、收购人、董事、监事、高级管理人员以及为信息披露事宜出具专项文件的证券服务机构及其从业人员。金融控股集团由于自身营业和企业管理、控制的特殊性，破产程序中“债务人的有关人员”构成十分复杂，实务中界定争议更大。建议借鉴我国《证券法》及国外立法的有益经验，对信息披露主体作进一步明确规定，将实际控制人、股东特别是控制股东、重要雇员列入信息披露主体范围。金融控股集团会涉及一些特殊主体的信息披露义务，进入破产程序后信息披露义务主体从债务人转向管理人。如债券发行人进入破产程序后，由管理人承担发行人的信息披露义务，这在最高人民法院于 2020 年 7 月印发的《全国法院审理债券纠纷案件座谈会纪要》中已有规定。

规范信息披露的内容。信息披露的内容应根据破产程序的不同而有所侧重。就破产清算程序而言，信息披露规则关注债务人财产、债权等情况，重点是债务人相关人员的报告义务与管理人履职。就重整程序而言，信息披露内容更加复杂，包括基于企业集团存续因素的集团现状、重整价值的信息披露、服务重整程序磋商功能的信息披露、助力重整计划投资判断的信息披露、重整计划执行中的信息披露等各方面。[2]

准确掌握信息披露的程度。美国《破产法》第 1125（a）（1）条规定，“充分的信息”指基于债务人的性质和历史以及债务人账簿和记录的状况，在合理可行的范围内，所能提供的足够详细的信息，包括该重整计划可能对债务人、债务人的继受人以及在本案中持有债权或权益的典型假设投资者造成的重大联邦税收后果的详述，从而使相关小组的假设投资者能够基于该信息对该计划作出判断。[3]德国采取的是概括加列举的方式，概括规定债务人有义务向法院、管理人、债权人委员会依破产法院命令向债权人会议告知与破产程序有关的一切情况。同时列举管理人应报告债务人的经济状况及原因，如是否存在将债务人的企业作为整体或部分留存的前景、破产方案有哪些可能性，以及各自将对清偿债权有哪些影响等。[4]建议从有利于债权人利益最大化角度出发，规定信息披露程度的一般性要求为“真实、准确、全面”。在重整程序中，对于涉及商业秘密的信息，亦可以允许管理人以提前协议约定违约责任方式，向重整投资人披露。

依法追究法律责任。《企业破产法》没有直接规定违反信息披露义务的民事责任。最高人民法院发布的《全国法院民商事审判工作会议纪要》第 117 条区分公司解散清算与破产清算两个不同程序，规定了债务人的有关人员拒绝配合清算义务的民事责任。债务人有关人员配合清算义务显然包括信息披露义务，因此，民事责任的承担应当包括债务人的有关人员违

---

〔1〕 参见王欣新、丁燕：《论破产法上信息披露制度的构建与完善》，载《政治与法律》2012 年第 2 期。

〔2〕 参见杨忠孝：《信息披露与重整程序信任机制建设》，载《山西大学学报（哲学社会科学版）》2021 年第 3 期。

〔3〕 参见李曙光审定、申林平译：《美国破产法典》，法律出版社 2021 年版，第 507 页。

〔4〕 参见《德国支付不能法》，杜景林、卢谌译，法律出版社 2002 年版，第 52 页。

反信息披露义务的情形，在民事责任的承担方面，应当按照侵权责任构成的四要件进行认定。

四、结语

金融控股集团风险处置事关金融市场秩序和社会稳定，牵涉面广，受关注度高，处置难度大，作为系统性风险防范应对的重要关注对象，涉及金融监管部门、属地政府、人民法院、行业自治组织等参与主体，体现责任担当、加强协调配合的工作基调，遵循市场化法治化原则应当是风险处置的根本遵循。我们既要参考和学习国外发达金融市场和地区经过实践检验行之有效的成功做法，更要植根我国国情，顺应金融风险防范应对制度的改革方向，发挥体制优势，总结近年来一系列金融集团风险处置的探索和实践，走出具有中国特色的金融风险处置之路。

助贷类金融借款纠纷的分析与审理

余　韬　肖　琼　王朝辉*

金融是现代经济的核心，随着互联网科技的不断发展，金融科技公司在获取客户信息、客户信用评价、贷款风险管理等业务上都具有传统金融公司所不具备的特殊能力。由此，2008年开始深圳市中安信业创业投资有限公司、国家开发银行深圳分行和中国建设银行深圳分行共同设立开创了“贷款银行+助贷机构”的微贷款业务模式，助贷业务开始迅猛发展。助贷业务在帮助实现普惠金融目标的同时，助贷机构的无序竞争状态也造成了很多问题，助贷类金融借款纠纷案件的数量也在不断上升。[1]上海市浦东新区人民法院2021年受理了助贷类金融借款相关纠纷395件，同比增长133.89%。经梳理分析，发现部分助贷机构在经营过程中存在诸多不规范行为，损害了借款人合法权益，扰乱了正常的金融市场秩序。而现有法律规范体系中，几乎没有直接对助贷业务进行规范的相关法律基础，也给相关案件审判工作造成了具体的困难。本文从助贷业务的本身出发，梳理其发展的路径及衍生出的分类，总结助贷业务及相关纠纷的特征和面临的问题，从我国现有法律框架体系中寻找助贷业务的规范性体系和发展方向，提出具体对策建议。

---

* 本文为上海金融法制研究会2021年度青年课题“助贷类金融借款纠纷理论与实务问题研究”的成果。由浦东新区人民法院金融庭课题组承担，余韬为课题组负责人，肖琼、王朝辉为课题组主要成员。

〔1〕参见中国人民大学中国普惠金融研究院课题组、顾雷：《助贷业务创新与监管研究（一）》，载《国际融资》2020年第5期。

一、我国金融借款领域助贷业务的性质与分类

为了更好地解决助贷类金融借款纠纷案件，实现金融消费者权益的保护和金融系统的稳定，必须先把握助贷业务性质及相关特征。

（一）助贷业务的定义

虽然助贷业务在实践中已经迅猛发展，但是对于助贷的定义一直没有明确的规定，只在一些相关的规范性文件中涉及部分助贷业务。[1]如2008年5月颁布的《中国银行业监督管理委员会、中国人民银行关于小额贷款公司试点的指导意见》（银监发〔2008〕23号）规范了小贷公司的义务活动，而后者在助贷业务实践中十分活跃。此外，2017年12月1日互联网金融风险专项整治、P2P网贷风险专项整治工作领导小组办公室下发的《关于规范整顿“现金贷”业务的通知》（整治内函〔2017〕141号）进一步规范传统商业银行与助贷机构之间业务的分配关系，要求其不能将核心业务——授信审查、风险控制等，外包给第三方机构。

即便是2017年8月中国原银行业监督管理委员会（以下简称原银监会）印发的《民营银行互联网贷款管理暂行办法》（征求意见稿），也仅对民营银行的互联网贷款业务、联贷模式做出限制性规定，并未涉及助贷概念，更未明确助贷机构的法律地位。关于助贷业务的规定，只有在《北京市互联网金融行业协会关于助贷机构加强业务规范和风险防控的提示》（互金协发〔2019〕039号）中才能找到，“助贷业务是指助贷机构通过自有系统或渠道筛选目标客群，在完成自有风控流程后，将较为优质的客户输送给持牌金融机构、类金融机构，经持牌金融机构、类金融机构风控终审后，完成发放贷款的一种业务”。从广义上讲，助贷是一种合作方式，资金方和第三方中介机构（助贷机构）共同为目标客户提供借贷服务。

助贷机构作为一个金融中介机构，一端连接着资金方发放贷款，另一端连接着潜在的客户。助贷机构帮助资金方发放贷款，意在解决信贷业务涉及贷前、贷后环节的“中小弱”客户信息不对称问题。资金方一般会对各种信贷要素进行限制，如客户类型、贷款额度范围等，向助贷机构提出获客的前置要求，但由于助贷机构在整个助贷过程中，并不完全代表资金方的利益，对助贷机构的授信也不等同于建立代理关系。因此，资金方与助贷机构之间并不是简单的授权代理关系，而是中介机构与银行之间的业务合同合作关系，两者之间的合作关系是相互影响、相互促进的。助贷机构则从多个资金方中，帮助出借人寻找与客户风险特点相匹配的款项。助贷人和借贷人之间的关系，与中介机构和借贷人之间的客户掮客关系更

---

〔1〕 参见中国人民大学中国普惠金融研究院课题组、顾雷：《助贷业务创新与监管研究（二）》，载《国际融资》2020年第6期。

为接近。因此，无论是中介机构与银行的业务合同合作关系，还是中介机构与借款人的客户经纪人关系，都不足以概括助贷机构在助贷业务链条中所起的作用。由于助贷机构承担的是双重角色，其更类似于信贷业务中介。一方面，在资金方设置的前置条下，助贷机构为其提供客户获取、初次筛选、催收等服务；另一方面，助贷机构又为客户筛选符合客户风险特征的资金提供方。

（二）助贷业务的产生与发展

1. 助贷业务的产生及其原因

助贷业务最早产生于深圳，其模式为“贷款银行 + 助贷机构”，在其产生之初获得一致的认可，被认为是金融创新的成果之一，并获得了深圳市“金融创新奖”二等奖和国家开发银行总行“金融创新奖”。简单来说，助贷机构通过自己的技术优势获取合适的客户信息，并为银行进行初期的信贷风险评价，最后由银行自行评估信贷风险和是否贷款。其初期的成功并不是没有道理的，很多学者对助贷业务兴起的原因展开了分析：

第一，助贷机构将银行的触角伸向更远的地方。在传统银行模式下，需要由客户主动找到银行网点，进行咨询和业务办理，其客户覆盖面和网点的地理布置密切相关。而助贷机构通过其科技手段获取客户相关信息，找到银行的潜在客户，从而成为了“银行与目标客户的桥梁，是更微小的毛细血管，大大拓展了银行金融服务的覆盖面”[1]。

第二，助贷机构可以让银行更好地服务中小微企业和鼓励个人消费。从授信依据上看，为了保障信贷资金的安全，传统商业银行在进行贷款审核时，更加注重相对人是否有相应的资产进行抵押，这把许多中小微企业和个人排除在贷款人群范围外。造成这种局面的原因是，传统商业银行没有能力获取相应客户信用数据，或者没有办法依据数据来评估贷款风险。而助贷机构往往能弥补这一点缺陷，帮助银行找到潜在客户并进行评估，实现普惠金融的目标。

第三，传统商业银行和助贷机构共同构成了未来金融目标。在中国人民银行公布的《金融科技（Fintech）发展规划（2019—2021）》中，这一目标得到明确体现，“未来金融科技发展的目标之一就是通过金融科技使得金融服务覆盖面逐步扩大，优质金融产品供给不断丰富，使得金融服务民营企业、小微企业等实体经济水平取得新突破”。在传统商业银行转型的过程中，助贷机构及其业务成为了达成上述目标的必要一环。

2. 助贷业务的发展历程

从助贷业务发展的历程上看，可以将其分为三个阶段[2]：

第一阶段为助贷业务的发展萌芽阶段，时间段为 2007 年到 2013 年。这一阶段以深圳市

---

〔1〕 中国人民大学中国普惠金融研究院课题组、顾雷：《助贷业务创新与监管研究（一）》，载《国际融资》2020 年第 5 期。

〔2〕 参见郑德磊：《助贷业务的发展历程及现阶段监管建议》，载《黑龙江金融》2020 年第 1 期。

中安信业创业投资有限公司、国家开发银行深圳分行和中国建设银行深圳分行共同设立开创的“贷款银行 + 助贷机构”的微贷款业务模式为蓝本。在这一模式中，商业银行负责提供贷款资金，助贷机构负责寻找客户、尽职调查并根据自身的风控能力做出贷款决策。值得注意的是，中安信业创业投资公司在进行助贷业务之前，已经被深圳市政府及监管部门批准为小额贷款试点企业，具有金融牌照。而且，在这一时期互联网金融科技并没有广泛普及，所以助贷机构所扮演的角色更多的是银行触角的延伸。

第二阶段为助贷业务的快速发展阶段，时间跨度为 2013 年到 2017 年。互联网金融在这一时期开始兴起并得到迅速发展，导致了两个明显的变化：首先，进行助贷业务的机构已经不再只是具有金融牌照的小额贷款公司，其他非金融持牌机构都参与到助贷业务中，如互联网企业、信息咨询公司、金融服务公司等。其次，这些非金融持牌机构因为其互联网的能力，可以更好地识别潜在客户，并通过自己收集和积累的数据来判断贷款的风险。这一阶段助贷业务得到快速扩张，野蛮生长也带来很多理论与实践上的问题。

第三阶段为助贷业务规范发展阶段，时间跨度为 2018 年至今。2017 年 12 月 1 日《关于规范整顿“现金贷”业务的通知》出台，它由互联网金融风险专项整治工作领导小组办公室和 P2P 网贷风险专项整治工作领导小组办公室共同发布，旨在规范和解决前一阶段助贷业务所暴露的风险和引发的相关社会问题。《关于规范整顿“现金贷”业务的通知》首先规范了向借款人收取的利息和各类费用，将其统一折算成年化利率并要求不得高于最高人民法院关于民间借贷利率的相关规定，其次对助贷业务风险控制机制进行了规制，要求风险管理核心业务不能外包，拒绝无担保资质的机构所提供的增信服务或者兜底承诺。这些条款的提出明显是对上一阶段助贷业务实践中所产生问题的纠正。

总体来看，助贷业务的产生和发展适应了现代金融业发展的需要，为普惠金融的实现提供了帮助，但是其在第二阶段制造了很多的问题。虽然从 2018 年开始，助贷机构及其业务都受到了更好的监管和规范，但是在审判理论和实务中都还存在许多问题。

（三）助贷业务的总体分类

按照助贷机构主要参与和承担的角色不同，助贷业务的模式可分为三大类：客户支持型助贷、资金支持型助贷、风控支持型助贷，通常还会引入第三方担保，用于担保、增信等。

1. 客户支持型助贷

客户支持型助贷是为了解决银行等放款机构有资金供应但有效客户数量不足的问题，帮助银行等放款机构获得客户引流，扩大潜在客户群体，弥补银行等放款机构覆盖市场下沉不深的短板。在客户支持模式下，助贷机构主要向银行等放贷机构提供获客引流服务，借助于自身场景，助贷机构将借款人信息提供给银行、信托、消费金融机构等放贷机构，作为信息来源。信贷决策、资金供给、风险管控以及贷后管理由银行等放贷机构自行决定，助贷机构不承担贷款风险。在此过程中，银行等放款机构直接放款给客户，收取还款本息，而助贷机构则主要通过营销、居间推广等手段获取银行等放款机构的佣金、手续费等。

2. 资金支持型助贷

资金支持助贷业务主要是解决银行等放款机构有客户需求，但资金供应不足的问题，帮助银行等放款机构拓展资金供应。这类助贷模式通常采用联合授信的方式，助贷机构和银行等具有放贷资质的放贷机构，双方按比例提供资金，共同将资金提供给贷款客户。它本质上属于共同贷款，共同出资，共同承担风险，共同决策授信。此类业务的助贷机构主要有互联网银行、直销银行、互联网小额贷款公司以及传统小额贷款公司等。这种业务模式是由银行和其他放贷机构、助贷机构联合授信，双方共享利息收入，按照约定的比例共同承担贷款资金风险，同时在信贷征信、信贷、风控、贷后管理等方面共同承担工作。实际操作中，助贷机构通常以保证金兜底：先将一定数额的保证金存入银行等资金方的自有账户，银行等资金方享有优先受偿权，保证助贷机构对贷款逾期、违约等风险能及时做出反应。微众银行、网商银行、蚂蚁小微小额贷款公司等均采用这一模式，通过与银行等放贷机构联合放贷，获取息费、服务费等收入。

3. 风控支持型助贷

风控支持型助贷的核心是要解决有资金、有客户但风控能力不足的放贷机构所面临的问题。在这种业务模式下，助贷机构可以参与放款机构贷前、贷中或贷后的风险管理，提供贷前调查和数据收集，帮助构建信贷决策和风险管理模型，以及协助贷后资金监测、风险监测、贷后催收等风险管理工作。在共同授信中，最终由银行机构做出授信决策，银行等放贷机构掌握风险管理主动权，助贷机构起到辅助作用。助贷机构在风控支持型模式下，通过参与银行等放贷机构风险控制管理的相关环节，在技术和能力上提升银行等放贷机构的风险管理。助贷机构并不参与资金方的出资，也不完全提供获客引流服务，而是以技术优势、数据优势、风控优势，并从中收取服务费、系统设计维护费等，参与到放款管理的过程中。该模式的核心是明确助贷机构与银行等放贷机构的业务边界，提前做好合规与业务外包合规的数据收集和使用等工作。

在助贷业务的实际发展过程中，除了上述三种基本模式之外，可能还会有两种甚至是三种交叉混杂的情况发生。此外，助贷机构和资金方在各类助贷业务模式中，通常也会引入融资担保公司和保险公司进行担保和增信，对银行等放贷机构所承担的贷款风险进行进一步的缓释。

二、浦东法院涉助贷金融借款纠纷案件的情况分析

助贷类案件所涉及的主体众多、类型也十分繁杂，不同助贷机构所提供的服务也相区别。因此，有必要根据助贷业务模式的不同，来对相应的案件进行分类归纳和整理，并以此

为基础分析审理过程中的难点和问题。上海市浦东新区人民法院（以下简称浦东法院）是全国最大的基层法院之一，且地处改革开放的前沿，受理的各类金融借款纠纷数量众多、类型多样，课题选择浦东法院审理的涉助贷金融借款纠纷案件为样本，对相关问题进行梳理和分析。

（一）涉助贷金融借款纠纷案件分类及概况

在这一部分中，课题组结合助贷业务的总体分类，以助贷机构在金融借款中的主要角色和发挥的功能为依据，将涉助贷金融借款纠纷案件进行分类并概括其主要情况。

1. 信息中介类涉助贷金融借款纠纷

我国最早明确定义“助贷”的规范性文件是北京市互联网金融行业协会于2019年4月发布的《关于助贷机构加强业务规范和风险防控的提示》，其中明确，助贷业务是指助贷机构通过自有系统或渠道筛选目标客群，在完成自有风控流程后，将比较优质的客户输送给贷款金融机构，经贷款金融机构风控最终审核后，完成贷款发放的一种业务，即助贷业务。在该业务模式中，助贷机构提供纯粹的信息撮合服务。助贷机构充当信息媒介，为资金需求方（借款人）和资金供给方（出借机构）搭建桥梁，P2P平台可以说是典型的助贷平台。信息中介式助贷模式是最初级的助贷形式。

课题组对此类型的案例整理分析如下：

首先，从助贷类机构的构成上，2018年至2020年浦东法院受理的涉助贷类金融借款纠纷案件中共涉及助贷机构69家，其中仅提供信息中介业务的22家，约有1/3的助贷机构都只涉及提供信息中介服务。

其次，从信息中介模式的案件数量上看，2018年至2020年浦东法院受理的涉助贷类金融借款纠纷案件中涉及仅提供信息中介业务的助贷案件92件，占整个助贷类案件比例的26.8%。从年份分配上看，2018年9件，2019年14件，2020年69件，呈现出喷发式增长的趋势。但是，如果从每一年信息中介模式下的涉助贷类案件总数占当年助贷类案件总数的情况来看，却呈现出了一个U字形的曲线，其3年的比例分别为29%、11.9%和35.4%。

再次，在审判实践中，该模式下的争议焦点主要为服务费的费率和结算。为保证能够足额获得服务费，助贷机构会控制借款人收款账户、获取自动划扣借款人收款账户资金的授权或要求借款人委托出借机构将款项发放至助贷机构关联（合作）商户账户，待出借机构发放贷款后，第一时间自行取得服务费或与关联商户结算服务费。

最后，由于开展该项业务不需要资质审批，助贷机构良莠不齐，助贷机构会根据借款人对资金的需求情况，索取不同的服务费；由于没有对该项业务收费标准的监管，部分助贷机构可能收取1/3甚至1/2借款本金作为服务费，极大地提高了借款人融资成本。

2. 融资担保类涉助贷金融借款纠纷

此类模式下，助贷机构除充当信息中介外，还以自身或关联企业为借款人提供担保，以增加借款人的还款能力。助贷机构在未取得融资担保资质的情况下，选择回购债权、保证受让债权、担保还款等方式向出借人增信，并向借款人收取相应服务费。而融资担保公司向出借人提供担保，则可以直接向借款人收取融资担保费。

课题组对此类型的案例整理分析如下：

首先，从助贷类机构的构成上，2018 年至 2020 年浦东法院受理的涉助贷类金融借款纠纷案件中共涉及助贷机构 69 家，其中涉及融资担保公司的 20 家。

其次，从融资担保模式的案件数量上看，2018 年至 2020 年浦东法院受理的涉助贷类金融借款纠纷案件中涉及融资担保模式的助贷案件 62 件，占整个助贷类案件比例的 18.07%。从年份分配上看，2018 年 3 件，2019 年 29 件，2020 年 30 件，从最初的喷发式增长到 20 年趋于稳定。从每一年融资担保模式下的涉助贷类案件总数占当年助贷类案件总数的情况来看，却呈现出了一个倒 U 字型的曲线，其 3 年的比例分别为 9.6%、24.8% 和 15.4%。

最后，在审判实践中，此模式中的争议焦点主要在以下两个方面：一方面涉及服务费、担保费等各种名义费用的上限问题，众多网上借贷平台采用此种模式，吸引大量资信状况较差的借款人进行消费贷款，通过服务费、担保费等各种名义费用，变相提高借款人融资成本，甚至演变为新型高利贷；另一方面涉及助贷机构或融资担保公司提供融资担保服务后，其向出借人偿还借款本息后的追偿范围问题。

3. 保证保险类涉助贷金融借款纠纷

保证保险模式系借款人从助贷机构获取贷款产品信息，并向助贷机构提交借款申请，助贷机构将经过初步筛选的借款人向银行等放贷机构推荐，放贷机构自主对借款人的借款申请进行授信审查，审查通过后向借款人发放贷款，助贷服务机构引入保险公司向放贷机构提供保证保险，借款人违约时，保险公司与放贷机构共同协商如何对逾期未还款项向借款人进行催收，双方按合同约定开展催收工作，借款人达到保险合同约定的理赔时间仍未清偿贷款或满足保险合同约定的理赔条件时，保险公司启动理赔程序。

课题组对此类型的案例整理分析如下：

首先，从助贷类机构的构成上，2018 年至 2020 年浦东法院受理的涉助贷类金融借款纠纷案件中共涉及助贷机构 69 家，其中保险公司 13 家。

其次，从保证保险模式的案件数量上看，2018 年至 2020 年浦东法院受理的涉助贷类金融借款纠纷案件中涉及保证保险模式的助贷案件 159 件，占整个助贷类案件比例的 46.3%。从年份分配上看，2018 年 19 件，2019 年 56 件，2020 年 84 件，呈现持续增长的趋势。但是，如果从每一年融资担保模式下的涉助贷类案件总数占当年助贷类案件总数的情况来看，却呈现出递减的趋势，其 3 年的比例分别为 61.3%、47.9% 和 43.1%。

最后，此种模式下的争议焦点与融资担保模式下趋同。

4. 信托类涉助贷金融借款纠纷

助贷机构通过信托公司设立单一资金信托、认购信托公司发行的集合资金信托劣后级份额等，为信托公司提供出借资金，寻找借款人，审核借款人资质，决定借款额度，对借款人进行贷后管理、催收、受让债权等。在此模式下，信托公司仅充当通道作用，不承担借款双方的权利义务。在信托到期时，将债权原状分配给助贷机构；在借款人逾期时，根据安排由融资担保公司、保险公司清偿，或助贷机构回购。信托模式下，信托公司一般都是通过助贷机构先找寻资产，审核通过后，再通过信托计划来募集资金进行放款。最初这个模式也是信托公司利用牌照，给助贷机构做形式风控，充当放款通道，助贷机构认购劣后级信托份额，并通过提供担保、回购、逾期补足等方式来承担业务的实质风险。目前监管对信托模式的助贷业务也做了相应的规范，只有有担保资质的第三方才能提供增信服务。

课题组对此类型的案例整理分析如下：

首先，从助贷类机构的构成上，2018 年至 2020 年浦东法院受理的涉助贷类金融借款纠纷案件中共涉及助贷机构 69 家，其中涉及信托模式的助贷机构 1 家。

其次，从信托模式的案件数量来看，2018 年至 2020 年浦东法院受理的涉助贷类金融借款纠纷案件中涉及信托模式的助贷案件 12 件，占整个助贷类案件比例的 3.5%。从年份分配上看，该 12 件案件都集中在 2020 年，占当年助贷类纠纷案件的 6.2%。

最后，信托模式下法院审理的主要争议问题在于，信托服务扩大了金融风险，隐藏真实法律关系。其不同于委托贷款，委托贷款具有较为成熟的监管规则，而信托贷款监管较松。如何进行穿透性审查，认定各方真实法律关系成为审判的新趋势。

5. 分利类涉助贷金融借款纠纷

在该模式中，银行等放贷机构承担风控和放款审核职责，而助贷平台则提供获客导流、辅助风控等服务，双方根据事先约定的利润分成分配助贷业务利润。

对银行等机构来说，要完成信贷投放规模的指标，如果有优质的第三方愿意提供客户或技术服务，可以节省大量的精力和人力。分润模式下，银行等机构根据助贷机构提供的信息作为辅助，按照自己的风控逻辑和模型进行审批，风险一般都是由放贷机构来承担，银行等偏向于与一些规模大风控能力强的第三方机构合作，例如蚂蚁、腾讯之类的。据悉，蚂蚁通常会分润客户全部息费的 30% 左右作为技术服务费，个别的甚至五五开。

（二）助贷类金融借款纠纷审理过程中的难点和问题

1. 助贷类金融借款纠纷所涉案由复杂

纠纷主要涉及金融借款合同纠纷、保险合同纠纷、担保合同纠纷、保险人代位求偿权纠纷、追偿权纠纷等多种类型。据初步统计，浦东法院受理的助贷类金融借款纠纷案件中占比最高的案由是金融借款合同纠纷，达 58%。浦东法院先后处理北京某科技公司作为金融平台，某信托公司作为资金方的借款案件 80 余起，浦东法院另有北京某投资担保有限公司、上海某金融信息服务有限公司与某信托公司等涉及助贷业务的系列案件。仅浦东法院在 2018 年至 2020 年，审结涉助贷类案件共 343 件，其中 2018 年 31 件，2019 年 117 件，同比上涨 277. 4%，2020 年为 195 件，同比上涨 66. 7%（见图 1）。

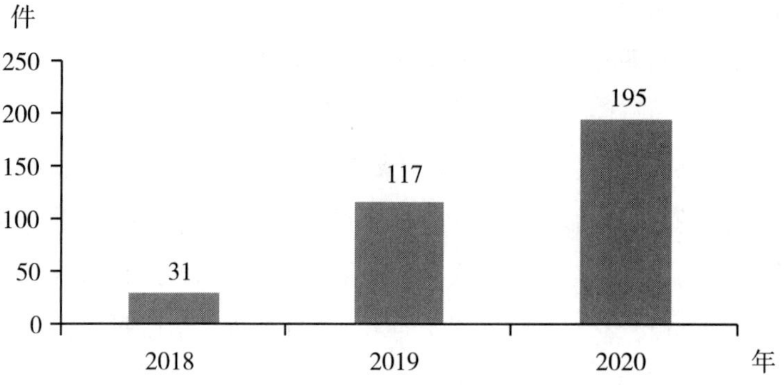

图 1　浦东新区法院受理的涉助贷案件情况

2. 助贷模式多样，法律关系复杂

由于助贷业务所涉贷款大多为信用贷款，除了少数大标的借款要求借款人提供不动产抵押担保（13 件，占 3. 79%）外，新型助贷存在保险公司承保模式、融资担保公司担保模式、中介助贷机构提供担保模式、中介助贷机构与银行分润模式以及联合贷款模式等多种模式。上述案件中，合计存在担保增信的助贷业务占比高达 96. 21%。其中由助贷机构自身提供担保，包括提供保证或者与贷款银行签订兜底协议、债权转让协议等案件 106 件，占 30. 90%。224 件案件系由助贷机构帮助借款方引入第三方提供担保。在贷款发生逾期等违约情形时，出现借款合同关系叠加担保法律关系、保险法律关系、债权转让法律关系、代位追偿法律关系等，法律关系错综复杂（见图 2）。

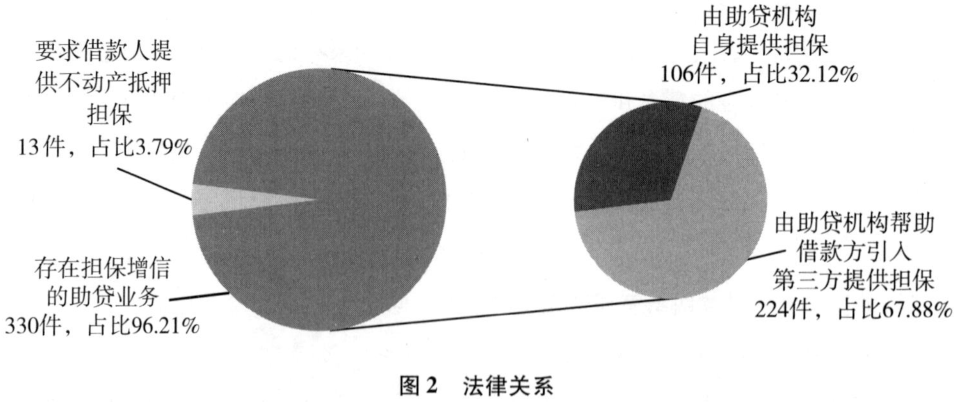

图 2　法律关系

3. 债权多次转让导致的事实查明问题

由于助贷机构参与借款交易，在借款人出现逾期后，担保公司、保险公司、中介助贷机构按约向出借人还款后，债权人将相关债权转让给上述机构；而上述机构亦可能再次将债权进行转让，使得基础借款关系难以查清，特别是通过淘宝网拍卖等互联网平台进行转让，受让人对基础借款完全不知情，导致借款、担保、保险等法律关系以及追偿、债权转让、再转让等关系错综复杂。目前，相关法律法规并未对融资担保公司转让追偿权、保险公司转让保险人代位求偿权等进行规定，相关交易是否存在违规具有不确定性。

4. 助贷机构收费合法性认定问题

助贷公司在合法范围内正常收取服务费理应得到支持，但部分助贷机构在引入融资担保公司、保险公司提供保障时，可能会收取各种名目的服务费、管理费等费用，变相以费代息，增加了借款人融资成本，违反了互联网金融风险专项整治工作领导小组办公室、P2P 网络借贷风险专项整治领导小组办公室印发的《关于规范整顿“现金贷”业务的通知》中银行业金融机构（包括银行、信托公司、消费金融公司等）“应要求并保证第三方合作机构不得向借款人收取息费”的规定。审判实践中，如何判定助贷机构收取的费用的合法性及合理性，需要法官在查明事实的基础上加以认定。

5. 担保公司、保险公司追偿范围难以界定

融资担保公司履行担保义务、保险公司支付保险金后，向借款人追偿的范围存在较大争议。在保险合同、融资担保合同中，均会约定借款人未及时向保险公司赔偿保险金、向融资担保公司支付代偿款的，应支付违约金。

保险公司向借款人进行追偿属于保险人代位求偿权纠纷，根据法律规定，保险人求偿范围仅为其支付保险金的范围，但在其与借款人之间存在明确合同约定情形，是否支持其关于违约金的主张存在较大争议。

由于法律法规尚未对融资担保公司的追偿范围进行规定，融资担保公司要求借款人在其代偿后，支付以代偿金为基数计算的违约金，是否加重了借款人负担，增加借款人融资成本。

三、金融借款助贷领域存在的主要问题

通过对相关案件的梳理，课题组发现助贷业务存在以下几个主要问题：一是宏观层面上助贷业务带来的金融系统性风险；二是在发展过程中与普惠金融目标相偏离的问题；三是对个人信息保护的威胁；四是相关金融消费者权益保护面临挑战。

（一）助贷业务带来的金融系统性风险

在金融活动中，因为现实的需要往往会产生新的相关机构或者新的业务类型，一方面，为金融事业注入了活力，并且增大了金融的惠及性，另一方面，这些新的活动可能也会扰乱金融秩序，损害金融稳定，助贷类机构及其相关业务的产生和发展属于上述情况。

第三方助贷机构作为金融借款中连接资金供给方和需求方的中介，利用自身信息优势，

为资金供给方开展客户筛选和信息收集、款项催收等业务，对金融机构或类金融机构开展贷款业务起到了积极作用。助贷机构的核心竞争力在于收集信息和处理信息的能力，后者可以帮助传统商业银行摆脱以往大贷款、重担保的路径，为更多中小微企业进行融资，从而实现普惠金融的目的。

从本质上来看，传统商业银行通过助贷机构拓宽了自身的信贷风险评价体系，将单纯的依靠担保来保障债权的实现，转变为在助贷模式下的依靠客户信用数据来分析信贷风险。其中存在的一个悖论是，与人们通常的直觉相反，银行信贷风险控制能力的提高，反而会导致整体信贷风险水平上升，进而推高风险溢价和平均利率，因为很多原本无法获得信贷的高风险人群被作为引入客户。那么在这个转型过程中，收集到的信息是不是准确，建立起来的风险模型是不是符合实际的风险，这些都会决定这个信用的风险评估是不是精准。

第一，助贷机构使用的个人数据既有财务数据，也有替代性数据。所谓替代性数据，是指国家金融机构在对金融信贷业务进行评分时，虽然可能是与传统数据类似的财务性数据，如借款人的租金缴纳情况，也可能是教育机构、学历等非财务性数据，但传统上并不使用的数据信息，这些数据可以对借款人的重要个人信息进行分析。[1]诚然替代数据可以作为金融数据的补充，为贷款机构评估信贷风险提供更多的信息。但是现实中，助贷机构会更多地更频繁地使用替代数据，例如，用贷款人的职业和学历信息来进行判断，会带来很多不确定的风险。2018 年 12 月 19 日美国政府问责局发布了[2]报告，也认为频繁使用替代数据将会带来潜在的金融风险。

第二，助贷机构收集数据的全面性和准确性有待验证。互联网金融平台只根据用户身份信息、消费行为、支付记录等单一平台获取的数据，只是反映用户部分的消费购买习惯，无法对用户真实全面的资信状况和可贷额度做出准确客观的判断，加之信用贷款缺乏资产作为担保，资金供给方违约风险较大。互联网金融平台虽然有基于大数据技术构建的风险测算模型，但还没有经历经济周期的考验，有效机制能否发挥作用还是未知数。

第三，助贷机构在实践中承担着绝大多数的风险评估功能，带来更多的系统性风险。在助贷业务中，形式上由助贷机构、金融机构分别进行第一、第二道风控审查，但实际上金融机构通常委托助贷机构进行核心风控、信贷审查、贷中管理等，自身对上述事项则疏于把关。助贷机构因自身业务能力局限，或出于商业目的考虑等原因，容易出现风控审查不严，甚至与不法分子串通，套取金融机构贷款资金等情况。有的助贷机构、特约商户盲目扩大业务规模，未合理预判商业风险等多种因素，导致贷款逾期、坏账增多，进而将风险向金融机构等资金提供方传导，可能扩散至整个金融系统。

一些金融机构将主要的信贷业务流程完全交给平台企业来做。一些平台企业与金融机构

---

〔1〕 参见顾雷：《我国助贷业务监管需关注的问题》，载《金融博览》2020 年第 3 期。

〔2〕 Financial Technology, *Agencies Should Provide Clarification on Lenders*, Use of Alternative Data.

按照1∶99的比例进行共同贷款，平台企业出资很少却实质上主导了贷款业务流程，而出资较多应占据主导地位的金融机构却降格为“资金批发商”，将信贷审批、风险控制等核心环节变相外包给平台企业。[1]助贷机构主导了整个贷款流程，却不承担主要的信贷风险，权责不一致将导致其采取以信贷扩张赚取利润的策略，从而提升系统性风险。

第四，助贷机构被利用实施跨区域信贷业务。一些地方商业银行利用助贷模式向异地客户提供互联网贷款产品，规避属地经营要求，扩大经营区域。这种跨区域经营导致不同金融机构之间的无序竞争，其结果必然为所有金融机构都采取更为宽松的信贷风险审核机制来完成信贷任务。这种信贷风险审核机制向下看齐的做法，无疑会导致系统性金融风险的提高。

（二）与实现普惠性金融目标相偏离的偏离

理论上，助贷机构弥合了中小额贷款人和传统商业银行间的契合问题，使得中小微企业能够以更合理的利率取得商业贷款，从而实现普惠金融的目标。但是实践中，助贷机构向实际贷款人收取的费用却极高，甚至超过了法律规定的上限。

银行等金融机构发放贷款，相关利息不应超过法律规定上限，但对于融资担保公司收取担保费、保险公司收取保险费的标准，没有法律明确规定，部分融资担保公司、保险公司收取的费用高于借款利息，甚至高于年利率24%。同时，部分中介平台在引入融资担保公司、保险公司提供保障时，可能会收取服务费、管理费等费用，大幅增加了借款人融资成本。

由于助贷业务以小额普惠金融贷款业务为主要标的，以小微企业、个人等金融消费者为主要客户群体，而互联网用户主要以年轻人为主，互联网平台业务的发展也较少受到时间、空间局限，因此助贷业务中的借款人普遍为年轻人。在所有案件中，涉案借款人的年龄集中为“80后”“90后”，融资款用途主要用于个体工商户、小微企业经营或者个人消费，包括购买车辆、装饰装修等，且涉案金额普遍不高，90%以上的案件金额低于20万元。虽然被诉金额不高，但借款人被诉请支付的项目名目繁多，一般包括本金、利息、违约金、赔偿费、手续费、保险费，以及为签订或履行合同而发生的费用等，借款人就同一笔贷款需要向助贷机构、担保方、资金方等不同机构支付不同费用，综合费率远高于24%，融资成本居高不下。

（三）对个人信息保护的威胁

不管是从数据公司购买数据，还是自己利用技术抓取数据，稍有不慎，就有可能触犯法律，对公民个人信息造成侵害。此外，在助贷机构进行风险初筛时，为帮助信贷决策所使用的替代数据越多，面临的监管规制更强。通过机器学习算法处理海量数据，对某个人的信用水平进行高纬度、弱相关变量的描述，对提高获取贷款的可能性和降低贷款成本都有好处。而替代性数据相对于财务数据而言，更能反映出一个人的特点，也更多地暴露了个人隐私，

---

[1] 参见朱太辉、龚谨、张彧通：《助贷业务的监管框架和转型方向研究》，载《金融与经济》2021年第12期。

需要法律予以保障。

（四）金融消费者权益保护面临挑战

在经助贷机构办理的贷款业务出现纠纷时，消费者依法维权难度较大，助贷业务中仍存砍头息、高额息费、暴力催收等现金贷“通病”，消费者权益保护面临挑战。虽然我国监管层多次发文要求清理整顿现金贷和网络小贷的高利借贷、暴力催收、滥用信息等问题，但目前来看，不少助贷机构其实就是在做现金贷业务，并无实际场景依托。消费者表面上享受无息分期贷款，但一旦发生逾期，则需支付本金及至少年利率 24% 的违约金、律师费等高额费用。

另外，消费者实现合同目的难。在部分案件中，消费者最初的借贷目的是为了获得装修或其他特定服务，而特约商户因各种原因，如层层分包、资金链断裂、门店关停、公司倒闭等不能提供消费者所期望的服务时，消费者仍需按约向金融机构还款。许多案件中，发生民事诉讼时特约商户已经无履行能力甚至破产，即使消费者向法院起诉要求特约商户继续履行合同，消费者亦无法切实获得其合同订立时的预期利益。

四、助贷类金融借款纠纷的审判策略与规制方向

虽然我国法律体系中没有直接对助贷业务和助贷机构进行定义，但是在与小额贷款和互联网金融有关的规范性文件中都会涉及助贷业务和助贷机构的性质和行为规范。特别是 2021 年 9 月 27 日由中国人民银行发布的《征信业务管理办法》和 2021 年 8 月 20 日通过的《个人信息保护法》的有关规定，都为助贷业务的未来发展勾画了愿景与蓝图。在这样的转型时期，法院所面对的助贷类金融借款纠纷更加复杂，需要新的思考与审判策略。

（一）司法实践中助贷类金融借款纠纷的审判策略

目前浦东法院受理的助贷类案件数量与其他类型金融案件相比总体数量不多，但后续此类纠纷存在爆发性增长的可能，而由于多数助贷机构风控能力不强，可能会成为 P2P 网贷、私募产品之后又一金融风险的引爆点。针对上述情况，建议采取以下措施进行应对：

第一，明确金融司法的价值取向。金融司法的价值目标是多元的、交织的和复杂的，法院在审理金融类案件时必须在诸多价值目标中找到平衡点。比如，防范系统性金融风险与维护市场信心目标之间，过度谨慎的金融政策和司法取向可能会降低金融市场的活跃度。又如，在防范系统性风险与金融消费者个人信息保护之间，为了更精确的系统风险评估难免需要更全面的金融消费者数据。法院在审理时应更多遵循程序性规则还是充分发挥自由裁量权进行实质判断，是法院面对助贷类案件时需要做出的选择。

第二，应“就事论事”，结合个案情况裁判。上述所说的诸多价值只能在具体的案件中找到确定的平衡点，助贷类案件的审理中也必须考虑个案的特殊性和被侵犯的价值目标，使

助贷类金融活动能够发挥其应有之义。

第三，加强类案审判指导。针对助贷类金融借款纠纷中案件特点以及可能引起众多诉讼的新情况，围绕审理此类案件中遇到的新问题、新情况，由上海高级人民法院、上海金融法院牵头调研全市涉助贷类金融借款纠纷及相关金融市场情况，加强业务指导，统一裁判规则，促进全市法院公正高效处理此类纠纷，防范化解金融风险。针对可能出现的助贷类金融借款纠纷爆发性增长，由上级法院对批量案件指定管辖方面进行统筹安排。

第四，进一步加强对相关合同穿透性审查。在审理助贷类金融案件中，严格审查债权基础合同、担保合同、保险合同、债权转让合同等相关合同审查，必要时可以追加所有相关合同相对人参加诉讼，尽可能查清基础借款交易的实际情况、借款人实际承担融资成本金额，识别借款人实际承担费用的性质及合法性，依法作出裁判。

第五，进一步加强与监管机构协调。在审理助贷类案件中，如发现当事人涉嫌存在未经批准开展发放贷款、融资担保等业务时，及时移送相关线索，及时查处相关机构违法犯罪行为。就助贷类案件审判的总体情况、后续案件变化趋势以及助贷业务中存在的突出问题，及时向银行业保险监督管理委员会地方分局、地方金融监督管理局等监管机构通报，建议其及时采取有力监管措施，实现纠纷的源头治理。

第六，发挥多元纠纷化解机制作用。充分发挥法院、金融监管机构和专业调解组织的职能作用，加大专业调解的力度，进一步完善特邀调解与司法确认的衔接机制，通过信息化建设提高在线调解的使用频率和用户体验，引导助贷类纠纷当事人通过诉前、诉中调解化解纠纷。

（二）金融借款领域中助贷业务的规制框架与制度完善

1. 明确助贷业务的性质与角色

第一，根据助贷类案件纠纷的统计，助贷机构所承担的功能和角色不断扩张，是导致助贷类纠纷数量不断上升的主要原因之一。因此，紧跟金融创新业务发展速度，制定助贷类活动的法律规范，明确助贷业务范围，确定助贷机构在助贷业务中的权利、义务和责任，对助贷类纠纷的预防和解决有着重要作用。

第二，重新划分助贷业务在法律上的角色设定。依上文所述，助贷业务根据其具体内容不同可以分为客户支持型助贷、资金支持型助贷和风控支持型助贷。虽然此种分类可以很好地阐释助贷业务的内容，但是从法律的视角出发提供信息和技术同属服务类。而从事放贷活动的金融机构在法律上具有特殊性，因此，课题组建议根据有无涉及利用自身资金放贷，从制度上将助贷机构设置为“信息与技术提供方”和“资金提供方”两种模式。

在第一种模式中，助贷机构向放款金融机构提供相应的技术和信息，以撮合放款机构和贷款人之间合意的达成。这种模式的争议之处在于，助贷机构和金融机构之间是合作关系抑或代理关系。本课题认为两者之间应属于合作关系，理由如下：其一，在助贷业务中，资金方和助贷机构的合作体现了各自的意愿，需要各自承担责任，而在银行代理业务中，则需要代理商严格按照代理权限办事，也就是说，银行的意思表示由代理商来执行的。其二，在助贷业务中，资金方与助贷机构通过合同约定的是合作方式、合作内容、收益分享和资金流向等业务细节，而在银行代理业务中，通过代理协议，银行与代理机构约定的则是代理权限。其三，在助贷业务中，资金方与助贷机构提供给借贷客户的是借贷服务；在银行代理服务中，银行通过代理机构为客户提供支付、储蓄、取款、贷款管理等更多方位的金融服务，其中在贷款服务中，银行承担全部贷款风险责任。其四，在收费方面，助贷机构在助贷业务中，既服务于资金方，也服务于借贷客户，原则上可以对双方收费，而在银行代理服务中，助贷机构服务于银行，只向银行收取按笔数提成的手续费。在第二种模式中，助贷机构不仅向金融机构提供服务，还参与放贷。这类助贷模式通常采用联合授信的方式，助贷机构和银行等具有放贷资质的放贷机构，双方按比例提供资金，共同将资金提供给贷款客户。它本质上属于共同贷款，共同出资，共同承担风险，共同决策授信。

在资金支持模式的助贷业务中，助贷机构参与出资放款，本质上属于联合贷款的模式，放贷机构需要获得相应牌照，同时可参照原中国银行保险监督管理委员会（以下简称原银保监会）2018 年印发的《银行业金融机构联合授信管理办法（试行）》进行监管。但《银行业金融机构联合授信管理办法（试行）》的适用对象是银行业监督管理机构批准设立的金融机构，不包括地方政府批准设立的小贷公司、商业保理公司、融资租赁公司等贷款性准金融机构。因此，对于银行业金融机构与贷款性准金融机构的联合贷款，需要参考《银行业金融机构联合授信管理办法（试行）》，进一步明确具体的监管办法。

2. 对助贷业务进行更具体的规范性指引

虽然国家对具体助贷机构的认定和助贷活动的规范还缺乏统一的规定，但是许多地方针对相关问题都作出了区域性的探索，课题组根据现有地方性文件，总结出以下几个法律规范框架的发展方向：

第一，对助贷机构资质以及准入准出规则的确定。信用是经营资金和风险的业务，借贷主体风险是信用业务生死存亡的关键，对信用主体资质的要求自然也是监管机构十分关注的。原银监会印发的《个人贷款管理暂行办法》提出："贷款人在不损害借款人合法权益和风险可控的前提下，可将贷款调查中的部分特定事项审慎委托第三方代为办理，但必须明确第三方的资质条件。"原中国银保监会浙江监管局发布的《关于进一步规范个人消费贷款有关问题的通知》明确和细化了贷款合作对象的资格要求："不得与无放贷资质的机构共同出资放贷或为其提供资金放贷""不得接受无担保资质的第三方机构增信及变相增信"。原中国银保监会北京监管局《关于规范银行与金融科技公司合作类业务及互联网保险业务的通知》中对合作类业务，包括助贷在内的主体资质要求更加细化，尤其对金融机构不能合作的对象，提出了明确的禁止性规定："对于出现风险预警信号、存在潜在风险隐患和违法违规行为的合作机构，应及时终止合作。严禁与以金融科技之名从事非法金融活动的企业开展合作；严禁与虚构交易背景或贷款用途，套取信贷资金的企业开展合作；严禁与以非法手段催收贷款的企业开展合作；严禁与以‘大数据’为名窃取、滥用、非法买卖或泄露客户信息的企业开展合作。”

第二，对授信、风控等核心业务不得外包的明确要求。信贷审查和风险控制是银行业金融机构的核心和命门所在，必须要把握在自己的手里，禁止全部外包。相关政策最早可追溯至原银监会2010年发布的《个人贷款管理暂行办法》和《银行业金融机构风险外包管理指引》，这两个法规也在一些地方监管条例中得到了明确体现和强化。如2019年1月，原中国银保监会浙江监管局下发并实施的《关于加强互联网助贷和联合贷款风险防控监管提示的函》，对银行开展互联网贷款业务提出了明确要求，“不得将授信审查、风险控制等核心环节外包，不能异化为单纯的放贷资金提供方。参与银行应开发与业务匹配的风控系统与风控模型，配备专业人员，应独立开展客户准入、风险评测、贷款额度和贷款利率确定、贷后资金用途管理”。原中国银保监会浙江监管局2019年7月发布的《关于进一步规范个人消费贷款有关问题的通知》也明确要求：“不得将授信审查、风险控制等核心业务外包。”

第三，明确助贷企业责任，建立和完善信息披露制度。助贷业务的复杂性在于参与主体多、流程长，相关参与方在展业过程中权责边界不清、风险责任不明，比如虽然相关政策明确规定不得外包风控等核心业务，但实际操作中多采用助贷机构向银行等金融机构推送的授信建议，金融机构只是在形式上做了一次“风险控制”。如果客户爆发风险事件，往往双方的责任划分很难明确，这给责任界定、消费者维权等风险处置带来很多困难。2019年10月，《北京银保监局关于规范银行与金融科技公司合作类业务及互联网保险业务的通知》第一次明确要求：“严格审慎制定与合作机构的协议条款，在风险承担、信息披露、风险揭示、客户信息传递及信息保密、服务安排、投诉和应急处理等方面，明晰权责边界。充分披露合作业务信息及合作各方的责任边界，揭示合作业务风险，明示收费主体、项目和标准。”这些政策旨在明确合作业务的责任主体、风险承担主体以及投诉应诉主体，明确了合作双方的责任和义务，也为监管机构在处理此类事件时提供明确的政策依据。

第四，对助贷类信贷产品进行具体规制。互联网联合贷款的诸多乱象，暴露出相关业务监管缺位的现状，在金融创新方面，这也是普遍存在的现象。我国监管部门对此反应迅速，出台了一系列法规，将互联网联合贷款纳入监管视野，特别是在2020年7月和2021年2月，原银保监会先后推出了《商业银行互联网贷款管理暂行办法》和《关于进一步规范商业银行互联网贷款业务的通知》，从杠杆率、授信额度、出资比例、贷款集中度、跨区域等多个方面对互联网联合贷款进行规范。

3. 细化数据采集规则和加强用户数据保护

公民数据隐私安全的保护需要明确执行征信机构和征信业务的规范。《征信业务管理办法》

第 4 条规定了从事个人征信业务、企业征信业务和信用评级业务的资质要求，直接对助贷机构的准入资质进行要求。同时，《征信业务管理办法》也对信息提供者和信息使用者的行为进行了具体的规定，网络平台不得以申请信息、身份信息、基础信息、个人画像评分信息等名义，在与金融机构开展引流、助贷、联贷等业务合作中，直接向金融机构提供个人主动提交的信息、平台内产生的信息或从外部获取的信息，而需要持牌征信机构作为中间媒介。助贷机构应严格按照最新的《征信业务管理办法》相关规定，不得非法采集个人信息，直接将所掌握的个人征信信息提供给放贷金融机构，必须通过第三方征信机构提供征信信息。监管机构需重视并逐步加大用户隐私方面的执法和惩戒力度。这样一方面可以打破各助贷机构对收集信息的垄断，另一方面持牌征信机构可以对个人信息予以更加全面的保护。

4. 完善助贷机构的监管体系

目前，对助贷机构的监管存在主体多样、标准不一的问题，不仅导致监管不严，甚至还存在监管套利的现象。因此，应当从横向和纵向两个方面完善对助贷业务的监管体系。横向上，监管机构应加强对资金提供方，特别是部分城市商业银行的资金出口管理；纵向上，建议完善中央、地方两级监督体系，构建以地方监管局为主导的助贷监管模式。

金融刑法新问题

涉众型金融犯罪追赃挽损理论与实务研究

吴菊萍　黄　翀*

一、问题的提出

涉众型金融犯罪并非刑法确定的单个罪名，而是对违反金融管理法规，破坏金融管理秩序，侵害众多人员利益，依法应受刑罚处罚的一类犯罪统称。我国《刑法》以行为方式为标准将金融犯罪分为两类：一类是以诈骗方法实施的金融犯罪，即《刑法》分则第3章第5节的“金融诈骗罪”；另一类是以其他方式实施的金融犯罪，即《刑法》分则第3章第4节的“破坏金融管理秩序犯罪”。[1]上述两类犯罪导致众多人员利益受损的即涉众型金融犯罪，包括但不限于非法吸收公众存款，集资诈骗，擅自发行股票、公司企业债券等罪名。

涉众型金融犯罪案发时，由于犯罪人员挥霍或对涉案资金进行了其他转移处置等，留存的涉案资金往往不足以偿付受害人。各地法院审结的涉众型金融犯罪案件中，涉案财产实际移送执行并执行终结的数量长期在低位徘徊，大部分案件涉案财产部分没有得到有效执行。[2]有法院对过往10年间追赃挽损率进行了统计，

---

* 本文为上海金融法治研究会2021年重点课题“涉众型金融犯罪追赃挽损理论与实务研究”的成果。由上海市人民检察院第二分院课题组承担，课题组长吴菊萍，课题组成员黄翀。

〔1〕 参见郭泽强：《重新考量金融诈骗罪三题》，载《河北法学》2005年第7期。

〔2〕 参见袁辉：《责令退赔空判现象实证研究——以L市两级法院刑事判决为中心的考察》，载《法律适用》2015年第1期。

此类案件的追赃挽损率不到 20%。[1] 从中晋、e 租宝等集资诈骗犯罪案件来看，追赃挽损总体情况与此类似。故相较于解决定罪量刑问题的对人之诉，以涉案财物处置（追赃挽损）为中心的对物之诉在此类案件中更为引人关注，处理起来也更为疑难。涉众型金融犯罪追赃挽损的开展不单单涉及案件妥善办理，也是关及社会稳定的深层次治理问题。东部某省 2017 年上半年对涉众型经济犯罪引发集体访（5 人以上）情况调研报告显示，非法集资类犯罪案件的上访数共 113 批，占集体访总数的 81%；以追赃为诉求的集体访共 62 批，占总数的 45%。特别是在当下，非法集资等涉众型犯罪很多运用网络实施，受害人往往突破地域限制，受害人人数相比较于传统的线下犯罪模式，数量呈指数级上升，放大了社会不稳定因素。例如 2022 年上半年“爆雷”的河南村镇银行事件，河南新财富集团操纵其控制的村镇银行，借助自营小程序，一些第三方平台把一个地方性的小金融机构变成了一个全国性金融机构，非法吸收并占有公众资金上百亿元，涉及储户 10 余万户。

从司法实践来看，涉众型金融犯罪追赃挽损不尽如人意，固然与该类犯罪资金易被处置转移的特性有关，但我国刑事追赃挽损机制亦有值得检讨之处，其不尽健全亦在很大程度上影响了追赃效果。我们认为，为适应涉众型金融犯罪追赃需求，刑事追赃机制应具备三个特征：一是应追尽追，即能够最大程度查控所有现存涉案财物；二是确保价值，即设法使查控的涉案财物不贬值或者少贬值；三是及时处置，即偿付受害人时应避免久拖不决。我国刑事运转主要服务于定罪量刑，以上述追赃挽损的三个目标进行检视，侦诉审的运行存在着诸多不足。区别于以往的研究，本课题不单纯立足于侦诉审三者的各自单独优化，而是以三者协调运行为视角，检讨现行机制中刑事权力主体在追赃挽损互动中的抵牾之处，并就其实现系统化的协同一致予以建言，以求最大限度促进追赃挽损开展。

二、侦诉审协同视角下的涉案财物查控

被害人损失的弥补取决于查控的涉案财物的多少，最大化的追赃挽损应实现对涉案财物的应扣尽扣。过往的研究重点在于规范、督促公安机关及时查控涉案财物。但从司法实务来看，这一被论者所关注到的问题要得以根本解决，还要从侦诉审协同的角度予以切入。

---

〔1〕 北京市第二中级人民法院对 2003 年到 2012 年 118 件涉众型金融犯罪的追赃挽损情况进行了统计。118 件案件共追赃 87,383 万元，总追赃率不足 18%。其中 37% 的案件追偿率低于 5%，70% 的案件追偿率低于 20%，仅有 5% 的案件追偿率超过 50%。需要注意的是，此处统计的涉众型金融犯罪案件除集资诈骗、非法吸收公众存款等涉众多型金融犯罪案件外，还包含了普通诈骗、合同诈骗、非法经营等经济犯罪。一般认为，集资诈骗、非法吸收公众存款等金融犯罪相较于普通诈骗、合同诈骗，涉案金额更大，追赃挽损更难，故单纯的涉众型金融犯罪追赃挽损率只会低于不会高于上述数字。参见北京市第二中级人民法院重点调研课题组、朱江：《对涉众型经济犯罪案件的调查研究》，载《人民司法》2013 年第 1 期。

（一）涉案财物查控需侦诉审协同的内在逻辑

1. 侦查查控需要位于其后的诉审指引

依据《刑法》第64条的规定，查证属实的涉案财物类型包括：犯罪嫌疑人的违法所得及其孳息、供犯罪所用的本人财物、非法持有的违禁品以及其他与案件有关的财物及其孳息。涉案财物的范围在刑法条文的表述上是明确的，但是其在实践判断中却极为复杂，且极易产生认识分歧。例如，某一网络借贷平台将非法募集的资金划入了他人账户，他人账户里的这一资金能否认定为涉案财物，往往需要结合不同的情形予以判断。如果是支付他人费用，这里涉及是否构成善意取得的复杂判断。如果是偿还在先债务，此时需要考虑债务的合法性，也涉及在先的债务是否成立的民事关系判断。看似明确的涉案财物范围在个案中并非泾渭分明。涉案财物的判定不仅关及刑法规定的其实体条件的理解，也涉及对涉案财物证据证明是否达标的认识。例如，网络非法集资平台借出资金，他人提供了房屋抵押，但现在找不到房屋抵押人证实债务是否偿还，对该抵押的房屋能否作为涉案财物，侦诉审在证据证明的判断上可能并不一致。位于侦查之后的诉审，尤其是审判所确立的裁判规则对侦查查控具有显而易见的导向作用，其对涉案财物范围的划定、证明标准的设立将深刻影响侦查机关查扣什么样的财物、怎么样查扣财物。司法认可对侦查查控具有正向“可为”的指引作用；司法否定也会对侦查机关下一次查控确立“当为”的指引。在以审判为中心的前提下，侦诉共同完成指控，承担公诉职责的检察机关应当向侦查机关传递审判要求。在涉案财物查控上，检察机关还可起到查漏补缺的作用。例如，引导侦查机关全面查控涉案财物，指引其收集涉案财物的权属证据。总而言之，诉审在涉案财物查控上的指引作用表现为：指引侦查机关在法定范围内查控涉案财物，并搜集足够的证据对其予以证明。

2. 实现追赃挽损需要侦诉审查扣接力

实现追赃挽损最大化，侦查前端在查明犯罪事实外，对涉案财物应扣尽扣是前提和基础，但查控的涉案财物进入到最终处置前，需要侦查后端的诉审接力采取查控措施。根据我国刑事诉讼制度的安排，公安机关、人民检察院和人民法院对查封、扣押、冻结的犯罪嫌疑人、被告人的财物及其孳息，应当随案移送清单或者实物。[1]侦查机关随案移送的涉案财物需要续行查封、扣押、冻结的，在《刑事诉讼法》中并未明确其主体，但是相关的司法解释表明，一般应由后一阶段的司法机关承担。[2]例如《最高人民法院关于刑事裁判涉财产部分执行的若干规定》第5条第1款规定，“刑事审判或者执行中，对于侦查机关已经采取的查

---

〔1〕 参见《刑事诉讼法》第245条。

〔2〕 关于检察机关在审查起诉阶段对涉案财物续行查控的规定，可见最高人民法院、最高人民检察院、公安部等共同印发的《公安机关办理刑事案件适用查封、冻结措施有关规定》第46条：公安机关根据侦查犯罪的需要，对其已经查封、冻结的涉案财物，继续办理续封、续冻手续的，或者公安机关移送审查起诉，人民检察院需要重新办理查封、冻结手续的，应当在原查封、冻结期限届满前办理续封、续冻手续。

封、扣押、冻结，人民法院应当在期限届满前及时续行查封、扣押、冻结”。与此同时，检察机关、人民法院认为侦查机关的查封、扣押、冻结不符合法律规定的，也可以主动予以解除。这一制度决定了涉案财物最终处置为了弥补被害人损失，需要侦诉审接力完成查扣。在此过程中，权力运行抵牾将导致查扣的断层。涉案财物“应扣”的法律审查经由检察机关过滤传递后，最终亦要由人民法院“一锤定音”。故在涉众型金融犯罪案件中，涉案财物“应扣尽扣”的最终效果显现需要侦诉审的协作配合。

3. 刑事诉审激励与侦查能动相辅相成

侦查查控需要位于其后的诉审激励。诉审环节对涉案财物审查后，认可侦查机关的查控，涉案财物查控工作取得追赃挽损实效会引导鼓励侦查机关更积极主动地投入涉案财物查控。传统的侦查工作以定罪量刑、事实查明为中心。与定罪量刑没有明显关联，单纯服务于追赃挽损的涉案财物查控不太受到重视。且某些时候，开展追赃挽损的涉案财物查控较定罪量刑事实的查明更为繁杂。比如奔赴外地对涉案资金购买的房产查证后予以查控，对分散在各地的犯罪嫌疑人债权逐一核实，类似工作需要耗费大量精力。涉众型金融犯罪案件中，被害人的追赃意愿极为强烈，当大量的查控工作最终转化为追赃挽损成果，被害人所给予的外部评价及案结事了的效果将对侦查机关形成正面激励作用。在此过程中尤为重要的是，检察院、法院不能从减少自身麻烦的本位主义出发，对存有疑问的涉案财物向侦查机关一推了之，而是要共同做“加法”，对存有问题的涉案财物给予公安机关补正指引，尽最大可能使其转化为追赃挽损实效，以期形成涉案财物查控的良性循环。

（二）追赃挽损侦诉审协同不足的表现

1. 定罪量刑牵引下对追赃挽损协同顾及不够

涉众型金融犯罪一般系团伙共同作案，往往涉案人员多、涉案事实繁、涉案地域广。相较于一般的刑事案件，侦查机关全面查清犯罪事实、区分不同人员刑事责任的难度亦随之倍增，故审前侦查机关的侦查重心集中于定罪量刑事实的证据收集。之后诉审机关的审查与判断亦同样聚焦于此，与追赃挽损紧密相关的涉案财物处置系附带处理的问题，难以在事实上成为花费较多精力的中心议题。

侦诉审协同较少顾及追赃挽损工作表现在以下三个方面：一是侦查机关邀请检察机关提前介入，往往缘于案件定性或者定罪量刑证据收集存在疑难，不会因为追赃挽损问题专门听取检察机关意见。侦查阶段所调取的证据材料以犯罪指控为导向，部分对犯罪指控帮助不大但有利于追赃挽损的涉案财物，侦查机关有时会怠于查控或者缺乏查控意识。待案件移送审查起诉检察机关发现上述问题时，有时会因时过境迁而丧失了涉案财物查扣、追缴的最好时机。二是检察机关受邀提前介入，引导公安侦查的重点仍在于侦查方向的整体把控和定罪量刑证据收集，在公安机关没有主动提出的情况下，其对涉案财物范围确定、涉案财产证据证明等问题很多时候缺乏主动引导的意识。三是案件进入审查起诉、审判之后，侦查人员因认识不到位或者被新的案件牵扯精力，对于检察院、法院提出的涉案财物有关的补侦意见，执行意愿不足或者执行完成度上打折扣；具有最终法律话语权的法院，在涉案财物处置上有时存在简单化倾向，即对于涉案财物处置判别具有一定疑难的案件，习惯于做“减法”的多，着眼追赃挽损最大化向检控机关提出建设性意见做“加法”的少。

2. 诉审变通回避接收涉案财物影响追赃挽损

我国《刑事诉讼法》确立了涉案财物的随案移送制度。这意味着诉审应当接收移送的涉案财物实物或者有关清单，按照法律规定的程序对其再次甄别并作出明确的处置意见。检察机关审查起诉时，查明到案的财物确实与案件无关的，应当解除查封、扣押、冻结，在 3 日以内予以返还；认为属于涉案财物的，除依法应当事先处置的以外，应当向法院随案移送清单或者实物，由法院进行最终处置。法院审判时，对经查证属于违法所得及其他涉案财产，除依法返还被害人的以外，应当裁定予以没收；对不属于应当追缴的财产的，应当裁定驳回申请，解除查封、扣押、冻结措施。诉审按照法律规定对涉案财物作出的处置结论，如前所述，无论认可或者否定都将为下一次的侦查查控确立规范与指引。

实务中有些司法机关利用不接收涉案财物的方式回避对疑难涉案财物作出处置，司法实践中表现为对认识具有分歧的财物，拒绝在移送清单上签字。例如，在一起非法集资案件中，非法集资平台募集资金后对外大量放贷，案发时对外有大量的债权。部分债权设置了房屋抵押担保。公安机关查控了 100 余套到期债权所抵押的房屋。集资平台的银行流水显示，借贷资金流转至提供房屋抵押的借贷人之后没有再流回平台。由于查控的房屋均在外地，且大部分债务人不配合调查，公安机关未能就债务人是否还清款项单独制作笔录。检察机关起诉后向法院移送了查控房屋清单。法院认为，公安机关并没有收集到房屋抵押权上的债务尚未还清的证据，不认可其为涉案财物，拒绝在检察机关移送的财物清单上签字。

一个不成文的规则是，凡财物清单上未签字的视为没有移送该财物，在判决文书中亦不对该涉案财物予以处置。这种法外处理方式，会导致只要检察机关和法院认识不一致的涉案财物，就不会得到法定程序化的司法审查，也没有最终的司法处置意见。在司法实务中演变为法院将有疑问但未经正式庭审审理的涉案财物退回检察机关，检察机关再退回公安机关，且这种涉案财物的逆向回转并无正式的法律文书。涉案财物这种法外逆向流转阻却了涉案财物的最终处置。在个案中，这批涉案财物无法实现追赃挽损的效果；在类案处理上，由于没有最终的处置意见，后续案件办理时无法对此查阅与研究，从而未能形成明确的规范指引。侦查机关的查控是否有问题，或者哪方面有问题，在证据证明上应当如何弥补完善等一系列本应当由司法确立的规则成为了没有结果的悬案。这种没有判断的司法判断，会使得公、检、法在这批涉案财物上形成“拉锯战”，反复的私下协调与沟通会额外增加不应该有的司法成本。这种法外的涉案财物处置违背了《刑事诉讼法》所确立的“随案移送”原则。其至少在两方面对涉案财物查控带来消极影响：一是使查控和移送的检控机关陷入两难境地。

二是法院这种不表态的暧昧处置将无法确立、发展涉案财物查控和证明规则，无法形成有利于追赃挽损的规则指引。

3. 涉案财物查扣尚未完全建立以审判为中心

以审判为中心，要求确保侦查、起诉的案件事实证据经得起法律的检验，全面贯彻证据裁判规则，保证庭审在查明事实、认定证据、保护诉权、公正裁判中发挥决定性作用。定罪量刑以审判为中心的理念与行动已然形成，但是被视为附带议题的涉案财物处置，目前尚没有完全建立以审判为中心。

这主要表现在以下三个方面：一是公安机关对与定罪量刑无关但与追赃挽损紧密相连的涉案财物查扣不尽重视，或者进行了查扣，但是没有根据证据证明涉案财物的意识，认为只要查扣了就能处理，没有对照审判要求，收集涉案财物权属、排除善意取得等证据的意识，由于证据的匮乏、证明的不足，极易导致法院后端处置的进退两难。二是检察机关涉案财物处置意见的明确性、庭审证明的规范性有待加强。涉案财产处置事项在过往更多由法院庭后书面查明，庭审对席查明运用不多。这种方式之下，检察机关在庭审上往往不会明确提出涉案财物处置意见，也极少运用证据在庭上对相关事实予以证明。控辩中涉案财物处置意见的缺席客观上加大了法院庭后查明事实进行处置的难度。且完全依赖法院庭后查明，检察机关没有足够的动力向公安机关传达涉案财物处置事实的证明要求、证据规格等。三是法院对涉案财物庭审查明的重视程度及诉讼化组织有待提高。法院较少有意识地利用庭前会议，法庭庭审听取、归纳控辩双方对涉案财物处置的意见，较少在判决书中说明涉案财物处置的理由。涉案财物处置事项的证明规范、证明标准等较难形成为检控机关和当事人所识别的、能稳定反复适用的规则。涉案财物处置以审判为中心的理念和行动缺乏，客观上使侦诉审难以形成共同的目标导向，加大了在各司法机关涉案财物处置上的认识与行动一致性的难度。

（三）涉案财物查控的侦诉审协同重构

1. 明晰侦诉审在涉案财物查控处置中的职责分工

侦诉审在实现定罪量刑的刑事诉讼中，三者各有分工，职责明晰；但在以实现追赃挽损为目标的涉案财物查控及其处置工作中，三者的职责分工具有模糊性。这导致了三者整合的总体效能未能充分发挥，影响了涉案财物查控及其处置的效果。我们认为，侦诉审具有共同的追赃挽损目标，但在具体职责承担上各有不同。

（1）公安机关是涉案财物查控的发动者与执行者。一是侦查阶段应对涉案财物应扣尽扣。侦查是发现犯罪的过程，该阶段对涉案财物的查控不需要达到排除合理怀疑的标准。侦查初始，只要怀疑财物与犯罪存在关联就应当预先查控，之后除非查明其确实与案件无关，在 3 日以内予以退还之外，其他涉案财物即便认为可能存有不确定性，也应留待法院司法裁判。二是侦查阶段应注意收集涉案财物权属证据。三类涉案财物，除违禁品不论权属均应收缴外，用于犯罪的财物需证明为犯罪嫌疑人本人所有，需要追缴的违法所得也应证明为犯罪嫌疑人所有。为此，应注意收集财物购买凭证、银行往来凭据、资金注入凭据、权属证明等书证；关于财物来源、权属、性质、价值的犯罪嫌疑人供述、被害人陈述、证人证言等。三是案外人对涉案财物提出权属异议的要予以查证。案外人多以善意取得提出异议。为此，侦查阶段发现犯罪嫌疑人将违法所得和其他涉案财物用于清偿债务、转让或者设定其他权利负担，要排查他人是否属于明知是犯罪违法所得和其他涉案财物而接受，是否无偿或者以明显低于市场价格取得上述财物，是否通过非法债务清偿或者违法犯罪活动取得上述财物。存在上述情况的应注意固定相关证据，此时第三人获得涉案财物即不属于善意取得，应对涉案财物予以查封、扣押、冻结。发现确实查控错误的，应当按照《刑事诉讼法》的规定在3日以内予以返还。权属异议无法查证属实的应当交由司法最终处置。四是积极配合诉审阶段的赃物追查及其相关证据补充搜集工作。侦查机关相较于公诉机关和审判机关，其在追查赃物方面具有天然的优势。即便案件已经进入起诉、审判或者执行阶段，侦查机关仍应积极配合检察机关及法院开展追赃工作，依靠自身便利条件[1]及时追查涉案财物或者根据要求补充收集涉案财物证明的相关证据。

（2）检察机关是涉案财物查控的引导者和监督者。一是检察机关应在提前介入中积极引导侦查机关查控涉案财物。检察机关在案件报捕前提前介入，在引导侦查机关确立侦查方向，收集犯罪指控证据的基础上，还应引导其全面收集证明涉案财物来源、性质、用途、权属、价值的证据，查明涉案财物与违法犯罪事实、犯罪嫌疑人之间的关系。二是检察机关应将涉案财物处置事项列为捕后引导侦查的重要内容。捕后是公安机关补充收集涉案财物证据的黄金时期，此阶段犯罪证据大部分已经收集完成，犯罪事实较为清楚，可以从整体上把控需要补充的涉案财物证据。服务于涉案财物处置的诉讼证明，检察机关在审查逮捕阶段，应全面衡量审视在案证据，对没有收集或者收集不完整的涉案财物证据开列详细而具体的补充法庭所需的证据清单。在随后的捕后侦查阶段，检察机关还应跟踪了解侦查情况，督促指导侦查机关完成上述证据收集。三是检察机关应在审查起诉时对涉案财物证据查漏补缺。检察机关要对极易为侦查机关所忽略的涉案财物证据予以特别关注，充分运用好退回补充侦查等手段，抓住诉前完善证据的最后机会。检察机关提审讯问犯罪嫌疑人时，在复核犯罪指控的证据之外，还应了解犯罪嫌疑人对查封、扣押、冻结财物在权属、处置方面的意见。四是检察机关应当对涉案财物提出明确的处置意见并提出证据证明。根据涉案财物的复杂程度及其查明情况，检察机关可以选择在起诉书中明确处置意见，也可以选择以公诉意见书或者庭后向法庭递交检察意见书的形式向法庭明确处置意见，并做好涉案财物处置的证据出示、法庭

---

〔1〕 例如，上海的经侦部门建立了一套与各主要银行数据对接的系统，查办非法集资类案件，可以直接向该系统调用相关人员名下银行卡的资金汇入汇出数据。法院与检察机关查询银行卡则无法做到如此快捷。

意见发表及法庭辩论工作。[1]检察机关明确涉案财物处置意见便于对法院裁决形成监督与制约。

（3）人民法院是查控的涉案财物的最终裁判者与处置者。一是人民法院应以实现追赃挽损最大化为目标接续完成涉案财物查控。法院在审理阶段发现新的财物线索，应及时提示检控机关予以查控或者自行查控；检控机关查控的涉案财物到期，只要不能明确排除其不属于涉案财物，应当按照《最高人民法院关于刑事裁判涉财产部分执行的若干规定》，在期限届满前及时续行查封、扣押、冻结，同时对检控机关继续补充证据予以释明。二是人民法院应充分利用庭前会议发现、固定涉案财物处置争议情况。过往法院只是对涉案财物在最后阶段进行附带审查，关注的焦点在于对定罪量刑事实的查明。尽早通过庭前会议固定涉案财物处置争议，听取控辩双方及第三人意见，可以更充分地释明争议焦点，引导各方在庭审中提供更充分的证明。三是人民法院应当对涉案财物处置组织庭审调查并听取控辩双方意见。2021年施行的《最高人民法院关于适用〈中华人民共和国刑事诉讼法〉的解释》（以下简称《刑诉法解释》）进一步细化了对涉案财物权属的调查程序，明确应"由公诉人说明情况、出示证据、提出处理建议，并听取被告人、辩护人等诉讼参与人的意见"。人民法院改变过往不通过对席审判而只是以庭后阅卷的形式查明涉案财物的情况，增加了涉案财物处置程序的公正性，有利于检控机关明晰涉案财物证明要求，规范与完善涉案财物查控。四是人民法院应当对涉案财物作出明确的判决。明确应当追缴的涉案财物便于执行阶段追赃挽损，也可以对检控机关的涉案财物查控予以激励。判决向被告人或者第三人退回查控的财物，判决书对此的说理可以积累涉案财物裁判规则，对检控机关今后的涉案财物查控予以指引。

2. 以严格的随案移送理顺侦诉审环节的衔接关系

我国在涉案财物随案移送的规范上经历了发展变化。1996年《刑事诉讼法》只是规定"公安机关、人民检察院和人民法院对于扣押、冻结犯罪嫌疑人、被告人的财物及其孳息，应当妥善保管，以供核查。……对作为证据使用的实物应当随案移送，对不宜移送的，应当将其清单、照片或者其他证明文件随案移送……"[2]。2012年《刑事诉讼法》第234条作了增改："公安机关、人民检察院和人民法院对查封、扣押、冻结的犯罪嫌疑人、被告人的财物及其孳息，应当妥善保管，以供核查，并制作清单，随案移送……人民法院作出的判决，应当对查封、扣押、冻结的财物及其孳息作出处理……"2018年《刑事诉讼法》予以沿用。

从全国人大常委会法工委对2012年《刑事诉讼法》修法的释意来看，上述内容的增设

[1] 理想情况下，应当要求检察机关在起诉书中提出涉案财物的处置意见。如日本1963年制定的《关于在刑事案件中第三人所有物没收程序的应急措施法》就作了如此规定。参见何鹏主编：《现代日本刑法专题研究》，吉林大学出版社1994年版，第269页。但是考虑到涉众性金融犯罪案件涉案财物的权属等情况经常面临复杂的情形，在案件起诉时可能尚未完全查清，更为灵活稳妥的处理方式是在刑事裁判作出前，可以以不同的形式向法庭提出，但是不能不对涉案财物处置提出明确意见。

[2] 1996年《刑事诉讼法》第198条。

就是要理顺涉案财物处置的侦诉审关系。当时的刑事实务中，“有些既不能判断属于赃款赃物，也难以判断属于被害人的财产，如何处理，各机关认识不一致，相互争执扯皮；对公安机关、人民检察院查封、扣押、冻结的财产，有的法院在判决书中没有对该财产作出处理决定，导致大量涉案财产搁置，无人问津，社会反映强烈”。“最高人民法院提出，司法实践中，由于种种原因，办案机关移送给法院大多是一本卷，涉案财物多数未随案移送；查封、扣押、冻结的涉案财物有多少，在哪里，法院不知道；不少甚至与移送清单上列明的查封、扣押、冻结财物的种类、数量有很大出入，给人民法院判决处理涉案财物造成很大困难。鉴于此，建议规定：人民法院在判决中，应当对随案移送或者人民检察院提请处理的查封、扣押、冻结的财物及其孳息的处理，作出决定。”[1]概言之，通过明晰公安机关、检察机关向法院随案移送涉案财物，主要解决两个方面的问题：一是便利司法审查和最终处置，增强涉案财物处置公正性；二是避免涉案财物悬挂搁置，解决涉案财物处置久拖不决的问题。

但是在司法实务中，法院以在涉案财物清单上签字确认（法院未签字确认视为涉案财物未移送）限定司法处置的涉案财物范围，那些被认为权属存在争议的涉案财物不会在判决书中载明，折损了随案移送制度的价值功能。该变通处理使通过法院审理最终处置涉案财物的立法意图无法实现。在涉众型金融犯罪案件中，涉案财物经过多层流转，往往具有权属争议，且涉案财物处置的法律适用本身带有一定的主观性，侦诉审之间的认识差异必然存在，不论是权属争议还是认识差异，更应该经由司法裁判来定分止争。从追赃挽损最大化的角度，涉案财物随案移送，由后一机关作出正式决定而不是以涉案财物逆向流转的方式回避作出决定，至少有两方面的作用：其一，可以在正式的程序中对可能存在的问题予以补救，其二，可以使后一机关的决定接受上一级的司法审查，确保其正确性。

前述案例中，关于对外债权之上的抵押房屋是否属于涉案财物，检控机关认为，目前已有借款抵押合同及非法集资平台向债务人打款的银行流水，未见债务人向非法集资平台转回钱款，可以对抵押的房屋予以追缴，法院则认为现有的证据尚不充分，仍需补充搜集债务人的证言。法院若以未在移送的财物清单上签字不认可该抵押的房屋为涉案财物，拒绝在期限届满前予以续行查封，则涉案房屋有可能被处置而难以弥补被害人损失。在有初步证据的情况下对该房屋予以续行查封，可以给予检控机关进一步完善证据的时间，且抵押的房屋无论最终是否被判决追缴，相关主体仍可以通过上诉或者抗诉的方式来提请上级法院审查。

我们认为，涉案财物随案移送可以理顺侦诉审在涉案财物处置中的关系，有利于追赃挽损和对其他利害关系人财产权的保护，应当予以严格执行。人民法院对查封、扣押、冻结手续完备，检察机关移送的涉案财物均应予以接收。对业已查封、扣押、冻结的财物，法院除非有明确的证据排除其不属于涉案财物，其他情况下均应按照《最高人民法院关于刑事裁判

---

〔1〕 黄太云：《刑事诉讼法修改释义》，载《人民检察》2012年第8期。

涉财产部分执行的若干规定》第 5 条第 1 款的规定，对于侦查机关已经采取的查封、扣押、冻结，人民法院应当在期限届满前及时续行查封、扣押、冻结，并依据《刑事诉讼法》的规定在判决中予以处置。若法院在庭审中查明该涉案财物另属他人，其应作出对该涉案财物不予追缴的判决。还需考虑到的一种情形是，检察机关移送的涉案财物没有包含在起诉书的范围内，人民法院此时应建议检察机关就涉及的事实补充起诉，检察机关不予补充起诉，人民法院在庭审调查后仍无法查清权属的，应按存疑有利于被告人的原则进行判决。

3. 实现侦诉审在涉案财物查控的协调一体化运作

在涉众型金融犯罪案件办理中，实现最大程度追赃挽损应秉持侦诉审一体化思想，在明确与细化三者的职能分工之上，加强横向沟通联系，实现侦诉审在涉案财物查控中的“同频共振”，提升追赃挽损的整体效能。

（1）破除依据诉讼阶段划分责任主体的认识误区。过往的一种主流观点认为，侦查、起诉、审判是前后相继，分别由不同主体承担诉讼责任的阶段，追赃挽损工作中的涉案财物查控在不同阶段就由不同主体实施。秉持这种认识，会导致侦诉审在涉案财物查控上的同质化，即在各自阶段，发现涉案财物线索、核查相关线索、核实后查控财物，承担从头到尾的一揽子任务。我们认为，这混淆了侦诉审在职能上的分工，泯灭了侦诉审各自的比较优势，降低了涉案财物查控的整体效能。更为恰当的做法是侦诉审协同作战，紧密配合。为了实现追赃挽损效果最大化，三机关均有接受、发现涉案财物线索的义务，在初步研判之后，交由公安机关予以核实。公安侦查人员在长期工作中，所形成的核实线索的职业素养，所具有的工作条件都优于检察官和法官，由其核实事半功倍。在沟通协调上，检察官由于承上启下的工作关系，与法官和侦查人员都较为熟悉，既能够全面理解法官的证明要求，又有在引导侦查中与侦查人员养成的默契，侦查人员初步核实线索后，经其研判整理加工后，再与法官研商。如此多次反复，侦诉审的优势均能发挥，从而实现“1 + 1 + 1 > 3”的整体效能。

（2）在诉讼制约中相互补充实现一体化协同。从诉讼机理上看，侦诉审承担不同的职能，具有内在的制约性。但是，为实现追赃挽损，在涉案财物查控上一体化运作，并不是要放弃制约进行无原则的协同。在追赃挽损上，保护犯罪嫌疑人或者第三人权利不受侵害与保护被害人权利不受损同等重要。不能为了追赃挽损，违背法律规定肆意查扣涉案财物，严重侵害他人合法权利。

在诉讼制约中实现协同，一是指侦诉审要互相督促提醒，发现问题后给予充分释明和解决问题的指引，提高追赃挽损效率，而不是简单粗暴一否了之。检察机关审查起诉要对侦查机关的涉案财物查控予以把关。涉案财物查控的程序规范性、实体条件把握的准确性均是审查的要点。检察机关将涉案财物移送法院，提出明确的处置意见亦要接受法院同样的审查。前文所提及的涉案财物逆向流转，即为了避免自身工作麻烦或者可能受到的负面评价，涉案财物未经法定程序由法院退回检察机关，检察机关再退回公安机关就是利用诉讼后位优势做“减法”。

在诉讼制约中实现协同，二是指为了避免问题的发生，在案件流转至自身环节之前靠前指导。在“善林金融”案中，上海检察机关第一时间提前介入，通过全程跟进、审查引导侦查、定期会商等方式突破追赃挽损困境，共同研究涉案企业的经营结构、投资模式、人员架构，查找涉案资金流向线索，引导公安机关依法及时对涉案财物采取查封、扣押、冻结措施；同时，上海检察机关与公安机关针对该案涉案人数、人员特点，共同协商确定追诉标准，依法适当抬高追诉“枪口”，鼓励犯罪嫌疑人主动全额退赃，从强制措施适用、量刑建议等方面作最大幅度从宽处理，实现了案件依法办理与追赃挽损的双赢局面。

（3）涉案财物查控一体化需要辅以制度保障。人员极其众多，金额极其巨大的涉众型金融犯罪案件往往会以专案形式办理，追赃挽损工作由权威部门牵头成立工作组，侦诉审在追赃挽损中的一体化运作具有保障。但是没有以专案形式办理的涉众型金融犯罪案件，侦诉审在追赃挽损中的一体化运作不尽如人意。由于公安机关、检察院、法院的承办人同时还有其他案件办理工作，在关注案件定罪量刑之外，投入到涉案财物查控等追赃挽损工作的时间极其有限。因此，涉案财物查控一体化需要做到以下几点。

其一，涉案财物查控一体化运作需要建立更为科学的工作绩效评价机制。刑事司法内部的工作评价，无论是公安机关、检察院还是法院，定罪量刑的质量与效率仍是绩效评价的主要方面。涉案财物查控等追赃挽损工作并无评价指标，无法为整体的工作业绩加分。相反，其耗时耗力，投入太多精力反而会影响其他工作得分。传统的工作评价机制无法形成重视追赃挽损工作的导向。在普通涉众型金融犯罪案件查办中，“各扫门前雪”取代了本应有的侦诉审协作。我们认为，核实财产线索的数量、查控涉案财物的数额、最终挽回损失的金额、追赃挽损的侦诉审会商次数等，未来都应当以适当的形式成为涉众型金融犯罪案件办理质量的评查项。

其二，涉案财物查控应装订专门的案件卷宗。目前，涉案财物查控的材料散见于案卷证据之中，既不便于就追赃挽损进行审查，也不便于后续的庭审涉案财物处置证明等工作的开展。查封、扣押、冻结的文书材料、涉案财物权属证明凭证、证人证言等证据材料单独装卷，这种形式性要求既可以提升公安司法人员对此项工作的重视程度，也可以为后续的庭审证明，乃至案件质量评查提供便利。

其三，公、检、法就涉案财物查控侦诉审一体化运作发布案例指引。案例指引可以总结案件办理中的经验，为之后的案件办理提供借鉴，也可以形成重视追赃挽损工作的导向，激励公、检、法工作人员在涉案财物查控中探索创新工作方法，有利于取得更好的工作成效。

三、优化涉案财物处置的独立之诉构建

对“人”公正定罪量刑与对“物”依法妥善处置同为刑事司法正义的要求。理论上，

以追究被告人刑事责任为目的而提起的定罪和量刑之诉为对人之诉，检察机关代表国家对被告人违法犯罪所得提起的追缴之诉为对物之诉。[1]我国针对贪污贿赂、恐怖活动犯罪等重大犯罪案件的犯罪嫌疑人、被告人逃匿或者死亡的情形建立了单独的违法所得没收程序，除此之外，其他刑事案件中的涉案财物处置在定罪量刑程序中展开。与其他犯罪不同，涉众型金融犯罪包含大量的涉案财物处置工作，该项工作的繁杂性甚至远远超过定罪量刑的查明。对人之诉和对物之诉二合一模式，在处置涉众型金融犯罪的案件财产时越发显得不相适应。从涉众型金融犯罪案件追赃挽损最大化的角度，有必要探讨建立涉案财物处置的独立之诉。

（一）定罪量刑程序中处置涉案财物的瓶颈

在上海市人民检察院办理的一起非法集资案中，涉及涉案财物权属的案件卷宗多达 1200 多本。审理的中级法院从基层法院抽调了 7 名民商事法官，花费了 3 个月的时间协助析产，直至该案刑事宣判，涉案财物的析产工作仍在进行之中。案件审理阶段，每周由政府信访办、公安机关、检察院、法院共同派人接待投资人，听取追赃挽损的诉求和意见。该案从起诉到最终宣判，历时近两年，在刑事审判期限用尽，刑事落判之时析产工作仍在进行之中，刑事涉案财物处置不得已仍采用了概括性判决，不完全符合《刑事诉讼法》和《刑诉法解释》的要求。本案的办理情形在重大的涉众型金融犯罪案件中带有典型性。传统的“刑民合一”模式在处置涉众型金融犯罪案件财物之时，暴露出了诸多不足。

1. 案件审理刑民交织容易导致刑事诉讼拖延

引发全国关注的“e 租宝”案，该案 2015 年年底已经“爆雷”，然而 2019 年 6 月北京市第一中级人民法院才发布《北京市关于“e 租宝”案集资参与人信息核实登记通告》，该案历经 4 年才开始进入涉案财物处置阶段。[2]上海“中晋”案，自 2016 年 10 月 13 日起诉至 2018 年 9 月 19 日一审宣判，审理即历时近两年，而如果从立案时计算，该案历时近 860 天。[3]上述案件刑事定罪量刑的事实查明和法律适用虽然不简单，但是并非异常复杂。法庭审理的主要精力和时间更多地用在了涉案财物析产等相关事项上。引发热议的“上海快鹿案”“上海阜兴案”“昆明泛亚案”等涉众型金融犯罪案件，往往涉及数十个空壳公司走账，另外各种个人或企业代持、善意取得、地下钱庄、复杂的资金转移等都令涉案财物相关事项的查明难度倍增。一个刑事案件中涉及近百个民事纠纷案件裁判，这在涉众型金融犯罪案件办理中并非罕见。这类案件审理时，往往定罪量刑已经确定了，但是因为要等待涉案财物处置事项的查明，不得不延迟判决。刑事涉案财产处置依附在定罪量刑程序中，客观上会导致诉讼延

〔1〕 参见陈瑞华：《刑事对物之诉的初步研究》，载《中国法学》2019 年第 1 期。

〔2〕 参见《北京市关于“e 租宝”案集资参与人信息核实登记通告》，载 http：//bj1zy. chinacourt. gov. cn/article/detail/2019/06/id/4105597. shtml，最后访问日期：2021 年 11 月 8 日。

〔3〕 参见《中晋案正式宣判！实控人徐勤一审被判无期徒刑》，载 https：//news. p2peye. com/article－524759－1. html，最后访问日期：2021 年 11 月 10 日。

迟，这集中表现为：刑事涉案财物处置的裁判难产，刑事判决受到牵连不能落定。

2. 当事人程序参与不足易质疑涉案财物判决

涉案财物处置在庭审中无法与定罪量刑等量齐观，在对人之诉的挤压下易成为边缘性议题而被简化处理，其程序与实体公正均易受质疑。审判阶段的涉案财物处置分为涉案财物的性质认定和权利关系确定两部分，前者的认定过程实质上是证据认定程序，可为定罪裁判和量刑裁判所涵盖，但涉案财物权利关系确定因具备诉讼主体、证据规则、争议对象、案件信息等特殊性问题，难以在定罪量刑中"打包"处理。[1]虽然我国《刑事诉讼法》及最高人民法院印发的《刑诉法解释》原则上要求在法庭审理过程中调查涉案财物的权属情况，第三人对涉案财物权属提出异议的要进行查明，但是查明的方式、应当遵循的程序并没有细化规定。在司法实践中，第三人对涉案财物提出权属异议一般采用书面审理的方式。上海市高级人民法院2021年颁布的《关于涉众型非法集资犯罪案件审判执行工作指引》，对涉案财物处置事项的查明进行了细化规范，很多条款都具有先进性，较现有的法律规定要求更高。但是就法庭审理过程中，案外人对查控财物及其孳息提出权属异议的，仍规定"权属异议审查以书面审查为原则，经书面审查认为需要安排听证的，刑事审判庭应当及时组织听证，必要时可以邀请相关审判庭法官参加听证。原刑事审判合议庭应当根据听证结论制作刑事裁判文书，当事人可以对该裁判提起上诉"[2]。采用书面审查的方式，权属异议人无法参与法庭调查，无法对证据质证，无法发表辩论意见，其整体的程序参与感不强，一旦裁判结果不如其预期，往往会质疑判决结果，个别情况下甚至会采用过激方式表达意见。上海市高级人民法院颁布的《关于涉众型非法集资犯罪案件审判执行工作指引》并非没有看到实务中的问题，只是在二合一的程序下，严格采用诉讼化的方式查明涉案财物权属，会导致刑事诉讼的过分迟延，是权衡利弊之后不得已的次优选择。

3. 刑事涉案财物处置易出现专业化不足问题

权属有争议的涉案财物处置，可能嵌套有民事法律关系（如善意取得是否成立）、商事法律关系（如涉案财物投资后的资产赎回）、甚至行政法律关系（如处置违禁品），部分案件中的涉案财物法律关系的复杂程度甚至远超刑事法律关系。这对长期沉浸于刑事法律关系判断的刑庭法官而言，无论是智识还是经验，都是极大的挑战。一项法院的调研成果表明，涉众型金融犯罪案件的审理应该融合刑事、民事、行政的审理思路，从庭前会议到财物处置的全流程，均需综合刑事、民事、行政审理原则、证据规则、财产处置方式等，把握科学的财产调查程序，才能实现对涉案财物的依法稳妥处置。面对数目繁多、金额巨大、权属模糊

---

〔1〕 参见毛逸潇：《涉案财物处置体系诉讼化构建》，载《江西警察学院学报》2018年第5期。

〔2〕《关于涉众型非法集资犯罪案件审判执行工作指引》第10条。

的财产纠纷，刑事法官的知识体系和工作精力，决定了此类案件无法单独由其完成。[1] 同样地，对刑事检察官而言，要完成涉案财物处置事项的证明，原有的刑事法律知识体系亦完全不够用，合同效力判定、违约责任承担、劳动法律关系界定、投资法律关系判别、行政违法处置等，类似于要求检察官由刑事“专科医生”向精通各类杂症的“全科医生”转变。前文所提及的案例中，吸纳民商事法官协助析产，实际上意在弥补刑事法官在复杂民商事法律关系判断上的智识与经验上的不足。只不过，在定罪量刑程序中同时处置涉案财物，借力审理的方式只会在重大专案办理中成为特例，无法成为一般涉众型金融犯罪案件审理的常态。

（二）引进涉众型金融犯罪涉案财物处置独立之诉

在涉案财物处置极为繁杂的涉众型金融犯罪案件中，在有限的刑事审判期限内，厘清涉案财物处置中复杂的民商事法律关系，尽可能多地吸纳投资人、对涉案财物权属有异议的第三人参与，以诉讼化的方式解决涉案财产处置问题几乎是不可能完成的任务。将刑事审判与涉案财物处置诉讼两分，在刑事判决查明的基础上，另行开启涉案财物处置诉讼显然是更好的应对之策。

涉众型金融犯罪独立之诉有两种建构思路：一是建立涉案财物处置的相对独立之诉，即调适现有的刑事庭审运行模式，将涉案财物处置与定罪量刑作为同等重要的问题加以审查判决，在犯罪事实调查与法庭辩论之外，单独就涉案财物处置相关事实进行调查，并依据法律作出具体而明确的结论。涉案财物处置极其复杂，且在将导致刑事判决过分延迟时，可以先行就刑事部分予以判决。二是开启涉案财物处置的专门之诉，即在现行的刑事诉讼程序之外，单独开启刑事涉案财物处置之诉，在这个专门的诉讼程序中，查明涉案财产处置的一系列问题并形成明确的判决。后一模式的涉案财物处置之诉在现有的研究成果中讨论较少，下文将对此专门予以探讨。如没有特别注明，下文涉案财物处置独立之诉特指涉案财物处置的专门之诉。

涉案财物处置独立之诉在我国具有制度资源，最高人民法院所发布的金融纠纷多元化解十大典型案例中，已有尝试探索的先例。温州 J 金融信息服务有限公司于 2015 年上线经营了“Z” P2P 金融网贷平台。2018 年该平台“爆雷”时，待付资金 2.06 亿元，涉及全国 31 个省（市、区）1506 名出借人。公安机关在依法进行刑事侦查的同时，引入了刑事破产机制，对平台运营主体依法实施破产清算。据报道，“瑞安法院于 2018 年 12 月 11 日应部分债权人申请裁定受理对 J 公司破产清算并指定管理人。管理人接受指定后即开展工作，刊登债权申报和第一次债权人会议时间的报纸公告、网络公告以及短信通知，接受债权网络申报及开展核查，并于 2019 年 1 月 23 日在瑞安法院召开线下和线上同步进行的第一次债权人会议。后管

---

〔1〕 参见王宗光、李杰文、邱波：《涉众型金融犯罪专业化审判机制的理论逻辑与实现路径》，载 https://www.sohu.com/a/312154087_100017141，最后访问日期：2021 年 11 月 25 日。

理人依法执行对机动车、房产、办公设备、对外投资股权等财产的处置方案，通过淘宝网破产财产处置平台公开拍卖变现，并组织了两次预分配。截至目前，管理人审查了1056户债权人申报债权166,217,732.26元，同时通过处置变现和追收财产开展了两次预分配，债权人反响良好，情绪稳定”[1]。

公司破产清算亦涉及财物权属的司法裁判，且合并解决了过往涉案财物在被害人中间按比例分配的刑事执行问题。与刑事判决分离的涉案财物处置独立之诉可以对此予以借鉴。我们认为，在现有法律框架下，在涉案公司符合破产清算条件，且被害人（投资人）同意以破产清算方式分配涉案财物时，可以进行涉案财物的破产清算处置。

涉案财物处置独立之诉在本质上是民事诉讼，其和定罪量刑事实进行了分割，只审理与涉案财物处置的相关事项。检察机关不以当事人身份参与诉讼，但应对诉讼开展予以法律监督。该类诉讼的合议庭由专门审理破产案件的民事法官组成，如有必要，也可以吸纳办理行政案件的法官、知识产权案件的法官或者刑事法官（案件审理中可能涉及刑事法律关系判断）加入。该类诉讼应在办理刑事案件的法院开启。检察机关、法院同步推进刑事案件审理。审理刑事案件的法院与审理破产清算案件的法院应保持沟通协调。需要特别指出的是，在逻辑上，刑事案件即便最终判定无罪（不符合刑事被害人涉案财物返还条件），但是由于其本身符合《企业破产法》设定的破产清算条件，刑事案件中的被害人以破产清算中的债权人身份获得公司财产亦符合法律规定。

在现有法律框架下，适用此种破产清算型的涉案财物处置独立之诉，需符合企业法人破产清算条件（企业法人不能清偿到期债务，并且资产不足以清偿全部债务或者明显缺乏清偿能力的）。有观点认为，利用此种方式开启涉案财物处置之诉，在满足破产清算的条件下，还要属于单位犯罪。但从涉众型金融犯罪案件办理来看，很多成立公司进行非法集资的案件，都只是将公司作为犯罪工具，最终并没有被认定为单位犯罪。我们认为，刑事法律对公司人格的否定，是为了增强对以公司之名掩盖个人犯罪之实的犯罪嫌疑人的刑事打击力度，保证罪责刑相适应。但是在民事法律关系上，该公司仍然是经过登记的法定主体，以公司之名签订的民事合同仍然有效，刑事上对公司人格的否定不影响适用破产法对公司进行清算。当然，在没有成立公司的纯个人犯罪情况下，适用破产清算程序处置涉案财物在现有法律框架下存在障碍。从比较法的经验来看，英国、美国、澳大利亚等英美法系国家建立了独立的涉案财物民事没收制度，即适用民事诉讼对财物进行没收，我国针对贪污贿赂、恐怖活动犯罪等重大犯罪案件的犯罪嫌疑人、被告人逃匿或者死亡的情形建立了单独的违法所得没收程序与此有相似之处。我国未来是否全面借鉴，推广到所有犯罪案件中需要立法的突破和认识的统一，本文暂不对此予以讨论。

---

[1]《金融纠纷多元化解十大典型案例》，载 http://www.faxin.cn/lib/lfsf/sfcontent.aspx?gid=h6283，最后访问日期：2023年6月8日。

开启此种类型的涉案财物处置独立之诉，可以让专业的民事法官处置涉案财物，增加了处置的专业性，弥补了刑事法官审理智识和经验的不足；在这类程序中，利害关系人可以用诉讼化的方式在庭审程序中表达意见，程序参与感的增强可以稀释其对判决所可能有的不满，增强司法判决的接受度和权威。更为重要的是，刑事判决和涉案财物处置判决同步分别审理，从庭审到最终判决的时间将大为缩短，有利于尽快处置涉案财物，实现追赃挽损的最大化。因其是独立的诉讼，刑事判决亦不会因为涉案财物的处置而延迟。

（三）涉案财物处置独立之诉的特别规范

1. 涉案财物仍主要由刑事司法机关查控

对人之诉与对物之诉紧密关联，合并在刑事程序中解决涉案财物处置问题有其独特的制度价值。融合在定罪量刑程序中的对物之诉可以借助刑事司法资源调动及时查控涉案财物。涉案财物具有证据属性，在刑事证明的强力推动下，可以更快地查实其与犯罪的实质关联，刑事查封、扣押、冻结相比较于民事保全等非刑事强制措施，更有利于涉案财物的收集与固定。

我们认为，适应实践的需要开启涉案财物处置独立之诉，但公安机关与检察机关对涉案财物处置分别所应承担的查控责任与审查监督责任，应和之前保持一样。对此借鉴的是英国在 20 世纪 70 年代所建立的刑事破产制度。英国当时将刑事破产制度作为剥夺犯罪者收益的工具之一，即当犯罪者无法弥补自己造成的损失时，由法院向其发布刑事破产令，强制他们向破产法院进行破产登记，将其资产、责任罗列于破产明细表之上，以作清偿之用。然而，刑事破产在实践中很少得到适用，主要在于走的是民事途径，司法部门在审判前很难限制犯罪者的财产转移，常常在刑事破产令下达之前，当事人已将财产转移或藏匿。英国于 1988 年宣布废除刑事破产制度，转以刑事没收措施替代。〔1〕但是，需要说明的是，在涉案财物处置独立之诉中，被害人作为一方当事人参与诉讼，其在申请检控机关查证证据之外，也可以自行收集证据。

2. 涉案财物处置独立之诉的证明规范

涉案财物处置应建立不同于刑事诉讼的证明标准。涉案财物处置包含两个层面的问题：第一个层面是涉案财物与犯罪的实质联系；第二个层面是涉案财物的权属。一种观点认为，刑事涉案财物的认定和处理不仅涉及被告人的财产权，对于这些财物与犯罪行为关系的证明，本身即构成对被告人定罪量刑的重要证明内容，应当采用刑事诉讼“排除合理怀疑”的证明标准。〔2〕另一种观点认为，过高的证明标准只会影响诉讼进行和没收违法所得的效率，削弱对于相关犯罪的打击力度，采用证明标准较低的民事诉讼中的“优势证据”的证明标准

〔1〕 参见何帆：《刑事没收研究——国际法与比较法的视角》，法律出版社 2007 年版，第 37 –38 页。
〔2〕 参见乔宇：《刑事涉案财物处置程序》，中国法制出版社 2018 年版，第 276 页。

即可。[1]诉讼在本质上都具有盖然性，不同的证明标准设定，事实上反映了人们对错误判决的容忍程度。刑事诉讼系国家和个人之间的纠纷，涉及对公民人身自由和财产的剥夺，社会对其发生错误的容忍度低，所以对其设置了“排除合理怀疑”的高证明标准。民事诉讼是发生在个人与个人之间的纠纷，社会对其判决错误的容忍度要高于刑事诉讼，采纳的“优势证据”标准较“排除合理怀疑”的标准要低。我们认为，刑事涉案财物处置的权属问题，本质上属于民事纠纷，采纳“优势证据”证明标准即可。但在刑事涉案财物与犯罪的实质联系上，其处于涉案财物处置与定罪量刑的重叠地带，应当采用较高的“排除合理怀疑”的证明标准，如涉案物品是否为犯罪工具是证明犯罪不可或缺的环节。

3. 涉案财物处置独立之诉与刑事诉讼的协调

在现行法律框架内，我们所设想的涉案财物处置独立之诉，主要解决涉案财物权属争议和涉案财物分配问题，引入的是破产清算程序。破产清算处理的涉案财物主要分为两类：一类是和犯罪具有明显实质联系的财物，如非法募集资金购买的车辆、对外形成的债权等；另一类是被告人现有财产不足以清偿被害人时，其自身的合法财产。需要注意的是，与犯罪具有实质联系的财物不包含违禁品。涉案财物与犯罪的实质关联性具有较大争议时，如犯罪嫌疑人辩解涉案物品不是犯罪工具，此类与犯罪联系的证明与犯罪认定关系紧密，应在刑事诉讼中予以证明。刑事证明完成后，适宜的财物可以在涉案财物的独立之诉中，用以偿还被害人损失。

破产程序中的涉案财物处置独立之诉中，检察官应列为破产管理人之一。在法理上，刑事违法所得在返还被害人损失之外，剩余部分应予以没收，在此意义上，国家亦为破产清算的债权人，检察官系代表国家参与破产清算。检察官承担法律监督职责，其参与处置程序可对涉案财物处置的合法性予以监督。另外诉讼中涉及对涉案财物查控时，其介入可以提升处置效率。由于破产清算本质上为民事程序，参与该程序的检察官可以从民行检察官中选任，以增强检察意见的专业性。

四、结语

在刑事司法领域内，过往追赃挽损机制研究的重点在于规范、督促公安机关及时查控涉案财物，但本文的研究表明，涉众型金融犯罪追赃挽损在刑事司法领域内的优化提升，还要特别注重侦诉审的协同。承担侦诉审职能的刑事司法机关应摒除“重定罪量刑，轻财物处置”的司法认识误区，在此基础上充分发挥各自职能，在涉案财物查控、涉案财物移送、涉案财物证明、涉案财物裁判处置上既分工制约，更紧密协同，完善侦诉审的衔接与补位，以

---

〔1〕 参见王俊梅：《美国民事没收制度研究》，中国政法大学出版社 2013 年版，第 227 页。

此实现追赃挽损效果的最大化。涉案财物处置附加在定罪量刑程序中一并解决，在涉众型金融犯罪案件中显现出了处置不及时、处置不到位等诸多弊端。在现有的制度资源下，借助民事破产清算程序，探索涉案财物处置独立之诉，对于充分查明涉案财物，及时处置涉案财物，提升涉案财物处置公正性，更好实现追赃挽损效果具有显在的制度优势与制度创新意义。

当然，涉众型金融犯罪追赃挽损是涉及多层面的体系化工程，绝非在刑事司法机关内就可形成闭环。实现追赃挽损效果的最大化除了前文所论及的刑事司法机关的履职优化、制度创新之外，政府权威部门的统一协调，工商、税务、银保监局、证监局、工商联等多部门协同一致、互通有无亦极其重要。毫无疑问，追赃挽损只是涉众型金融犯罪发生之后的事后救济，完善管理制度，在全社会形成共识，培育防范金融犯罪文化，尽力消除涉众型金融犯罪土壤，防止犯罪财产损失才是更高层面要求，也是最为根本的良策！

新形势下金融企业刑事合规制度的本土化探索

白耀华　于小强等 *

一、刑事合规概述

（一）刑事合规的理念

随着我国经济的高速发展，企业刑事犯罪逐渐呈现出犯罪数量多发、犯罪类型多样化、犯罪呈现复杂化的特征。近年来，最高人民检察院为营造法治化营商环境、促进民营企业依法依规经营，主导推进企业刑事合规改革。企业刑事合规制度建设，对于市场主体参与经济活动具有重要意义：一方面，刑事合规是企业合规的基石，由于企业运行涉及业务层面较广，加之大部分管理人员难以具备完备的法律风险意识，因此企业必须着力构建风险防控机制。通过制定合规方案、组建企业合规组织、实施合规计划，以期在减少企业刑事犯罪风险的同时推动社会营商法治环境的优化。[1]另一方面，该制度也是对民营企业的特殊保护与激励。民营企业系市场经济的重要组成部分，然而其一旦被起诉定罪在很大程度上相当于被宣判"死刑"，波及企业员工乃至上下游产业链，影响企业正常发展；在此情形下推行企业刑事合规制度，为企业切实履行社会与法律责任、降低民营企业经

* 本文为上海金融法制研究会 2021 年度专项委托课题的成果。由北京德和衡（上海）律师事务所课题组承担，课题组成员：白耀华、于小强、张宁、张璞、陈昌辉、刘雅洁、郑剑锋。

〔1〕 参见曾磊、刘雪婵：《企业刑事合规不起诉的立法检视与路径考量》，载《政法学刊》2022 年第 2 期。

济活动风险提供了新的思路。

在最高人民检察院对于涉罪民营企业及企业家“少捕慎诉慎押”的刑事司法政策指导之下，各地检察机关积极开展试点实践，对于因企业不合规而引发的单位犯罪，探索扩大不起诉的适用范围。例如，上海市长宁区人民检察院所采用的“相对不起诉 + 检察建议”模式、江苏省无锡市新吴区人民检察院“检察监督 + 检察建议”模式，都充分贯彻了对涉罪民营企业及企业家的新刑事司法政策。

随着合规理念的不断深入和我国经济形势的新变化，企业合规管理制度越来越多被我国认可和接受。从法律实务角度来看，在公司治理过程中合规治理的理念至少有下列三个方面内容已被我国监管部门接受：一是法律风险预防的理念；二是推进企业可持续发展的理念；三是促进企业担当社会责任的理念。

（二）国外刑事合规制度的梳理与借鉴

关于国外刑事合规制度的梳理与借鉴见表 1。

表 1　国外刑事合规制度梳理

国家	制度发展进程	主要内容
美国	少年司法程序中名为“审前转处协议”的制度 1974 年《迅速审判法案》确认为一项正式制度 1977 年《反海外腐败法》确立了美国合规强制性的法规依据 1990 年《联邦检查官手册》对检察官适用此制度作出了具体规定	暂缓起诉协议（DPA）：指案件起诉进入法院后，被告同意认罪，且接受检察官提出罚金、赔偿金数额，并建立遵行规定制度，而检察官同意暂时停止进行诉讼程序协议 不起诉协议（NPA）：指案件尚未进入法院前（法官不需要同意），检察官裁量案件情节，与涉案企业（犯罪嫌疑企业）就赔偿金额、补救措施达成合意后，而给予不起诉处分协议
英国	2010《反贿赂法》确定了单位犯罪实行严格责任的原则，并赋予单位通过制度预防贿赂的“充分程序”来进行无罪抗辩 2014 年《犯罪与法院法》正式确立了暂缓起诉制度，但是适用对象仅限企业	仅存在暂缓起诉协议，并与美国的制度存在差异：其一，英国暂缓起诉制度仅适用企业，而不适用于自然人；其二，检察官与法官的职权不同，检察官先与涉案企业达成暂缓起诉协议，其后由法官进行审查，批准后协议发生效力，同时法官还要负责监督企业的后续履行状况
法国	2016 年《萨宾第二法案》，率先确立了强制合规制度，建立反腐败局	一元制暂缓起诉制度
新加坡	2018 年《刑事司法改革法》	允许检察官与涉嫌贿赂、洗钱等犯罪的企业达成附条件的暂缓起诉协议
加拿大	2018 年 6 月修订《刑法典》确立了暂缓起诉协议制度	适用于严重的经济犯罪案件，比如商业贿赂、洗钱、欺诈等，检察官可与涉案企业达成暂缓起诉协议

如表 1 所示，尽管许多国家建立的不起诉制度是效仿美国的相关模式，但基于不同的国情，不同国家的企业合规制度依然存在差别，其最本质的区别在于检察官与法官的职权大小。依此标准，可分为以下两种模式：

1. 司法审查模式

司法审查模式主要指的是以英国为典型代表的国家实行的合规不起诉制度。英国实行的是一元制的暂缓起诉协议，简言之，即涉案企业被检察机关提起公诉后，自愿与检察官达成暂缓起诉协议，由法官审查批准后生效的、具有中止诉讼程序功能的一种协议。

2. 检察官自由裁量模式

这主要是指以美国为代表的国家实行的合规不起诉制度。在此类模式下，检察官居主导地位，法官的后续审查或审批仅仅具有形式意义。合规不起诉制度深受美国辩诉交易制度（plea bargaining）的影响，检察官自由裁量模式在这一制度中得到了明显展现，从历史发展的角度看，辩诉交易是在检察官的直接推动下产生的。辩诉交易是在法院开庭审理之前，作为控诉方的检察官与代表被告人的辩护律师进行协商，以检察官撤销或降格指控以及要求法官从轻作出判决为条件，换取被告人的有罪答辩，以此节省有限的司法资源，提升办案效益的制度。如前所述，美国的不起诉制度适用范围比较广泛，因此检察官在不起诉协议案件中的执法权也相当广泛。事实上，大多数涉刑企业的犯罪案件同时也会触犯行政法规，将受到行政处罚。因此，为提高司法效率，避免资源浪费，不起诉协议的签订通常是由检察机关、诸多行政机关及涉案企业达成的“一揽子”和解协议，在此过程中凸显了检察官自由裁量权的运用。

通过对国外刑事合规制度的梳理可以看出，以美国为代表的暂缓起诉和合规不起诉，表象是对企业犯罪的宽纵，但实际上是对其传统法人刑事责任归责上所存在的失之过宽问题的修正，也是对刑法责任自负原则的回归和法人犯罪组织体责任论的确认。但就我国而言，并不存在英美法国家的法人犯罪追责过广的问题，因为我国单位犯罪刑事责任表现出了两个基本特征，即从归责对象上来看，实际包含了企业及其成员两个主体；从归责路径来看，根据企业成员的犯罪行为判断企业犯罪，依照企业成员行为从属性原则，认定企业成员刑事责任。而其中一个最主要的特征，便是我们对单位犯罪的界定实质上遵循了企业自身责任的基本原则，强调认定单位犯罪的单位意志、单位行为、单位利益等要件。可以看出，在制度设计层面我国与欧美国家存在诸多不同，我国的企业合规刑事化问题的诱因与域外的诱因并不完全相同。因此，当前我们一方面要关注国内企业的海外经营风险问题，与国际接轨吸收借鉴国外的优势制度；另一方面是在以检察机关为主导的制度环境下，通过建立单位犯罪量刑指导意见、涉罪企业合规承诺、单位附条件不起诉等制度，努力探索构建出更加适合国内企业、更加适应国内营商环境的中国式刑事合规制度体系。

二、我国刑事合规发展现状

（一）我国刑事合规相关法律法规

2020 年 3 月在最高人民检察院推动下，企业合规改革第一期试点工作启动，经过近两年的时间，地方检察机关积极地进行合规不起诉制度的改革探索，现就已经出台的企业刑事合规相关文件的内容梳理如下（见表 2）：

表 2　刑事合规相关文件的内容梳理

序号	区域	试点单位	时间	指导性文件/研讨会议
1	广东省	广东省人民检察院	2021 年 4 月 2 日	《广东省人民检察院关于开展企业合规改革试点工作方案》
2	广东省	广州市人民检察院	2021 年 10 月 26 日	《广州市涉案企业合规第三方监督评估机制实施办法（试行）》《广州市涉案企业合规三方监督评信机制管理委员会工作规则（试行）》《广州市涉案企业合规第三方监督评估机制专业人员选任管理办法（试行）》《广州市涉案企业合规第三方监督评估组织运行规则（试行）》
3	广东省	广州市天河区人民检察院	2021 年 4 月	成立企业合规改革试点工作领导小组
4	广东省	广州市从化区人民检察院	2021 年 7 月 23 日	《涉案企业合规第三方监督评估机制工作办法（试行）》
5	广东省	深圳市人民检察院	2020 年 8 月 11 日	企业合规座谈会 深圳市检察院党组书记、检察长李小东主持会议。市检察院、市司法局相关人员参会
6	广东省	深圳市龙华区人民检察院	2020 年 4 月	《关于对涉民营经济刑事案件实行法益修复考察期的意见（试行）》
7	广东省	深圳市南山区人民检察院	2020 年 6 月 17 日	《关于涉企业犯罪案件适用附条件不起诉试点工作方案（试行）》
8	广东省	深圳市宝安区人民检察院	2020 年 11 月	《关于加强行业合规管理协作暂行办法》
9	广东省	深圳市宝安区人民检察院	2020 年 12 月	《企业犯罪相对不起诉试用机制改革试行办法》
10	广东省	深圳市宝安区人民检察院	2021 年 5 月 12 日	《深圳市宝安区人民检察院企业合规改革试点工作方案》
11	广东省	深圳市宝安区人民检察院、司法局	2020 年 8 月 21 日	《企业刑事合规协作暂行办法》
12	广东省	深圳市宝安区司法局	2020 年 8 月 28 日	《关于企业刑事合规独立监控人选任及管理规定（试行）》

续表

序号	区域	试点单位	时间	指导性文件/研讨会议
13		佛山市人民检察院	2021 年 7 月 19 日	《服务保障打造一流营商环境十二项工作措施》
14		深圳市顺德区人民检察院	2021 年 4 月 22 日	企业合规改革试点工作座谈会 区人大代表、政协委员、人民监督员、区检察院专家咨询委员，律师协会、企业家代表，区法院、公安局、科技局、市监局、工商联、经促局、税务局代表，区检察院检察长徐彪、副检察长杨军、相关部门负责人及检察官代表参会
15		佛山市南海区人民检察院	2021 年 9 月	《南海区涉案企业合规第三方监督评估机制工作办法（试行）》
16	江苏省	江苏省人民检察院	2020 年 10 月 26 日	《关于服务保障民营企业健康发展的若干意见》
17		苏州市人民检察院	2020 年上半年	《关于涉案企业限期刑事合规从宽处罚制度实施细则》
18		张家港市人民检察院	—	《企业犯罪相对不起诉适用办法》
19		无锡市人民检察院	2021 年 4 月	《无锡市检察机关办理涉民营企业刑事案件操作指引》《企业合规检察监督规则（试行）》
20		南京市建邺区人民检察院	—	《关于涉企犯罪案件中适用认罪认罚从宽推进企业合规的实施意见（试行）》
21	辽宁省	辽宁省人民检察院	2020 年 5 月 18 日	《涉民营企业刑事犯罪案件指引》
22		辽宁省人民检察院	2020 年 12 月 16 日	《关于建立涉罪企业合规考察制度的意见》
23		辽宁省人民检察院	2021 年 9 月 10 日	全省涉罪企业合规考察工作交流推进会 工商联、企业家代表、律师代表参会，全省检察机关主管刑事检察工作的领导及全体检察官视频参会
24	浙江省	浙江省人民检察院	2021 年 10 月 20 日	《关于建立涉案企业合规第三方监督评估工作机制的意见（试行）》
25		浙江省人民检察院	2020 年 10 月	《关于开展企业经济犯罪刑事合规法律监督试点工作的意见》
26		永康市人民检察院	2021 年 1 月	《关于共同推进企业合规法律监督工作的意见》
27		宁波市人民检察院	2020 年 9 月	《关于建立涉罪企业合规考察制度的意见（试行）》
28		岱山县人民检察院	2020 年 9 月 27 日	《岱山县人民检察院涉企案件刑事合规办理规程（试行）》

续表

序号	区域	试点单位	时间	指导性文件/研讨会议
29	福建省	福建省人民检察院	2021 年 2 月 25 日	福建省检察院赴泉州调研企业合规改革试点工作改革试点单位晋江市检察院、洛江区检察院、石狮市检察院分别汇报了企业合规试点工作的开展情况
30		石狮市人民检察院	2021 年 2 月 25 日	《石狮市人民检察院涉罪企业合规考察制度实施办法》（试行）
31		石狮市人民检察院、司法局	2021 年 2 月 25 日	《关于企业刑事合规监督员选任及管理规定（试行）》
32		泉州市洛江区人民松察院	2021 年 3 月	《涉企案件合规不起诉工作规程（试行）》《关于聘任泉州市洛江区人民检察院首批涉企案件合规监督员的决定》
33		晋江市人民检察院联合多部门共 22 家单位	2021 年 3 月	《关于成立晋江民营企业合规建设服务联盟的实施方案》
34		晋江市人民检察院	2021 年 5 月	《晋江市人民检察院涉企案件刑事合规办理规程（试行）》
35	上海市	上海市人民检察院	2021 年 12 月 2 日	上海市涉案企业合规第三方监督评估机制管理委员会成立会议，《上海市涉案企业合规第三方监督评估机制管理委员会工作规则（试行）》《上海市涉案企业合规第三方监督评估机制专业人员名录库管理办法（试行）》《上海市涉案企业合规第三方监督评估组织运行规则（试行）》
36		金山区人民检察院	2021 年 3 月	《关于企业合规第三方监管人遴选、选任、管理的暂行规定》
37		虹口区人民检察院	2021 年 12 月 16 日	《上海市虹口区涉案企业合规第三方监督评估机制管理委员会工作规则（试行）》《上海市虹口区涉案企业合规第三方监督评估机制专业人员选任管理办法（试行）》《上海市虹口区涉案企业合规第三方监督评估组织运行管理实施办法（试行）》
38		浦东新区人民检察院	2021 年 8 月 19 日	《上海自贸区涉案企业合规第三方监督评估机制管理委员会工作规程（试行）》《上海自贸区涉案企业合规第三方监督评估组织运行管理实施办法（试行）》

（二）我国刑事合规制度的特点

1. 刑事合规的法律依据仍然相对缺乏

如表 2 所示，我国企业刑事合规制度均由位阶较低的“实施条例”或者“暂行办法”进行规定，且企业合规试点改革的案件适用范围狭窄，主要局限于构成犯罪但依法可以不追究责任的企业和企业管理人员，缺乏有针对性的系统的上位法规定，不足以指导和支撑我国企业刑事合规制度的具体实践。

2. 对于重大单位犯罪案件的刑事合规考察将逐渐增加

针对轻微的单位犯罪案件，涉案企业在犯罪情节轻微、认罪认罚、积极开展合规整改等情节的共同作用下，可能适用发展较为成熟的相对不起诉制度。合规不起诉与相对不起诉制度功能上的重合，致使合规不起诉在轻微单位犯罪案件中适用空间有限。因此，合规不起诉制度应主要着眼于重大单位犯罪，司法实践中，江苏、上海、深圳等地已经开始将国有企业、上市公司、拟上市公司等大型金融企业涉嫌的重大单位犯罪案件纳入合规考察对象范围。

3. 第三方监督机构在企业刑事合规制度的作用凸显

目前对于企业刑事合规的监督评估体制主要有三种：一是涉案企业自行整改，由检察机关主导定期向其汇报，整改结束后由检察机关对其评估。该模式检察机关主导作用有限，难以监督到位。二是检察机关派员到涉案企业现场监督整改。该模式则易陷入检察机关权力过大、可能对企业合规制度建设造成过多干涉的困境，且企业数量众多，检察机关难以承担如此巨大的工作量。三是检察机关委托专业性第三方主体现场监督整改。涉案企业按照检察机关要求聘请律所、会计师事务所、税务师事务所等外部专业机构组成第三方机构，该模式能够有效规避前两种模式的固有缺陷，在具有较强可行性前提下保障合规制度建设的透明化，更利于实现充分长效的监督效果。

（三）我国刑事合规制度在司法中的运用

目前我国的刑事合规制度主要适用于检察程序，针对涉嫌犯罪并可能被提起公诉的企业，若该企业积极配合进行合规体系建设，纠正其违法犯罪行为，可责令该企业在一定考察期内，在检察机关及其他监管部门的指导下开展合规体系建设。经验收后，检察机关以刑法为依据，在依法作出不批准逮捕、不起诉决定或者根据认罪认罚从宽制度提出暂缓轻缓量刑建议等的同时，建立一套督促、约束和激励机制，对企业进行合规管理。实践中针对企业刑事合规制度目前主要有两种模式：一种是检察建议模式；另一种是附条件不起诉模式，[1]具体适用情况如表3所示：

表3　刑事合规制度两种模式适用情况

分类	适用内容	适用对象
检察建议	作出不起诉决定后，以检察建议的方式督促企业进行合规整改	企业涉嫌的犯罪比较轻微，可能判处三年以下有期徒刑；且企业有整改和合规意愿

---

〔1〕 参见熊亚文：《理性建构刑事合规的中国路径》，载《比较法研究》2022年第3期。

续表

分类	适用内容	适用对象
附条件不起诉	作出不起诉决定前，设定一定时限的考察期，引入第三方进行监督帮助企业构建并具体落实合规体系，检察机关验收合格后，才作出不起诉的决定	公司、企业等市场主体在生产经营活动涉及经济犯罪、职务犯罪等案件，即单位犯罪案件，也包括企业重要生产经营人员与企业生产经营相关的个人犯罪案件
附条件不起诉模式对促进涉案企业构建和落实合规体系无论从深度还是时间跨度而言都更加有效		

根据最高人民检察院公布的数据，截至 2021 年 11 月底，10 个试点省份共办理涉案企业合规案件 525 件，其中适用第三方监督评估机制案件 254 件。目前，涉案企业中不仅合规案件办理数量逐步增多，而且案件类型、适用罪名逐步多样化，企业承担的责任更加多元化，如刑民责任重叠等；同时，案例的代表性、影响力逐步提升，企业合规制度的效果正在逐步显现，在企业治理中的地位也越发重要。

三、刑事合规制度在金融企业中的应用

（一）金融企业的新业态

近年来，随着新一代信息技术加速突破应用及金融行业不断发展，金融数字化转型成为金融行业转型发展的焦点。在金融数字化的背景下，各种互联网金融企业逐渐成为新型网络金融犯罪的主体，对传统犯罪模式的突破使金融企业在数字化时代加速发展的同时不得不面临更大的刑事风险。

从 2017 年起我国在证券、保险、银行等金融领域开展合规管理，各部委和部门发布了一系列标准指引，展示出了我国对于防范金融领域刑事风险的充分重视，具体如表 4 所示：

表 4　文件梳理

时间	文件	发文单位
2017 年 2 月	《网络借贷资金存管业务指引》	银监会
2018 年 11 月	《中央企业合规管理指引（试行）》	国务院国资委
2019 年 4 月	《反不正当竞争法》	全国人大常委会
2020 年 9 月	《经营者反垄断合规指南》	国家市场监督管理总局
2021 年 9 月	《关于进一步防范和处置虚拟货币交易炒作风险的通知》	中国人民银行等

续表

时间	文件	发文单位
2022 年 3 月	《关于审理非法集资刑事案件具体应用法律若干问题的解释》	最高人民法院
2022 年 4 月	《关于防范 NFT 相关金融风险的倡议》	中国互联网金融协会、中国银行业协会、中国证券业协会

分析上述变化可以得出，金融企业合规关注点逐步从金融主体转变为金融行为。从对证券、银行、保险等不同类型行业的监管，转变为更加具体的反不正当竞争、反垄断、境外经营、网络借贷资金存管业务等领域，对“互联网＋”这一金融创新模式也有了具体的行为操作指引，使金融监管更加具体化，所涉领域不断深入和细化。

（二）刑事合规在金融企业中的实务运用特点

一是金融企业刑事犯罪尤其是通过互联网进行的金融企业刑事犯罪案发后，阻止侵害行为的继续以及损害范围的进一步扩大均需要企业通过相关的数据控制等技术手段予以配合。例如，课题组成员办理的公安部督办深圳“7・15”侵犯公民个人信息案中，深圳市公安局南山分局指控从事金融数据分析及风控服务的某科技公司涉嫌披露和出售用户地理位置。在审查起诉阶段，该公司应司法机关要求及时封堵信息披露源头，删除用户地理位置核验接口，进一步完善用户数据调用服务协议，且在承办律师多方面举证的助力下，本案最终取得了相对不起诉的良好结果。又如，在任某非法侵入计算机系统案中，任某在担任东莞某互联网公司法定代表人期间，从黑客手中购买大量网站系统权限，并多次用于侵入他人网站，将客户广告以超链接形式挂靠在侵入网站上，以提高客户网页的点击率和搜索引擎排名。针对这类企业，就需要通过获取网站授权等业务调整方式达到合规整改的目的。

需要企业通过技术手段予以配合的原因在于，互联网金融企业的犯罪形式通常具有涉案人数多、地域覆盖面积广、犯罪手段多样化、犯罪手段隐蔽性强等特征。企业互联网犯罪中，实际行为人大多是具有网络、金融、证券、法律等方面专业知识和熟悉互联网金融各种交易运作模式的人员，并且还拥有专业技术人员负责数据管理维护，定期销毁、清除企业交易记录、人员结构、信息通讯等关键信息。由于互联网金融高度依赖于互联网技术在互联网平台上进行各项操作，资金的交易往来都是以数字化形式予以呈现，业务合作也大多是通过电子合同达成，金融机构计算机后台存储着大量的客户信息和交易记录。以上特征导致侦查机关开展侦查工作、打击网络犯罪的难度陡然升高。目前涉及互联网金融企业犯罪的案件，通常在案件侦查过程中需要企业的配合以及时遏制损失的扩大。

二是由于企业相对于自然人而言，其内部组织结构更为复杂，犯罪结果影响也更加广泛，应当更加重视事前合规审查以防范企业犯罪风险。例如，课题组成员办理的林某非法获取计算机信息系统数据案中，担任深圳某科技公司导航部员工的林某利用公司内网保护系统的漏洞，破解了该公司核心技术资料的硬盘加密保护系统，并将公司文件资料上传至其个人账号中。该案是典型的由公司内部工作人员利用职权便利引发的刑事案例，值得强调的是企业在注重整体合规防控的同时，企业内部人员的权限设置和监督防范工作也应当被企业重视并列为合规制度建设的重要部分，避免因合规建设不周全而给企业带来间接的法律责任。又如，在李某某拒不履行网络安全管理义务案中，担任北京某通信技术公司高级运营总监的李某某通过制作发布用户通讯卡向合作的客户公司非法披露本公司用户微信信息，经工商部门多次责令整改后仍不履行。针对这一类案件，更应当注重企业的事前合规，在接收到监管部门的行政处罚后，企业应当高度重视，及时排查消除现存的不重视合规问题，避免诱发不必要的刑事责任。

在当前司法实践中，可以借鉴刑事合规中的量刑起诉激励模式，鼓励企业加强刑事合规体系的建设，针对不同的交易模式构建完备的合规体系，针对提前建立合规体系的金融机构，为其在金融创新过程中出现的不合法、不规范的行为提供刑事和解的机会，给予企业一定的期限建立完善合规计划并全面进行整改，监管机构派驻优秀的合规计划官帮助企业进行整改和纠错。这种模式有助于避免司法机关把违法犯罪企业“一锅端掉”的激进处理方式，能够更加理性平和地让金融机构在创新合规模式的过程中改变固有的灰色产业和灰色行为，平稳过渡到在法律规制体系内健康运行的状态，更好地应对严峻的社会经济形势，为社会主义市场经济服务。

（三）刑事合规制度在金融企业运用中的障碍

从当前金融企业刑事合规机制的建设与实施情况来看，在一定程度上企业刑事合规制度的建立在我国金融企业的运用中尚处于“雷声大、雨点小”的尴尬阶段，只是建立一个合规团队、仅仅颁布一种书面的合规制度，距离合规计划的有效运行还任重道远。该局面的产生主要存在以下缘由：

1. 法律制度体系不完善

预防和治理企业犯罪是我国社会主义法治社会的重要内容，对于我国而言，企业刑事合规不起诉制度面临的最大难题在于刑事法律制度体系的空缺，尤其是针对金融企业的专门性规定有限，目前刑事合规仍主要适用于环境污染、公民信息保护类单位犯罪，而对于涉及金融犯罪的规定较为模糊，这是我国刑事合规制度急需解决的问题，具体而言：

从犯罪类型上来看，我国近年来企业犯罪较为集中地体现在经济、金融类犯罪，高频出现的非法吸收公众存款案件同当下频发的 P2P 事件相呼应，在经济增长放缓的大背景下，许多互联网企业利用法律空白、互联网热点和投资者侥幸心理大肆进行非法集资、传销、洗钱等犯罪。

从归责模式上看，在传统“责任主义”归责模式下，以主客观相统一原则作为定罪导向。因此，由于企业犯罪的主观部分难以证明，单位犯罪责任往往体现为以对其直接负责的自然人的犯罪行为为认定基础。但近年来随着企业刑事合规试点的推行，司法实践更为重视单位的独立“人格”，在确定其刑事责任的过程中将其看作更为独立的主体以摆脱依附相关自然人定罪的传统方式。

综上所述，企业刑事合规系将单位犯罪与单位成员的犯罪行为相剥离的重要手段，且近年来基于互联网和区块链的高速发展，金融企业相较于一般企业而言更需要刑事合规制度予以保驾护航。这意味着我国单位犯罪的认定需要更趋专门化、精确化，以便于实现刑法打击犯罪和预防犯罪的目的。因此，找准金融企业新发展具有综合性、复杂性的基本特征，制定相关的法规在实体与程序制度上作出回应，从过失犯罪认定、认罪认罚制度以及检察起诉分案处理等各方面促进该模式的落实，扩大刑事企业合规制度在金融企业犯罪中的适用空间是必要的。

2. 合规不起诉制度与传统刑事诉讼制度相冲突

在不起诉的实务操作中，对于单位犯罪相对不起诉的标准、门槛、条件仍然缺乏明确具体的衡量尺度。在司法案例当中甚至一度出现原本不符合犯罪构成要件、未达到刑事处罚法定标准的案件被按照相对不起诉、证据不足不起诉等情形进行处理。根据《刑事诉讼法》的规定，审查起诉期限最长可以达到六个半月，受限于现有法律框架体系，各试点单位设置的合规考察期普遍限于审查起诉阶段。但基于企业合规整改的经济与时间成本考虑，半年时间对于部分企业难以全面完成整改计划。尤其是在金融企业的合规不起诉中，基于金融企业业务广泛、涉案人员众多、相关信息储备量大以及人员专业性要求高等基本特征，对于金融企业的合规审查往往难以在半年时间内完成。企业合规不起诉制度的激励效果应当是促成企业合规长效机制的形成，受较低考察期限制必定难以准确全面考察和评估企业合规体系的建立和有效运转情况，更会阻碍互联网金融企业等新兴重点企业进行合规整改的步伐，难以拓宽合规不起诉制度的适用范围。

3. 第三方监督机构选任难题

金融企业的合规计划要求极为细致，重点在于评估落实和切实有效，并且金融合规与合规管理软件的强制使用需要交叉研究及现代化高技术的系统支撑。[1]基于此，对金融企业刑事合规第三方监督机构组成人员往往具有较高的专业性要求，根据公开可见的相关资料以及相关调研，各地对第三方监管人员的规定与做法不一，主要包括以下形态（如表5）：

---

〔1〕 参见赵运锋：《刑事合规附条件不起诉立法思考和内容构建》，载《上海政法学院学报（法治论丛）》2021年第6期。

表 5　形态总结

探索模式	第三方监管人			
	选任	费用承担	职责	期限
模式一	检察机关指定	检察机关付费	受检察院委托，对涉罪企业以及犯罪嫌疑人遵守规定、履行承诺以及刑事合规计划的执行等情况进行评估，制作监督考察报告	12 个月，可延长或缩短
模式二	检察机关选任 涉罪企业委托	企业付费	协助涉罪企业制订合规计划； 协助检察院监督合规计划的执行； 针对涉罪企业刑事合规建设出具阶段性书面监控报告。作为检察院作出决定的参考	—
模式三	检察院指定	企业付费	协助涉罪企业完善合规体系； 考察涉罪企业对于企业外部规定和内部规范的执行情况，并对出现的问题及时纠正； 定期为涉罪企业进行内部培训； 为涉罪企业提供法律咨询服务； 定期形成对涉罪企业合规监管工作的书面报告，并提交检察机关	6 个月

总而言之，第三方监督机构所承担的职责，是对涉案企业整体合规体系构建、合规制度整改及执行情况，从外部、专业、独立的角度进行监督与考察。此外，在一些地区，第三方监督机构还担任帮助企业构建、完善合规体系，优化公司合规治理结构的角色，比如深圳宝安司法局及浙江岱山检察院等，均在已经发布的企业合规不起诉流程指引中明确了第三方监管人不仅要帮助企业进行内部自查、确定整改方案，即第三方监督机构实际享有极大的权力，一定程度上伴随着权力腐败的风险，并且就金融企业合规选定的第三方监督人员往往需要具备极高的专业素养，同时对相关工作经验亦有较高要求，导致第三方监督机构选任过程变得极为复杂。因此，应当及时统一第三方监管人的选任标准，设置相关制度对其权利进行制约。针对专业性极强的金融企业，设立专业对口的第三方监督机构人员储备库，以便及时匹配第三方监督人员，提升监管效益。

4. 欠缺激励机制促成企业自身刑事合规意识

合规不起诉更侧重于事后的合规，从预防犯罪及保护企业发展的角度来看，事前合规比事后合规更加重要，只有侧重于事前合规才可能有效地降低企业犯罪率，打造健康的营商环境。而相应的激励机制也能促使企业主动有意识地进行事前合规，避免和减少事后合规造成的种种问题，打造企业刑事合规的生态环境。具体而言，事前合规倡导企业建设内部预防机制，认为单位本身在客观上具有引起、刺激或者容允单位成员实施犯罪行为的结构、政策、文化等条件（结合理论）[1]，若单位在这些条件上不满足一定合规标准则可以认定其主观上具有过失，从而确定其受到刑事处罚的罪过基础。

2017年雀巢公司6名员工侵犯公民个人信息罪[2]一案中。甘肃省兰州市中级人民法院只判罚雀巢公司员工，没有认定雀巢公司存在单位犯罪行为。理由在于，雀巢公司向法庭提供了《雀巢指示》、《关于与保健系统关系的图文指引》以及雀巢公司从不允许员工以非法方式获取消费者个人信息等证据，法院最终认为“雀巢公司政策、员工行为规范等证据证实雀巢公司禁止员工从事侵犯公民人民信息的违法犯罪行为，各上诉人违反公司管理规定，为提升个人业绩而实施犯罪为个人行为”。法院将雀巢公司所制定的各项合规政策及文件作为认定事实的基本依据，雀巢公司最终免于以单位犯罪处罚。由此可见，企业事前合规的建设是否完备已经成为司法实务中单位责任豁免的重要依据，此类判决有利于促进企业合规建设与司法认定的正向循环，有利于我国企业刑事合规的制度发展。金融企业相较于一般企业而言，其从事的业务活动往往伴随着更高风险，这对企业事前合规制度建设提出了更高要求。但上述个案判决结果并不足以引起金融企业的足够重视，对于推动金融企业事前合规建设作用有限，仍需要综合性、系统性的激励政策对金融企业合规建设进行指引。

四、新形势下金融企业刑事合规制度的对策机制研究

（一）法律制度体系实务思考

1. 推动金融企业的刑事合规制度建设

结合我国刑事合规制度的司法实践，具有针对性的金融企业刑事合规制度，首先，应当明确犯罪预防标准，以有效预防金融企业犯罪为目标，督促企业在构建公司合规制度框架的过程中，不能只考虑民商事法律范畴，更应当以刑法为蓝本，结合刑法的基本原则，注重刑事犯罪构成要件、基本特征，以此严格规范企业的经营运作。

其次，金融企业的刑事合规制度需要制定犯罪预防范围，刑事合规制度的适用对象不仅涉及企业本身，也必然关联着金融企业的管理人员、相关责任人员。例如，基金公司对业务员虚假承诺理财产品的违规行为未妥善规制，造成大批投资者严重经济损失，该企业及其负责人员均可能构成非法吸收公众存款罪。因此，刑事合规制度需要推动企业着重加强对管理者、公司员工的管理规定，进一步强化企业对于员工金融业务行为不可推卸的刑事责任。

最后，推动企业构建犯罪预防体系是金融企业刑事合规制度的重中之重，督促金融企业形成从预防培训到监督惩戒的全流程的自我管理体系，结合企业的规章制度、监督制度、惩

---

〔1〕 参见黎宏：《单位刑事责任论》，清华大学出版社2001年版，第291页。
〔2〕 参见甘肃省兰州市中级人民法院刑事裁定书，（2017）甘01刑终89号。

罚制度以及培训制度设立完整化的刑事风险预防体系，并要求金融企业设置不同于民商事法务部门的合规审查部门，配备合规师、法律顾问，定期或不定期审查企业刑事合规问题，从源头上预防企业刑事犯罪。

2. 妥善处理刑事合规制度与刑事责任之间的关系

我国刑法规定企业单位犯罪适用双罚制。对企业适用财产刑，对企业高管或其他责任人员适用自由刑及财产刑，即对犯罪企业判处罚金的同时，对企业直接负责的主管人员和其他直接责任人员，一并按照刑法规定予以刑事处罚。这决定了企业刑事合规的方案必须以企业自身、企业管理人员以及其他工作人员为主要管理对象。

在我国刑事诉讼程序中，检察机关一方面承担审查批准逮捕的职责，另一方面又负责审查起诉的工作内容，在这样的公诉机制下，检察院批准逮捕后，涉案企业被提起公诉的可能性是非常大的。而一旦被提起公诉，涉案企业基本可能会被追究刑事责任。只有公安机关撤案、检察院不起诉、法院判决无罪或不予追究刑事责任，才能确保企业无刑事责任。因此，破解当下涉案企业较高追诉率问题的一个重要抓手就在于企业合规不起诉制度，并切实搞好刑事合规制度与刑事责任之间的关系。课题组以互联网金融行业为例，探索二者之间潜在的关系。

3. 强化检察机关与公安机关衔接，优化自由刑

金融企业刑事合规制度的建设是一项系统工程，需要公安机关、检察机关的密切配合。特别是涉及自由刑的实施过程，实务中仍然存在工作衔接不通畅的情况，容易对同一案件存在分歧从而导致办案质量不高，实务中应强化工作衔接，公安机关经审查认为有犯罪事实确需追究刑事责任而办理立案手续后，应当及时告知检察机关，以便及时对自由刑的使用作出判断。实践中，被采取刑事强制措施的主管人员或直接责任人员往往对涉案企业存在的合规漏洞更为清晰，刑事合规方案的有效实施离不开上述人员的参与，但由于缺乏明确的法律规定，在启动刑事合规不起诉程序后，司法机关是否应当允许相关在押嫌疑人介入合规整改工作尚存在争议。在缺少这些人员参与的情况下，即便经由检察机关主导和第三方监督，涉案企业也难以有序开展合规整改工作，企业自主规制的效率会大打折扣。

从近年来互联网金融行业角度来看，互联网金融从业者相对而言属于高风险职业，刑事合规建设的忽视直接威胁着互联网金融企业管理人员和业务人员。结合当前实践中的金融犯罪案件，绝大多数金融犯罪都是由司法机关根据企业责任人的客观行为归罪，但许多相关责任人在主观上并无犯罪意图。例如，课题组成员承办过的某企业的非法吸收公众存款案件，涉案企业的清算部经理均系经上级授意收付客户投资款，其权限不足以认知所收入款项系非法所得，但因工作内容直接关联到犯罪行为，因而时常存在入罪的刑事风险。一旦被采取刑事强制措施或入罪，因该类人员职务的专门性以及难以替代性，极易使企业合规整改缺乏专业力量的支撑。

针对此类情况，首先，刑事合规不起诉制度的发展为涉案企业的责任人员创造了重获自由的机会，以自我价值投入到企业合规整改的任务当中，刑事合规制度应当慎重考虑对涉及企业整改工作的企业高管放宽自由刑的门槛，明确非必要不采取羁押措施。其次，依据当前司法实践，企业犯罪案件中企业人员被批准逮捕后普遍被起诉追责，在检察机关“捕诉一体”的诉讼机制下，企业刑事合规制度需要突破这一机制的限制，给予企业合规整改更大的发展空间。

此外，我国尚未建立针对金融企业犯罪的资格刑，课题组认为，对于金融犯罪的预防以及惩罚而言，仍然有必要建立资格刑的体系，这也与刑事合规不起诉制度的出罪理念相衔接。当然，我国行政法律法规明确有企业资质、资格方面的行政处罚，如取消经营资质、吊销营业执照等。但是行政与刑事仍然应当区别对待，建议未来的刑法或可在行政处罚的基础上，规定对金融从业人员更为严厉的限期或永久禁止从事相关行业的资格刑。

4. 财产刑的优化

财产刑是以剥夺犯罪分子的财产为惩罚内容的刑罚。在我国《刑法》规定中，财产刑包括没收财产和罚金两种类型。涉案企业在涉及非法吸收公众存款等破坏社会主义市场经济秩序犯罪、诈骗等侵犯财产犯罪以及部分妨害社会管理秩序犯罪时，可能根据法定标准被判处罚金。

涉案的互联网金融企业往往涉及非法吸收公众存款、集资诈骗等典型经济金融犯罪案件，对涉案企业的罚金数额往往甚巨，针对该类犯罪企业，刑事合规整改与刑事处罚惩戒的目标应当重点放在稳定社会秩序、弥补投资者损失上，而对涉案企业过重的财产刑罚会实质影响到涉案企业维持合规方案和退赔投资人工作的进展。因此，在刑事合规制度的建设过程中应当对此予以考量，推动检察机关的量刑建议或审判机关的量刑裁判对涉案企业采取从轻从缓的量刑思路，让涉案企业在合规整改后集中力量于弥补被害人的经济损失。

另外，比较研究表明，对涉嫌犯罪的企业处以高额罚款是西方国家检察机关推进暂缓起诉协议和不起诉协议的制度前提。但是国内很多中小微企业没有承受这种高额罚款或罚金的能力，检察机关作为司法机关也没有行使处罚权的法律权能。一旦检察机关被赋予此等权能，对涉案企业处以高额罚款或罚金，就有可能带来企业破产倒闭和司法越权等不良后果。

因此，我国的刑事合规立法需要对企业合规机制进行必要的本土化改造，使其在发挥预防违法犯罪之功能的前提下，实现中国特色的企业合规管理。例如，在对企业的处罚方面，尽管我国检察机关不享有行政处罚权，企业可能没有缴纳高额罚款或罚金的能力，检察机关仍然可以将企业赔偿被害人、补交税款、缴纳法定罚款、缴纳违法所得等作为对企业适用附条件不起诉的前提条件，也就是将以上凭证作为纳入企业合规考察的根据。由此，企业承担法益修复义务的积极性足以被调动起来。又如，尽管对于中小微企业要连同其内部负责人一并给予宽大刑事处理，但是检察机关也可以动员企业负责人在积极配合监管调查、主动采取补救措施的前提下，积极推动企业合规管理体系的建设，并根据企业推进合规管理体系的实际效果，以及企业负责人在进行制度整改和弥补管理漏洞等方面所发挥的作用，来决定是否对企业和负责人提起公诉。这可以激发企业负责人重建合规管理体系的积极性。

5. 推动构建合规激励机制

对于检察机关而言，通过不批捕、不起诉、量刑建议从宽从轻等方式进行涉案企业合规激励是较为常见的做法。当前，各地试点单位对于刑事合规制度的合规激励机制存在将“合规出罪”作为合规激励内容和以企业合规从宽为改革路径的实践争议。

合规出罪是否应当常态化，实践中存在的不同的观点。课题组认为，合规出罪是迫切需要实现的合规激励机制，涉案企业合规在满足特定条件的情况下，实现出罪能够更好地达到激励效果，让合规整改成为罪罚阻却事由，通过合规考察实现出罪，有效落实最高人民检察院关于企业犯罪不捕不诉、少捕少诉的工作精神。当前，我国众多试点地区将合规激励机制与认罪认罚从宽制度相结合，合规激励的内容囊括不捕不诉、取保候审、量刑从宽等。但是，我们应当认识到合规出罪是收效最佳、最为重要的激励手段，唯有通过合规不起诉的制度方式，才能让企业实打实地重视刑事合规建设。

现行的合规激励机制需要具备三项重要因素：一是涉案企业以完善的合规体系为条件换取不被定罪判刑，让企业免于承受刑法施加的压力；二是在启动合规整改后，调动涉案企业合规整改的积极性；三是涉案企业根据合规计划完成合规整改，成功完善合规体系，实现无罪化的合规改造，检察机关通过考量作出不起诉决定，以合规出罪实施合规激励。未来合规不起诉制度的立法，应当考量纳入这三项重要因素，作为完善合规激励机制的重点内容。

（二）探索多元化的第三方监督机制，推动初创型金融企业的发展

1. 构建多元化的第三方监督机制

企业类型、经营模式、经营内容不同，可能导致的刑事合规风险也会有所不同。通过刑事合规尽职调查，考察企业的具体情况，对企业可能存在的刑事合规风险问题进行识别，是企业刑事合规治理制度的重要内容之一。

全面的刑事合规尽职调查将协助企业发现其存在的刑事合规风险，关键在于全面发掘企业可能存在的刑事合规风险问题，尽职调查的成果将成为企业开展合规治理工作的重要基础和前提。全面的刑事合规尽职调查一般可从企业的合规管理制度、企业管理人员的职责履行情况、企业的经营模式和业务管理等角度入手，并视企业的具体情况进行拓展。如企业对自身可能涉及的刑事风险有初步认识，但无法作出准确的分析和判断时，往往需要开展专项刑事合规尽职调查，并对具体问题进行研判。专项刑事合规尽职调查一般会分析相关问题是否会导致刑事责任，可能导致何种刑事责任。如会导致刑事责任，是企业还是个人需要承担刑事责任。此外，由于刑事责任在企业与个人之间存在着延伸性，如果个人需承担刑事责任，还需要考量企业是否有被波及的可能。

2. 顺应企业合规趋势，加强企业合规建设

刑事合规大趋势下，金融企业应当加强合规意识，完善合规体系建设。例如，金融企业应根据自身业务与行业实际，全面梳理自身所面临的监管要求，以及由此可能引发的刑事风险点，从而对合规管理进行模块划分，按照内部治理结构、制度规范、人员配置、岗位职责、合规审批流程、财务管理、合规培训、危机处置等不同模块建立契合企业实际并符合监管要求的企业合规制度与流程，以合规风险为导向，在专业人士协助下打造安全、安稳、安心的企业合规管理体系。

通过建立、完善刑事合规制度，企业可以充分有效地预防犯罪，降低刑事风险。同时，具有完善的合规制度可以提高企业在涉刑情况下适用第三方机制的可能性，并且帮助企业更好地对接相关监管方及第三方机制运行程序，争取早期优势。同时，即便无法适用第三方机制，完善、合理的合规制度也可以为涉案企业、个人在刑事诉讼程序中切割、转移、减免相关刑事责任。

3. 引导涉案企业合理利用合规政策

涉案企业有权依申请启动第三方机制，涉案企业应当对该程序动议权高度重视，借助外部律师等专业力量，及时提交符合实际情况与政策要求的申请材料，并同办案机关进行充分有效的沟通，争取尽早启动第三方机制。值得注意的是，该程序启动申请并不限于审查起诉阶段，涉案企业及个人可以在立案侦查阶段就提出认罪认罚、适用第三方机制的申请，从而争取不予批捕、变更强制措施、宽缓的起诉意见书等有利结果。涉嫌行贿犯罪的企业被纪检监察机关立案调查后，也可选择认罪认罚，并请求纪检监察机关向检察院提出适用第三方机制的建议。

涉案企业在选任第三方组织时，可以根据企业经营领域、行业惯例等情况，对不同背景组成人员对程序走向的影响进行有针对性的研究，并合理利用异议权，行使好第三方组织人选环节的重要救济权利，为新型初创金融企业发展提供有力推手。

（三）进一步强化辩诉交易制度的作用

辩诉交易制度的主要作用在于促进办案效率，保障当事人获得从宽处理的权利。根据美国辩诉交易制度及国内实务经验来看，检察官在刑事司法体系中的强势地位使被告在面对检察官提出的交易条件时几乎没有拒绝的可能，被告及其律师知道检察官所说的“或者接受交易条件或者等着陪审团审判并被处以更严厉刑罚”不是虚张声势。检察官清楚地了解案件证据的情况，可以在此基础上选择起诉罪名，并且其建议的量刑基本就是法官裁定的量刑。在这种情况下，无论是有罪被告还是无罪被告都自然会选择接受辩诉交易，这种决定显然很难说是被告自由、理性判断的结果。[1]在金融企业刑事合规制度的建设过程中，应充分运用这

---

〔1〕参见夏菲：《辩诉交易强迫认罪问题对认罪认罚从宽制度的警示》，载《东方法学》2021年第4期。

一制度的灵活性，保障当事人的自愿性，力争做到最大限度地保障金融企业的正常运行和发展，使之成为刑事合规制度建设的重要手段。

需要注意的是，在实施辩诉交易过程中，检察官无疑占据主导地位，金融企业及相关责任人、辩护人处于相对弱势的地位，首先，这在控辩双方控诉交易协商阶段有明显体现，针对我国当前刑事辩护率不超过 25% 的现状〔1〕，辩护律师在此过程中发挥的作用较为有限；其次，2018 年《刑事诉讼法》第 201 条规定：对于认罪认罚案件，法院依法作出判决时，一般应当采纳检察院指控的罪名和量刑建议。根据实务经验，除非在少数的法定情形下，“一般应当采纳”表明检察院的指控意见将会被法官采纳。在此情形下需要保障被指控当事人达成辩诉交易的自愿性，基于当事人是否自愿作出辩诉交易的考量尤为重要。检察机关应该切实担负起法律监督的职责，监督侦查、起诉、审判各环节的律师辩护权的行使情况，保障辩护权利，确保在辩诉交易中被指控方的自愿性。

五、结语

刑事合规不起诉的价值，在于引导涉案企业回归合规正轨。在当前的国际国内环境和法律监管背景下，立法机关需要尽快通过立法完善刑事合规制度与刑事法律的衔接，检察机关需要充分主导刑事合规全流程，第三方监督评估机构需要构建符合企业市场化的监督机制，国内企业需要重视开展合规体系建设。

尽管目前试点工作在新兴的互联网金融型涉案企业的合规不起诉方面存在诸多现实困境或问题，但在我国合规不起诉制度正值上升起步期的当下，率先开拓示范型金融合规监管将具有先发优势，有利于引导金融相关企业确立与本企业自身情况相符的合规标准，更进一步地探索互联网金融等新兴领域适用刑事合规不起诉的先决条件，为将来的刑事合规立法工作提供有力的参考依据。

在企业合规政策必将密集出台的时代背景下，尽早完善刑事合规制度配套法律体系，构建针对互联网金融企业的刑事合规制度，探索多元化、专业化的第三方监督机制，处理好刑事合规制度与刑事责任之间的关系，不仅利于引导金融型企业普遍实现合规，降低金融犯罪率，更利于推动初创型金融企业发展，保障社会与经济秩序。

〔1〕 参见龙宗智：《完善认罪认罚从宽制度的关键是控辩平衡》，载《环球法律评论》2020 年第 2 期。

金融法制年度报告

2022年中国银行市场法制报告

何　颖　纪滟琳　孙　倩　沈思玮*

一、银行业立法推出新规范

（一）《金融稳定法（草案征求意见稿）》

中国人民银行于2022年4月6日发布《金融稳定法（草案征求意见稿）》，向社会公开征求意见。《金融稳定法（草案征求意见稿）》共6章48条，对金融风险的防范、化解与处置都进行了较为细致的规定，并落实了法律责任与司法衔接。

《金融稳定法（草案征求意见稿）》的主要内容为：一是明确规定了原国务院金融稳定发展委员会、中国人民银行、行业监管机构和地方政府的金融稳定职责，构建起了我国系统性金融风险防范、化解和处置的综合体系，明确了系统性金融风险防范、化解和处置的工具和措施体系；二是首次构建了风险处置中的司法审查程序，明确出现金融风险的相关法律责任，促进金融法治化进程；三是进一步落实和强化了地方政府的属地责任和金融监管部门的监管责任，厘清了中央和地方金融稳定机构及地方政府的责任划分。

金融稳定是国民经济健康有序发展和社会长治久安的重要保障，制定“金融稳定法”是健全我国金融法治体系的迫切需要，能够为防范化解重大金融风险提供坚实的制度保障，提升系统性金融风险防控能力。

---

* 何颖，华东政法大学经济法学院副教授；纪滟琳、沈思玮、孙倩，经济法学院硕士研究生。

（二）《银行业监督管理法（修订草案征求意见稿）》

原中国银行保险监督管理委员会（以下简称原银保监会）2022 年 11 月 11 日发布《银行业监督管理法（修订草案征求意见稿）》并向社会公开征求意见。本次修订草案无论是对监督管理机构、监督管理职责还是监督管理措施均进行了较大幅度的修订，以防范化解金融风险、提高监管有效性为总体目标，以弥补监管短板、加大监管力度、明确监管授权为着力点。主要修改内容包括四个方面：一是完善制度建设，实现监管全覆盖。加强股东监管，将机构主要股东、实际控制人纳入监管范围，建立事前准入审批、事中持续监管、事后处置处罚的全流程监管制度；同时增加对银行业第三方机构的监管授权。明确勤勉尽责义务，授予监管机关要求其报送信息资料的权力；增加域外适用条款。贯彻落实党中央关于健全涉外法治体系建设的决策部署，增加域外适用条款，明确跨境信息提供的基本规则。二是健全处置机制，提升风险识控前瞻性。完善风险处置机制，从日常监管、早期干预、接管和破产清算等方面作出制度安排，增强处置工作前瞻性、及时性和有效性。新增限制风险资产规模、调整监管指标要求等完善监管的强制措施，提高现行条款操作性；增加机构建立恢复和处置计划规定，增加早期干预措施，提高处置主动性和市场化水平；完善接管和市场退出机制，明确接管组的法律地位，细化接管组的法定职责，增加具体接管措施，做好接管与破产程序的有序衔接。三是加大监管力度，提高违法成本。完善审慎监管规则，加强行为监管，覆盖公司治理、业务营销、消费者权益保护等内容；增加从业人员的监管规定和罚则，解决人员单罚法律依据不足的问题；提高违法成本，扩大法律责任覆盖面，提高罚款幅度。衔接新修订的《行政处罚法》，明确罚没并举，强化震慑效果。四是提升监管能力，落实法治政府建设要求。完善监管体系建设，落实金融服务实体经济要求，强化金融监管的专业化。

（三）《反电信网络诈骗法》

近年来，我国电信网络犯罪活动形势仍较为严峻，发案数、损失数仍不断攀升，“两卡”犯罪问题仍然突出，电信网络诈骗案件侦破、资金查控、取证仍较为困难，电信网络诈骗犯罪呈现出犯罪范围大、传播区域广、犯罪手段多、侦破难等问题。2022 年 9 月 2 日第十三届全国人大常委会第三十六次会议表决通过《反电信网络诈骗法》。《反电信网络诈骗法》共 7 章 50 条，作为一部专门性法律对当下急需解决的电信网络诈骗犯罪做出了回应，包括总则、电信治理、金融治理、互联网治理、综合措施、法律责任、附则等，坚持以人民为中心，统筹发展和安全，立足各环节、全链条防范治理电信网络诈骗，精准发力，为反电信网络诈骗工作提供有力法律支撑。

《反电信网络诈骗法》在内容上有以下几个特点：一是强化系统观念，立足源头治理、综合治理，侧重前端防范。以预防为主，从源头解决问题，改变之前事后追责机制，“防管”并重。本次立法将电信、金融、互联网机构均纳入反诈主体，力求跨行业、跨地区协同合作，有效防范、打击相应犯罪活动。针对电信网络诈骗发生的信息链、资金链、技术链、人员链等各环节，加强防范性制度措施建设，深入推进行业治理，强化部门监管责任和企业社会责任，变“亡羊补牢”为“未雨绸缪”，变重“打击”为“打防管控”并重。二是《反电信网络诈骗法》是新型领域立法，立法过程中始终坚持问题导向和结果导向，作为一部专项急需立法必须立足实践需要，采取各项有力措施，赋予执法机关职权和企业责任，同时也要必须坚持精准防治，防止“一刀切”措施，依法保护公民和组织合法权益。

（四）《银行保险机构消费者权益保护管理办法》

为解决目前金融市场中消费者的权益保护问题，原银保监会于2022年12月12日发布了《银行保险机构消费者权益保护管理办法》，切实保护银行业保险业消费者合法权益。制定该管理办法的总体思路和原则可以概括为以下几个方面：一是既全面规范经营行为，又注重构建长效机制，从行为规范角度，全面覆盖消费者八项基本权利，同时通过要求银行保险机构将消费者权益保护纳入公司治理、企业文化和经营战略，建立完善消保审查、信息披露、适当性管理、个人信息保护、合作机构管控、消保内部考核和审计等工作机制，构筑全方位的消费者权益保护工作体系，对规范机构行为发挥长效作用。二是既督促银行保险机构合规经营、履职尽责，又引导金融消费者理性消费、诚实守信，依法维护自身合法权益，并强化金融知识教育宣传，推动诚信文化建设，为金融业高质量发展营造理性良好的市场环境。三是既着力压实银行保险机构消费者权益保护主体责任，又注重构建包括监管部门、行业协会、行业纠纷调解组织等多主体共同参与、齐抓共管的银行业保险业消费者权益保护体系，共同维护公平公正的金融市场秩序。

（五）《商业汇票承兑、贴现与再贴现管理办法》

2022年11月11日，中国人民银行、原银保监会联合修订发布了《商业汇票承兑、贴现与再贴现管理办法》（以下简称《商业汇票管理办法》）。主要内容为：一是重新定义了商业汇票内涵及期限，为票据市场未来发展重新明确了发展目标及发展路径；二是明确了总体风险管控框架及管理内容，特别是提出了承兑余额及保证金余额等两项风控指标，进一步提升了票据市场透明度，规范票据市场发展方向；三是明确了基础设施、电票及供应链票据的定位，为票据市场供应链票据及数字化发展奠定了基础；四是拓宽了发展空间，回归真实交易，同时，首次提出发展票据经纪等要求，为进一步服务经济、促进创新、活跃票据市场创造了条件。票据信息披露系统上线后，票据市场透明度不断提升，在此背景下，《商业汇票管理办法》的出台将使票据信用属性被提升至前所未有的高度，有利于进一步完善银行信用体系，大大改善商业信用环境。考虑到商业汇票主要用于境内企业信用环境的整体提升，有助于增强国内企业综合实力，推动产业转型升级，提升经济总体效率与质量。《商业汇票管理办法》缩短了票据期限，由最长1年改为6个月，有力地推动了应收账款及应付账款票据化进程，缩短供应链应收应付期限，避免出现大企业或核心企业恶意拖欠中小企业款项的情况，改善中小微企业支付及融资环境，加快供应链运转效率，畅通供应链内物流、资金流及信息流，助力整体经济运行。《商业汇票管理办法》对创新持正面积极的态度，其中电子商业汇票、财务公司承兑汇票、信息披露等均为票据市场在不同时期的业务创新。供应链票据、绿色票据、标准化票据等创新产品代表着票据市场发展方向，《商业汇票管理办法》的出台有利于推动相关机构、相关部门，加大对创新产品的投入，不断优化创新产品性能，为实体经济提供更优质的金融服务。

（六）非银行金融公司监管系列规范

2022 年 1 月 7 日，原银保监会发布了《金融租赁公司项目公司管理办法》。随着我国金融行业深入改革发展，金融租赁公司以项目公司形式开展融资租赁业务的需求不断扩大，为了规范金融租赁公司以项目公司的形式开展融资租赁业务，强化风险防范，制定该办法。该办法拓宽了项目公司的设立区域和租赁物范围，有利于相关领域的专业化发展，强化了项目公司的业务穿透管理和全面风险管理要求，同时有利于规范金融租赁公司境外展业。

2022 年 7 月 28 日，原银保监会发布《保险资产管理公司管理规定》，该规定确定了保险资管公司的功能定位是“以实现资产长期保值增值为目的，开展资产管理业务及国务院金融管理部门允许的其他业务的金融机构”，明确了保险资产管理公司要以“严格遵守投资者适当性管理要求”“稳健审慎开展业务经营”“维护投资者的合法权益”为运营原则，同时优化了保险资产管理公司的股权结构设计，细化设立条件。该规定作为保险资产管理公司的顶层制度，明确了资管公司的发展方向与价值取向，为专业化发展和纵深式改革提供了明晰的指导。

2022 年 8 月 22 日，原银保监会发布《理财公司内部控制管理办法》，该办法目的是加强理财公司内部管理，要求理财公司对各项业务活动和管理活动制定全面、系统、规范的内控制度体系，至少每年进行一次全面评估，并从四个方面入手压实主体责任：一是强化产品设计和存续期管理；二是完善投资和交易制度流程；三是加强重要岗位关键人员管理；四是强化与母行的风险隔离。该办法是推动理财行业迈向高质量发展的重要制度保障，有利于统一同类资管业务监管标准，增强理财公司法治观念和合规意识，促进构建与自身业务规模、特点和风险情况相适应的内控合规管理体系，推动理财行业形成良好发展生态。

2022 年 10 月 13 日，原银保监会修订发布了《企业集团财务公司管理办法》，重点指向优化业务范围和实施分级监管，增设监管指标和加强风险监测预警，完善财务公司的风险处置和退出机制。

（七）《金融基础设施监督管理办法（征求意见稿）》

为加强金融基础设施统筹监管与建设规划，保障金融体系安全高效运行，推动构建现代中央银行制度，2022 年 12 月 14 日中国人民银行会同有关部门发布了《金融基础设施监督管理办法（征求意见稿）》。分为 6 章，共 46 条，明确了六类金融基础设施准入与监督管理的细化安排，包括总则、设立和准入、运营要求、监督管理、法律责任、附则。明确了金融基础设施是指金融资产登记存管系统、清算结算系统（含开展集中清算业务的中央对手方）、交易设施、交易报告库，重要支付系统、基础征信系统。金融基础设施运营机构是指根据法律法规、国务院相关决定及本办法规定，经批准负责建设、运营和维护金融基础设施的企业法人或事业单位法人。同时完善了金融基础设施准入安排，对在境内设立金融基础设施的条件，包括股东及"董监高"资质、资本要求、系统建设等作出规定；同时明确了国务院金融管理部门对各类金融基础设施实施准入管理的职责分工。此外，在强化金融基础设施运营要求及风险管理方面，明确了金融基础设施运营机构在关键业务岗位管理、技术规范、系统故障应急处理机制和灾难备份机制等方面的运营准则。在监管方面，按照"谁审批、谁监管、谁负责"的原则，规定了国务院金融管理部门对金融基础设施的监督管理要求，包括备案事项、报告事项、处置及退出事项，提出了系统重要性金融基础设施认定标准。其中，属于系统重要性金融基础设施的，由国务院金融管理部门按职责分工负责监管。国务院金融监管部门现有的机构监管职责不变。

该管理办法为明确金融基础设施监督管理总体制度框架，健全金融基础设施准入管理，推动构建国内国际"双循环"的新发展格局，促进金融更好服务实体经济提供了政策保障。

（八）《金融领域科技伦理指引》

中国人民银行于2022年10月9日发布《金融领域科技伦理指引》，对金融科技领域存在的突出问题做出了具有指导意义的回复。《金融领域科技伦理指引》中明确，要加强金融科技伦理建设。坚持促进创新与防范风险相统一、制度规范与自我约束相结合原则，加快出台符合国情、与国际接轨的金融科技伦理制度规则，健全多方参与、协同共治的金融科技伦理治理体系。《金融领域科技伦理指引》提供了在金融领域开展科技活动需要遵循的守正创新、数据安全、包容普惠、公开透明、公平竞争、风险防控、绿色低碳7个方面的价值理念和行为规范。在数据安全方面，《金融领域科技伦理指引》要求金融机构充分获取用户授权，以最小必要原则采集数据，使用数据秉持"专事专用"原则，严格采取防护措施，依法合规共享数据，主动清理留存数据。在包容普惠方面，《金融领域科技伦理指引》要求金融机构提倡包容性设计，防止不公平歧视，履行无障碍义务。其中，在履行无障碍义务方面，文件要求建立"容错型"产品交互机制，着力弥合因智能技术运用困难导致的数字鸿沟问题，不断提升金融服务的深度、广度和温度。在公开透明方面，《金融领域科技伦理指引》要求金融机构充分披露产品服务信息，做好消费者适当性管理，自觉主动接受外部监督，强化科技伦理宣贯教育。在公平竞争方面，《金融领域科技伦理指引》要求严防滥用数据与流量，公平公正使用智能算法，平等合理设置平台规则，鼓励科技服务开放互通。在《金融领域科技伦理指引》守正创新章节，明确金融机构履行伦理治理主体责任。建立健全伦理管理组织架构与制度规范，探索设立企业级科技伦理委员会，完善科技伦理审查、信息披露等常态化工作机制，压实各方职责，做好金融科技活动的审查、批准与监督，提前预防、有效化解金融科技活动伦理风险，严防技术滥用、误用。

（九）地方金融监管立法

2022 年，四地方通过立法确定地方金融监督管理措施，分别为：《陕西省地方金融条例》《福建省地方金融监督管理条例》《湖南省地方金融监督管理条例》《安徽省地方金融条例》。综合四部地方金融条例来看，其在内容上不是单纯的地方金融组织行为规范，而是综合性地方金融法规。各地出台的条例均对地方金融进行了全局、系统的规制，包括地方政府对地方金融的统筹推进、发展规划等组织领导和服务，地方金融组织的市场准入、运行与退出、监督管理、金融风险防范和处置等内容。

地方性金融监管法规不断出台，有助于地方金融监管加快填空白、补短板、明责任，将为规范地方金融监管执法，维护金融消费者和投资者合法权益，推动地方金融健康发展提供法制保障。

二、金融政策落地推动实体经济发展

（一）国务院金融稳定发展委员会加强统筹协调

2022 年 3 月 16 日，原国务院金融稳定发展委员会（现为中央金融委员会）召开专题会议，聚焦经济稳增长和稳资本市场，出台六大政策。关于宏观经济，要落实党中央决策部署，切实振作经济，货币政策要主动应对，新增贷款要适度增长，中国人民银行将采取更多措施引导金融机构加快贷款投放，稳步推进宽信用。关于房地产企业，要及时研究和提出有力有效的防范化解风险应对方案，提出向新发展模式转型的配套措施。加上房地产税改革试点放缓，房地产行业监管政策将更加友好，市场对于房地产行业硬着陆的担忧缓解，稳房价、稳地价、稳预期有抓手，房地产销售和融资的恢复也将为宽信用提供有力支撑。关于中概股，加强中美协作，目前中美双方监管机构保持着良好沟通，中美协作已取得积极进展，正在致力于形成具体合作方案。中国政府继续支持各类企业到境外上市。有关部门要切实承担起自身职责，积极出台对市场有利的政策，慎重出台收缩性政策。对市场关注的热点问题要及时回应。凡是对资本市场产生重大影响的政策，应事先与金融管理部门协调，保持政策预期的稳定和一致性。关于平台经济治理，有关部门要按照市场化、法治化、国际化的方针完善既定方案，坚持稳中求进，通过规范、透明、可预期的监管，稳妥推进并尽快完成大型平台整改工作，促进平台经济平稳健康发展，提高国际竞争力。有关部门同时要切实承担起自身职责，积极出台对市场有利的政策，慎重出台收缩性政策。

（二）金融支持房地产、稳定房地产市场导向

中国人民银行、原银保监会发布《关于保障性租赁住房有关贷款不纳入房地产贷款集中度管理的通知》《关于调整差别化住房信贷政策有关问题的通知》《关于做好当前金融支持

房地产市场平稳健康发展工作的通知》等；原银保监会、住房和城乡建设部联合印发《关于银行保险机构支持保障性租赁住房发展的指导意见》。鼓励银行业金融机构按照依法合规、风险可控、商业可持续的原则，加大对保障性租赁住房发展的支持力度。明确保障性租赁住房项目有关贷款不纳入房地产贷款集中度管理，有利于银行业金融机构加大对保障性租赁住房项目的信贷投放，支持我国住房保障体系建设，有助于推动建立多主体供给、多渠道保障、租购并举的住房制度。

（三）金融支持科创发展、小微企业发展

中国人民银行 2022 年 1 月 1 日起实施普惠小微企业贷款延期支持工具和普惠小微企业信用贷款支持计划两项直达工具接续转换。自 2022 年起，中国人民银行按照地方法人银行普惠小微贷款余额增量的 1% 提供资金，按季操作，鼓励持续增加普惠小微贷款，同时，中国人民银行决定原来用于支持普惠小微企业信用贷款的 4000 亿元再贷款额度可以滚动使用，必要时可再进一步增加再贷款额度。

2022 年 4 月 6 日，原银保监会发布《关于 2022 年进一步强化金融支持小微企业发展工作的通知》，通知指出 2022 年工作的总体要求是坚持稳中求进总基调、持续改进小微企业金融供给。围绕“六稳”“六保”战略任务，巩固完善差异化定位、有序竞争的金融供给格局，进一步提升金融服务质量和效率，稳步增加银行信贷并优化结构，丰富普惠保险产品和业务，促进综合融资成本合理下降。

2022 年 5 月 26 日，中国人民银行印发《关于推动建立金融服务小微企业敢贷愿贷能贷会贷长效机制的通知》，从制约金融机构放贷的因素入手，按照市场化原则，进一步深化小微企业金融服务供给侧结构性改革，加快建立长效机制，着力提升金融机构服务小微企业的意愿、能力和可持续性，助力稳市场主体、稳就业创业、稳经济增长。

2022 年 11 月 14 日，中国人民银行等六部门联合印发《关于进一步加大对小微企业贷款延期还本付息支持力度的通知》，明确了延期贷款正常计息，免收罚息的规则。

（四）构建绿色金融可持续发展机制

2022 年 6 月 1 日，原银保监会发布《关于印发银行业保险业绿色金融指引的通知》，为促进银行业保险业发展绿色金融，积极服务兼具环境和社会效益的各类经济活动，更好助力污染防治攻坚，有序推进碳达峰、碳中和工作的开展提供政策保障。

（五）多重金融举措推动乡村振兴

2022 年中央一号文件首次单列“强化乡村振兴金融服务”，用金融举措推动乡村振兴。2022 年 3 月 30 日，中国人民银行发布《关于做好 2022 年金融支持全面推进乡村振兴重点工作的意见》，指导金融系统优化资源配置，精准发力、靠前发力，切实加大“三农”领域金融支持，接续全面推进乡村振兴，为稳定宏观经济大盘提供有力支撑。该意见要求金融机构提供货币政策工具支持，进一步优化存款准备金政策框架，继续加强支农支小再贷款、再贴现管理。改进金融机构内部资源配置，稳妥推进农村信用社改革。该意见从八个方面对金融对接乡村振兴提出具体要求：一是全力做好粮食生产和重要农产品供给金融服务；二是加大现代农业基础支撑金融资源投入；三是强化对乡村产业可持续发展的金融支持；四是稳步提高乡村建设金融服务水平；五是持续推动金融支持巩固拓展脱贫攻坚成果；六是提升金融机构服务乡村振兴能力；七是持续改善农村基础金融服务；八是加强考核评估和组织宣传。相关政策措施有力地支持了乡村振兴建设，积极引导金融资金进入涉农领域，切实满足相关人员产业融资需求，推动金融的普惠发展，在巩固脱贫攻坚成果同乡村振兴有效衔接中发挥了重要作用。

（六）金融支持个人养老制度加速建设

2022 年 2 月 15 日，原银保监会办公厅发布《关于扩大专属商业养老保险试点范围的通知》，规定自 2022 年 3 月 1 日起，将专属商业养老保险试点区域扩大到全国范围，在原有 6 家试点保险公司的基础上，同时允许养老保险公司参与试点。

2022 年 4 月 28 日，原银保监会发布《关于规范和促进商业养老金融业务发展的通知》，支持和鼓励银行保险机构依法合规发展商业养老储蓄、商业养老理财、商业养老保险、商业养老金等养老金融业务。

2022 年 7 月 15 日，原银保监会办公厅和中国人民银行办公厅发布《关于开展特定养老储蓄试点工作的通知》，明确由工、农、中、建四家大型银行在合肥、广州、成都、西安和青岛五个城市开展特定养老储蓄试点，单家银行试点规模不超过 100 亿元，试点期限为一年。

2022 年 11 月 17 日，原银保监会关于印发《商业银行和理财公司个人养老金业务管理暂行办法》，共 6 章 62 条，一是明确了制定目的、个人养老金业务的相关定义、行业平台功能和监管主体；二是明确了个人养老金业务范围等，对个人养老金资金账户、个人养老金产品提出具体要求；三是规定了个人养老金理财产品的类型，以及理财公司等参与该业务的机构应满足的要求；四是对商业银行、理财公司向行业平台报送信息和向监管部门报告情况等提出要求；五是对商业银行、理财公司及理财产品等实施名单制管理和动态监管。

2022 年 11 月 21 日，原银保监会印发《关于保险公司开展个人养老金业务有关事项的通知》，推动保险公司积极开展个人养老金业务。主要内容：一是明确保险公司开展个人养老金业务的基本要求，主要选择资本实力较强、经营较为规范的公司参与；二是明确保险公司可向个人养老金制度参加人提供符合要求的年金保险和两全保险等；三是规范个人养老金业务的资金管理、合同管理、销售管理、客户服务等；四是明确对保险公司业务经营的监管要求；五是对银保信公司建设维护银保行业信息平台等提出要求。通过上述措施不断完善个人养老保险金制度，完善养老保障制度，构建和谐社会。

三、银行市场司法实践与典型案例

（一）非法集资刑事案件审理的新司法解释

最高人民法院于2022年2月23日发布了修改后的《关于审理非法集资刑事案件具体应用法律若干问题的解释》（以下简称《非法集资案件司法解释》）并于2022年3月1日起施行。对原司法解释中有关非法吸收公众存款罪、集资诈骗罪的定罪处罚标准进行修改完善，明确相关法律适用问题，更好贯彻宽严相济刑事政策，依法惩治非法集资犯罪，维护国家金融安全和稳定。

《非法集资案件司法解释》明确了非法集资的概念，认定非法吸收公众存款罪的四个特征要件不变，即非法性、公开性、利诱性、社会性，结合司法新实践和犯罪新形式，增加网络借贷、虚拟币交易、融资租赁等新型非法吸收资金的行为方式，同时针对养老领域非法集资突出问题，增加“以提供‘养老服务’、投资‘养老项目’、销售‘老年产品’等方式非法吸收资金的”情形，为依法惩治新形式非法集资犯罪提供依据。

《非法集资案件司法解释》明确了非法吸收公众存款罪、集资诈骗罪的定罪量刑标准，不再区分自然人犯罪和单位犯罪处罚标准，适当提高非法吸收公众存款罪的入罪标准，有利于正确区分罪与罪、罪与非罪、轻罪与重罪的界限，依法从严惩处严重非法集资犯罪活动。同时明确在提起公诉前积极退赃退赔，减少损害结果发生的，可以从轻或者减轻处罚；在提起公诉后退赃退赔的，可以作为量刑情节酌情考虑。单位犯非法吸收公众存款罪、集资诈骗罪的，适用自然人犯罪的定罪量刑标准，对单位判处罚金，并对其直接负责的主管人员和其他直接责任人员定罪处罚。

《非法集资案件司法解释》还明确了非法吸收公众存款罪、集资诈骗罪罚金数额标准，明确非法吸收公众存款罪，集资诈骗罪与组织、领导传销活动罪竞合处罚原则，明确单位犯非法吸收公众存款罪、集资诈骗罪的定罪量刑标准等内容。

（二）银行业纠纷典型案例

1. 金融机构长期怠于核查更正债务人信用记录可构成名誉侵权

原告周某某为案外人莫某某向被告上林某银行的贷款提供连带保证担保，后经2018年作出的生效判决认定，周某某的保证责任被免除。3年后，周某某经所在单位领导提示，于2021年4月25日在中国人民银行征信中心查询个人信用，发现其已被列入不良征信记录，遂向上林某银行提出书面异议，并申请消除不良征信记录。但该银行在收到周某某提出的异议后未上报信用更正信息，导致周某某的不良征信记录一直未消除，周某某在办理信用卡、贷款等金融活动中受限制。周某某遂诉至法院，要求上林某银行协助撤销周某某的不良担保征信记录，赔偿精神损失和名誉损失费，并登报赔礼道歉、消除影响。

广西上林县人民法院经审理认为，依据《民法典》第 1029 条的规定，信用评价关涉个人名誉，民事主体享有维护自己的信用评价不受他人侵害的权利，有权对不当信用评价提出异议并请求采取更正、删除等必要措施。上林某银行作为提供信用评价信息的专业机构，具有准确、完整、及时报送用户信用信息的权利和义务，发现信用评价不当的，应当及时核查并及时采取必要措施。本案中，上林某银行未及时核查周某某已依法免除担保责任的情况，在收到周某某的异议申请后，仍未上报信用更正信息，造成征信系统对周某某个人诚信度作出不实记录和否定性评价，导致周某某在办理信用卡、贷款等金融活动中受限制，其行为构成对周某某名誉权的侵害。遂判决被告向中国人民银行征信中心报送个人信用更正信息，因报送更正信息足以消除影响，故对周某某主张赔偿损失、赔礼道歉等诉讼请求不予支持。

2. 债权人对债务加入人履行债务请求权之诉讼时效期间起算点的认定

2014 年，贺某与北银消费金融有限公司签订贷款合同，约定贺某向北银消费金融有限公司贷款 20 万元，借期 1 年。北银消费金融有限公司按照约定向贺某发放贷款 20 万元。2015 年，贷款到期后，贺某未按照约定还本付息，此时黄某向北银消费金融有限公司出具《不可撤销的承诺书》，承诺自愿对贷款合同项下的全部债务承担连带偿还责任，债权人有权直接向黄某索偿。2021 年，北银消费金融有限公司将黄某起诉至法院，要求黄某支付贷款本息。黄某提出了诉讼时效抗辩。

一审法院认为黄某向北银消费金融有限公司出具承诺书系债务加入行为，而非连带责任保证，双方未约定承担连带清偿责任的履行期限，视为未约定还款期限，北银消费金融有限公司有权随时向黄某主张偿还，诉讼时效期间自北银消费金融有限公司首次主张偿债后起算，北银消费金融有限公司于 2021 年起诉要求黄某偿债是首次主张偿债，未超过诉讼时效期间，黄某的诉讼时效抗辩不成立，判令黄某向北银消费金融有限公司承担还款付息责任。二审法院认为，一审将黄某出具承诺书认定为债务加入是正确的，但根据债的同一性原理，黄某的债务履行期同贺某一致，黄某加入债务时履行期已经届满，北银消费金融有限公司对黄某的诉讼时效期间应自债务加入时起算，至起诉时诉讼时效期间已过，故改判驳回北银消费金融有限公司的诉讼请求。

本案基于债的同一性原理及诉讼时效制度，明确了债权人向债务加入人主张履行债务的期间，界定了债权人对债务加入请求权的诉讼时效期间，即债务加入人的债务履行期同原债务人一致，债权人对其行使债权请求权的诉讼时效期间自债务履行期届满时起算。债务加入发生在债务履行期届满后的，债权人对其行使债权请求权的诉讼时效期间自债务加入时起算。二审法院判决兼顾了对债权人、债务人和债务加入人合法权益的均等保护，对于营造良好营商环境、鼓励市场交易具有积极意义。

3. 贷款人同时主张逾期罚息和违约金时的处理

2017 年 2 月 24 日，渤海信托公司根据其与浙江某银行签订的《渤海信托 · 陕西鸿达单一资金信托合同》，向陕西某园艺公司发放信托贷款175,000,000元，用于其购买苗木，规定贷款期限为2年，自2017年2月28日起至2019年2月28日止，贷款利率为年7.4%，逾期的罚息利率为在贷款利率水平上加收50%，借款人逾期还款，贷款人有权按照贷款本金的日1‰向借款人收取违约金等。陕西某农科公司以其持有的陕西某银行160,000,000股股票为《信托贷款合同》提供质押担保。陕西某农科公司、张某斌、郭某兰、陕西某园林公司对信托贷款合同项下债务提供连带责任保证。2017年2月28日，浙江某银行将上述资金信托合同的受益权转让给吉林九台农村商业银行（以下简称吉林九台银行）。陕西某园艺公司于2017年3月8日向渤海信托公司支付利息525,000元。后经多次展期，双方将信托贷款到期日展期至2021年1月28日，信托贷款利率自2020年5月28日起变更为年9.5%。截至2021年11月23日，陕西某园艺公司共计归还本金43,993,636.38元，其余本金未还。因陕西某园艺公司没有按照约定偿还信托贷款本息，2021年11月18日，吉林九台银行与渤海信托公司约定于2021年11月20日信托终止时信托财产原状（债权形式）全部返还给受益人，并通知信托贷款的借款人、出质人和各保证人。陕西某园艺公司自2020年5月28日起没有支付逾期信托贷款利息和罚息。吉林九台银行请求判令陕西某园艺公司立即偿还原告信托贷款本金131,006,363.62元及罚息、复利（罚息、复利分别自2020年5月28日、2020年6月20日起按年14.25%计算，至2021年11月30日分别为29,484,853.48元、28,255,790.98元）；陕西某园艺公司向原告支付违约金（违约金自2020年5月28日起按日1‰计算，至2021年11月30日为41,417,044.55元）；原告对陕西某农科公司持有的陕西某银行160,000,000股股票变价款依法享有优先受偿权；陕西某农科公司、陕西某园林公司、张某斌、郭某兰对被告陕西某园艺公司欠原告的贷款本息、违约金、赔偿金及其他应付的款项和费用承担连带清偿责任。陕西某园艺公司、张某斌、郭某兰、陕西某园林公司认为上述罚息、复利、违约金等过高，应当调减。

石家庄市桥西区人民法院认为，借款合同中同时约定逾期罚息条款和违约金条款，借款人逾期付款的，贷款人可以选择适用罚息条款或者违约金条款；贷款人同时主张逾期罚息和违约金的，人民法院对贷款人主张的违约金不予支持。陕西某园艺公司于2017年3月8日向渤海信托公司支付的525,000元，应认定为预先在本金中扣除的利息，该笔资金应从本金中扣除。因贷款人已收取的利息总额未超出法律规定的上限，故对该笔资金已收取的利息不再扣除，尚未支付的利息不再支付。依照罚息利率支付的利息和复利，其按贷款利率水平加收部分即具有逾期付款违约金的性质，在此基础上再按年36%收取违约金，显然已过分高于原告所受到的损失，对该项诉讼请求，法院不予支持。故判决：陕西某园艺公司偿付吉林九台银行信托贷款本金130,481,363.62元及罚息和复利（罚息以贷款本金134,475,000元为基数，自2020年5月28日起至2021年11月22日止，以贷款本金130,481,363.62元为基数，自2021年11月23日起至清偿之日止，复利以每季度末月20日未付利息为基数，自2020年

6 月 20 日起至实际清偿之日止，均按照年利率 14.25% 计算）；吉林九台银行有权在上述债权金额范围内就陕西某农科公司持有的陕西某某银行 160,000,000 股股票折价或以拍卖、变卖该股票所得的价款优先受偿，陕西某农科公司承担担保责任后，有权向陕西某园艺公司追偿；陕西某农科公司、陕西某园林公司、张某斌、郭某兰对上述贷款本息承担连带责任，其承担保证责任后，有权向陕西某园艺公司追偿；驳回吉林九台银行的其他诉讼请求。

金融机构在与借款人签订借款合同或资金信托合同时，既约定了逾期罚息条款，又约定了违约金条款，由于逾期罚息具有违约金性质，如果逾期罚息条款与违约金条款同时适用，会显著提高违约金的惩罚性，背离其补偿性为主惩罚性为辅的基本属性，易使违约金制度沦为处于优势地位的一方当事人牟取暴利的工具。本案对于促使金融机构回归服务实体经济的本源、降低企业融资成本、促进金融业持续健康发展，具有典型意义。

4. “砍头息”、利息及司法保护上限的认定

石家庄某小额贷款公司与河北某进出口公司、河北某贸易公司、河北某实业公司签署《授信合同》，约定石家庄某小额贷款公司自 2020 年 10 月 27 日起至 2021 年 10 月 26 日止在 3000 万元循环授信额度内向河北某进出口公司、河北某贸易公司、河北某实业公司发放授信贷款，贷款月利率为 1.28%，借款人若未按时足额偿还本息，应按借款本金的日 1‰支付逾期利息，并按借款本金的 20% 支付违约金。同日，河北某进出口公司签署了《最高额抵押合同》，该公司以其名下一宗土地为上述《授信合同》项下借款承担最高额抵押担保，并办理了他项权证。2020 年 10 月 28 日，张某签署了《保函》，承诺为上述《授信合同》项下借款承担连带保证责任。后石家庄某小额贷款公司按照三借款人的借款请求向其指定的收款账户出借 1500 万元。三借款人在收到借款当日向石家庄某小额贷款公司支付第一个月的利息共计 37.5 万元。三借款人自收到借款后，每月除向石家庄某小额贷款公司账户按约支付利息外，还按借款金额的 1.22% 向石家庄某小额贷款公司指定的案外人账户打款。截至 2022 年 2 月 25 日，三借款人偿还了借款本金 300 万元及借款期限内利息。石家庄某小额贷款公司请求法院判令三借款人偿还借款本金 1200 万元、逾期利息及违约金，对河北某进出口公司抵押的土地折价或以拍卖、变卖该土地的价款优先受偿，张某对上述欠款承担连带保证责任。三借款人主张应当按照合同约定计算利息，对于已经归还超出合同约定的部分款项，应当冲抵借款本金。

《民法典》第 670 条规定：“借款的利息不得预先在本金中扣除。利息预先在本金中扣除的，应当按照实际借款数额返还借款并计算利息。”而本案是在出借人全额出借借款后，由借款人在当天将首月利息给付出借人，借款人实际未享受到该笔借款的利益，因此属于非典型的“预先在本金中扣除利息”的情形，也应当适用上述规定。

关于利息的认定。本案借款人除向石家庄某小额贷款公司账户按约支付利息外，还按固定利率标准向石家庄某小额贷款公司指定的第三人支付费用，如贷款人不能证明借款人与该

第三人存在其他法律关系，应认定该费用为贷款人变相收取的利息。

关于司法保护上限。根据《最高人民法院关于进一步加强金融审判工作的若干意见》，金融借款合同的借款人以贷款人同时主张的利息、复利、罚息、违约金和其他费用过高，显著背离实际损失为由，请求对总计超过年利率 24% 的部分予以调减的，人民法院应予支持，以有效降低实体经济的融资成本。本案合同约定的利息与借款人向第三人支付的上述费用相加，已达年利率 30%，借款人主张应当按照合同约定计算利息，其实质是认为利息过高，应予调减，故应按最高人民法院的上述意见调减至年利率 24%。

5. 私募资管业务中差额补足等增信措施的法律性质认定

2016 年 2 月，招商财富资产管理有限公司（以下简称招商财富公司）与光大资本投资有限公司（以下简称光大资本公司）等共同发起设立上海浸鑫基金，其中，招商财富公司认缴优先级有限合伙份额 28 亿元，光大资本公司认缴劣后级有限合伙份额 6000 万元。2016 年 4 月，光大资本公司向招商银行股份有限公司（以下简称招商银行）出具《差额补足函》，载有“招商银行通过招商财富公司设立的专项资产管理计划，认购基金的优先级有限合伙份额 28 亿元……我司同意在基金成立 36 个月之内，由暴风科技或我司指定的其他第三方以不少于［28 亿元 ×（1 + 8.2% × 资管计划存续天数/365）］的目标价格，受让基金持有的 JINXIN HK LIMITED（浸辉（香港）投资管理有限公司）100% 股权。若最终该等股权转让价格少于目标价格，我司将对目标价格与股权实际转让价格之间的差额无条件承担全额补足义务。届时，资管计划终止日，如果 MPS 公司股权没有完全处置，我司同意承担全额差额补足义务”。光大证券股份有限公司系光大资本公司唯一股东，其向光大资本公司出具《关于光大跨境并购基金的回复》，载明“我司已知悉并认可光大资本公司对招商银行的补足安排”。后因收购的 MPS 公司濒临破产，上海浸鑫基金无法顺利退出，招商银行遂诉请光大资本公司履行差额补足义务。

上海金融法院一审判决光大资本公司支付招商银行 31 亿余元及相应利息。光大资本公司提起上诉，上海市高级人民法院二审驳回上诉，维持原判。裁判理由如下：

关于《差额补足函》的法律性质。差额补足协议的性质应根据协议主体、权利义务约定等综合进行认定。差额补足义务与被补足的债务本身不具有同一性、从属性等保证责任构成要件的，可认定构成独立合同关系。本案中《回购协议》系由光大浸辉公司与暴风集团公司等签订，招商银行并非《回购协议》项下的债权人。光大资本公司在《差额补足函》中承诺的差额补足义务与暴风集团公司在《回购协议》中承诺的回购债务并不具有同一性。因此，差额补足义务具有独立性，与具有从属性的保证责任明显不同。《差额补足函》中并无明确的连带责任保证担保表意，也没有担保对象，法院将其认定为独立合同并无不当。

关于《差额补足函》的效力。差额补足义务的主体不是所涉投资资金的管理人或者销售机构的，不属于法律法规所规制的刚性兑付情形。投资人之间自愿利用结构化安排以及差额补足的方式就投资风险及投资收益进行分配的，该行为原则上合法有效。光大资本公司并非所涉投资资金的管理人或者销售机构，其承诺差额补足义务不属于《私募股权投资基金监督管理暂行办法》所规制的刚性兑付行为。招商银行与光大资本公司分别认购基金的优先级、劣后级合伙份额，光大资本公司系基于自身利益需求，自愿利用上述结构化安排以及《差额补足函》的形式，与招商银行就双方的投资风险及投资收益进行分配，不构成无效情形。《差额补足函》系招商银行和光大资本公司的真实意思表示，且不违反法律、法规的强制性规定，应为合法有效。

关于《差额补足函》中补足义务范围的认定。差额补足的条件及范围依据合同约定确定。首先，根据《合伙协议》第 4. 4. 2 条约定，合伙企业的可分配资金，按如下顺序对合伙人进行分配：向优先级有限合伙人分配等额于下述金额的收益：返还优先级有限合伙实缴出资，并支付预期收益（指 8. 2%/年的年化收益率）……据此，上海浸鑫基金于 2016 年 12 月 20 日、2017 年 12 月 20 日和 2017 年 12 月 22 日分别向招商财富公司分配收益 144, 050, 410. 96 元、153, 000, 000 元和 76, 600, 000 元。光大资本公司认为上海浸鑫基金所分配的是投资本金，依据不足，不予采信。鉴于招商银行与招商财富公司对于系争债权的最终利益归属具有一致性，且光大资本公司支付的义务范围包括了系争 28 亿元投资本金及相应的资金收益，法院将招商财富公司依据《合伙协议》取得的分配收益予以扣除并无不当。其次，股票质押属于招商财富公司主张光大浸辉公司履行基金份额回购路径下的担保措施，与招商银行主张光大资本公司履行差额补足义务属不同的求偿路径。质押股票处置的损失并不影响招商银行依据《差额补足函》要求光大资本公司行使相应的差额补足义务。

四、银行法理论研究综述

（一）重要理论热点

1. 贷款利率与信用问题

有学者指出，司法实践中普遍存在自 2019 年 8 月 20 日起用贷款市场报价利率取代贷款基准利率的司法适用偏差，具体表现为法院不当释明并要求当事人变更利率、擅自变更约定或法定利率等情形，导致法律适用错误、损害当事人信赖利益，进一步造成同案不同判现象频繁出现，损及司法统一与公正。基于利率市场化改革的渐进性及立法修改的滞后性，贷款基准利率与贷款市场报价利率将在一段时期内继续并存。实践中应纠正自 2019 年 8 月 20 日起一律适用贷款市场报价利率的不当做法，根据具体情形参照适用《最高人民法院关于适用〈中华人民共和国民法典〉时间效力的若干规定》确定利率基准。此外，还应修改金钱债务迟延履行利息既有立法、建立金钱债务迟延履行利息一般制度、明确相关司法解释的溯及力基准，实现利率标准的规范统一。[1]有学者结合上海金融法院适用《民法典》首案，对“利息透明”这一重要金融借贷法专属原则进行深入研究。其指出“利息透明”原则具有借款人保护之意旨，在利息计算格式条款违反该原则时，应在内容审查框架内审视该条款之效力。在消费借贷的贷款人违反该原则时，可通过公序良俗条款续造裁判规则。在消费借贷以及借贷双方存在明显力量落差的其他场合，未准确披露实际利率还可能触发缔约过失责任。[2]

有学者通过比较法研究指出社会信用体系建设还需兼顾公民的“被遗忘权”，注意失信信息的披露期限与后续处理。其指出，因为社会信用信息本质上是带有公共属性的个人信息，在充斥信息大数据的当代，需要兼顾社会信用体系构建与保护个人合法权益。欧盟《通用数据保护条例》中的“被遗忘权”十分契合我国社会信用体系的语境，可以为个人信息保护和社会信用体系的健全提供法理和逻辑的支撑，进而需要从立法论的角度整合和分析现存各地社会信用法规、规章，以完善社会信用体系中的退出机制，并为将来中央层面的社会信用立法奠定理论基础。[3]有学者则从《个人信息保护法》本身的立法意旨与法律规范入手，指出个人信用信息对应了自然人的人格尊严和财产安全，并且应当秉持合法、诚信和有限制的公开、透明处理原则，进而更具体地指出了《个人信息保护法》出台后征信体制具体应该做出哪些调整：征信合规体系的基本功能需进行升级，采用严进严出的责任追究模式，协调征信机构的合规运行模式，补充对个人信用信息的预先评估模式和事后补救模式等。[4]

还有学者结合最新的区块链与智能算法技术，对信用权保护与个人征信体制构建进行了研究：一方面，有学者提出利用区块链技术构建去中心化的个人征信信息收集框架，以减少信贷信息不对称的问题；[5]另一方面，有学者认为，当前智能算法技术泛滥，导致现行信用法制、信用评级引发数字身份歧视与失信联合惩戒机制，这些正在给信用权保护带来新挑战，应当确立以侵权责任法保护为中心的私法进路，明确信用权作为具体的新兴人格权地位，确立其侵权责任构成，建立信用信息修复机制来实现对信用权的妥适保护。[6]还有学者对失信联合惩戒制度做出了系统性研究。其指出，失信联合惩戒制度旨在通过多部门联合对失信行为人进行约束，其运行原理来自于预防理论、社会治理理论和政府管制理论等。该制度的运作逻辑是“发起——响应——反馈”的联合治理，具备惩罚、教育和加强信息对称性的功能。金融领域已有较详细的失信联合惩戒措施，但有关惩戒措施的属性和类型划分尚存争议。在失信联合惩戒制度的运行过程中，出现了合法性困境、泛道德化倾向、缺乏程序性

---

〔1〕 参见谭启平、周冠宇：《“贷款基准利率”与“贷款市场报价利率”的司法适用偏差及其纠正》，载《法学评论》2022 年第 2 期。

〔2〕 参见王吉中：《借款法上“利息透明”原则之释义与运用》，载《法学》2022 年第 8 期。

〔3〕 参见虞李辉：《论被遗忘权融入社会信用体系》，载《法治研究》2022 年第 2 期。

〔4〕 参见赵炳昊：《个人信息保护法颁布后征信体系的调整与完善》，载《东方法学》2022 年第 3 期。

〔5〕 参见倪楠：《区块链技术赋能下个人征信体系的法律重构》，载《法律科学（西北政法大学学报）》2022 年第 4 期。

〔6〕 参见杜明强：《信用权保护的私法进路》，载《北方法学》2022 年第 5 期。

规范等问题。对此，应当对失信联合惩戒制度加以合法性补强，细化相关法律规定，将道德规则与法律规定相分离，制定完备的程序性规范。[1]

有学者关注到了消费信贷产品领域的一系列问题，研究了消费信贷产品中销售适当性管理的问题。消费信贷产品结构的复杂、推介销售方式的变化以及相关规则的不完备共同导致消费信贷产品推介销售违法违规问题的集中暴露。在产品结构与推介销售方式上，消费信贷产品与投资类金融产品具有极大的相似性，并且这两者恰好是投资者适当性原则产生的根本原因。有必要且有可能将生成于投资领域的适当性原则拓展适用于消费信贷产品的推介销售中。消费信贷产品与投资类金融产品的差异，则要求消费信贷产品推介销售适当制度的实践设计必须从原则走向规则，并结合消费信贷产品的利率设计、期限转换等内容构建适合于消费信贷产品自身的推介销售适当规则。[2]

有学者结合实务判决与《民法典》上有关担保的规定，深入研究了增信措施，认为增信措施不能单纯被解释为保证合同，应根据具体担保的交易结构、交易习惯和行为目的进行意思表示解释。在结构化金融和信托管理计划中使用增信措施，并不存在被担保的主债权，不需要按照保证合同解释。资产管理业务中的增信措施起到合法的保底作用，也不宜解释为保证合同。即使在一般的金融交易领域，增信措施有避免担保被计入企业财务报告、上市公司信息披露、保证合同各项限制性规则等意义，于此应尊重当事人的意思自治，将增信措施解释为独立的无名合同。[3]

2. 金融安全与金融稳定

李建伟指出，我国目前的金融安全法律规范存在政策法律化、制度化滞后，政治性、总体性、专门性和体系性不足等问题，应当着力构建七位一体的金融安全法律规范体系。[4]还有学者指出，对金融何以稳定的回答，不仅需要金融稳定法层面的顶层设计，更需要在公司治理层面夯实微观基础，有效的监督权配置对于金融稳定的作用不容小觑，破坏性极强的金融危机往往起源于公司治理的失败。我国《公司法》修订应当着眼于约束大股东权力、规范大股东行为、坐实控股股东及公司负责人责任、强化公司内部监管等方面，为金融稳定奠定坚实的制度基础或预留必要的制度设计和实施空间。[5]另有学者研究了跨境监管套利将会引发的金融安全问题，并指出目前关于跨境监管套利的规制路径多指向消除监管差异，但会忽视监管差异生成的客观背景，并可能挫伤套利所兼具的正向价值。[6]

---

〔1〕 参见夏金莱：《金融领域失信联合惩戒制度研究》，载《法学评论》2022 年第 6 期。

〔2〕 参见刘志伟：《消费信贷产品销售适当性管理的法律设计》，载《金融法苑》2022 年第 1 期。

〔3〕 参见朱晓喆：《增信措施担保化的反思与重构——基于我国司法裁判的实证研究》，载《现代法学》2022 年第 2 期。

〔4〕 参见李建伟：《总体国家安全观视域下金融安全法律规范体系的构建》，载《法学》2022 年第 8 期。

〔5〕 参见冯果、贾海东：《论金融稳定取向下的公司监督权配置改革——以公司法和金融稳定法的联动修改为视角》，载《中国政法大学学报》2022 年第 5 期。

〔6〕 参见刘凤元、邱铌：《论跨境监管套利的风险规制》，载《中南大学学报（社会科学版）》2022 年第 4 期。

还有学者通过比较法角度进行研究，从美国的紧急贷款制度入手反思金融稳定制度。其指出雷曼危机暴露了紧急贷款政策的不确定性以及决策透明度和问责机制的缺失，但是《多德—弗兰克法案》强化对紧急贷款的程序性控制却仍存在不足：第一，法案要求美联储在紧急贷款前寻求财政部批准，使决策更易受到政治压力的左右降低危机应对的效率；第二，法案要求美联储事前建立紧急贷款，但鉴于每次危机都有其特殊性，应当同时授权和要求决策者根据危机的情势及时澄清贷款的关键条件；第三，法案只要求美联储事后向国会报告贷款的正当性并披露贷款的细节，而雷曼事件表明对重大的拒绝贷款决定也应当作出披露和正当性解释。[1]

3. 金融监管方法问题

有人认为金融创新应当坚持市场主导，而市场主导的金融创新则凸显了规范与现实之间的冲突。无论是现有的选择性监管路径，还是规则扩张式监管路径，或是以监管沙箱为代表的实验式监管路径，都不能很好地解决该冲突，因此我国需要完善金融法治基础，建构金融法治哲学，制定“金融法典”或“金融法总则”。[2]以银行法为核心的金融法体系有其复杂的历史背景，长远来看证券法终将取代银行法成为金融法的核心。随着金融创新的进一步发展，证券法也将升级、进化为金融投资商品法。[3]还有学者论述了构建统一的“金融监管法”的必要性。[4]

域外法方面，欧盟可持续金融议程为金融监管指出了新的方向。为了满足可持续金融的公共利益目标，最新的欧盟可持续性披露和分类条例在监管导向上依赖市场治理；不过欧盟在治理衡量标准制定方面的引领作用仍然存在不足，应适当设计欧盟层面的治理以推进衡量标准制定，尤其应当关注各方利益相关者，并将该领域的关键信息中介机构纳入考量。

郑彧展望了金融市场基础设施的发展脉络，指出以“中心化”为特征的金融市场基础设施原本被认为是维护主权国家乃至全球金融稳定的有效工具，但是随着金融科技的发展，在“成本”和“安全”的双重因素考虑下，金融市场基础设施的发展出现了从高度“中心化”回归“非中心化”的新动向，金融监管面临着更多的应对挑战。[5]

有研究探讨了监管与机构投资者的反垄断问题，从反垄断的基本原则出发，为机构投资者和被投公司的投资者关系团体勾画一份反垄断合规计划。[6]还有学者从互联网平台企业扩张说起，探讨反垄断规制能否有效处置资本乱象、防范扩张风险以及发挥威慑功能决定着新

---

〔1〕 参见蔡卓瞳：《从雷曼危机反思美联储紧急贷款的法制变革》，载《金融法苑》2022 年第 1 期。

〔2〕 参见邢会强：《市场型金融创新法律监管路径的反思与超越》，载《现代法学》2022 年第 2 期。

〔3〕 参见邢会强：《金融法的未来：金融法内部结构之变动趋势展望》，载《法学评论》2022 年第 5 期。

〔4〕 参见刘丹冰：《新发展视角下统一“金融监管法”的制定》，载《法律科学（西北政法大学学报）》2022 年第1 期。

〔5〕 参见郑彧：《金融市场基础设施的历史进路及其监管应对》，载《国家检察官学院学报》2022 年第 4 期。

〔6〕 参见［美］爱德华·B. 洛克、丹尼尔·L. 鲁宾费尔德等：《机构投资者的反垄断问题》，载《证券法苑》2022 年第 1 期

经济领域"包容审慎"监管原则的市场竞争底线。[1]

有学者以资产收益权为切入点，指出资产收益权是资管交易监管的核心与基础，对资产收益权交易的法律性质的判断在监管和裁判上均可遵循"实质大于形式"的原则，并根据其风险特征，判断其法律效力。对处于金融监管与司法裁判夹缝中的资管交易法律效力的判断，应遵循司法谦抑原则。穿透式监管有效抑制了监管套利，也为穿透式裁判提供了坚实的制度保障。[2]但也有学者直接将资产收益权交易认定为债权进而展开法教义学分析，认为资产收益权旨在规避"底层资产禁止转让"的法律规范。资产收益权转让名为债权让与，实则是债权设立行为，受让人对于底层资产或其收益不具有排他效力，因此依据穿透性裁判思维，其性质上属于借款合同，转让回购合同系脱法行为，应适用金融借款合同的规范。[3]还有学者具体探讨了穿透式审判的适用方法，探索了利用穿透式审判对无序资管创新予以规制的可能路径、适用范围和说理逻辑。[4]

4. 中央与地方监管体系

孟飞指出，中央与地方金融事权划分作为一种团体权限的纵向配置，应当体现划分标准的理性及法治化。现行法律和政策大致采用了事务重要性和影响范围的划分标准，但尚未明确不同金融事项之间的差异。中央与地方金融事权划分应依据事务性质而进行，即根据金融事项涉及的利益主体范围和利益属性确定立法权限归属，并考虑执行效率而配置行政权限。[5]地方金融监管权旨在实现保障弱势群体获得普惠金融服务的国家任务，地方金融组织的生成与发展引致了地方金融监管权的创制与构建。地方金融监管权作为国家权力，需要在立法和行政主体之间进行差异化配置，形成中央和地方共同立法事务与地方行政事务的属性。[6]还有学者从法律社会学视角出发对此进行分析，指出地方金融监管适当性分析应基于社会正义观，从监管过程、结果和反馈三个方面，规则框架、法律范式、金融发展三个维度，对地方金融监管机构的职责履行状态予以评价，进而指出在形式理性不足的情况下，地方金融监管的适当性可以通过完善约束机制和协作机制予以实现。[7]

杨松则从地方金融风险视角出发探讨央地监管权分配，其认为央地分权下地方金融监管与财政事权功能不契合，将金融发展权与监管权置于同一权力结构中，会加剧金融资源区域配置扭曲，引发监管竞次、监管套利及监管俘获，导致不断出现地方金融风险，应当以属地

---

〔1〕 参见刘乃梁：《防止资本无序扩张：平台经济反垄断规制的体系因应》，载《现代法学》2022 年第 6 期。

〔2〕 参见王乐兵：《资产收益权视角下资管交易的穿透式规范》，载《政法论坛》2022 年第 5 期。

〔3〕 参见赵申豪：《资产收益权交易的法律构造——基于最高人民法院与高级人民法院 41 份裁判文书的分析》，载《现代法学》2022 年第 4 期。

〔4〕 参见陈广辉：《资管纠纷"穿透式审判"的适用路径与方法》，载《中国法律评论》2022 年第 6 期。

〔5〕 参见孟飞：《中央与地方金融事权的划分标准》，载《东方法学》2022 年第 6 期。

〔6〕 参见孟飞：《论地方金融监管权的性质》，载《政治与法律》2022 年第 4 期。

〔7〕 参见屈淑娟：《传统与现代：实质理性视域下地方金融监管的适当性》，载《法学评论》2022 年第 5 期。

责任为归属，制定全国统一的地方金融监管法，加强跨区域的协作机制建设。[1]与地方金融风险有关的另一个议题则是地方政府债务风险，学者指出中央政府需要在财政金融联合治理框架下进行财政和金融政策的协调，合理分散化解地方政府债务风险，避免单部门承担过高风险；同时密切关注地方金融机构的资产质量及其在货币市场的信誉，避免地方金融风险向地方财政传导。[2]

5. 个人金融信息保护及金融消费者保护

在金融科技监管方面，沈伟提出了金融科技监管中的金融创新三元悖论解决之道：为了同时实现金融创新和金融市场稳定的目标，监管部门有必要将金融科技全面纳入审慎监管。[3]有学者首先指出如今的法律框架将人格利益保护与财产利益保护做了区分，因此应当先区分个人金融信息保护与金融数据保护，进而再对金融数据的保护做法律定性研究。目前对金融数据财产利益有物权法、合同法、知识产权法、竞争法四种保护路径，均受到来自政策、法理等因素的限制，难以仅凭一种进路对企业数据财产利益达成圆满自洽的保护，因此应当基于财产权利视角，穿越立法动向、执法实践、域外治理实践，对企业尤其是金融机构的数据财产利益保护予以再审视。[4]

有研究以金融数据立法制度构建为主题，指出立法者应秉承平衡性思维，力求在安全与技术发展之间找到黄金分割点，从义务与责任的角度来思考金融数据安全的保障。[5]有研究着眼于交易数据报告库机制革新，分析了金融数据报告的理论构造，指出了我国金融交易数据报告制度存在的不足，提出要加强交易报告库的识别规制、运行治理和危机处置，推进数据标准的对接转化、特色塑造和国际话语权争夺，并且要明晰不同监管机构的数据获取安排。[6]

有学者从信息披露制度入手对互联网平台金融的合规监管问题进行了理论研讨。国家加强对互联网平台金融的监管，标志着我国在理论和实践层面对互联网平台金融的批判和改革，应将其视为对互联网平台“金融脱媒”“信息配置”“风险分配”“有效市场”“理性市场”过度解读的反思和检讨，进而纠正长期以来互联网平台金融领域中的去监管化思想，将其纳入大金融监管范畴，完善信息披露制度，在创新与规范、安全与效率、制度刚性和操作弹性之间，合理界定市场主体信息披露边界和责任，建立与互联网底层技术相适应的信息披

---

〔1〕 参见杨松：《新金融监管体制下央地监管权关系再审思》，载《法学评论》2022年第6期。

〔2〕 参见吴文锋、胡悦：《财政金融协同视角下的地方政府债务治理——来自金融市场的证据》，载《中国社会科学》2022年第8期。

〔3〕 参见沈伟：《金融创新三元悖论和金融科技监管困局：以风险为原点的规制展开》，载《中国法律评论》2022年第2期。

〔4〕 参见陆瑶：《基于财产权利视角的金融数据保护路径优化研究》，载《制度经济学研究》2022年第2期。

〔5〕 参见黎四奇、杨林：《大数据金融语境下金融数据安全保障的法律探究》，载《经济法论丛》2022年第1期。

〔6〕 参见张阳：《金融交易数据的监管应用——以交易报告库为中心》，载《财经法学》2022年第3期。

露侵权判定标准和法律责任承担机制。[1] 另有研究围绕互联网平台的未授权支付问题展开，提出互联网平台在用户合理程度方面尽到安全工具保管义务即可免责。[2]

还有学者对金融数据的跨境流动监管进行研究，以乌拉圭回合“一揽子”协定中《关于金融服务承诺的谅解》中的“信息传送和信息处理”条款为出发点，指出现阶段“金融信息传送”条款已经发展出了“金融信息传送自由原则 + 个人数据、个人隐私、个人记录和账户机密性例外 + 有限度的监管例外”的基本结构，并在数据本地化问题下衍生出了“金融服务计算设施所在地规则”。

有人认为，个人金融信息保护法是根据金融业的特殊性而制定的个人信息保护法：个人金融信息保护法是由传统金融法升级进化而来的，是数字经济时代的金融法；个人金融信息保护法与金融消费者保护法虽有交叉、相似关系，但二者相对独立。从定向上看，个人金融信息保护法既遵循个人信息保护法的一般规律，也应根据金融业的特殊性而进行相应的调适。个人金融信息保护法虽名为“保护”但也暗含“发展”，它既注重个人金融信息和金融数据的安全问题，也重视金融服务业的发展问题。

方乐指出，《个人信息保护法》试图通过个人信息控制权利及其边界的设定来应对各方主体的不同诉求。此种兼顾“保护—利用”目标的立法逻辑值得肯定，但静态的保护规范高估了客户的知情能力并低估了金融机构等信息处理者摆脱不利法律效果的动机。后续立法应以信息共享者全周期信息披露义务的施予为路径提升个人信息控制模式的保护效果，重构合法利益豁免机制的保障举措和匿名化处理中的再识别风险防范机制，进而有效缓和金融数据共享与个人金融信息保护之间的紧张关系。[3]“同意例外规则”供给不足、信息处理者事中与事后的保护义务相对缺失、权益救济机制有效性差等未竟课题应以专门性个人金融信息保护法律规范的出台为契机加以解决。[4]

有研究指出，政府在面临证券民事诉讼供需失调导致市场失灵时，投保机构作为履行治理之媒介而介入，投资人保护机构身为公益性组织不可流于单一投资人求偿的工具，而应兼备维护市场秩序、促进资本发展的宏观目的。[5] 还有学者研究了欧盟的复杂金融产品规制法律，其将监管的范围从传统的销售与售后领域，进一步扩大到产品的生产设计本身，从而实现对金融产品全生命周期的风险规制，这一制度设计可以弥补当前我国信息披露为中心的投

〔1〕 参见巫文勇：《互联网平台金融的信息披露规则与法律责任重叙》，载《法律科学（西北政法大学学报）》2022 年第 5 期。

〔2〕 参见黄尹旭：《平台经济用户的责任规则重构——基于未授权支付的研究》，载《华东政法大学学报》2022 年第 3 期。

〔3〕 参见方乐、李伟群：《个人金融信息保护视阈下金融数据共享规则的完善》，载《金融法苑》2021 年第 3 期。

〔4〕 参见方乐：《个人金融信息保护的逻辑演进与立法完善》，载《现代经济探讨》2022 年第 3 期。

〔5〕 参见蒋净宇：《投资人保护机构参与证券集团诉讼之代表权》，载《清华金融法律评论》2022 年第 0 期。

资者保护制度失灵的问题。[1]

有学者基于大量裁判文书，进行了适当性义务的实证研究，指出目前我国对金融机构适当性义务履行的司法裁量“重形式轻实质”，有违法律适用的统一性、公正性，进而对适当性义务的履行主体以及履行内容进行了分析。[2]有学者以《关于规范金融机构资产管理业务的指导意见》（资管新规）之后的案例为基础进行实证分析，指出现行投资者适当性义务的责任机制仍然存在一定的缺陷，如目前对责任主体范围的规定向金融产品发行人扩张；违反适当性义务的责任性质也被界定为合同责任，不利于投资者保护；对于责任减免事由的规定不足，使金融机构缺乏“安全港”规则的保护，导致金融机构与投资者之间利益失衡。[3]有学者指出了金融机构适当性义务背后的实质法治意义，指出应当扩大适当性义务的客体适用范围，制定专门的“金融消费者权益保护纠纷司法解释”，并以共同侵权明确发行人与销售者的连带责任，强化损失赔偿计算方式的惩罚属性。[4]

6. 环境、社会和治理以及绿色金融问题

有学者指出，环境、社会和治理（ESG）与现代公司法的演进方向具有一致性，皆在追求可持续发展之目标，其将在“有限责任”与“两权分离”之后，成为促进公司永续发展的新制度工具。现代公司本质正在向“公司公民”跃迁，而 ESG 实践正在有力回应和支持着这种变化。ESG 抓住了现代公司治理的核心，不仅对传统的公司目的、信义义务提出了新要求，而且为公司治理质量提升指引了前进方向。[5]有学者指出信义义务本质上具有合同性质，受托主体可经由授权、核准与免责条款等途径参与 ESG 投资，而无需承担信托责任，也即受托主体原则上不得参与 ESG 投资，除非作为其义务来源的信托条款或合同文本明确允许。[6]

学者指出，当前我国绿色信贷制度的政策体系虽已初具规模，但仍须从良法善治角度出发，思考绿色信贷的立法完善进路。具体而言，需要确立绿色信贷减碳节能的立法理念，完善绿色信贷的法律体系，注重绿色信贷相关法律与政策的衔接协调，同时明确绿色信贷的法律责任。[7]另有学者指出，在国际、区域、国别层面，ESG 责任投资虽然拥有不同模式、不同特点，但其遵循共同的理念和原则，其标准体系及治理框架亦日渐成熟。我国绿色证券市

---

〔1〕 参见邹青松：《复杂金融产品规制的欧盟法范例及其启示》，载《金融法苑》2022 年第 1 期。

〔2〕 参见李游：《金融机构适当性义务的履行判断和责任承担——基于 834 份裁判文书的分析》，载《政治与法律》2022 年第 11 期。

〔3〕 参见高俊鹏：《投资者适当性义务的责任机制检视——以〈资管新规〉出台以来相关案例实证分析为基点》，载《金融发展研究》2022 年第 8 期。

〔4〕 参见冯辉：《实质法治理念下金融机构适当性义务的法律构造》，载《法学》2022 年第 7 期。

〔5〕 参见朱慈蕴、吕成龙：《ESG 的兴起与现代公司法的能动回应》，载《中外法学》2022 年第 5 期。

〔6〕 参见刘杰勇：《论 ESG 投资与信义义务的冲突和协调》，载《财经法学》2022 年第 5 期。

〔7〕 参见彭中遥：《“碳中和”背景下我国绿色信贷的制度机理与立法完善》，载《经济法论丛》2022 年第 1 期。

场 ESG 责任投资原则的实施较晚，但其关注经济、社会、环境可持续发展等价值取向已被广泛认同，应将 ESG 责任投资理念与原则更深地融入绿色证券市场建设中，通过努力培育绿色证券市场投资主体、优化绿色金融资源配置、完善上市公司 ESG 治理，构建完善的绿色证券市场 ESG 责任投资原则、制度。[1]

还有学者以投资者适当性义务为切入点对绿色金融发展做出了研究。绿色金融发展要求金融法制解决投资者投资偏好与实际投资行为的错配问题，而欧盟新规改造了既有的适当性管理制度，将可持续偏好界定为投资者的投资目标，要求金融机构推荐符合投资者可持续偏好的金融产品，并完善产品管理及信息披露等配套制度。可持续偏好的评估有助于克服投资者在 ESG 投资中的信息不对称及有限理性，是金融机构信义义务的应有之义，有利于防范气候风险，引导私人资本转向绿色投资。[2]

（二）重要著述

1. 金融监管与金融消费者保护方面

桂祥所著的《金融监管权地方配置的法律问题研究》，基于公共利益论、公共选择理论等相关理论，采用历史分析法、实证分析法、比较研究法，对古今中外的金融监管权的地方配置进行了梳理，进而从总体上、多层次地解读了中国地方金融监管的面貌和构成及其运作机制。以问题为导向，对地方金融监管对象、地方金融监管立法权、地方金融监管权责配置、地方金融监管体制等与金融监管权地方配置密切相关的方面进行了阐述，构建了地方金融监管权配置的总体框架，并提出了切实可行的对策建议。[3]

李莉莎所著的《后监管时代下网络借贷的法律治理研究》对网络借贷的发展现状和法律风险进行多维度的挖掘和分析。作者主张构建多角度立法、多方面配合、多层次融合的法律治理体系，政府监管与行业自律相结合、监管理念与科学技术共革新、实体机制与程序机制相协调，以促成安全与效率，为网络借贷行业的健康发展提供理论参考。[4]

张尧所著的《信用卡合同中的金融消费者权益保护研究：以合同解释为视角》围绕信用卡合同中的金融消费者权益保护展开论述，以合同解释为视角，试图将金融消费者保护理论融入信用卡合同的解释，将持卡人的合同当事人和金融消费者的身份糅于一体，对信用卡合同的内容和所涉关系重新进行界定。[5]

2. 货币制度方面

汪洋所著《中央银行的逻辑》（第 2 版）详细介绍了古今中外的货币发展史，并对未

---

〔1〕 参见季立刚、张天行：《“双碳”背景下我国绿色证券市场 ESG 责任投资原则构建论》，载《财经法学》2022 年第 4 期。

〔2〕 参见刘东辉：《绿色金融背景下我国适当性管理制度的改造》，载《中国政法大学学报》2022 年第 4 期。

〔3〕 参见桂祥：《金融监管权地方配置的法律问题研究》，复旦大学出版社 2022 年版。

〔4〕 参见李莉莎：《后监管时代下网络借贷的法律治理研究》，法律出版社 2022 年版。

〔5〕 参见张尧：《信用卡合同中的金融消费者权益保护研究：以合同解释为视角》，法律出版社 2022 年版。

来货币特别是数字货币做出了趋势性判断；作者以小见大，通过古今中外的金融小故事和重大的金融事件，解析了中央银行制度发展和演变的逻辑，揭示了货币及其发行的历史流变。[1]

李晶所著的《法定数字货币发行权研究》一书清晰地分析了如下问题：一是如何从法律上认定数字货币与虚拟货币的差别；二是如何认定数字货币发行行为的法律属性；三是如何从法律上看待“去中心化”或“非去中心化”的数字货币；四是如何认定法定数字货币发行权是国家权力并厘清其内在结构；五是如何看待技术与法律关系在法定数字货币发行权上的体现；六是宪法价值如何在法定数字货币发行权中体现；七是如何通过比较法视角，并立足于我国法律体系来构建规制法定数字货币发行权的宪法路径；八是如何看待公民财产权与法定数字货币发行权之间的关系等。[2]

3. 金融安全及风险防范方面

岳彩申所主编的《金融控股公司法律问题研究》总结和概括了金融控股公司的 10 个主要法律问题，分别为金融控股公司的准入与退出合规问题、金融控股公司的公司治理合规问题、金融控股公司资本合规问题、金融控股公司并表监管的合规问题、金融控股公司共享客户信息合规问题、金融控股公司全面风险管理、金融控股公司关联交易的合规问题、金融控股公司竞争合规问题、金融控股公司的税收问题和金融控股公司的加重责任制度。[3]

曹玉瑾所著的《地方政府隐性债务风险防范及处置化解研究》对地方政府隐性债务规模、结构和特征进行了描述，对可能引致隐性债务自身可能引致的风险以及“处置风险的风险”的传导机制和表现形式进行了理论分析，同时比较了两类风险的异同和关系，得出当前我国隐性债务引发金融风险总体可控这一总体判断，提出了化解地方政府隐性债务、防控金融风险的总体思路，分别从化债务、防风险、建机制方面提出系统的思考和政策建议。[4]

刘冰的《我国地方政府隐性债务风险法律规制研究》将理论与实践相结合，研究如何防范化解地方政府隐性债务风险的法律问题。作者从介绍隐性债务的含义及引起的风险入手，通过剖析产生隐性债务风险的根本原因，总结我国地方政府在隐性债务风险防范化解实践中存在的问题，最后通过探讨穿透式监管理论和系统性防范化解风险思维，提出关于地方政府隐性债务防范化解风险的完善建议。[5]

朱晓娟等所著的《金融危机风险的法律防范机制研究》着重对电子商务合同中要约的撤销与撤回问题，电子代理人问题，条款问题以及合同成立的时间地点问题等方面做了深入的分析和探讨。对于电子商务合同而言，由于其是借助国际互联网来传送和接收信息的，所以

---

〔1〕 参见汪洋：《中央银行的逻辑》（第 2 版），机械工业出版社 2022 年版。
〔2〕 参见李晶：《法定数字货币发行权研究》，中国政法大学出版社 2022 年版。
〔3〕 参见岳彩申主编：《金融控股公司法律问题研究》，法律出版社 2022 年版。
〔4〕 参见曹玉瑾：《地方政府隐性债务风险防范及处置化解研究》，人民出版社 2022 年版。
〔5〕 参见刘冰：《我国地方政府隐性债务风险法律规制研究》，中国经济出版社 2022 年版。

在要约与承诺问题，合同的条款问题，合同成立的时间和地点问题等许多方面与传统意义上的合同有着很大的区别，因此需要对这些问题加以深入的研究，并建立相应的法律体系进行规范。[1]

刘志云等人的《防范系统性金融风险的法律治理创新研究》以防范系统性金融风险为切入点，对与之有关的金融调控法与金融监管法的创新、金融商品和服务法、金融行政法与金融刑法的创新、金融消费者保护、金融基础设施完善、信息数据治理等问题进行了理论探索。[2]

4. 普惠金融方面

顾雷所著的《中国普惠金融数字化转型与合规发展》指出，在全球数字经济迅猛发展的大背景下，我国普惠金融必须抓住数字化转型发展契机，更好为全社会共同富裕、乡村振兴和普罗大众服务。作者对金融机构、社会影响力投资、个人征信、助农金融服务点、普惠金融试验区数字化转型发展问题进行了详细论述，尤其针对新冠疫情期间，数字化如何更好帮助商业银行、互金平台、非银金融机构以及金融科技企业服务普罗大众提出了诸多方案和可行性建议，并对广大金融消费者普遍关心的金融纠纷案件数字化在线保护进行了深入解析，有效提高城镇低收入群体、农户、“双创”组织、个体工商户以及市民阶层维权手段和效率。[3]

胡元聪所著的《农村消费信贷促进法律机制研究》以农村消费信贷法律关系为主题，对法律如何有效规制农村消费信贷以促进普惠金融发展做出了论述。作者指出，在健康发展的农村消费信贷中，信贷机构与信贷客户之间存在双向正外部性，此时需要法律制度的激励。同时，信贷机构与信贷客户之间也存在双向负外部性，此时就需要法律制度的约束。总之，为了激励双方的正外部性和约束双方的负外部性，需要构建针对他们的激励与约束协同法律机制，以促进“双循环”背景下我国农村消费信贷市场的繁荣。[4]

王煜宇的《新型农村金融机构法律制度研究：基于法经济学的分析范式》综述性地研究了农村机构问题，其主要提出以下内容：第一，清楚界定农村金融机构法律制度的理论渊源；第二，明确阐释农村金融机构法律关系构成及其相互作用机理；第三，完整回顾新型农村金融机构法律制度的形成与演进；第四，透彻分析新型农村金融机构法律制度的需求与供给；第五，科学诊断新型农村金融机构法律制度的本质问题；第六，介绍域外农村金融机构法律制度改革的经验；第七，基于制度供给视角，总结归纳新型农村金融机构供给侧结构性改革的方向系统方案和立法建议稿。[5]

---

[1] 参见朱晓娟等：《金融危机风险的法律防范机制研究》，中国政法大学出版社 2022 年版。
[2] 参见刘志云等：《防范系统性金融风险的法律治理创新研究》，法律出版社 2022 年版。
[3] 参见顾雷：《中国普惠金融数字化转型与合规发展》，中国金融出版社 2022 年版。
[4] 参见胡元聪：《农村消费信贷促进法律机制研究》，商务印书馆 2022 年版。
[5] 参见王煜宇：《新型农村金融机构法律制度研究：基于法经济学的分析范式》，法律出版社 2022 年版。

5. 译著方面

罗斯·克兰斯顿、埃米利奥斯·阿维奇拉斯、克里斯汀·范·兹维坦、克里斯托弗·黑尔、西奥多·范·桑特著、吕琦翻译的《银行法原理》(第 3 版)介绍了经历全球金融危机之后发生巨大变化的银行业监管和银行交易规则，对金融危机后商业银行业务法律关系做了系统解析，也展现了身处国际金融中心的大法官的研究视野和学术水平，是我国金融司法裁判者学习借鉴国际银行业法律规则的优质教材。译者精准实现了国际银行术语与国内业务实践语言的有效统一，为中外司法裁判者研讨交流共性银行法律问题构架了桥梁。该版增补了蓬勃发展的银行监管的内容，并继续致力于介绍银行交易领域的关键法律问题，涉及银行与客户间的关系、支付、贷款和金融服务等各方面；同时该版本还增加了大量准确的资料索引。[1]

(三) 重要学术活动

2022 年 12 月 18 日，中国法学会银行法学研究会 2022 年年会于上海成功召开。本次年会主题为“中国式现代化建设中的金融法治”，由中国法学会银行法学研究会主办，上海财经大学法学院、上海市法学会金融法研究会承办，段和段律师事务所协办。中国法学会银行法学研究会会长、中国政法大学王卫国教授在会上作年度工作报告。与会嘉宾分别围绕“新发展格局下的金融法治”“现代金融监管与银行业监管法修订”“金融机构资产管理业务的法理与实务”等主题开展演讲与讨论。

2022 年 11 月 27 日，中国财富管理 50 人论坛在北京举办“银行业监督管理法修订意见征求与银行业规范发展会议”专题研讨会，邀请监管部门有关负责人、学界专家、金融机构代表等，就《银行业监督管理法》(征求意见稿)相关内容进行研究和讨论，为立法部门完善法律法规提供意见与建议。来自全国人大、全国政协、最高人民法院、中国人民银行、原银保监会、中国证券监督管理委员会、司法部、北京金融局、北京金融法院、存款保险基金、信托业保障基金、商业银行以及高校的学者参加论坛并进行了沟通、交流。

2022 年 12 月 4 日，由中国法学会商法学研究会主办，宁波银行上海分行、华东政法大学虞伟庆金融法律研究院、上海金融法院承办，上海市法学会金融法研究会、上海财经大学法学院协办的第七届中国金融法论坛于上海举办。本届论坛以“新发展理念下的绿色金融法治”为主题，来自中国法学会商法学研究会的成员、主要法学院校、各地司法机关、金融期货机构、律师事务所的专家、学者参与了本次论坛。与会嘉宾分别以“绿色金融法治何以能解决代际公平问题”、“将绿色债券置于阳光之下——防范绿债资金用途异化的思考”、“绿色信贷统计的第三方评价机制完善”以及“绿色金融：法律人的思考”为主题进行主旨演

---

[1] 参见 [英] 罗斯·克兰斯顿等:《银行法原理》(第 3 版)，吕琦译，法律出版社 2022 年版。

讲。分论坛之长三角金融庭长论坛以“绿色融资租赁前沿法律问题”为主题，来自长三角地区的金融庭法官、金融机构法务专家、高校学者等分别通过线上线下参与研讨；期货与衍生品法论坛以“服务中国式现代化的绿色期货与衍生品法”为主题，各专家学者围绕“期货法司法解释修订相关法律问题”、“期货和衍生品法上的反欺诈”、“场内与场外衍生品市场协调发展”以及“期货市场双向开放与期货法域外适用”等主题作报告。

2022 年中国基金市场法制报告

张　敏　孙南慧　朱若蕾　叶心怡 *

2022 年，基金行业迎高质量发展新时代。根据基金业协会数据，截至 2022 年年末，基金管理公司及其子公司、证券公司、期货公司、私募基金管理机构资产管理业务总规模约 66.74 万亿元，其中，公募基金规模 26.03 万亿元，证券公司及其子公司私募资产管理业务规模 6.87 万亿元，基金管理公司及其子公司私募资产管理业务规模 7.12 万亿元，基金公司管理的养老金规模 4.27 万亿元，期货公司及其子公司私募资产管理业务规模约 3147 亿元，私募基金规模 20.28 万亿元，资产支持专项计划规模 1.95 万亿元。个人养老金正式落地，基金行业正式迎来“第三支柱”个人养老金新时代；公募基金数量突破 10,000 只大关，大踏步发展的公募基金行业迎来产品“万只时代”；公募基金行业深化改革，补弱项、调结构，扎实推进高质量健康发展；交易型开放式指数基金（ETF）交易正式启航，进一步便利境内外投资市场互联互通。〔1〕

一、基金规范密集出台

（一）《关于加快推进公募基金行业高质量发展的意见》

为实现公募基金行业从高速发展到高质量发展的转变，加快构建公募基金行

---

* 张敏，华东政法大学经济法学院硕士生导师；孙南慧、朱若蕾和叶心怡系华东政法大学 2022 级法律硕士研究生。本文系 2018 年度国家社会科学基金项目“资管业穿透式监管的基本矛盾与制度生成研究”（18BFX141）的阶段性成果。

〔1〕 参见方丽、陆慧婧、孙晓辉：《2022 年基金业十大新闻》，载 https：//new. qq. com/rain/a/20221225A03ARB00，最后访问日期：2023 年 4 月 7 日。

业发展新格局，2022 年 4 月 26 日，中国证券监督管理委员会（以下简称中国证监会）发布《关于加快推进公募基金行业高质量发展的意见》（以下简称《意见》），吹响了公募基金行业的改革号角。

《意见》主要提出以下要求：

第一，在行业构成方面，支持差异化发展。支持基金管理公司在做优做强公募基金主业的基础上实现差异化发展，促进形成综合性大型财富管理机构与特色化专业资产管理机构协同发展、良性竞争的行业生态。引导头部机构切实发挥表率作用，切实发挥其行业领跑的作用；支持提升股权投资、养老金融、基金投资顾问等服务的专业化水平；进一步优化基金公司交易模式，提升公募基金后台业务外包的普及率；支持中小基金管理公司降成本、提成效，集中资源提升投资和研发能力；引导经营不善的基金管理公司主动申请基金管理资格注销，推动构建优胜劣汰、进退有序的行业生态。

第二，在公募基金行业治理方面，提升基金管理公司治理水平。坚持投资者利益优先，强化高管人员责任意识；全面加强公募基金管理公司党建工作，将党的领导融入国有基金管理公司治理各个环节，探索建立符合中国特色的现代资产管理机构治理体系。

第三，在公募基金行业合规方面，加强基金管理人内控建设。规范证券出入库管理，加强对基金投资交易的监测分析与跟踪检验，严格投研人员通讯工具、股权投资等行为管理，有效发挥研究、交易、风控、合规、监察等各环节的监督制衡作用。建立违法违规人员从业“黑名单”制度和公示机制，严厉打击危害基金持有人利益的违法违规行为。

第四，在公募基金管理人准入方面，积极推进银行、保险、证券等优质金融机构依法设立基金管理公司。调整优化公募基金牌照制度，适度放宽同一主体下公募牌照数量限制，支持证券资管子公司、保险资管公司、银行理财子公司等专业资产管理机构依法申请公募基金牌照，从事公募基金管理业务。坚持专业、诚信、合规的监管导向，强化对发起人道德操守、执业声誉与专业胜任能力的审核，审慎有序核准自然人发起设立基金管理公司，严防行业无序竞争。

第五，在公募基金业务创新方面，切实提高基金服务实体经济能力。坚决摒弃蹭热点、抢噱头、赚规模的“伪创新”。有序拓展公募基金投资范围和投资策略，稳步推进金融衍生品投资。稳妥发展固收类产品，支持个人零售型债券产品发展，研究完善基金中的基金（FOF）、管理人之管理人（MOM）等产品规则，加大中低波动型产品开发创设力度，开发适配个人养老金长期投资的基金产品，有效对接不同风险偏好资金需求，健全完善公募基金风险收益曲线与产品谱系。持续强化货币市场基金规模和风险管控，出台重要货币市场基金监管规定，研究制定浮动净值型货币市场基金规则。研究推动 ETF 集合申购业务试点转常规，积极推动公募不动产投资信托基金（REITs）、养老投资产品、管理人合理让利型产品等创新产品发展。

第六，在公募基金发展方面，为公募基金行业指明方向。为提升公募基金运营能力，支持资本充足、运作稳健、能力突出的基金托管人开展公募基金运营外包等业务；通过组织创新，进一步提升托管业务的集中化和专业化经营水平。

（二）《公开募集证券投资基金管理人监督管理办法》

中国证监会于 2022 年 3 月 24 日通过《公开募集证券投资基金管理人监督管理办法》（以下简称《管理人办法》），并于 2022 年 6 月 20 日起施行，废止《关于实施〈证券投资基金管理公司管理办法〉有关问题的规定》（证监会公告〔2012〕26 号）。新出台的《管理人办法》具有六大优势：

1. 调整股东准入条件，对基金管理人员提出了更高要求。《管理人办法》第 8 条、第 9 条调整了基金管理公司准入条件，对基金管理公司股东实行差异化要求，完善持股 5% 股东负面清单，对持股 5% 以上股东提出了财务稳健性要求。对基金股东提出更高要求，有助于完善和优化公司股东结构，为基金行业高质量发展注入动力，以便其更好实现服务亿万投资者的目标。

2. 统一公募基金管理人牌照准入标准，加强基金行业队伍建设。对公募基金申请管理资格作出了统一规定，支持符合条件的专业机构申请公募基金管理资格，统一准入标准，放宽同一主体持有公募牌照数量限制。在坚持“一参一控”政策的前提下，适度放宽公募持牌数量限制，允许统一集团下设不同类型资管机构申请牌照。该举措有助于国内更多优质的基金管理人员加入基金行业队伍，背景各异的基金管理人，凭借自身资源优势，实现差异化发展，形成基金业高质量发展格局。

3. 强化主体交易管控，提升机构合规风控能力。进一步强化对交易行为的监管，不仅对公募基金管理人员建立健全投资管理制度提出新要求，也致力于建设交易过程各阶段监管机制，切实做到事前管控、事中监测、事后分析；在风控合规方面，要求基金管理公司建立全覆盖的风险控制、合规管理和稽查体系，要求公募基金严格遵守法律法规，合规宣传业绩、合规开展业务，这也是基金行业长期可持续发展的基础。

4. 完善基金管理公司激励约束机制，突出长期考核激励。要求全面构建长效激励约束机制，要求董事会对经营层实行 3 年以上长周期考核，基金管理公司应将长期投资业绩、合规风控情况等作为关键岗位人员考核的重要依据，实施薪酬递延、追索扣回与奖金跟投制度，严禁短期考核与过度激励。只有在投资业绩考核上做到长期，才能避免追逐短期利益可能导致的损害长远利益情形的出现，真正落实长期主义的激励机制，才能整体维护基金行业的品牌和形象，最终赢得基金持有人的信任和认可。

5. 夯实公募基金主业，实现行业差异化发展。支持公募主业突出、合规运营稳健、专业能力适配的基金管理公司设立专业子公司，专门从事公募 REITs、私募股权投资基金管理、基金投资顾问、养老金融服务等业务。允许公募基金管理人实施运营外包，允许公募基金管理人委托专业资质良好的基金服务机构开展份额登记、估值等业务，支持中小基金管理公司降本增效，聚力提升投研水平。通过运营外包，可以帮助中小公募或次新公募开展运营外包，这些公司可以更为聚焦投研主业，做好基金投资业绩，降低自建运营的成本，将有利于更好促进行业整体的高质量发展和差异化发展。

6. 建立公募基金管理人市场化退出机制，规范风险处置流程。设立章明确了公募基金管理人退出机制。在市场化、法制化的背景下，允许经营失败的基金管理公司主动申请注销公募基金管理资格或者通过并购重组等方式实现市场化退出；明确风险处置过程中公募基金管理人及其股东等关键岗位人员的权责范围，强化全流程监管，压实各方责任。[1]

（三）《证券基金经营机构董事、监事、高级管理人员及从业人员监督管理办法》

为规范公募基金管理公司从业人员的执业行为，促进基金经营机构合规稳健发展、维护投资者权益，中国证监会于2022年2月18日发布了《证券基金经营机构董事、监事、高级管理人员及从业人员监督管理办法》（以下简称《办法》），共7章，第2章至第6章分别从高管人员任职管理、从业人员执业管理、高管人员及从业人员职业规范和履职限制、基金经营机构的管理责任、基金机构及从业人员法律责任方面做出了详尽规定。

关于高管人员的任职规定。董事、监事、高管人员除具备基本的专业背景、经营能力外，还应当有相关基金、金融部门不少于4年的任职管理经历；《办法》详尽列举了不得任职的情形；对拟任独立董事人员规定进一步细化了回避情形；聘任董事、监事、高级管理人员向中国证监会提交备案材料更趋完备，强化了证监会对受聘人的任职管理和监督。

关于从业人员的规定。基金从业人员应具备基本的从事基金业务的专业能力，通过从业人员专业水平测试，遵守法律法规以及相关行业规范；基金公司应向基金业协会提供基金从业人员证明材料和注册信息，以便协会对注册信息进行审查。

关于董事、监事、高级管理人员和从业人员的职业规范。基金经营机构董事、监事、高级管理人员及从业人员应当遵守法律法规和中国证监会的有关规定，切实履行公司章程、公司制度和劳动合同等规定的职责，并遵守下列执业行为规范：①具有良好的守法合规意识，自觉抵制违法违规行为，配合中国证监会及其派出机构依法履行监管职责；②诚实守信，廉洁自律，公平竞争，遵守职业道德和行业规范，履行向中国证监会及其派出机构的书面承诺；③恪尽职守、勤勉尽责，切实维护投资者合法权益，公平对待投资者，有效防范并妥善处理利益冲突；④审慎稳健，牢固树立风险意识，独立客观，不受他人非法干预；⑤中国证监会规定的其他执业行为规范。在履职方面，《办法》也做出了一定限制。基金经营机构董事、监事、高级管理人员及从业人员应当保证有足够的时间和精力履行职责，不得自营或者

［1］ 参见李树超：《刚刚，公募基金管理人新规落地！最新解读来了》，载https：//m.thepaper.cn/baijiahao_18200172，最后访问日期：2023年4月7日。

为他人经营与所任公司同类或者存在利益冲突的业务；基金经营机构的高级管理人员、部门负责人和分支机构负责人，不得在基金经营机构参股或者控股的公司以外的营利性机构兼职。

关于基金经营机构的管理责任，《办法》进一步做了明确划分。基金经营机构应当查询董事、监事、高管人员以及从业人员的任职管理和执业信息。

关于监督管理和法律责任。中国证监会相关派出机构和行业协会应当督促基金经营机构按要求将相关人员的职务任免、人员登记或者注册情况等信息统一纳入电子化管理；行业协会制定的从业人员自律条例，报中国证监会备案后实施。

（四）《私募投资基金电子合同业务管理办法（试行）》

为进一步规范私募基金电子合同业务发展，保障基金投资者以及相关当事人利益，中国证券投资基金业协会（以下简称中基协）于 2022 年 6 月 2 日发布《私募投资基金电子合同业务管理办法（试行）》（以下简称《管理办法》），共计 5 章 36 条。

1. 明确私募基金电子合同业务的内涵外延

《管理办法》中规范的电子合同以数据电文为载体，要求在民事法律关系的设立、变更、终止的过程中普遍应用电子通信手段，即除合同签名电子化之外，要求合同要素应当字段化。同时，电子合同在各环节具有和纸质合同相同的法律效力。电子合同不仅包括基金合同，还包括补充协议、风险揭示书、认（申）购单等文件。电子合同服务业务不仅仅是狭义的电子签名服务，还包括基金当事人身份管理（身份识别、认证、变更和注销等）、电子合同签署、电子合同数据查阅等服务。

2. 厘清私募基金电子合同业务各方权利义务

电子合同服务业务属于私募基金信息技术系统服务的一类。投资者、管理人、托管人或其他服务机构等基金当事人与电子合同业务服务机构之间为委托代理关系，基金当事人依法应承担的责任不因使用电子合同业务服务而免除。《管理办法》要求，在开展电子合同服务业务前，双方应当签订服务协议，明确服务范围、服务内容、各方权利和义务、收费方式、费用标准、信息交互方式及数据存储等。

3. 明确私募基金电子合同业务服务机构登记和材料报送要求

《管理办法》参照私募基金信息技术系统服务机构相关规定，明确电子合同业务服务机构登记条件和相关材料报送要求。考虑电子合同服务业务衔接不同的私募基金业务场景，涉及行业数据安全，针对电子合同服务业务特点，进一步提高合规要求，从人员管理、系统测试、数据接口联测、系统安全认证、故障和灾难应对能力等方面对电子合同业务服务机构进行规范。此外，为促进行业稳定健康发展，规定从事电子合同服务业务，除符合以上合规要求外，应当具备一定的私募基金对外服务相关经验。《管理办法》试行期间，相关经验包括机构开展电子合同业务的服务时间、合作的私募管理人和托管人数量等。

4. 明确电子合同业务运营、内控以及数据管理要求

运营管理方面，详细规定了电子合同业务服务机构在身份识别、合作的 CA 机构、数字证书安全使用和存储、密码算法和时间戳等方面的技术性要求，其中，投资者身份识别涉及大量个人敏感数据，要求电子合同业务服务机构开展投资者身份识别时应当按照《个人信息保护法》等相关法律法规规定开展。

内部控制方面，要求系统管理员、安全保密管理员和安全审计员的权限应独立并相互制衡，电子合同业务服务机构每年应当聘请符合条件的会计师事务所对电子合同业务服务的内部控制与实施情况进行审计并出具审计报告。

数据管理方面，规定了数据保密、传输、报送、存储等要求。需要特别注意的是，为提高行业数字化水平，建设中基协大数据仓库，要求电子合同业务服务机构应当按照规定及时将电子合同业务相关数据报送至中基协资产管理业务综合报送平台。此外，为保证电子合同业务数据安全，防范电子合同服务机构因不可抗力或其他因素导致数据丢失，要求电子合同服务机构应当将电子合同相关业务数据备份至证券期货行业核心机构提供的存储平台。

信息报送方面，电子合同业务服务机构应当按照基金服务业务自律规则的要求进行重大信息变更和定期信息报送，其中，解聘合规风控负责人的，应当自解聘之日起 3 个工作日内将解聘事实和理由书面报告中基协。

5. 明确自律管理要求

从自律检查、持续评估、投诉处理、注销登记、诚信记录以及违法违规处理等方面，规范私募基金电子合同业务服务机构后续自律管理。其中，对于被注销的服务机构，要求相关电子合同业务服务机构应当及时将相关情况通知私募基金管理人和私募基金托管人，并做好存续产品和历史数据的交接处理工作，私募基金管理人应当将上述情况及时告知投资者。中基协将分步推广、落实电子合同业务，最终实现合同要素电子化。[1]

（五）《关于加强经营异常机构自律管理相关事项的通知》

为提升私募基金规范化运作水平，推动行业高质量发展，中基协于 2022 年 1 月 30 日发布了《关于加强经营异常机构自律管理相关事项的通知》（中基协字〔2022〕37 号，以下简称《通知》），就加强经营异常私募机构自律管理相关事项明确了相关要求。

私募基金管理人在异常经营情形下提交专项法律意见书的制度，始于 2018 年 3 月 27 日中基协发布的《关于私募基金管理人在异常经营情形下提交专项法律意见书的公告》，私募基金管理人在出现异常情形时，要求私募基金管理人委托律师事务所对有关事项进行查验，并在 3 个月内提交专项法律意见书。

---

〔1〕 参见中国证券投资基金业协会：《〈私募投资基金电子合同业务管理办法（试行）〉起草说明》，载 https：//www. amac. org. cn/governmentrules/czxgf/zlgz/zlgz_jjfw/zlgz_jjfw_qt/202206/P020220602672973635245. pdf，最后访问日期：2023 年 4 月 7 日。

在 2022 年 1 月 30 日发布的《通知》中，新增了以下六种情形：根据《关于加强私募基金信息报送自律管理与优化行业服务的通知》（中基协字〔2021〕107 号）被列入信息报送异常机构，且超过 12 个月仍未完成整改的情形；截至本通知发布之日，仍未在资产管理业务综合报送平台选择机构类型的情形；其他类私募基金管理人（不含 QDLP 等试点机构）无在管私募基金的情形；除前一类情形外，在管私募基金全部清算后，超过 12 个月持续无在管私募基金的情形；被金融监管部门、司法机关、其他行政机关认定为不能持续符合登记备案条件，或被认定为经营异常，且建议协会启动自律处置程序的情形；法律法规和协会自律规则规定的其他不能持续符合登记备案条件的情形。此外，符合失联找回条件的私募基金管理人存在上述情形的，也将适用本通知被列入经营异常机构。

中基协此次发布的经营异常机构的列入标准主要为僵尸机构或风险机构情形，与之前以违法违规情形为主的异常经营列入标准有较大区别。而基于这种区别，中基协对于不同情形的经营异常机构也采取了相异的自律管理措施，如符合违法违规情形列入标准的异常经营机构，在协会完成自律检查程序前，不得主动注销私募基金管理人登记，仅可由中基协按照不能持续符合私募基金管理人登记要求或期限届满未出具专项法律意见书而被协会注销；而符合僵尸机构或风险机构列入标准的异常经营机构可在收到中基协出具专项法律意见书通知之日起 3 个月内主动注销。除此之外，两类不同情形的经营异常机构在高管是否被记入诚信档案、主动注销后是否可以重新登记方面均存在较大差异。这些区别措施均体现了中基协对“僵尸机构”主动申请注销的鼓励和引导。

（六）《基金从业人员管理规则》

2022 年 5 月 10 日，中基协发布了《基金从业人员管理规则》及《关于实施〈基金从业人员管理规则〉有关事项的规定》，自发布之日起实施。

《基金从业人员管理规则》强调从业人员的信义义务责任，加强对基金从业人员职业道德及行为规范的自律管理，明确机构履行从业人员资格管理主体责任，引导机构及从业人员在从事基金业务活动中遵守法律法规、监管规定、自律规则以及执业行为准则，恪守职业道德，提高专业素质，防范道德风险，形成“合规、诚信、专业、稳健”的行业文化，促进基金行业持续健康发展。机构承担从业人员资格管理主体责任，应当加强从业人员职业道德教育，明确行为规范，建立健全从业人员资格管理制度，组织实施从业人员资格管理和后续职业培训，并按照有关规定向协会报送信息。

在基金行业机构的管理责任方面，《基金从业人员管理规则》指出，从业人员在从事基金业务中违反有关法律法规、监管规定、自律规则，被金融监管部门处罚、采取监管措施或者被行业自律组织处分、采取管理措施的，应当及时向机构报告。

在执业行为规范方面，《基金从业人员管理规则》要求，从业人员在销售产品或者提供服务的过程中应当坚持投资者适当性原则，全面了解投资者情况，根据投资者的投资需求和目标、财务状况、投资经验、流动性要求和风险承受能力等，将适当的产品或者服务销售或者提供给适合的投资者，并充分揭示投资风险。

二、强监管对违法违规“零容忍”

（一）中国证监会重罚甚或顶格处罚违法违规者

2022 年度中国证监会系统的私募处罚案例合计 163 例，其中证券类 47 例（占比 28.8%），股权类 99 例（占比 60.7%），其他类 5 例，其余为已注销管理人；相较于 2021 年，处罚数量大幅度增加。[1]

在众多行政处罚案例当中，宜华企业（集团）有限公司（以下简称宜华集团）、深圳市前安天诚投资咨询有限公司（以下简称安天诚）与四川威廉汉姆股权投资基金管理有限公司的行政处罚较为典型。中国证监会于 2022 年 8 月 22 日发布的行政处罚决定书中显示，宜华集团股东联手安天诚实施操纵行为，操纵股价，亏损 8.17 亿元，涉案账户共计 132 个。经中国证监会调查，当事人共动用 132 个账户，利用资金优势、持股优势，采用盘中连续交易，在自己实际控制的账户之间以证券交易等方式交易“宜华健康”，影响该股票交易价格及成交量，主观操纵市场的意图明显。宜华集团、安天诚等具体实施的操纵行为主要分为建仓、护盘和卖出三个阶段，使用连续交易、对倒交易和拉抬行为三大操纵手法，共亏损 8.17 亿元。中国证监会认为，宜华集团、安天诚共同操纵“宜华健康”的行为违反了证券法关于禁止操纵市场的规定，构成操纵证券市场的行为。宜华集团董事长刘某喜、安天诚总经理史某兴为直接负责的主管人员，宜华集团总裁刘某香、宜华集团生活董秘刘某宏为其他直接责任人员。中国证监会决定，依据 2005 年修订的《证券法》的规定，责令宜华集团、安天诚依法处理非法持有的证券，对宜华集团处以 225 万元罚款，对安天诚处以 75 万元罚款；刘某喜、史某兴为直接负责的主管人员，给予警告并分别处以 60 万元罚款；刘某香、刘某宏为其他直接责任人员，给予警告并分别处以 30 万元罚款。

四川威廉汉姆股权投资基金管理有限公司的行政处罚中，该公司私募基金管理人多项违规遭顶格处罚，违规情况包括违反了《私募投资基金监督管理暂行办法》第 14 条、第 16 条第 1 款、第 25 条、第 26 条。四川威廉汉姆股权投资基金管理有限公司在私募基金募集、运作过程中存在如下违规情况：一是未严格履行合格投资者认定程序。2015 年至 2021 年，四川威廉汉姆股权投资基金管理有限公司在向投资者销售基金 1 号过程中，没有采取问卷调查等方式对投资者的风险识别能力和风险承担能力进行评估，由投资者书面承诺符合合格投资

---

〔1〕 参见王玉林：《2022 年度私募处罚案例总结》，载 https：//mp. weixin. qq. com/s/bSwQWhjPZ27oaOccWaZ9_w，最后访问日期：2023 年 3 月 17 日。

者；也没有制作风险揭示书，由投资者签字确认。二是向非合格投资者募集资金。2015 年至 2021 年，四川威廉汉姆股权投资基金管理有限公司在向投资者销售基金 1 号过程中，向方某等多名非合格投资者募集资金，募集金额低于 100 万元。三是未按规定及时填报并定期更新有关信息。截至 2021 年 12 月，基金 1 号在中基协备案的投资者为 11 名（含管理人跟投），实缴规模 2000 万元。与四川威廉汉姆股权投资基金管理有限公司实际投资者人数及募集金额不符。四川威廉汉姆股权投资基金管理有限公司没有按照中基协的规定，定期更新基金 1 号的投资者数量、实缴规模。四是未妥善保存相关资料。2015 年至 2021 年，四川威廉汉姆股权投资基金管理有限公司在向投资者销售基金 1 号过程中，未按照规定妥善保存与部分投资者签订的《委托投资协议》。[1] 根据其违法行为的事实、性质、情节与社会危害程度，依据《私募投资基金监督管理暂行办法》第 38 条规定，四川证监局决定：（1）四川威廉汉姆股权投资基金管理有限公司未严格履行合格投资者认定程序，责令公司整改，对公司、公司监事及法定代表人给予警告并处以 3 万元罚款；（2）四川威廉汉姆股权投资基金管理有限公司向非合格投资者募集资金，责令公司整改，对公司、公司监事及法定代表人给予警告并处以 3 万元罚款；（3）四川威廉汉姆股权投资基金管理有限公司未按规定及时填报并更新有关信息，责令公司整改，对公司、公司监事及法定代表人给予警告并处以 3 万元罚款；（4）四川威廉汉姆股权投资基金管理有限公司未妥善保存相关资料，责令公司整改，对公司、公司监事及法定代表人给予警告并处以 3 万元罚款。[2]

四川威廉汉姆股权投资基金管理有限公司的行政处罚案是较为典型的私募机构违规案例，私募机构违规往往是多个违规行为并存，比如基金募集行为不规范，投资运作不规范，信息披露不规范等，处处体现着部分私募机构的勤勉尽责及合规意识不强问题。

（二）中基协从严从重处分违规者

中基协发布的《2022 年度基金业协会自律案件办理情况综述》显示，2022 年，协会对 803 家机构启动自律检查，通过异常经营程序对 251 家私募基金管理人注销登记，对 71 家私募基金管理人采取自律管理措施。协会坚持高压执纪常态化，全面、从严查处违规行为，通过“顶格”处分清除突破合规底线的“害群之马”，为行业高质量发展保驾护航。本年度被采取“取消会员资格、撤销管理人登记”的“双撤销”措施的机构占总纪律处分数量的 48%，为历年最高。[3]

2022 年度作出的 126 单纪律处分中，违规行为集中在资金募集、登记备案、投资运作、

---

〔1〕 参见《中国证监会行政处罚决定书（宜华集团、刘绍喜等 6 名责任主体）〔2022〕44 号》。

〔2〕 参见《中国证券监督管理委员会四川监管局行政处罚决定书【2022】8 号》《中国证券监督管理委员会四川监管局行政处罚决定书【2022】9 号》《中国证券监督管理委员会四川监管局行政处罚决定书【2022】10 号》。

〔3〕 参见中国证券投资基金业协会：《2022 年度基金业协会自律案件办理情况综述》，载 https：//www. amac. org. cn/aboutassociation/gyxh_xhdt/xhdt_xhgg/202302/t20230208_14455. html，最后访问日期：2023 年 3 月 17 日。

信息披露、内部控制等方面：在资金募集方面，本年度共作出纪律处分109人次，主要违规行为包括公开宣传、承诺保本保收益、向非合格投资者募集资金、违反投资者适当性管理要求、委托不具有基金销售业务资格的机构募集资金等，其中违规承诺保本保收益、违反投资者适当性管理要求占比最高。在登记备案方面，本年度九成以上的案件包含登记备案信息失实的违规情形，涉及123人次，主要包括资金募集完毕后未办理备案、登记备案信息与实际情况不符、未及时更新登记备案信息、未按要求报告重大事项等情形。在投资运作方面，共作出纪律处分58人次，主要包括挪用基金财产、违反专业化经营原则、未审慎勤勉履行管理人职责、投资运作不规范等情形。在信息披露方面，共作出纪律处分42人次，其中未按规定或约定进行信息披露的占60%，未披露重大关联交易事项或其他影响投资者权益的重大事项以及虚假信息披露等占40%。在内部控制方面，共作出纪律处分97人次，主要包括经营失控不再符合管理人登记要求、高管人员违规兼职、未妥善保存私募基金相关文件等。[1]

中基协于2022年12月23日对中商联合财富投资基金（北京）有限公司（以下简称中商联合）的纪律处分决定书显示，中商联合存在以下违规行为：

一是产品募集完毕后未按规定向协会备案。中商联合担任深圳中商华融投资咨询（有限合伙）（以下简称中商华融）的执行事务合伙人。经查，中商华融存在对外募集行为并进行了对外投资，中商华融的合伙协议约定中商联合为产品的基金管理人并约定了管理费计提事项。

二是未按规定向投资者披露关联交易。经查，中商联合发行管理的三只私募基金产品中商鼎新一期私募股权投资基金（以下简称鼎新一期）、中商鼎新二期私募股权投资基金（以下简称鼎新二期）以及深圳中商八号投资合伙企业（有限合伙）（以下简称中商八号）均投资于瑞晟房地产开发（深圳）有限公司（以下简称瑞晟公司）。相关产品投资瑞晟公司时，中商联合实际控制人孟某与其子李某龙合计间接持有中商联合89.1%的股权，李某龙持有瑞晟公司40%的股权。此外，鼎新二期通过瑞晟公司投资的底层投资项目是北京万恒达投资有限公司（以下简称万恒达），投资时中商联合法定代表人胡某芳兼任万恒达的法定代表人。因此，前述三只产品对外投资已构成关联交易，但中商联合未向投资者进行信息披露。

三是未充分履行谨慎勤勉的管理人义务。根据公司填报的产品备案信息及国家企业信用信息公示系统公示信息，中商联合未能及时为中商八号的多名投资者进行工商确权，也未及时将中商八号登记为瑞晟公司股东。

四是未真实、准确、完整地填投和及时更新基金备案信息。根据中商联合与瑞晟公司股东、投资底层资产等相关方签署的《中商鼎新二期私募股权投资基金之补充协议》，协议约

[1] 参见中国证券投资基金业协会：《2022年度基金业协会自律案件办理情况综述》，载https://www.amac.org.cn/aboutassociation/gyxh_xhdt/xhdt_xhgg/202302/t20230208_14455.html，最后访问日期：2023年3月17日。

定了按固定比例提取收益及收益补足条款，鼎新二期本质上应属于债权投资，不属于彼时生效的《私募投资基金备案须知（2018 年）》（已失效）规定的可备案的私募基金范围。因此，中商联合未向协会提供完整、真实的备案信息从而使鼎新二期通过备案。此外，中商联合在资产管理业务综合报送平台填报的实际控制人、办公地址、员工人数等信息与实际情况不符；管理的私募基金产品广州中商一号投资管理中心（有限合伙）已完成工商注销，但该产品备案信息仍显示正在运作。

五是未向协会报告重大事项。中商联合法定代表人及合规风控负责人发生多次变更，但均未向协会报告。根据人民法院民事判决书及中商联合对协会的校查回复，鼎新一期和中商八号关于经过瑞晟公司投资的底层资产发生股权纠纷，致使中商联合无法获取瑞晟公司及底层资产的资金流水、财务报表等财务资料，以上情形属于对基金持续运行、投资者利益产生重大影响的事件，但中商联合未向协会报告。

六是人员配置不符合要求。根据中商联合提供的回复情况，中商联合目前仅有 1 名在职高管，员工总人数低于 5 人，且未配置风控合规负责人。

以上事实有相关协议、人民法院民事裁定书、资产管理业务综合报送平台的登记备案信息、中商联合提供的有关材料等证据予以确认，事实清楚、证据充分，足以认定。鉴于以上违规行为，中基协决定取消中商联合会员资格、撤销中商联合管理人登记。[1]

三、基金审判发挥定分止争作用

（一）基金公司服务内容纠纷

在深圳市前海鼎邦基金管理有限公司（以下简称前海鼎邦公司）与北京指南创业投资管理有限公司（以下简称指南创业公司）服务合同纠纷一案当中，2017 年 8 月，指南创业公司（甲方）与前海鼎邦公司（乙方）签订《咨询服务协议》，约定乙方为“珠海指南蒙童创业投资合伙企业（有限合伙）”（案涉基金）（以下简称指南蒙童）的投资、运营提供咨询服务，为客户（案涉基金投资者）提供专业服务（包括但不限于向甲方提供投融资策略咨询、推荐客户并协助签署基金合同；确认客户是否为合格投资者；对客户的风险承受能力进行评估；向客户提供股权基金投资知识指导；对客户进行风险教育，提高客户的风险辨别能力；解答客户疑问、帮助客户理解产品文件之内容、协助客户处理意外情况；对客户进行风险提示等）。指南创业公司系案涉基金的执行事务合伙人。此外，双方还约定，甲方向乙方支付的咨询服务费根据乙方募集总额度及募集总额对应的超额收益（如有）分别提取一定比例进行计算，包括固定和浮动两部分。咨询服务费有计算公式，浮动部分 = 甲方按照《珠海指南

〔1〕 参见《中国证券投资基金业协会纪律处分决定书〔2022〕94 号》。

蒙童创业投资合伙企业（有限合伙）合伙协议》收取的业绩管理报酬的 50%。2018 年，指南创业公司向前海鼎邦公司支付 252.96 万元，转账用途为指南蒙童基金销售费。2020 年 9 月 10 日，指南创业公司发布的指南蒙童投资基金清算公告载明，普通合伙人（基金管理公司）收取的超额收益分成 919.51 万元。前海鼎邦公司向指南创业公司索要浮动服务费未果，遂向一审法院起诉，请求判令指南创业公司支付咨询服务费 459.75 万元以及延期支付的利息损失等。一审法院驳回前海鼎邦公司诉请，其不服提出上诉。

二审法院经审理认为，本案争议焦点一是前海鼎邦公司的服务是限于募集基金阶段还是涵盖基金募集和运营的全部阶段，服务内容是限于推荐客户完成基金募集还是也包括募集完成后客户的沟通维护，相应地，前海鼎邦公司是否完成了全部服务内容；争议焦点二是给付咨询服务费的浮动部分是否以前海鼎邦公司完成全部服务内容为条件，前海鼎邦公司完成基金募集是否即可直接取得服务费的浮动部分。针对焦点一，二审法院认为，前海鼎邦公司的服务应涵盖基金募集和运营的全部阶段，服务内容包括基金募集完成后的客户维护沟通，前海鼎邦公司并未完成全部服务内容。理由有以下几点：第一，《咨询服务协议》明确约定前海鼎邦公司提供的服务并不限于促成客户投资和完成基金募集，还涵盖基金的运营阶段，而且，协议约定的具体服务内容也不限于基金募集阶段；第二，协议约定的服务期限为 10 年，显然前海鼎邦公司提供的服务不应限于基金募集阶段；第三，本案一审中前海鼎邦公司明确承认其服务内容包括给指南创业公司介绍投资人和维护投资者。此外，因前海鼎邦公司在一审、二审并未提交任何在基金募集完成后其与客户沟通维护的证据，指南创业公司对此亦不认可，故应当认定前海鼎邦公司在资金募集完成后并未开展与客户沟通维护的服务。针对焦点二，二审法院认为，给付咨询服务费的浮动部分以前海鼎邦公司完成全部服务内容为条件，前海鼎邦公司仅完成基金募集，无权取得服务费的浮动部分。其一，从服务合同的性质和合同具体约定来看，浮动部分对应基金退出时的超额收益，而非基于推荐客户、完成基金募集就会产生；其二，从具体利益计算来看，超额收益分成有赖于基金的投资收益，同时也对前海鼎邦公司全面履行合同义务作出了相应要求；其三，从违约责任约定来看，《咨询服务协议》约定，不履行义务的一方应当赔偿给对方造成的全部损失，如果前海鼎邦公司在未完成基金募集后相应服务的情况下，还可以获得针对超额收益的浮动收益，是不符合逻辑的。综上，应认定前海鼎邦公司全面履行合同义务和指南蒙童基金到期结算并存在超额收益均为前海鼎邦公司要求指南创业公司给付浮动部分咨询服务费的必要条件，二者缺一不可。二审法院遂驳回了前海鼎邦公司的上诉，维持原判。[1]

本案中存在基金管理人委托第三方为基金提供相关服务的法律关系。在这种关系当中，司法裁判结合相关服务协议对服务内容、服务费支付的条件和方式等具体约定，以及协议期

---

〔1〕参见北京市第一中级人民法院民事判决书，（2022）京 01 民终 5356 号。

限、服务提供方是否能够举证证明已实际提供了服务协议约定的全部服务内容等，综合判断服务提供方是否有权取得服务协议约定的部分或全部服务费。

（二）基金投资者权益纠纷

在甘肃科技投资集团有限公司（以下简称甘肃科投公司）、青岛圆融金融投资有限公司（以下简称青岛圆融公司）等侵害企业出资人权益纠纷一案中，2017年10月，甘肃科投公司与青岛圆融公司、甘肃低碳产业科技发展投资基金管理中心（有限合伙）签订《甘肃低碳产业科技发展投资基金（有限合伙）之合伙协议》，协议中约定全体合伙人共同设立甘肃低碳基金。甘肃科投公司等三家公司系有限合伙人；青岛圆融公司、甘肃低碳产业科技发展投资基金管理中心（有限合伙）系普通合伙人。青岛圆融公司担任执行事务合伙人。2017年11月，甘肃低碳基金投资决策委员会形成决议，向甘肃巨鹏清真食品股份有限公司（以下简称巨鹏食品公司）投资3000万元；同日，甘肃低碳基金与张某灵就目标公司巨鹏食品公司签订《股份转让协议》及《股份转让协议之补充协议》。2017年11月14日，甘肃低碳基金投资决策委员会形成决议，向深圳暴风统帅科技有限公司投资1亿元。2021年11月，甘肃科投公司向青岛圆融公司发送函件，要求青岛圆融公司对张某灵的借款采取清收等相应法律行动。2021年11月，甘肃科投公司向青岛圆融公司发送函件，要求青岛圆融公司针对暴风控股有限公司及冯某采取相应法律行动，要求他们向甘肃低碳基金提出履行还款及担保义务等主张。2021年12月，甘肃科投公司向一审法院提起诉讼，认为青岛圆融公司作为执行事务合伙人，怠于行使执行事务合伙人权利，侵犯了甘肃科投公司作为合伙人的合法权益，故要求青岛圆融公司向甘肃低碳基金进行赔偿。一审法院判决驳回甘肃科投公司的诉讼请求，甘肃科投公司不服提出上诉。

二审法院认为，甘肃科投公司应举证证明青岛圆融公司存在怠于履行执行事务合伙人职责的行为。案涉两笔投资是青岛圆融公司根据甘肃低碳基金的投资决策委员会的决议所进行的投资，且甘肃科投公司所委派的投资决策委员会委员也在决议中签字同意，并且，没有证据证明案涉两笔投资超出协议方向及经营范围，应当由合伙人大会审议并作出决议。对于青岛圆融公司是否怠于及时主张债权的问题，案涉两笔投资到期后，青岛圆融公司采取了适当的催要、协调展期等措施，之所以未对案涉两笔投资提起诉讼，系其基于诉讼成本等综合考虑，甘肃科投公司并不能证明青岛圆融公司存在主观过错。故本案现有证据不足以证实青岛圆融公司存在怠于履行执行事务合伙人职责的行为，也即甘肃科投公司无法证明青岛圆融公司在案涉两笔投资款的投出及投后管理过程中存在明显过错。[1]

由此可知，案涉投资决定系案涉基金投委会表决通过，且基金投资者无法证明案涉基金执行事务合伙人在案涉投资项目的资金投出及投后管理过程中存在明显过错的，无法认定案

〔1〕参见山东省高级人民法院民事判决书，（2022）鲁民终1882号。

涉基金管理人存在怠于履行案涉基金执行事务合伙人职责的行为。

（三）基金投资协议效力纠纷

在北京和光嘉盈投资中心（有限合伙）（以下简称和光嘉盈中心）与史某勇合同纠纷一案中，北京金信恒瑞投资中心（以下简称金信中心）系成立于 2015 年 6 月的私募股权基金，其管理人为金信融达投资管理有限公司。2016 年 5 月，金信融达公司、和光嘉盈中心等各方签订金信中心合伙协议，并约定：合伙目的系认购北京飞流九天科技有限公司（以下简称飞流公司）股权，全体合伙人委托普通合伙人金信融达投资管理有限公司为执行事务合伙人，其他合伙人均为有限合伙人。同月，和光嘉盈中心向金信中心支付了投资款。史某勇系飞流公司的控股股东。2017 年 8 月，和光嘉盈中心授权陈某涛与史某勇签订《投资备忘录》，并约定：2016 年 5 月和光嘉盈中心通过金信中心参与“飞天”项目（飞流公司 IPO 项目），并实际出资 1. 648 亿元人民币，该项目因故于 2016 年 11 月宣布取消。2017 年 6 月，金信中心转让部分资产给第三方，并于 2017 年七八月退回和光嘉盈中心资金共计 1. 451 亿元。就和光嘉盈中心实际出资中尚未收回部分，史某勇将以无息借款方式拆借给和光嘉盈中心。史某勇同意在金信中心处置完剩余资产 5 个工作日内（不晚于本备忘录签署之日起 40 个工作日），按照项目本金年化 20% 以实际用款天数结算和光嘉盈中心投资收益。和光嘉盈中心在金信中心的实际退出金额及史某勇提供的无息借款均可用于结算和光嘉盈中心应得的投资收益，史某勇在此基础上进行差额补足。2017 年 8 月，武汉帮巧瑞软件开发有限公司向珞珈公司转账 0. 197 亿元，和光嘉盈中心和史某勇均认可系史某勇履行《投资备忘录》项下的无息借款义务。和光嘉盈中心向一审法院起诉，请求史某勇偿还投资应收回款项和投资收益。一审法院驳回其全部诉请，和光嘉盈中心不服提出上诉。

二审法院经审理认为，《投资备忘录》系史某勇个人与和光嘉盈中心的真实意思表示，且未违反法律、行政法规的效力性强制性规定，应属合法有效。此外，鉴于史某勇并未举证证明《投资备忘录》属于飞流公司的真实意思表示或者飞流公司事后追认，因此，《投资备忘录》仅在和光嘉盈中心与史某勇个人之间产生法律约束力，本案不存在遗漏必要当事人的情形。关于史某勇在《投资备忘录》项下的支付投资收益的付款条件是否成就，作出以下论述。首先，《投资备忘录》签署的目的系就和光嘉盈中心未来退出的计划进行协商、安排；其次，和光嘉盈中心仅参与了基金投资（入伙金信中心）层面的交易，并未直接参与飞流公司的股权投资层面的交易，并且，和光嘉盈中心已经退出的投资，均系通过金信中心结算减资款后的返款，此外，在史某勇的安排下，和光嘉盈中心已经实际收回 1. 648 亿元全部投资资金；最后，根据《投资备忘录》的约定，和光嘉盈中心的投资收益应当在基金处置完剩余资产、其在“飞天”项目上的投资损益得以明确以后予以兑现，目前，和光嘉盈中心并未提举证据证明上述条件已经成就，因此，和光嘉盈中心要求史某勇支付投资收益，没有事实与法律依据。综上，《投资备忘录》属于史某勇个人就和光嘉盈中心投资“飞天”项目的收益承诺，该承诺的兑现有赖于整个投资项目在基金层面上的清算完毕。目前，《投资备忘录》约定的付款条件尚未成就，和光嘉盈中心的上诉请求不能成立，应予驳回。[1]

在本案中，就和光嘉盈中心与史某勇签署的《投资备忘录》而言，如无法证明《投资备忘录》系飞流公司的真实意思表示或者得到飞流公司的事后追认，则应仅在史某勇与和光嘉盈中心之间产生法律约束力；如“飞天”项目系通过金信中心间接投资于飞流公司，则其投资收益仅能在“飞天”项目处置完剩余资产、其在飞流公司的投资损益得以明确以后予以兑现。

（四）基金管理人投资尽责纠纷

在欧阳某、上海长典资产管理有限公司（以下简称长典公司）等金融委托理财合同纠纷一案中，2016年12月8日，欧阳某在进行风险识别和承受能力测试并签字确认后，作为投资人，与基金管理人长典公司，托管人恒丰银行股份有限公司签订了《基金合同》。合同约定，案涉基金存续期限2年，主要用于实缴横琴汇腾长征七号投资合伙企业（以下简称七号合伙企业）的有限合伙财产份额。此后，欧阳某支付了案涉基金认购款。2018年12月26日，长典公司发布《关于长典恒润壹号私募基金延期的公告》，载明：案涉基金于2016年10月与广州汇腾投资管理有限公司（以下简称汇腾公司）签署《横琴汇腾长征七号投资合伙企业（有限合伙）合伙协议》。基于该协议的相关约定，案涉基金系七号合伙企业的有限合伙人，汇腾公司为普通合伙人兼执行事务合伙人，七号合伙企业到期日为2018年12月28日。此后，案涉基金向七号合伙企业实缴了一部分出资额。近日，汇腾公司向长典公司发出《横琴汇腾长征七号合伙企业（有限合伙）延期公告》，要求将七号合伙企业期限延长1年至2019年12月28日。经查，长典公司分别于2019年10月和2020年7月向汇腾公司发出关于七号合伙企业有限合伙权益到期清算的告知函，并称长典公司决定于七号合伙企业存续期限届满日（七号合伙企业的工商登记到期日为2019年11月18日）退出七号合伙企业，请汇腾公司依照合伙协议约定进行清算。2020年9月18日，长典公司向法院提起强制清算七号合伙企业的申请，一审法院判令解散七号合伙企业（在本案审理终结时，该判决尚未生效）。欧阳某向一审法院起诉请求判令长典公司支付案涉基金的投资本金及利息。一审法院驳回其诉请，欧阳某不服提出上诉。

一审法院经审理认为，案涉基金合同真实有效，欧阳某和长典公司双方之间形成的系委托理财合同关系。长典公司系依据欧阳某的委托而对其财产进行管理和处分，在约定的投资期限届满后，长典公司仅负有依据合同约定对基金财产进行清算并向欧阳某分配的义务，并不负有以自有财产向欧阳某承担支付投资本金及收益的义务。根据案涉基金的履行情况看，在长典公司已将募集资金完成约定的投资行为，而投资款项尚未返还基金时，欧阳某要求长

[1] 参见北京市第一中级人民法院民事判决书，(2022) 京01民终46号。

典公司以其自身财产承担支付投资本金及利息的请求，与本案事实及合同约定不符，不应得到支持。就案涉基金实际情况看，长典公司已经两次发函要求汇腾公司对七号合伙企业的有限合伙权益进行到期清算，因汇腾公司怠于履行该义务，长典公司后就该权益向汇腾公司提起民事诉讼主张权利，但该诉讼尚未形成生效裁判，相关权利并未实际确定，长典公司代表案涉基金向相关主体主张权利的事实，无法认定其存在不履行勤勉尽责管理义务的情形。同时，欧阳某就案涉基金投资所导致的实际损失数额，在基金财产尚未获得清偿时亦不能确定。本案欧阳某尚不具备要求长典公司以自身财产支付投资本金及利息的前提，故一审法院对欧阳某的诉请未予支持。二审法院最终驳回了欧阳某的上诉，维持一审判决。[1]

在本案中，私募基金管理人和投资人之间形成的是委托理财合同关系，在管理人适当履行了投资者适当性管理义务，并按照诚实信用、勤勉尽责的原则履行受托人义务，管理和运用基金财产的前提下，仅负有依据合同约定对基金财产进行清算并向投资人分配的义务，并不负有以自有财产向投资人承担支付投资本金及收益的义务。

四、基金理论研究成果丰硕

据不完全统计，2022 年以基金法为主题的专著共 7 部，相关核心期刊论文 7 篇，博士硕士学位论文 10 余篇。

（一）学术专著成果丰富多样

徐沫主编的《私募股权投资基金法律实务》分为上、中、下 3 篇，分别从中国私募股权投资基金及其监管简史、私募股权投资基金募集、私募股权投资基金投资三个方面展开，囊括了从私募股权投资基金管理人设立、私募股权投资基金募集到私募股权投资基金投资的全生命链条，涵盖了私募股权投资基金募集、设立、投资过程中所遇到的主要法律实务问题，同时本书还针对不同的基金类型，如政府投资基金、外资基金、险资基金、并购基金等进行了有针对性的分析和解读，对于私募股权投资基金实务和实践有较大的参考价值。[2]

孟庆君的《私募基金与资管行业：募、投、管、退中的疑难精解》汇集了私募基金和资管行业中募、投、管、退中争议解决疑难案例。将案例分为诉讼类仲裁案例和非诉讼类案例两大类，结合相关法律规定和法理分析阐述了案例的法律适用、司法实践。对私募合同、合伙人协议、信托、股权回购、资金拆借等易发生法律纠纷的领域提出了相应的法律观点，对于私募领域的法律风险的预防具有较强的参考意义。[3]

---

〔1〕 参见山东省高级人民法院民事判决书，（2022）鲁民终 579 号。

〔2〕 参见徐沫主编：《私募股权投资基金法律实务》，中国人民大学出版社 2022 年版。

〔3〕 参见孟庆君：《私募基金与资管行业：募、投、管、退中的疑难精解》，首都经济贸易大学出版社 2022 年版。

朱华芳、郭佑宁主编的《私募基金法务实操指引》以私募基金的“募集——投资——管理——退出”全周期为脉络，着眼于合同性质、合同效力与责任分配三大关键问题，关注监管规则对具体争议解决的影响，并对私募基金内部和外部所涉热点争议的司法实践情况进行了梳理分析。内容全面，涉及私募基金合同性质的司法认定、私募基金募集阶段的法律争议、管理人和托管人的义务与责任、私募基金保底条款的效力及后果、私募基金对外投资涉及的对赌协议争议等问题。[1]

秦子甲的《基金治理：全球观照与中国实践》以国际证监会组织历年发布的、与基金有关的各份最终报告和相应的国际实践为参照，结合有关学术论点，聚焦基金治理的核心逻辑和具体细节，对中国实践中的基金组织形式、基金托管人、基金份额持有人的核心权利、信义义务、基金管理职能外包、基金管理人的内部治理和外部治理等问题进行了梳理，构建了基金治理的总体框架，并认为我国基金治理的“四梁八柱”在监管层面已经建立。具体的私募基金管理人应对照执行并取得长线资金的青睐；具体的机构投资者也应对我国基金治理的整体制度环境给予更多信任。[2]

王鑫的《私募股权投资基金入门十二讲》由私募基金的概念、起源和在中国的发展历史导入，介绍了目前私募股权投资基金的监管体系、自律规范和私募基金“募投管退”等阶段的操作实务，分享了私募基金的税收征管及私募基金结构化产品设计方法及私募基金司法实务中的问题。内容详略得当，搭建起了私募基金的整体学习框架。[3]

邹菁、周蒙俊、张泽传的《创业投资基金的募集设立与投资运作》从募、投、管、退四个维度论述了创业投资基金在资金募集、基金设立、对外投资、资产管理、投资退出和税收政策等方面的相关问题和关注要点。详述了创业投资基金的法律监管规则和逻辑、投资和退出的模式和技能，同时梳理了创业投资基金的各类优惠政策，以及目前我国对于创业投资基金的阶段性法律政策成果、现存困惑、未来可能的突破和前行方向。[4]

蔺玉红、李杨、杜楠的《REITs 房地产运营时代：不动产投资信托基金实务操作手册》从房地产行业视角出发，论述了我国房地产行业资产证券化的必要性、世界主要经济体房地产行业 REITs 的机制及发展现状，同时研究了我国公募 REITs 案例、国外房地产行业公募 RETIs 各细分领域（住房租赁、产业园区、仓储物流、数据中心、养老医疗、零售商业与办公）发展现状，并总结了公募 REITs 所涉的主要法律法规。从理论、实践、未来趋势展望以及法律法规机制方面，全面地研究分析了 REITs 制度的海外和国内模式。[5]

---

〔1〕 参见朱华芳、郭佑宁主编：《私募基金法务实操指引》，清华大学出版社 2022 年版。
〔2〕 参见秦子甲：《基金治理：全球观照与中国实践》，北京大学出版社 2022 年版。
〔3〕 参见王鑫：《私募股权投资基金入门十二讲》，法律出版社 2022 年版。
〔4〕 参见邹菁、周蒙俊、张泽传：《创业投资基金的募集设立与投资运作》，法律出版社 2022 年版。
〔5〕 参见蔺玉红、李杨、杜楠：《REITs 房地产运营时代：不动产投资信托基金实务操作手册》，中国法制出版社 2022 年版。

（二）期刊论文成果精深有力

关于私募基金管理人的信义义务问题，有学者认为，管理人信义义务是贯穿私募基金始终和破解法律风险的关键。培育信义义务的进程理应与私募基金市场的发展同步演进，而我国私募基金管理人信义义务生长的环境却迥异于英美国家，重募集环节，轻投资、管理和退出环节等本土特色明显。通过全周期各环节信义义务的检视，我国私募基金信义义务的实现机制既要设计适当的协议条款，把握管理人信义义务的切入点，明确监管边界，遵循最佳执行原则；又要厘定司法裁量标准，引导私募基金从被动型向主动型管理转变，形成私募基金管理人信义义务“因事制宜”的归责进路。〔1〕

关于私募基金管理人与托管人的责任问题，有学者提出，我国私募基金市场存在着野蛮生长与无序扩张现象，为弘扬信托文化与契约精神，提振投资信心，要统筹兼顾和妥善平衡投资人、管理人与托管人的合理诉求，防范系统性金融风险，落实私募基金管理人与托管人对投资者的连带赔偿责任。〔2〕还有学者认为，私募基金托管人制度是保护投资者财产安全的重要制度。近年来，私募基金爆雷事件屡屡发生，投资者往往把要求托管人承担赔偿责任作为主要的求偿手段之一，然而司法机关和仲裁机关对是否支持、多大程度上支持投资者的诉求还没有形成统一的裁判规则。应当通过对代表性案例进行归纳分析，在梳理不同裁判观点的基础上，从法律角度对私募基金托管人法律地位的独立性、托管职责与民事法律责任承担等问题进行探讨。〔3〕

关于私募基金管理人自律机制问题，有学者认为我国私募基金市场经过 10 余年的发展，作为理性经济人的私募基金管理人罔顾投资人权益而施行机会主义行为的案例时有发生，隐藏在行业繁荣发展背后的风险逐步暴露。以非公开性为基本特征的私募基金面临着严重的以多重信息约束为重点的规制困境，行业组织的功能优势在一定程度上能够改善目前所面临的规制现状。从信息的角度而言，我国私募基金市场自律管理存在着行业自律组织的信息角色混同、与其他规制主体间的信息交流滞碍、现有自律管理机制信息收集体系不完备的现象。构建私募基金市场管理的信息交流机制，加强私募基金管理人内部合规管理机制建设，完善私募基金行业以差异化信息披露为基础的自律管理机制是解决之道。〔4〕

关于基础设施公募 REITs 主题，有学者认为，《公开募集基础设施证券投资基金指引（试行）》在《证券投资基金法》之下构建了基础设施公募 REITs 的治理框架。但因权益结

〔1〕 参见许多奇：《论全周期视野下私募基金管理人的信义义务》，载《武汉大学学报（哲学社会科学版）》2022 年第 5 期。

〔2〕 参见刘俊海：《私募管理人与托管人的连带责任》，载《中国金融》2022 年第 21 期。

〔3〕 参见孔令学、杨鑫洁、张玉：《论私募基金托管人责任认定与承担》，载《金融发展研究》2022 年第 8 期。

〔4〕 参见廖倩：《我国私募基金管理人自律机制的优化研究》，载《西南民族大学学报（人文社会科学版）》2022 年第 9 期。

构及管理模式等差异，公募 REITs 与典型证券投资基金有显著不同，简化的基金内部治理结构难以应对公募 REITs 复杂的代理问题，应充分尊重公募 REITs 的商事组织性，借鉴公司内部治理的合理要素。原始权益人在《基金指引》所构建的混合型治理架构中具有多重角色，存在“双重代理人”难题。现行法对原始权益人和基金管理人的利益冲突问题及由此产生的监督失灵缺乏系统规制。实践中的契约型治理通过内设委员会、业绩激励等条款部分弥补了混合型治理的缺漏，但同样因利益冲突等存在不完备之处。应重新配置公募 REITs 中主要治理主体的权责利，包括明确原始权益人及其代表的受信义务，优化基金托管人的监督权，构建基金投资者的共益权体系，完善浮动管理费条款及外部管理机构委托合同的规制。[1]还有学者分析了我国公募不动产投资信托基金上市以来的交易运行情况，总结了 REITs 二级市场运行值得关注的要点，认为我国公募 REITs 市场处于发展初期，市场关注度较高，相关制度安排还有待市场进一步检验，叠加外部环境等各种因素影响，可能发生局部交易热度较高、限售股解禁影响流动性、底层资产受到超预期影响导致价格波动等异常情况。建议继续推动公募 REITs 市场发展壮大，完善市场配套制度，积极培育各类投资者，充分发挥公募 REITs 的功能作用。[2]

关于契约型私募基金清算问题，有学者认为立法实践和理论研究对契约型私募基金清算问题缺乏关切。一旦遇到清算僵局，投资者损失往往难以确定，导致相关纠纷长期悬空。对此提出三条主要进路：以清算作为定损的唯一依据，不经清算直接推定全损和第三方估值“代清算”。坚持清算作为定损的唯一依据与清算僵局的泛在之间存在深刻矛盾，立法真空之下的破局之道正是强制清算制度的构建。借助《证券投资基金法》修订或相关司法解释出台为契机，着眼于强制清算的启动、强制清算小组的组织、基金财产强制清算的程序安排与司法鉴定的选择性引入，并以强制清算作为前置程序的衍生诉讼与怠于清算和违法清算的公法规制作为补充救济途径。以既有的公司强制清算制度为基础，充分尊重基金财产独立性与非主体性等特征，契约型私募基金强制清算制度的构建将沿着法治化轨道有序展开。[3]

---

〔1〕 参见刘东辉：《论我国公募 REITs 的混合型治理及其完善——基于首批 9 个试点项目的实证研究》，载《财经法学》2022 年第 4 期。

〔2〕 参见吴晶、罗心然、杨宗杭：《完善我国公募 REITs 二级市场建设研究》，载《证券市场导报》2022 年第 12 期。

〔3〕 参见吴弘、陆瑶：《论契约型私募基金强制清算的制度建构》，载《金融发展研究》2022 年第 6 期。

2022 年中国保险市场法制报告

孙宏涛　李梦菲　沈一丹　王云杉*

2022 年自然灾害、气候变化、疫情肆虐等突发性事件频发，扰乱市场预期，使得年内季度经济增长波动性显著加大，经济发展面临挑战。保险业积极应对超预期因素冲击，继续向高质量发展转型，保险市场持续为社会经济提供新发展动力。2022 年全行业原保费收入 46,957.18 亿元，同比增加 4.58%。其中，人身险业务累计实现原保费收入 3.42 万亿元；财产险业务累计实现原保费收入 1.27 万亿元，同比增加 8.92%，增幅较快。保险赔付支出 1.55 万亿元；资产总额达 27.15 万亿元，同比增加 9.08%。为全社会提供保险金额 13,679 万亿元，同比增长 12.63%；保险资金运用余额 25.05 万亿元。[1]

一、政策规范相继推出，保险市场发展新机

（一）个人养老金业务开闸，助力第三支柱加快发展

2022 年 4 月 8 日，国务院办公厅印发《关于推动个人养老金发展的意见》，标志着个人养老金制度的建立。作为国家关于第三层次养老保险的制度性安排，个人养老金制度的出台落地对于完善我国多层次养老保险体系具有标志性意义。2022 年 11 月，原中国银行保险监督管理委员会（以下简称原银保监会）发布

---

* 孙宏涛，华东政法大学经济法学院教授；李梦菲、沈一丹、王云杉，华东政法大学经济法学院硕士研究生。

〔1〕 参见阎建军、刘欣琦：《NIFD 季报｜探索转型之路——2022 年保险业回顾与展望》，载 https://baijiahao.baidu.com/s?id=1758573788074557827&wfr=spider&for=pc，最后访问日期：2023 年 9 月 15 日。

《关于保险公司开展个人养老金业务有关事项的通知》，6 家保险公司的 7 款专属养老保险产品成为首批上线的个人养老金保险产品；12 月，原银保监会明确自 2023 年 1 月 1 日起，4 家养老保险公司在 10 个省（市）开展养老保险公司商业养老金业务试点。

2022 年 11 月，中国社会保障学会商业保险研究分会正式成立，旨在为我国多层次社会保障体系建设提供智力支持。同时，保险业助力第三支柱加快发展。目前，真正具有养老属性的保险产品快速增加，为人民群众积累了规模超过 5 万亿元的养老责任准备金；专属商业养老保险试点一年来，投保人数超过 25 万；商业养老金试点亮相，创新补充第三支柱。我国保险行业的相关举措旨在为我国多层次社会保障体系建设提供智力支持，为有效构建第三层次社会保障体系提供理论支持，从而推动我国商业保险的稳健发展。[1]

（二）农业保险全面推进，有效服务乡村振兴

为进一步发挥农业保险在乡村振兴中的积极作用，2022 年 4 月，原银保监会发布《关于 2022 年银行业保险业服务全面推进乡村振兴重点工作的通知》，提出增强保险服务乡村振兴功能作用。为进一步规范农业保险承保理赔管理，2022 年 2 月，原银保监会发布《农业保险承保理赔管理办法》，更加突出以服务“三农”为中心，新增森林保险作为调整对象，进一步明确投保信息内容和要求等，结合近年来农业保险最新发展趋势，增加线上化、科技赋能、信息安全等有关条款。与此同时，中国保险行业协会也及时发布了育肥猪养殖保险行业示范条款、能繁母猪养殖保险行业示范条款和森林保险行业示范条款等。

截至 2022 年 9 月末，我国农业保险保费规模达 1059 亿元，同比增长 26.7%，农业保险保费规模首次突破千亿元大关，继续保持全球第一。目前，我国农业保险已实现三大主粮完全成本保险和种植收入保险 13 个粮食主产省份、826 个产粮大县全覆盖。农业保险市场业务规模持续扩大，保障水平不断提高，科技化程度逐渐加深，创新险种的试点工作成绩斐然，为农业保险保障国家粮食安全、农业产业发展和农民增收打下了坚实的基础。

（三）多个新市民保险创新项目落地，加强金融服务供给

自 2022 年 3 月《中国银保监会、中国人民银行关于加强新市民金融服务工作的通知》发布后，一系列适合新市民需求的创新保险产品落地。3 月，原银保监会宁波监管局指导辖内保险机构创新推出“新市民综合保障保险”。4 月，原银保监会安徽监管局督导保险公司针对外卖骑手、家政阿姨等灵活就业群体，创新专属商业养老保险产品。6 月，全国首家新市民保险服务中心在河北省廊坊市设立。同时，泰康在线创新推出“新市民雇主责任险”，太保产险首创“人才创业险”“创业保障险”等产品，人保财险开发上线行业首个新市民专属保险服务平台——“新市民关爱保”。此外，北京、上海、广州、杭州等多地惠民保开放新市民参保，解决建筑工人、快递骑手、网约车司机、家政服务人员等职业风险较为突出的新市民群体存在的基本医疗保障不足和工伤保险缺失等问题。

---

〔1〕 参见朱艳霞:《2022 年中国保险业十大新闻》，载《中国银行保险报》2023 年 1 月 3 日，第 3 版。

新市民保险服务工作主要从三方面展开：一是加强与工伤保险政策相衔接，发展适合新市民职业特点的雇主责任险、意外伤害保险等业务；二是发挥商业健康保险的补充作用，多地惠民保项目开放新市民参保；三是积极开展建筑工程质量潜在缺陷保险（IDI）、出租人责任险、承租人责任险等业务，满足新市民安居需求。[1]

（四）绿色保险政策落地，助推“双碳”目标实现

2022 年 6 月，原银保监会印发《银行业保险业绿色金融指引》，首次提出银行保险机构要重点关注环境、社会和治理（ESG）风险，将 ESG 要求纳入管理流程和全面风险管理体系，强化 ESG 信息披露和与利益相关者的交流互动。2022 年 11 月，原银保监会办公厅发布《绿色保险业务统计制度》，首次对绿色保险进行定义，并建立绿色保险业务统计制度，加强绿色保险监管引领，填补制度空白。该统计制度将产品维度和客户维度相结合，实现绿色保险可统计可监测。

将 ESG 要求纳入全面风险管理体系，建立并完善绿色保险统计制度，为我国绿色保险的发展按下了“快捷键”。通过统一的标准和口径，各家公司在绿色保险领域各自为战的格局将汇成一盘棋局，进一步实现评价和考核的数量化、精准化，从而建立起完善的奖励与惩罚机制。绿色保险能够更好地服务于乡村振兴、区域发展和“双碳”目标，为气候变化、低碳转型提供更全面的风险管理服务。

（五）保险抗疫纾困，护盘经济恢复

2022 年以来，为落实《国务院关于印发扎实稳住经济一揽子政策措施的通知》和《中国银保监会办公厅关于进一步做好受疫情影响困难行业企业等金融服务的通知》等一系列稳经济政策，一方面，保险业发挥长期资金优势，加大对水利、水运、公路、物流等基础设施建设和重大项目的支持力度；另一方面，保险业加大对受疫情影响严重的货运物流行业的支持力度。积极发展货物运输保险、道路货物运输承运人责任保险等产品，推动免缴和缓缴小微企业、运营车险保费，在多地为因疫情而停驶的车辆提供保单延期服务。原银保监会发布了《关于银行业保险业支持公路交通高质量发展的意见》《关于进一步推动金融服务制造业高质量发展的通知》，从多领域促进实体经济发展。[2]

二、加强保险制度建设，提高监管执法能力

（一）《中国银保监会 2022 年规章立法工作计划》[3]

原银保监会公布 2022 年规章立法工作计划，共计 16 项，其中修订计划 8 项，制订计划

---

〔1〕 参见朱艳霞：《2022 年中国保险业十大新闻》，载《中国银行保险报》2023 年 1 月 3 日，第 3 版。

〔2〕 参见《本报评出 2022 年中国保险十大新闻》，载《金融时报》2023 年 1 月 4 日，第 10 版。

〔3〕 参见《中国银保监会发布〈2022 年规章立法工作计划〉》，载 http：//www. cbirc. gov. cn/cn/view/pages/govermentDetail. html? docId =1059215&itemId =861&generaltype =1，最后访问日期：2023 年 1 月 31 日。

8 项。涉及保险市场的有修订《中国银保监会行政处罚办法》《保险保障基金管理办法》；将制定《银行保险机构消费者适当性管理办法》《银行保险机构合规管理办法》《人身保险产品信息披露管理办法》《保险销售行为管理办法》《中国出口信用保险公司监督管理办法》等。

（二）《保险公司偿付能力监管规则（Ⅱ）》

2022 年 1 月 1 日，原银保监会制定的被称为偿二代的《保险公司偿付能力监管规则（Ⅱ）》正式实施。保险业自 2022 年第一季度起按新规编报偿付能力季度报告。新旧规则过渡平稳，保险公司偿付能力充足率处于合理良好区间，保险业偿付能力处于安全稳健的区间。从影响因素分解看，偿付能力充足率的相对下降主要不是由“内部风险因素”导致的，而应归因于“外部规则因素”。从外部监管规则看，偿二代监管新规夯实了负债端和资产端的最低资本要求，夯实了核心资本的质量，提升了偿付能力监管的科学性和有效性，有利于促进保险业的高质量发展。偿二代监管新规以引导保险业回归保障本源、专注主业，增强服务实体经济能力，有力有效防范保险业风险，加大加快金融业全面对外开放为目标。从实施情况看，偿二代监管新规提高了监管指标的风险敏感性和有效性，在引导保险业服务实体经济、支持资本市场发展等方面取得积极成效。

（三）新《保险保障基金管理办法》

2022 年，原银保监会会同财政部、中国人民银行对 2008 年颁布施行的《保险保障基金管理办法》进行了修订，经国务院批准，自 2022 年 12 月 12 日起实施。此次修订将保险保障基金固定费率调整为基准费率加风险差别费率，调整保险保障基金暂停缴纳上限，还优化了保险保障基金的使用管理，完善了保险保障基金的救助规定，增强基金筹集、使用和管理的效能。同时，调整保险保障基金暂停缴纳上限，将财产保险公司、人身保险公司的暂停缴纳上限分别由占公司总资产的 6%、1% 调整为占行业总资产的 6%、1%，有利于更好地发挥保险保障基金的积极作用，维护保单持有人合法权益。另外，该举措全面提升了全行业抗风险实力，确保行业的安全与稳定，成为全球保险行业保障制度改革的先进实践。[1]

（四）新《保险资产管理公司管理规定》

2022 年 7 月，原银保监会发布修订的《保险资产管理公司管理规定》，并于 9 月 1 日正式实施，共计 7 章 85 条，主要内容包括：一是新增公司治理专门章节，提升保险资管公司经营运作独立性，全面强化公司治理监管的制度约束。二是将风险管理作为专门章节，着力增强保险资管公司风险管理能力，切实维护保险资金等长期资金安全。三是优化股权结构设计要求，对保险资管公司的境内外保险公司股东一视同仁，取消外资持股比例上限。四是优化经营原则及相关要求，增加了受托管理各类资金的基本原则，明确要求建立托管机制，完善

---

〔1〕 参见朱艳霞:《2022 年中国保险业十大新闻》，载《中国银行保险报》2023 年 1 月 3 日，第 3 版。

资产独立性和禁止债务抵销表述，严禁开展通道业务。五是增补监管手段和违规约束，进一步提升机构监管质效。

截至 2021 年年末，我国 32 家保险资产管理公司管理的资产规模达到 19. 89 万亿元，从资金来源来看，管理保险资金规模为 17. 73 万亿元，占管理资金总规模的比重达 84%；管理业外资金规模为 3. 38 万亿元，占比 16%。相较于国外成熟资管机构，我国保险资产管理公司第三方资管业务尚有很大的提升空间。

（五）《财产保险灾害事故分级处置办法》

2021 年 12 月，国务院印发《“十四五”国家应急体系规划》，提出强化保险等市场机制在风险防范、损失补偿、恢复重建等方面的积极作用，探索建立多渠道多层次的风险分担机制，大力发展巨灾保险；鼓励企业投保安全生产责任保险，丰富应急救援人员人身安全保险品种。

2022 年 10 月，原银保监会印发《财产保险灾害事故分级处置办法》，将财产保险灾害事故按照事件性质、损失程度和影响范围等因素划分为特别重大、重大、较大 3 个等级，对应Ⅰ级、Ⅱ级、Ⅲ级响应，分别由原银保监会及其派出机构统筹启动响应、开展应对处置并适时终止响应，同时，明确各级灾害事故的统筹应对主体和工作措施，是保险监管部门持续推动完善财产保险灾害事故处置工作机制，提升财险业灾害事故处置质效的一份重要文件。将单一灾害事件的处置和预防行为变成一个有具体的规则约束和激励的行为，将单一保险公司的灾害处置行动变成由各地保险监管部门统筹各公司紧密协调配合的统一行动，是我国保险业向应对重大灾害事故制度建设迈出的重要一步。[1]

（六）《银行保险机构关联交易管理办法》

2022 年 1 月，原银保监会发布《银行保险机构关联交易管理办法》，规范银行保险机构关联交易行为，防范利益输送风险。同时，原银保监会组织开展保险资金运用关联交易专项检查，这是原银保监会成立以来首次专门针对保险资金运用关联交易的专项检查。加强保险机构资金运用关联交易监管重点关注的机构主要包括四类：一是以资本运作为主业的金控平台或隐形金控平台投资设立的保险机构；二是杠杆率高、资金流紧张、激进扩张的产业资本投资设立的保险机构；三是股权高度集中、运作不规范的保险机构；四是在高风险银行存款占比高、另类投资集中度高、关联交易金额大、资金运用关联交易比例高或关联交易信息披露异常的保险机构。

2022 年 5 月，原银保监会发布《关于加强保险机构资金运用关联交易监管工作的通知》，压实保险机构主体责任、加强监督管理、充分发挥行业自律组织作用、规范保险资金运用关联交易行为、防范投资风险。上述监管举措对于向保险机构传导监管压力，健全资金运用关

〔1〕 参见《本报评出 2022 年中国保险十大新闻》，载《金融时报》2023 年 1 月 4 日，第 10 版。

联交易管理，防范资金运用风险，整治保险机构大股东或关联方通过关联交易挪用侵占套取保险资金、输送利益、转移财产等行为，具有十分重要的意义。[1]

（七）《人身保险销售行为管理办法（征求意见稿）》

2022 年 4 月，原银保监会发布《人身保险销售行为管理办法（征求意见稿）》，监管新规原则性明确保险销售行为的原则和分类，业界普遍认为该文件的行业影响重大而深远。

2022 年 9 月，原银保监会消费者权益保护局发布 2022 年第 5 期风险提示，提醒消费者注意防范保险销售误导行为。启动了“以客户为中心”的新一轮保险营销制度改革，开启了我国保险业发展的新时代。

2022 年 10 月，中国保险行业协会发布《保险销售从业人员销售能力资质分级体系建设规划》，提出力争用 3 年左右的时间，建立与销售能力资质对应的分级销售授权规则。根据保险产品的复杂程度，将销售能力资质由低到高划分为四个等级，第一、二、三等级仅为保险产品销售能力资质，第四等级为保险产品及相关非保险金融产品销售能力资质，全面提升销售人员专业素质和职业技能水平。通过建立起与销售能力资质对应的分级销售授权规则，推动保险销售队伍的专业化。积极吸收全行业意见，广泛凝聚共识，并在全行业一同执行，是保险行业自律的重要体现。

（八）《人身保险产品信息披露管理办法》

2022 年 2 月，原银保监会人身险部发布了《人身保险产品“负面清单”（2022 版）》，涉及产品条款、产品责任设计、产品费率厘定及精算假设、产品报送管理四项内容。

2022 年 11 月，原银保监会发布《人身保险产品信息披露管理办法》，切实保护投保人、被保险人和受益人的合法权益，明确了保险公司为产品信息披露的主体，保险公司保险销售人员、保险中介机构及其从业人员应当正确使用产品信息披露材料；明确了保险产品在售前、售中、售后全过程的信息披露内容。

2022 年 12 月，原银保监会发布《一年期以上人身保险产品信息披露规则》，共计 8 章 32 条，通过明确各类型人身保险产品信息披露的具体要求，全面规范保险公司产品信息披露行为，加大公司信息披露力度，不断提升保险产品的透明度，保护消费者的合法权益。

三、监管处罚案例

原银保监会 2022 年全年处罚银行保险机构 4620 家次，处罚责任人员 7561 人次，罚没 28.99 亿元。开展银行领域涉企违规收费专项整治行动，清退费用 5.75 亿元。2022 年上半年，保险机构、个人共计收到原银保监会全系统罚单 1149 张，与去年同期相比增长

---

[1] 参见《本报评出 2022 年中国保险十大新闻》，载《金融时报》2023 年 1 月 4 日，第 10 版。

17. 13%；罚款金额达 1. 29 亿元，同比小幅下降 3. 77%。

1. 中国出口信用保险公司（银保监罚决字〔2022〕7 号）[1]

经查，中国出口信用保险公司（以下简称中国信保）存在以下违法行为：（1）准备金计提错误；（2）保险费率执行管控不严格。综上，原银保监会决定作出如下处罚：（1）准备金计提错误事项，违反《保险法》第 86 条，根据该法第 170 条和第 171 条的规定，对中国信保罚款 50 万元，对孔某华警告并罚款 7 万元。（2）保险费率执行管控不严格事项，违反了《保险公司管理规定》（中国保险监督管理委员会令 2015 年第 3 号）第 55 条。根据该规定第 69 条的规定，对中国信保警告并罚款 1 万元。

2. 中信保诚人寿保险有限公司（银保监罚决字〔2022〕1 号）[2]

经查，中信保诚人寿保险有限公司（以下简称中信保诚人寿）存在以下违法行为：2017 年至 2019 年 8 月，中信保诚人寿向部分客户提供海外（境外）体检服务，体检相关费用包含往返机票、住宿、自由行和餐饮等，属于向投保人、被保险人、受益人提供保险合同约定以外的其他利益。期间，银保渠道参加日本体检的客户 70 名，涉及保单 86 份，体检费用 271. 69 万元；参加台湾体检的客户 2 名，涉及保单 2 份，体检费用 5. 96 万元。个险营销渠道参加台湾体检的客户 5 名，涉及保单 10 份，体检费用 15. 4 万元；参加日本体检的客户 2 名，涉及保单 3 份，体检费用 6. 05 万元。时任总经理助理、银保业务部负责人任某，时任客户市场部负责人季某弋均在相关签报上签批，对上述违法行为负有直接责任。

综上，原银保监会决定作出如下处罚：上述向投保客户提供海外（境外）体检项目的行为，违反了《保险法》第 116 条的规定，根据该法第 161 条的规定，对中信保诚人寿罚款 30 万元；根据该法第 171 条的规定，对任某、季某弋警告并分别罚款 10 万元。

3. 中美联泰大都会人寿保险有限公司（银保监罚决字〔2022〕4 号）[3]

经查，中美联泰大都会人寿保险有限公司（以下简称中美联泰大都会人寿）存在以下违法行为：（1）总公司两处营业场所未报经监管部门批准；（2）电话销售中心销售时存在夸大保险责任等行为。

综上，原银保监会决定作出如下处罚：（1）中美联泰大都会人寿总公司两处营业场所未报经监管部门批准事项，违反《保险法》第 84 条。根据该法第 162 条和第 171 条的规定，对中美联泰大都会人寿总公司罚款 3 万元，对时任总务部负责人李甲警告并罚款 1 万元。（2）中美联泰大都会人寿多家电话销售中心开展电话销售夸大保险责任事项，违反了《保险法》第 116 条的规定。根据该法第 161 条的规定，对中美联泰大都会人寿总公司罚款 30 万元，对北京第一电话销售中心罚款 12 万元，对北京第二电话销售中心罚款 5 万元，对广州

[1] 参见原银保监会：行政处罚决定书（银保监罚决字〔2022〕7 号）。
[2] 参见原银保监会：行政处罚决定书（银保监罚决字〔2022〕1 号）。
[3] 参见原银保监会：行政处罚决定书（银保监罚决字〔2022〕4 号）。

第一电话销售中心罚款 5 万元，对深圳第一电话销售中心罚款 5 万元，对沈阳财富电话销售中心罚款 12 万元，对上海电话销售中心罚款 12 万元，对重庆第一电话销售中心罚款 5 万元，对重庆第二电话销售中心罚款 5 万元。根据该法第 171 条的规定，对李乙警告并罚款 8 万元，对连某智警告并罚款 5 万元，对刘某伟警告并罚款 1 万元，对李丙警告并罚款 1 万元，对丁某警告并罚款2 万元，对施某雷警告并罚款 1 万元，对田某警告并罚款 1 万元，对金某警告并罚款 5 万元，对张某辉警告并罚款 1 万元，对李某越警告并罚款 2 万元。

四、法院处理的纠纷案件

（一）中国太平洋财产保险股份有限公司上海分公司与成都法思特物流有限公司责任保险合同纠纷民事二审案件［（2022）沪 74 民终 538 号］

2020 年 5 月，成都法思特物流有限公司（以下简称法思特公司）通过网络向中国太平洋财产保险股份有限公司上海分公司（以下简称太平洋财险公司）投保雇主责任险，被保险人为法思特公司，保单承保对象为外卖骑手一人，太平洋财险公司的雇主责任保险条款中规定：保险事故发生时，被保险人的雇员无证驾驶，并因此导致人身损害的，保险人不承担赔偿责任。但该条款字样未进行加粗加黑显示。

后法思特公司员工陈某驾驶无号牌摩托车与舒某电动自行车相撞，造成两车受损，舒某受伤并送医院治疗，陈某负事故主要责任。因陈某系法思特公司员工，故由法思特公司作为用人单位在陈某承担赔偿责任范围内对舒某损失承担赔偿责任。法思特公司请求太平洋财险公司承担保险责任，太平洋财险公司以不属承保范围拒绝赔偿，双方诉至法院。

一审法院认为，法思特公司系通过网络投保，太平洋财险公司无证据证明在投保过程中已就雇主责任保险条款中责任免除部分向法思特公司作出提示，应承担举证不利后果，因此该条款不发生法律效力，太平洋财险公司不能据此免除赔偿责任，故判决太平洋财险公司按合同约定向法思特公司进行赔付。二审上海市金融法院维持原判。

随着外卖与物流行业的兴起，对于诸如“外卖骑手”“快递小哥”等职业人群之人身利益保障，日渐成为国家与社会公众关注的焦点问题。此类职业相对于一般办事人员在通勤频次上存在明显差异，如果拘泥于一般人员的赔付标准，必然会使大量符合工伤含义的事故无法获赔，引发纠纷。如果不考虑职业特殊性，直接套用不适合的保险产品承保，容易导致保险公司赔付金额大幅升高，可能引发偿付能力问题等系统性风险。本案例对保险公司起到提示及改进保险责任与合同约定的作用，同时起到促进和推动保险行业针对物流行业庞大的从业人群研发专属责任保险产品的作用，属于弘扬社会主义核心价值观的典型案例，对于未来针对该职业群体利益保障制度之建设具有参考价值。

（二）新华人寿保险股份有限公司河南分公司、秦某梅人身保险合同纠纷民事再审案件［（2021）豫民再 793 号］

对于未履行如实告知义务的人身险被保险人，拖到确诊两年后保险公司不得解除合同方才申请理赔的案情，一审、二审法院与再审法院的判决给出了不同观点。

一审法院认为，公民的合法权益受法律保护。虽然秦某梅在投保前已被确诊为肺腺癌，投保时未如实告知，但是依据《保险法》第 16 条第 3 款的规定，投保人在投保时未依法履行如实告知义务的，只要保险合同订立超过 2 年，保险人均不得再解除合同。新华人寿保险股份有限公司河南分公司在双方订立保险合同时及自合同成立之日起 2 年内未积极履行审查等注意义务，致使其丧失保险合同解除权，其依法应当承担本案的赔付责任，故判决新华人寿保险股份有限公司河南分公司按合同支付保险金。二审法院维持原判。

再审法院认为，保险合同当事人在合同订立和履行过程中，必须坚持最大诚实信用原则。秦某梅在投保前已被确诊为肺腺癌，投保时未如实告知，投保后虽多次住院治疗肺腺癌，但未申请保险理赔，保险合同成立 2 年后才起诉要求新华人寿保险股份有限公司河南分公司赔付重大疾病保险金，具有规避保险人在承保后 2 年内对保险合同解除权的故意，有违《保险法》中的最大诚实信用原则。秦某梅所患肺腺癌并非保险合同期间发生的事故，不属于保险公司约定的承担保险责任范围，保险公司即使未在保险合同成立后 2 年内行使合同解除权，其亦不应当承担给付保险金责任。

本案突出强调了保险行业中的最大诚实信用原则之重要地位，有利于引导保险行业的积极正向发展，对于各方保险合同当事人均具有典型参考意义。

（三）杨某、中英人寿保险有限公司江苏分公司人身保险合同纠纷民事二审案件［（2022）苏 03 民终 1646 号］

2018 年 4 月 26 日，杨某与中英人寿保险有限公司江苏分公司（以下简称中英人寿保险）签订了人身保险合同，其中的重大疾病保险中，相关条款分别明确规定了轻症疾病与重症疾病的类型。2021 年，杨某于医院检测出甲状腺恶性肿瘤，并接受了超声引导下消融治疗，手术顺利并痊愈。术后，其向中英人寿保险索赔，然而保险公司以被保险人目前身体状况未达到赔付条件为由拒绝理赔，双方诉至法院。

现如今医疗科技水平飞速提升，诸多疾病的死亡率下降趋势显著，因此在 2020 年，中国保险行业协会重新修订了 2007 年出台的《重大疾病保险的疾病定义使用规范》。修改后，将原本属于重大疾病范畴的甲状腺癌进行了分类，并规定只有重度甲状腺恶性肿瘤方才属于重大疾病。本案中杨某主张虽然《重大疾病保险的疾病定义使用规范》于 2020 年修改后将甲状腺癌列为轻症，但是保险合同为 2018 年签署，“旧规与新规哪个有利适用哪个理赔”，故应当适用 2007 年版《重大疾病保险的疾病定义使用规范》，依然认定甲状腺癌为重大疾病，并据此理赔。

本案充分揭示了修改后的《重大疾病保险的疾病定义使用规范》与诸多修改前签订的人身保险之间的冲突矛盾，这一问题使得原有相关判例不再具有指导性，急需新判例与新规针对这一问题作出指引，本案可作为典型案例提供解决该冲突矛盾的思路。

（四）扬州市开发区某经营部与某保险股份有限公司扬州中心支公司涉疫情保险理赔案［（2022）苏 1003 民初 2066 号］

本案入选江苏省扬州市中级人民法院发布的 8 起服务保障中小微企业健康发展典型案例，系保险人与被保险人签订疫情营业中断险后，被保险人因经营部所在地新增新冠确诊病例而按政府要求采取封闭管理和消杀措施（营业中断），后向保险公司索赔遭拒，遂诉至法院。一审法院最终判决保险公司按保险合同进行理赔。

新冠疫情期间，众多保险公司通过拓展保险产品责任范围的方式覆盖新冠风险，对投保企业恢复生产经营、投保个人保障人身健康切实发挥了作用。然而，2022 年 3 月以来，全国多地疫情反复，各地封控成为常态，在年初销售火爆的隔离津贴与营业中断险赔付成本剧增，各险企纷纷下架。进入 12 月以后，新冠感染人数激增，确诊赔付报案量激增。尽管各险企的疫情险已下架，但基于险企已售出的大量保单，以及不少保险公司对旗下相关产品扩展了新冠确诊保险责任，各险企依然面临着巨大的赔付压力。过量的赔付与投诉势必会对保险公司造成巨大创伤，并需要数年方能平复。

五、保险法制理论探究综述

（一）重要学术活动

1. 中国法学会保险法学研究会 2022 年年会召开[1]

2022 年 12 月 3 日，中国法学会保险法学研究会 2022 年年会在腾讯会议顺利召开，并借助微信视频号与哔哩哔哩平台提供全程高清网络直播。本次年会由中国法学会保险法学研究会、中国人民警察大学主办，百余位专家学者、法律实务工作者出席本次会议。会议共收录参会论文 55 篇，线上累计观看直播人次达 4354 人。本届年会的主题为“国家治理体系现代化背景下的保险法修改与完善”。8 位专家学者先后进行主旨演讲，分别就保险法司法解释之修改升级、司法实践下保险法律制度守正创新、保险业信用建设、保险业与养老服务体系、保险与疫情风险治理等问题展开发言讨论。其专场发言的第一场主题为“保险法基础理论”，第二场主题为“财产与责任保险”，第三场主题为“人寿与健康保险”，第四场主题为“保险法修订重点条款研讨”，80 余位与会专家和学者就以上主题展开了热烈的交流讨论。

---

〔1〕 参见 http：//www. cninsurancelaw. org/html/tongzhigonggao/2022/1207/534. html，最后访问日期 2023 年 2 月 24 日。

2. 2022 年首届中国保险大会在上海召开[1]

2022 年 12 月 23 日，首届中国保险大会在上海成功举办。本次大会围绕“着力推动高质量发展，加快构建新发展格局”主题，总结中国保险业发展的成功经验，探讨保险业高质量发展的未来路径。大会以线上线下相结合的方式，通过开幕式及主论坛、企业健康管理与大健康生态可持续发展分论坛、保险行业数字化转型分论坛，共集结了 33 位行业专家，开展了 16 场精彩的主题演讲，进行了 4 场深度的圆桌对话，为保险业搭建交流平台，进一步推动行业高质量发展。值得一提的是，会上还相继推出了《中国城市养老服务需求报告 2022》《企业健康指数白皮书》《保险科技创新发展指数 2022》，为个人、企业、国家在相关方面提供了宝贵的观察与建议。

3. 中国保险业高质量发展论坛在北京召开[2]

2022 中国保险业高质量发展论坛于 2022 年 9 月 3 日在北京首钢园顺利召开，国内外保险机构负责人与保险领域知名专家学者共同探索保险业服务经济运行与社会治理新路径，描绘出推动保险业高质量发展的新蓝图。本届论坛的主题是“护航经济大盘　推动保险业高质量发展”，会议由中国保险行业协会副秘书长尹小贝主持。会上，相关金融监管部门、行业协会和险企等相关负责人还围绕“保险业高质量发展”“保险业助力社会治理”“第三支柱养老保险体系建设”等话题展开交流与探讨，为中国保险业高质量发展建言献策。

（二）理论论述

1. 保险法基础理论研究

（1）保险人说明义务。李伟群教授、施啸波博士认为，《保险法》第 17 条仅就免责条款说明义务的违反规定了特别的法律后果，既不符合保险合同构造特征，也未必满足投保人一方的缔约需求，且已然在司法实践中造成了一定的法律适用困境。对此应当重新审视，明确保险人重点说明的对象并不只限于免责条款。在此基础上，对于不履行说明义务的法律后果，可通过修正后的缔约过失责任代替格式条款“订入控制”规则；根据行为法经济学的研究成果，对保险人说明义务的履行可从说明内容、方式和证明要求等方面进行优化。[3]

（2）诚实信用原则。潘红艳认为，我国《保险法》有关诚实信用原则的规定体现出总分连贯的层次和特点，即以《保险法》原则条文做了有关诚实信用的总规定，以一系列法律制度做了体现诚实信用的分规定。在具体的保险司法裁判中，诚实信用原则具有两种功能：

---

〔1〕 参见 https：//finance. cctv. com/2022/12/24/ARTIAG77L1SRQqNQV4bXmkyW221224. shtml? spm = C02773. PJSIZo4qz4vo. EepFFZ3xnnQe. 2，最后访问日期 2023 年 2 月 24 日。

〔2〕 参见《2022 中国保险业高质量发展论坛在京举行》，载 https：//www. rmzxb. com. cn/c/2022 – 09 – 06/3195916. shtml，最后访问日期：2023 年 2 月 24 日。https：//www. toutiao. com/article/7141193075073876512/，最后访问日期 2023 年 2 月 24 日。

〔3〕 参见李伟群、施啸波：《保险人说明义务制度新论——基于保险合同构造和缔约过程的思考》，载《保险研究》2022 年第 1 期。

第一，作为运用具体制度裁判时的辅助，法官在释明《保险法》规定时援引诚实信用原则；第二，我国《保险法》缺乏明确规定时，将诚实信用原则作为司法裁判的依据，起到补充法律漏洞的作用。[1]

（3）受益人双重指定。梁鹏教授认为，被保险人指定受益人时作出的既有姓名又有身份关系的双重指定，究竟以何者为真正受益人颇有争议。应区分不同情形对双重指定纠纷予以解决，若姓名与身份关系指向同一主体，在受益人身份发生变动的情况下，通常应视为未指定受益人，但当事人能够证明在身份关系变更后被保险人无意变更受益人的除外。若姓名与身份关系并未指向同一主体，则需借助保单上的其他信息确定受益人，无其他信息可资确定受益人时，以姓名为依据更为合理。此外，当姓名指向之人与被保险人存在同居关系时，若不能证明被保险人以保险金作为性交易的对价，通常应将同居之人视为真正受益人。[2]

（4）保险合同复效。李青武教授、邹韡博士认为，我国的复效模式是“强制复效+除外情形”，现有的复效规范的刚性与技术性应加强；复效规范适用于按期交保费的寿险、健康险（含长期护理险）、年金险合同，不适用于意外伤害险；复效规范应加强保险公司的欠费通知义务，取消自动起算 60 天宽限期的规定；保险人于应交保费到期日前 15 日书面通知投保人和被保险人，确认保险合同效力中止阻却事由条款的适用选择；复效后的合同是原合同效力的恢复，保险人有权依据我国《保险法》关于危险显著增加通知义务规定，在复效时增加免责条款；自杀条款免责期间自原合同生效之日起计算，对于不可保之自杀风险，保险人有权拒绝复效申请。[3]

2. 保险法律制度研究

（1）约定行为义务。武亦文教授认为，为更好地完善我国的保险风险控制体系，妥善协调保险对价平衡与保险消费者保护，有必要将《保险法》第 51 条改造成为符合我国规范及现实语境的约定行为义务制度，并对违反义务的法律后果予以体系化建构。其法律后果按照严重程度的递进包含四种类型：保险人要求投保人一方补正其违约行为；保险人请求增加保费；保险人对特定损失免责；保险人取得保险合同解除权。后两种法律后果的构成较为复杂、精细，应当根据投保人一方的主观状态、因果关系等要件确定解除权是否成立、保险人是否有权免责以及在何种程度上免责。某项违约行为若同时满足对特定损失免责和取得保险合同解除权两种法律后果的构成要件，保险人既可以同时主张两种法律后果，也可以仅主张其中一种法律后果，且主张免责无须以解除保险合同为前提。[4]

---

〔1〕 参见潘红艳：《诚实信用原则在我国保险司法裁判中的应用》，载《中国保险》2022 年第 10 期。

〔2〕 参见梁鹏：《保险合同中受益人双重指定纠纷的解决——姓名与身份关系之间的选择》，载《中国应用法学》2022 年第 5 期。

〔3〕 参见李青武、邹韡：《论我国保险合同复效的规范构造》，载《保险研究》2022 年第 8 期。

〔4〕 参见武亦文：《保险法上约定行为义务违反的法律后果——以保险人免责和解除保险合同为中心》，载《南大法学》2022 年第 3 期。

（2）保险标的转让。王文军副教授认为，从规范目的来看，《保险法》第 49 条性质上为相对强制规范，故只允许当事人作有利于受让人的约定。立法论上，衡量采用“从物主义”的各国立法例，通常赋予保险人和受让人终止保险合同的权利，相较之下，我国《保险法》对于保险人利益的平衡纠偏不够完善。所以在未来修法时，应当增设保险人的任意解除权，规定保险人在收到保险标的转让通知后，有权向受让人通知 1 个月后解除保险合同。同时，应强化转让通知义务，对于转让通知应送达保险人之日起 1 个月后发生的保险事故，允许保险人拒绝承担保险责任。此外，应增设受让人的拒绝权，限制投保人的任意解除权，以期更好地平衡各方利益。[1]

3. 社会热点保险领域

（1）环境污染责任保险。马洪教授、王致民博士认为，环境污染责任保险试点陷入困境的核心因素是立法的缺失。从国内试点及外国立法经验看，环境污染责任保险应该采取“自愿为原则，强制为例外”的模式。逻辑上，环境污染责任保险是环境法与保险法的结合，归属于保险法体系。构建环境污染责任保险法律体系，一方面，应立足于《环境保护法》《保险法》的修改以及在《民法典》制定中取得的突破和经验，寻求环境污染责任保险在环境法典中一席之地；另一方面，立法者应着眼于在保险法责任保险体系内构建环境污染责任保险法律体系。具体方式是，修订《保险法》，并制定“环境污染责任保险法”构建具体法律规范，以列举的方式确定强制投保的情形，对自愿投保持积极开放的态度，辅之以环境专门法对具体领域予以特别规定，以实现环境污染责任保险法律体系的完整、平衡。[2]

（2）共享单车保险。李飞副教授认为，为激励共享单车运营商为租车人购买人身意外伤害保险，应允许运营商在租赁合同中约定以租车人获得的保险金抵偿其损害赔偿责任。共享单车保险的性质并非个人保险，而是流动保险或称为待记名业务团体保险。依其合同架构，投保人只能由运营商担任，签约时尚不确定的潜在租车人群体为被保险人；保险利益原则虽无适用空间，但在修法时不妨采用利益主义而非同意主义的规范表达形式。[3]

---

〔1〕 参见王文军：《保险标的转让规则的规范构造及其完善——以〈保险法〉第 49 条及〈保险法解释（四）〉第 1 条为中心》，载《保险研究》2022 年第 10 期。

〔2〕 参见马洪、王致民：《环境污染责任保险法律定位及其体系构建》，载《学术月刊》2022 年第 11 期。

〔3〕 参见李飞：《共享单车保险的法律构造》，载《东岳丛论》2022 年第 8 期。

2022 年中国期货市场法制报告

唐 波 李 航*

2022 年我国期货市场成交量与成交额均有所下降，累计成交量为 67.68 亿手，同比下降 9.93%，累计成交额为 534.93 万亿元，同比下降 7.96%。分交易所来看，我国 6 家期货交易所期货市场累计成交量和累计成交额有增有减（见表 1）。[1] 在全球场内衍生品市场中，我国 6 家期货交易所的成交量排名稳中有升，郑州商品交易所（以下简称郑商所）、大连商品交易所（以下简称大商所）、上海期货交易所（以下简称上期所，子公司为上海国际能源交易中心，以下简称上期能源）和中国金融期货交易所（以下简称中金所）在全球交易所期货和期权成交量排名中分别位居第 8 位、第 9 位、第 12 位和第 25 位，其中大商所排名没有变化，中金所较 2021 年排名提升 2 位，郑商所和上期所较 2021 年分别下降 1 位和 4 位。[2] 以农产品为例，中国商品交易所的品种包揽了全球农产品期货、期权合约成交量的前 10 强，豆粕期货连续 11 年名列全球农产品成交量排名首位。豆粕、玉米和棕榈油期权位列全球农产品期权排名第 1 位、第 2 位和第 4 位。[3]

---

* 唐波，华东政法大学教授、博士生导师；李航，华东政法大学经济法学院博士研究生。

〔1〕 广州期货交易所（以下简称广期所）作为我国第五家期货交易所，2022 年年底开始交易，尚未成为 FIA 会员，故本表只列明其有限数据，且本文不统计其全球交易所期货和期权成交量排名。

〔2〕 参见中国期货业协会：《2022 年度期货市场发展概述》，载 http://www.cfachina.org/aboutassociation/associationannouncement/202302/t20230221_36601.html，最后访问日期：2023 年 4 月 1 日。

〔3〕 参见崔蕾：《全球期货、期权成交量连续五年创纪录》，载 http://www.qhrb.com.cn/articles/311044，最后访问日期：2023 年 4 月 1 日。

表 1　2022 年我国六大期货交易所交易数据一览

期货交易所名称	累计成交量/手	成交量同比变化/%	成交量市场占比/%	累计成交额/亿元	成交额同比变化/%	成交额市场占比/%
上期所	18.20 亿	-23.09	26.94	141.30 万	-26.85	26.41
上期能源	1.20 亿	+59.73	1.78	40.04 万	+86.51	7.49
郑商所	23.98 亿	-7.14	35.42	96.85 万	-10.33	18.10
大商所	22.75 亿	-3.77	33.62	123.73 万	-11.91	23.13
中金所	1.52 亿	+24.44	2.24	133.04 万	+12.58	24.87
广期所	19.3636 万	—	—	158.40	—	—

资源来源：《2022 年度期货市场发展概述》，http：//www.cfachina.org/aboutassociation/associationannouncement/202302/t20230221_36601.html，最后访问日期：2023 年 4 月 1 日。

一、期货市场立法与政策评述

（一）《期货和衍生品法》正式出台

历经近 30 年的立法进程，《期货和衍生品法》终于出台，于 2022 年 8 月 1 日起实施。在立法框架上，《期货和衍生品法》第 2 章和第 3 章是有关期货和衍生品交易行为的规定，具体包括交易行为本身以及结算交割的规定；第 4 章到第 8 章则就期货交易者、期货经营机构、期货交易场所、期货结算机构、期货服务机构这五大期货和衍生品市场的参与主体进行规定；第 9 章到第 12 章规定了监管规则，包括期货行业协会的自律性监管规则和中国证券监督管理委员会（以下简称证监会）的行政监管规则。值得注意的是，该法采取的是先规定行为，后规定参与主体的立法模式，也从侧面表明对期货及衍生品的监管模式应当由机构监管向行为监管转变。

《期货和衍生品法》在重点规范期货市场的同时兼顾了衍生品市场，使得今后衍生品市场的发展真正能够有法可依：一方面，本法肯定了多年来期货市场实践中的诸多有益经验，例如将期货交易所和期货结算机构分开规定，为独立期货结算机构的发展提供了法律保障；对期货公司的业务规范作出了创新性的规定，增加了期货做市交易、衍生品交易等业务等。另一方面，将衍生品交易纳入法律调整范围，结合市场实际情况，统一确立了衍生品市场发展和监管亟须的、国际通行的基础制度，如单一主协议、终止净额结算、交易报告库等，赋予国务院期货监督管理机构或国务院授权的部门监督管理衍生品市场的职责，并授权国务院依照该法原则制定具体管理办法。[1]

［1］参见国务院：《全面提升期货和衍生品市场监管效能——证监会主席易会满就期货和衍生品法出台与实施接受新华社记者专访》，载 http：//www.gov.cn/xinwen/2022-04/21/content_5686559.htm，最后访问日期：2023 年 4 月 1 日。

在完善衍生品市场交易规则的同时，《期货和衍生品法》还建立了较为全面的交易者保护体系。该法第51条通过财产状况、金融资产状况、交易知识和经验、专业能力等因素区分了普通交易者和专业交易者，侧重对普通交易者的保护；规定了普通交易者与期货经营机构发生纠纷时举证责任倒置，即由期货经营机构证明期货经营机构的行为合法合规。该法第56条规定，交易者与期货经营机构等发生纠纷时，如果普通交易者提出调解请求，期货经营机构不得拒绝调解，突破了传统调解应当遵守的自愿调解原则，体现出该法对普通交易者的制度性倾斜保护。

交易者保护体系不仅要保护作为市场相对劣势一方的交易者，还要考虑到期货市场的整体秩序和活力。例如，《期货和衍生品法》规定了期货市场当事人承诺制度。该制度允许涉嫌证券期货违法的单位或者个人在书面承诺限期内纠正涉嫌违法行为，赔偿有关交易者损失，消除损害或者不良影响的情况下中止监管机构的调查，这对提高监管机构执法效率和保护期货市场正常秩序都有积极意义。

（二）证监会为落实《期货和衍生品法》制定和修改相关配套规则

《期货和衍生品法》出台后，与期货市场发展相关的多数监管规则和政策都要做出相应改动以保证法律体系的完整性和一致性。2022年8月12日证监会发布证监会公告第43号[1]以及证监会令第202号[2]，集中修改、废止了部分期货规范性文件、规章，通过法条明文规定《期货和衍生品法》是相关规范性文件、规章的上位法，并且在《期货和衍生品法》相关创新的基础之上做出了配套性的修订：取消对期货经营机构的从业人员的资格管理，完善了期货公司董事、监事和高级管理人员的任职条件要求，将“投资”和“投资者”分别修改为“交易”和“交易者”，与《期货和衍生品法》的相关表述相一致。

期货交易所在期货和衍生品市场的交易中扮演了举足轻重的角色，交易所的自律管理和对交易所的监管都直接关系到履约风险和市场的透明度和公开性。2022年9月16日证监会发布《期货交易所管理办法（征求意见稿）》，并于2023年3月8日审议通过，自2023年5月1日起正式施行。[3]该办法迄今已经历了四次修订，本次修订的主要目的是深入贯彻落实《期货和衍生品法》，修订的主要内容有：其一，总则中增加期货交易所设立党组织发挥领导作用，依照规定讨论和决定交易所重大事项。其二，优化期货交易所内部治理架构，明确期货交易所应当设立风险管理委员会和品种上市审核委员会，完善了会员大会、理事会的职权和会议形式，也对理事长、董事长和总经理的职权和人员管理进行规定。其三，与《期

---

〔1〕 参见中国证券监督管理委员会：《关于修改、废止部分证券期货规范性文件的决定》，载 http：//www.csrc.gov.cn/csrc/c101954/c5359506/content.shtml，最后访问日期：2023年4月1日。

〔2〕 参见中国证券监督管理委员会：《关于修改、废止部分证券期货规章的决定》，载 http：//www.csrc.gov.cn/csrc/c101953/c5359211/content.shtml，最后访问日期：2023年4月1日。

〔3〕 参见中国证券监督管理委员会：《期货交易所管理办法》证监会令（第219号），载 http：//www.csrc.gov.cn/csrc/c101953/c7399274/content.shtml，最后访问日期：2023年4月1日。

货和衍生品法》相呼应，增加期货品种上市制度规定，明确了交易所对于程序化交易的监管责任，注重实际控制关系，期货交易可以实行做市商制度，规范交易所跨境合作等。其四，注重交易所的风险控制，主要体现在交易所风险监测监控和化解处置机制的建立上，如风险准备金和一般风险准备等形式的风险准备资源等。其五，要求交易所建立健全相关制度机制，如交易者适当性管理制度和财务管理制度等，期货交易所变更名称、注册资本、组织形式、股权结构及解散等事项由证监会负责批准。

外部监督同样是降低市场履约风险和提高市场效率的途径。2022 年 11 月 25 日证监会发布《证券期货违法违规行为举报工作规定（征求意见稿）》，就重大违法线索有奖举报制度的修订征求意见。其主要修订内容有：（1）将举报接收平台调整到证监会 12386 平台，完善了转办及登记机制。（2）提升奖励金额和激励内部人员举报。（3）举报人应当合法有效地行使其举报权利，不得妨碍或者阻碍举报查处工作。[1]该规定不仅完善了举报程序，而且提高了举报奖励，鼓励内部人员对于破坏期货市场正常运行的违法违规行为进行举报，以此降低监管成本，提高期货市场的效率，降低潜在风险。

为进一步贯彻落实《期货和衍生品法》的要求，证监会于 2022 年 12 月 30 日就《股票期权交易管理办法》的修订[2]和《期货市场持仓管理暂行规定》的起草[3]向社会分别征求意见。在《股票期权交易管理办法》中，主要的修订为：第一，对一般性的业务规定进行修订，主要包括股票期权合约品种上市相关规定、明确证券登记结算机构的中央对手方地位、新增“为股票期权交易提供集中履约保障”的要求等；第二，完善期货公司的业务范围，明确交易者分为普通交易者和专业交易者；第三，贯彻《期货和衍生品法》的风险管理制度，规定套期保值管理制度、程序化交易相关要求、交易者实际控制关系报备、紧急措施的采取和取消等；第四，跨市场操纵行为被纳入操纵市场的范畴内，不得编造或传播股票期权交易的虚假信息或误导性信息；第五，相关文字表述同《证券法》和《期货和衍生品法》的规定保持一致。《期货市场持仓管理暂行规定》的主要内容则是明确持仓管理的内容和适用对象，规定持仓限额的制定、调整和评估，套期保值应当遵循相应原则和程序，建立大户持仓报告制度，同一交易者的持仓合并制度及对应的合并豁免制度等。

---

〔1〕 参见中国证券监督管理委员会：《关于就〈证券期货违法违规行为举报工作规定（征求意见稿）〉公开征求意见的通知》，载 http：//www. csrc. gov. cn/csrc/c101981/c6698103/content. shtml，最后访问日期：2023 年 4 月 1 日。

〔2〕 参见中国证券监督管理委员会：《中国证监会关于就〈股票期权交易管理办法（征求意见稿）〉公开征求意见的通知》，载 http：//www. csrc. gov. cn/csrc/c101981/c6939563/content. shtml，最后访问日期：2023 年 4 月 1 日。

〔3〕 参见中国证券监督管理委员会：《中国证监会关于就〈期货市场持仓管理暂行规定（征求意见稿）〉公开征求意见的通知》，载 http：//www. csrc. gov. cn/csrc/c101981/c6939676/content. shtml，最后访问日期：2023 年 4 月 1 日。

（三）证监会发布《证券期货业网络和信息安全管理办法》

在当前行业数字化智能化深入发展的背景下，证券期货业的网络和信息安全问题面临新形势下的挑战，上位法律法规有待进一步完善，监管实践的成果有待进一步制度化和常态化，基于以上考虑，证监会于 2022 年 4 月 29 日至 5 月 29 日就《证券期货业网络和信息安全管理办法》草案向社会公开征求意见，经过认真研究并采纳部分建议后，于 2023 年 5 月 1 日起正式施行。该办法聚焦于证券期货业的个人信息保护，充分考虑到了证券期货业各类主体的权责业务特点，对证券期货业关键信息基础设施运营者、核心机构、经营机构、信息技术系统服务机构提出了监管上的要求，并且对监管者和自律组织的职责作出了明确的规定。该办法分为 8 章，共计 75 条，其中第 1 章总则部分规定了立法宗旨、适用范围、适用主体、工作目标及监管职责；第 2 章规定了核心机构和经营机构如何保障网络和信息安全运行；第 3 章规定核心机构和经营机构应当保障投资者的个人信息，建立健全投资者个人信息保护体系和管理机制；第 4 章则主要就建立风险监测预警体制、完善应急预案的场景和处置流程、强化网络安全事件报告和处理程序等网络和信息安全应急处置措施做出规定；第 5 章对关键信息基础设施运营者就关键基础信息设施的安全保护做出规定；第 6 章则规定了一系列促进发展网络和信息安全的措施，如建立金融科技创新监管机制、定期开展网络和信息安全宣传与教育、发挥行业协会的鼓励引导作用等；第 7 章规定了各个主体的监督管理和法律责任；第 8 章附则明确了核心机构、经营机构、信息技术系统服务机构、双活或者多活架构、重要信息系统等用语的具体含义。〔1〕

二、期货案例分析

（一）张某红诉陶某男、北京首创期货有限责任公司期货交易纠纷案

2023 年 1 月 19 日，最高人民法院民二庭发布了 2022 年度全国法院十大商事案件，〔2〕其中涉及期货交易纠纷的案件是张某红诉陶某男、北京首创期货有限责任公司期货交易纠纷案。本案是一起划分交易者、期货居间人和期货公司之间法律责任的典型案件。

1. 基本案情

原告张亚红（以下简称交易人）通过居间人陶军男（以下简称居间人）在北京首创期货有限责任公司（以下简称期货公司）从事期货交易并受到损失，交易人认为其损失是由居间人和期货公司过错所致，主张后两者赔偿损失。北京市第二中级人民法院一审判决居间人

---

〔1〕 参见中国证券监督管理委员会：《证监会发布〈证券期货业网络和信息安全管理办法〉》，载 http：//www. csrc. gov. cn/csrc/c100028/c7202729/content. shtml，最后访问日期：2023 年 4 月 1 日。

〔2〕 参见中华人民共和国最高人民法院：《最高法民二庭发布 2022 年度全国法院十大商事案件》，载 https：//www. court. gov. cn/zixun－xiangqing－387081. html，最后访问日期：2023 年 4 月 1 日。

和期货公司向交易人连带赔偿 772, 717 元，北京市高级人民法院二审改判居间人赔偿损失 579, 537. 83 元，期货公司赔偿损失 193, 179. 28 元。

2. 争议焦点

第一，居间人的法律地位和应当承担的法律责任性质。一审法院之所以认为居间人与期货公司应当承担连带责任，是因为其参照的法律依据是原《民法总则》[1]第 167 条关于违法代理的规定，根据该规定，居间人和期货公司之间的内部约定不能对抗外部投资者，因此居间人和期货公司承担连带责任。二审法院认为一审法院援引的该条规定属于法律适用错误，根据《最高人民法院关于审理期货纠纷案件若干问题的规定》第 10 条的规定和《期货公司居间人管理办法（试行）》第 2 条的规定，期货居间人受期货公司的委托，作为自然人期货居间人为其提供订约的机会或者订立期货经纪合同的中介服务，并收取期货公司依约支付的报酬，其不隶属于任何机构，以自己的名义开展居间业务，独立承担基于居间经纪关系所产生的民事责任。

第二，本案中的居间人和期货公司应当承担何种法律责任。本案中居间人并未向交易人披露期货投资期间相关可能影响交易人做出期货交易操作的事项，行为有违诚实守信、勤勉尽责义务，未履行"投资者适当性义务"，对于交易人期货交易损失的发生具有较大的主观过错，该过错与损失之间具有法律上的因果关系，应当承担赔偿责任。虽然期货公司的履约行为与交易人损失的发生不具有直接因果关系，但期货公司对居间人疏于管理导致居间人未履行"投资者适当性义务"，期货公司具有一定过错，应承担相应的赔偿责任。同时，交易人作为一位有金融产品投资经验的投资者，本人对于期货公司高风险投资未做充分判断，结合三者存在的过错性质、大小以及损失之间的因果关系等因素，法院二审最终判决居间人赔偿交易人损失的 30%，期货公司赔偿交易人损失的 10%。

3. 案件评述

期货居间人和代理人的法律地位不同，居间关系和代理关系在本质上属于完全不同的法律关系。居间法律关系，又称"中介服务法律关系"，居间人基于居间关系独立承担民事责任，尤其是自然人居间人，不隶属于任何机构或其他个人，以自己的名义开展居间业务并承担居间行为等产生的法律后果。而代理关系中最为重要的特点是代理行为的法律后果归属于被代理人。本案判决对于期货居间人法律地位的论述填补了当前期货居间服务相关规定不明晰所导致的法律适用漏洞，具有重要的参考价值，对今后审理相关案件有示范和引导作用。

（二）"伦敦镍事件"的启示

伦敦金属交易所（London Metal Exchange，LME）是世界上最大的有色金属交易所。

---

[1] 一审判决作出时，《民法典》并未生效。

2022 年 3 月 7 日，LME 在开盘之后没多久，其基准镍价不断拉涨，报价一度飙升至 5.5 万美元/吨，刷新了历史最大单日涨幅纪录，3 月 8 日的夜盘交易中，伦敦镍的最高报价更是超过 10 万美元/吨，再次创下历史新高（见图 1）。

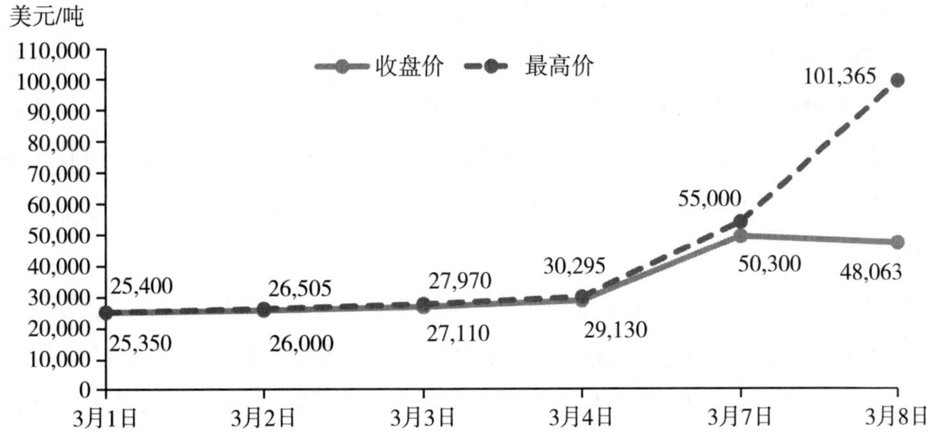

图 1　2022 年 3 月 1 日至 8 日 LME 伦镍收盘价及最高价对比

资料来源：新浪财经网，https：//vip. stock. finance. sina. com. cn/q/view/vFutures_History. php? jys = LME & pz = NID & hy = & breed = NID & type = global & start = 2022 - 03 - 01 & end = 2022 - 03 - 08，最后访问日期：2023 年 4 月 1 日。

伦敦时间 2022 年 3 月 8 日上午 9 点开市前，LME 宣布暂停伦镍交易，并取消了所有在英国时间 2022 年 3 月 8 日凌晨 0 点之后在场外交易和 LME select 电子交易系统执行的镍交易。此后，LME 发布了多个公告进行后续停牌和复牌的相关安排，3 月 16 日伦镍交易恢复，并连续三次提高伦镍的涨跌停板幅度，在此期间伦镍交易出现大幅震荡。该事件对金融市场和镍实体产业造成了巨大的冲击，全球镍现货的价格因失去了基准镍价而陷入停滞状态。国内的青山集团在 LME 持有 20 万吨的镍空头合约，现货不足以完成空头合约的交割使得该集团面临被强制平仓从而损失巨大的处境，而镍占比比较高的行业，如新能源汽车行业，也遭受到了较大打击。

纵观整个“伦敦镍事件”不难发现，LME 的风险防控制度安排暴露出一些问题：第一，场内交易风控制度的缺位。在当前全球加强金融市场监管的趋势之下，LME 的监管力度并没有十分严格，在本次事件发生之前，LME 并没有持仓限额和涨跌停板等风控制度，尽管其规定会员应当进行每日头寸的报告，但是就大户的持仓比却并没有明确的规定，也就没有强行平仓等相关制度安排，持有巨额头寸的多头或空头会增加类似此次事件的“逼仓”风险。风控制度的缺位使得行情极端之时的市场机制失灵，风险传递的速度极有可能使得交易者没有充分的准备而遭受巨大损失，系统性风险的发生概率会大大增加。第二，场外交易不透明。LME 的交易可以通过三种方式进行——交易大厅（Ring，公开竞价），电子交易平台（LMEselect）和办公室间电话市场（inter - office telephone market）。无论是场内还是场外，都并未规定相应的交易规模，尤其是作为场外市场的“办公室间电话市场”，可以 24 小时不间断地运行，“经纪商会员可以将客户的多头/空头指令进行撮合，而将轧差后的净头寸纳入场内市场交易。这使得 LME 大量的交易量是在场外交易产生的，但当价格剧烈波动时，LME 却无法看到场外交易者持有的头寸规模，更无法提前做出风险控制和预警”〔1〕。第三，当前镍合约的创新程度不够。全球的镍实体产业不断发展变化，非标准品镍套期保值的需求持续增加，但纯镍的供应却远远不够，目前期货市场还没有一款完全适合新兴市场和新兴客户群的保值需求的产品合约。本次事件中的青山集团尽管拥有大量的镍产能，但是其并不生产可用于期货交割的 I 类镍产品，由此导致了产品与合约标的错配的结果，为之后的“逼仓”埋下伏笔。〔2〕

“伦敦镍事件”将 LME 衍生品市场的监管弊端暴露了出来，反映出交易所设置相关风险控制措施的必要性。市场风险防控以及危机的紧急处置方式关乎交易所的核心竞争力，更关乎期货市场的健康发展，对此，应当综合采取以下措施：第一，严格的保证金和逐日盯市结算制度，即通过每个交易日的结算来定期动态地调整保证金账户，如果保证金账户余额不足，会员应当限期缴纳，否则不得参与规定交易日之后的交易，以此来降低市场的流动性风险；第二，规定持仓规模和涨跌停板机制，甚至可以就类似本次“伦敦镍事件”的重大市场风险采取熔断机制，可以参照此次取消和恢复伦敦镍交易的经验进行制度设计；第三，在匹配头寸时考虑到交割品错配的风险，警惕“逼仓”风险，按照实际需求进行匹配，预留能够平仓或者交割的空间。值得一提的是，国内期货交易所的风险防控措施相比事件发生前的 LME 做得更好，应当予以坚持。同时，我国应当重视构建国内的期货市场定价中心，提高在国际期货市场上的竞争力，积极参与全球化，打通国内国外期货市场，这样可以将类似“伦敦镍事件”的市场失灵、逼仓事件最大程度地予以减少，从而减少因极端行情导致的巨额损失，减少系统性风险的发生和扩散。

三、期货法律问题研究综述

（一）期货交易中的责任分配与认定

对于期货纠纷可能产生的法律关系竞合，张艺馨通过收集中国裁判文书网上相关的 37 份非法期货案件判决书并加以分析，认为非法期货案件涉及多方主体，法律关系错综复杂，案由不统一导致纠纷会产生合同与侵权的竞合，当事人多以合同纠纷为由诉至法院，少数案件则以侵权责任纠纷或期货纠纷为诉讼的案由，最终的裁判尺度也并不统一。基于合同纠纷

〔1〕 齐稚平、张晓燕：《从伦镍事件看我国企业期货市场风险管理》，载《清华金融评论》2022 年第 5 期。
〔2〕 参见董依菲、张田苗：《透视伦镍事件　业内呼吁正本清源》，载《期货日报》2022 年 3 月 21 日，第 2 版。

的认定路径来看，应遵循缔约过失责任理论，交易所或会员单位对投资者承担的赔偿责任仅限于直接损失，即返还各自收取的费用。但在此种情形下可能会产生看似对投资者不公平的裁判结果，此时应当引入侵权责任予以救济，即交易所和会员单位对投资者构成共同侵权，综合考虑各方主体过错程度进行裁判，司法机关处理相应非法期货案件时应当注意积累期货领域知识，注意刑民交叉问题，充分发挥司法机关的作用，向有关监管部门发送社会治理类司法建议。[1]

对于商品期货交割时出现期货违约行为时期货交易所的法律责任，翟浩认为，当交割库未能在期货交易所交易规则规定的期限内向标准仓单持有人交付符合期货合约要求的货物从而导致标准仓单持有人损失之时，最高人民法院发布的《关于审理期货纠纷案件若干问题的规定》规定期货交易所和交割库承担连带责任，同境内商品期货交易所业务规则规定的期货交易所不承担责任或者承担补充责任相矛盾。其中期货交易所并非仓储保管合同法律关系的主体，与标准仓单持有人之间也不存在保证合同约定，因此“约定连带责任”并无适用空间，而“法定连带责任”则由于缺乏明确的法律依据且有违“权利和义务相统一”原则，同样有适用困境。结合境外成熟期货市场的启示以及中央对手方的法理，合约交割后便进入实物交收环节，期货交易所在实物交收环节不承担中央对手方的担保职责。在制度的重塑上，应当明确中央对手方的定义、责任和义务，明确交割库仓储保管人的法律地位以及期货交易所和交割库之间的关系，引入“交收”概念。[2]常飞梳理了上期所及其前身上海金属交易所的交易规则和司法裁判标准后得到结论：期货交易所基于“保证人”的身份展开业务，现有的自律规则中的“保证”被认为是“一般责任保证”，即期货交易所承担补充责任；而司法裁判中的“保证”一般被认为是“连带责任保证”，即期货交易所承担连带责任。“中央对手方”制度确立后，期货交易所的身份就从“保证人”变为了“当事人”，若买方会员（客户）不能按照交易自律规则取得标准仓单或提取相应货物，期货交易所应承担违约责任，除非买方会员（客户）在货物质量、数量异议期内未提出相关异议。而期货交易所和交割仓库之间既存在前者通过自律规则管理后者的自律管理关系，也存在平等主体之间的合作协议关系，当标准仓单持有人不能行使或不能完全行使权利时，首先由期货交易所基于中央对手方地位向买方会员（客户）承担违约责任，待承担责任后再根据交易合作协议向交割仓库追偿。[3]

（二）期货和衍生品市场监管研究

刘道云分析了境外主要期货市场对外开放的相关监管政策变革，其中美国期货市场经历

---

〔1〕 参见张艺馨：《非法期货案件中交易所与会员单位的民事责任认定——基于中国裁判文书网37份判决书的分析》，载《法律适用》2022年第12期。

〔2〕 参见翟浩：《论我国商品期货交割库交割违约时的责任分配》，载《河北法学》2022年第5期。

〔3〕 参见常飞：《商品期货实物交割中期货交易所法律责任探析——基于中央对手方理论的建构》，载《广西社会科学》2022年第9期。

了从完全自由的对外开放到行政监管下的对外开放的转变历程，英国期货市场较为自由并保持长期的繁荣和较高的国际地位，新加坡期货市场效仿了美国期货市场的发展历程，印度则是以限制性开放、渐进式放松式为期货市场的总体监管思路。通过研究主要期货市场对外开放的实践发现，完全自由的对外开放只是一种理想状态，并非期货市场最优开放路径；期货市场的对外开放不能步伐过大，应当做到风险可预见、可控制、可承受，监管无死角、全覆盖；期货市场的法制体系应当是健全完善的；境内外的专业交易者是跨境期货交易的主要参与者，多数国家或地区的立法仅限非专业交易者在少数路径下参与跨境期货交易。我国可以借鉴这些境外经验，上市更多符合经济发展的商品期货、金融期货或其他标准化衍生品品种，使期货子市场数量和规模不断扩大；进一步完善期货市场立法，根据《期货和衍生品法》的授权性条款和有关规定，探索制度机制创新；将境内外专业交易者作为跨境期货交易客户开发和培育的主要对象，活跃跨境期货市场；加强期货市场基础设施的建设，增强期货交易平台的国际竞争力。〔1〕

常飞分析了"原油宝"产品风险事件，认为该案的纷争本质上反映了我国期货和衍生品市场的监管困境，即机构监管易导致监管真空和监管套利。因此，在我国期货和衍生品市场监管改革中，应当引入功能监管的理念；实现监管协作基础上的集中统一监管，既强调监管组织形式上的监管机构统一，也强调制度结构以及监管目标的统一。〔2〕

（三）操纵期货市场的基本理论和刑法规制研究

钟维指出期货市场操纵规制理论的内涵与实践困境，认为在经典的价格操纵理论中，"特定意图"、"影响价格的能力"和"人为价格"这三个要件的证明难度较高，而且易引起当事人抗辩，导致执法困难以及指控难以成立，在执法实践中经常使用的通过参照系比较方法来判断人为价格尽管比较直观，但其固有缺陷不仅导致其证明困难，而且在行政处罚听证会或法庭辩论中容易被攻击导致无法成立。首先，应当对人为价格的概念进行重构，关注的重点应当是影响市场价格的力量和因素，而非行为人所造成的价格是否反映了正常的供求力量，即关注焦点不应过多放在最终价格之上，而是放在导致该价格的因素的性质上；其次，将"特定意图"作为操纵的核心要件，以行为人的不正当行为和其他直接或间接证据为主，以经济或经验分析等方法为辅，综合判断意图；最后，引入"试图操纵（意图操纵）"来规制未造成人为价格但损害市场秩序的市场参与者。〔3〕

部分学者就"操纵证券、期货市场罪"进行了相关研究。刘宪权考察了该罪的兜底条款，对《刑法》第 182 条对操纵证券、期货市场罪设置了"以其他方法操纵证券、期货市

〔1〕 参见刘道云：《境外主要期货市场对外开放的监管沿革、制度路径及借鉴》，载《新金融》2022 年第 11 期。

〔2〕 参见常飞：《论我国期货和衍生品市场监管的改革路径》，载《东南学术》2022 年第 5 期。

〔3〕 参见钟维：《基于价格影响的期货市场操纵规制理论：反思与重构》，载《法学研究》2022 年第 1 期。

场”兜底性规定，《证券法》第55条设置了类似的“操纵证券市场的其他手段”的“双重兜底条款”，应当严格遵守同质性解释规则进行解读，即综合考察例示行为的形式类型与操纵证券、期货市场罪的实质内涵。价量操纵、资本操纵是该罪的两种基本行为模式，对市场非法控制是该罪的实质内涵。《刑法修正案（十一）》将原先由司法解释予以规定的三项操纵市场行为（“重大事件操纵”“控制信息操纵”“跨期、现货市场操纵”）升级为立法层面上明确的例示行为后，依旧可以经得起同质性解释规则的检验。[1]陈庆安回顾了操纵证券、期货市场罪在我国刑法体系中的三次变革，指出由于理论和实务中对于该罪的本质认识不足，《刑法》的修订不但有滞后性，而且呈现出刑事违法性依附于行政违法性的特点。对此，当前的司法解释可以从以下几个方面进行完善：(1) 由于跨市场操纵的行为并非仅仅会发生于“现货、期货交易市场”，还会发生于外汇、证券、期货等不同资本市场之间，因此可将该罪行为类型中的“跨现货、期货市场操纵”修改为“跨市场操纵”；(2) 在网络全球化的时代，程序化交易系统可能会对正常的交易秩序产生冲击，因此应当肯定“滥用程序化交易设备操纵行为”的刑事违法性；(3) 作为入罪情节的“实施操纵证券、期货市场行为，违法所得数额在100万元以上的”规定应当予以删除，原因在于符合“罪质+罪量”的双重评价标准的操纵行为才是操纵证券、期货市场罪评价的内容，单纯违法所得数额超过了100万元不一定具有客观上操纵证券、期货市场的可能，该数额可以作为法定刑量刑情节，但作为入刑情节是不合适的。[2]

（四）期货交易者保护制度研究

张志在《期货和衍生品法》对“期货交易者”进行专章规定的情形下对“交易者”的概念进行了辨析，认为本法明确了“交易者”是指代依法从事期货交易，承担交易结果的自然人、法人和非法人组织，有利于有针对性地适用有关交易者保护措施。本法的交易者保护制度体系包含：(1) 交易者的信息权利保护，具体包含交易者的信息查询权和信息保密权。(2) 期货经营机构的交易者适当性义务，要求期货经营机构了解交易者的情况，评估交易者的可承受风险，并为之提供相匹配的金融服务，且该义务并无硬性条件约束，期货交易者应综合各个方面的原因，多维度评估交易者的金融风险承受能力。(3) 交易者分类及普通交易者特殊保护制度。将交易者分为专业交易者和普通交易者，侧重对普通交易者的保护，当普通交易者与期货经营机构发生纠纷时，实行举证责任倒置，即由期货经营机构承担举证责任。(4) 强制调解制度。普通交易者与期货经营机构发生期货业务纠纷并提出调解请求的，期货经营机构不得拒绝。(5) 代表人诉讼制度。交易者提起操纵市场、内幕交易等期货民事

---

〔1〕 参见刘宪权：《操纵证券、期货市场罪“兜底条款”法教义学的再展开》，载《国家检察官学院学报》2022年第6期。

〔2〕 参见陈庆安：《操纵证券、期货市场罪的历史流变、犯罪本质及刑法完善》，载《现代法学》2022年第6期。

赔偿诉讼时，诉讼标的是同一种类，且当事人一方人数众多的，可以依法推选代表人进行诉讼。（6）民事赔偿优先制度。违法行为人的财产不足以支付的，优先用于承担民事赔偿责任。（7）其他相关制度。本法构建了多主体、全方位、立体化的交易者保护体系，为期货和衍生品市场交易者保护工作提供了制度依据和根本遵循。[1]

（五）转让式履约保障制度研究

转让式履约保障是在金融衍生品交易的双方之间通过转让履约保障品所有权的形式，实现覆盖其中一方净暴露风险的目的的措施，转出合格履约保障品的一方为出让方，转入的一方为受让方，合格履约保障品一经转让，受让方即享有完全的所有权，可以自由地占有、使用、处分、收益履约保障品。同时，在交易过程中会按照双方约定定期进行风险敞口的估值，并根据估值结果追加或减少履约保障品。程雁群认为，《期货和衍生品法》中的表述“以有价证券等作为保证金的，可以依法通过质押等具有履约保障功能的方式进行”并不能得出合理且无歧义的结论，转让式履约保障制度的立法环境依然存在争议。因此，应当以法条明确制度合法性，并且将所有权的完全转让属性纳入司法解释中，中国证券业协会、中国期货业协会、中国证券投资基金业协会可以发布专门的示范协议文本，或在现有补充协议项下列明转让式履约保障的相关内容，以起到更好的指引作用。[2]

---

〔1〕 参见张志：《期货法框架下的交易者保护制度》，载《中国金融》2022 年第 21 期。

〔2〕 参见程雁群：《转让式履约保障制度在我国金融衍生品领域的立法研究》，载《金融发展研究》2022 年第 4 期。

2022 年中国金融科技法制报告

曾大鹏　俞曦雯　李秀玉　彭欣然 *

以金融科技作为技术驱动的金融创新已经步入 4.0 时代,[1]传统金融行业经过金融信息化、互联网金融浪潮与前沿科技进一步融合。中国人民银行制定的《金融科技发展规划（2022—2025 年）》明确新时期金融数字化转型的总体思路、发展目标、重点任务和实施保障，2022 年开启了高质量推进金融数字化转型、健全适应数字经济发展的现代金融体系的新阶段。在促进数实融合发展的过程中，金融科技的技术属性愈发凸显：信息技术产业规模不断扩大，物联网设备连接数持续扩展，网络安全保障力度显著提升，为传统金融机构建立了高效安全的信息基础设施；各细分技术领域也纷纷加快关键核心技术攻关，推动金融科技在金融业务中逐渐渗透，进一步加快传统金融业务的数智化转型。[2]

法律法规、标准等逐渐完善，金融科技应用的识别、管理更加严格，金融科技产业进入更加规范的发展阶段。《数据安全法》《个人信息保护法》《商业银行表外业务风险管理办法》《银行业保险业绿色金融指引》《商业汇票承兑、贴现与再贴现管理办法》等落实了金融科技实施“合法合规”的要求，我国的金融科技将在法治轨道上稳步向前。

---

* 曾大鹏，华东政法大学经济法学院教授；俞曦雯、李秀玉、彭欣然，华东政法大学经济法学院硕士研究生。

〔1〕 See Financial Stability Board, *FinTech and Market Structure in Financial Services: Market Developments and Potential Financial Stability Implications*, accessed at (Apr. 16, 2022), https://www.fsb.org/2019/02/fintech-and-market-structure-in-financial-services-market-developments-and-potential-financial-stability-implications/.

〔2〕 参见中关村互联网金融研究院：《中国金融科技和数字普惠金融发展报告（2023）》，载微信公众号“中关村互联网金融研究院”2022 年 12 月 15 日。

一、银行业金融科技法制

（一）政策引领、推动开放银行、银行系金融科技子公司创新发展

中国人民银行和中国原银行监督管理委员会（以下简称原银保监会）先后印发《金融科技发展规划（2022—2025 年）》和《关于银行业保险业数字化转型的指导意见》，银行业数智化转型政策密集出台，促进技术应用水平稳步提升，数智化建设已经初具规模，虚拟银行市场份额进一步提升，开放银行模式更加普及，银行系金融科技子公司创新发展强劲。我国持续关注数据治理和合规风险，逐渐完善监管。

开放银行模式更加普及。中国人民银行和原银保监会出台文件强调加强开放银行接口和统一数字门户建设，开放银行向开放金融延伸。互联网数据中心（IDC）与平安银行联合发布的《中国开放银行白皮书 2022》显示，开放金融作为平台化的金融发展模式，以应用程序接口（API）、软件开发工具包（SDK）为技术内核，综合运用 AI、大数据等技术，通过业务整合架构和模块封装使金融服务嵌入实体经济领域，让实体经济与开放金融生态系统中的各类参与方共享数据、算法、交易和流程，在全新的生态结构下为各类参与方赋能。银行系金融科技子公司创新发展。银行系金融科技子公司数量增加，越来越多中小银行加入设立科技子公司的队列。截至 2022 年 11 月，我国已有 19 家银行金融科技子公司成立，另有浦发银行、中原银行 2 家旗下科技子公司尚在筹建中。

2022 年，商业银行不断完善科技金融组织架构体系，加大专营机构向分行延伸的力度；借助综合经营优势，为科技企业提供“股权 + 债券 + 贷款”的全生命周期服务；在科技创新专项再贷款政策支持下，科技金融业务延续了近年来快速增长的态势：一是聚焦科技自立自强，服务国家重大科技攻关任务，重点满足相关企业的中长期融资需求，支持重点行业转型发展和核心竞争力提升。二是聚焦区域科技创新，依托产业集群化发展趋势，在长三角、粤港澳大湾区等科技创新较为活跃的区域优化配置金融资源。三是聚焦服务科技型中小企业，继续推动研发贷、人才贷等专属产品创新，优化授信风险管理流程，助力科技型中小企业做精做强。[1]

（二）区块链存证、在线电子质证等银行科技助力司法实践

重庆市渝中区人民法院和江北区人民法院启动的“数字金融纠纷一体化解决”试点工作发展至今已经取得了瞩目的成绩，例如打造了数字金融纠纷银企易诉平台，实现了区块链存

〔1〕 参见交通银行发展研究部课题组、方卫星、唐建伟：《商业银行全力支持实体经济疫后复苏——2023 年商业银行运行展望报告》，载《新金融》2023 年第 3 期。

证、在线电子质证、云上共享庭审、智能文书生成等功能。[1]重庆市渝中区人民法院正在努力探索将数字金融纠纷银企易诉平台与执行办案系统对接，探索适用执行机器人辅助系统应用，该系统将自动抓取执行要素信息，一键生成执行文书和案件信息数据，并回填至一体化平台。届时，执行效率将得到极大提升。

在此基础上，为应对数字经济快速发展带来的全新挑战，确保数字金融纠纷银企易诉平台的不断完善，重庆市渝中区人民法院还与科技行业领先公司联合成立了全市首家“云数据研究应用中心”，为数字金融纠纷银企易诉平台功能拓展和场景应用提供更加有力的技术保障，切实推动“人来人往”向“云来云往”转变。[2]

（三）契合银行数字化经营的生态圈尚待完善

金融科技的迅猛发展很大程度上得益于其自身生态体系的建立、完善和发展，金融科技公司的大规模兴起亦源于其在支付结算、财富管理、消费信贷领域建立并衍生出来的庞大生态圈。商业银行在数字化转型过程中处于后发地位，模仿金融科技公司做法的色彩较浓。然而，商业银行作为专业金融机构，在电商、社交领域难以发挥自身优势，导致前期的模仿实践效果并不明显。如何依托自身信用优势，整合资源和平台，搭建商业银行自身的经营生态圈，将金融服务嵌入更多的客户场景中，仍需要积极探索。商业银行长期以来积累的海量数据是数字经济时代宝贵的数据资产，但由于数据共享不足、数据孤岛现象严重等问题，直接影响商业银行对数据资产的高效使用。此外，新技术、新业态带来的数据安全挑战也日益增加，亟须为金融创新搭建整体性信息安全布局框架。[3]

二、保险业金融科技法制

（一）政策支持科技赋能

为支持保险科技持续释放潜能，相关政策陆续出台。2022 年 1 月原银保监会办公厅下发了《关于银行业保险业数字化转型的指导意见》，要求银行业保险业在 2025 年取得数字化转型的明显成效，我国保险科技及传统保险业的数字化转型迎来了非常重要的战略窗口期。[4]而后原银保监会陆续出台的《中国保险业标准化“十四五”规划》《关于进一步推动金融服务制造业高质量发展的通知》更是进一步体现了我国政策对于保险科技发展的支持。

---

[1] 参见刘洋、胡雅茹：《重庆法院启用银企易诉平台》，载 https：//www. chinacourt. org/article/detail/2022/03/id/6585360. shtml，最后访问日期：2023 年 3 月 13 日。

[2] 参见重庆市渝中区人民法院：《“数智”赋能“云上”解纷》，载微信公众号“重庆市渝中区人民法院”2023 年 2 月 24 日。

[3] 参见中关村互联网金融研究院：《中国金融科技和数字普惠金融发展报告（2023）》，载微信公众号“中关村互联网金融研究院”2022 年 12 月 15 日。

[4] 参见冯晗：《保险科技赋能我国保险业创新发展》，载《时代经贸》2022 年第 11 期。

原银保监会在农业保险承保、绿色金融发展、疫情复工复产等方面出台了相关政策，要求银行保险机构强化科技赋能，积极参与社会风险治理，助力我国产业高质量转型。2022 年 3 月11 日原银保监会与上海市政府联合发布《中国（上海）自由贸易试验区临港新片区科技保险创新引领区工作方案》，决定在中国（上海）自由贸易试验区临港新片区建设科技保险创新引领区，为重点产业提供特色科技保险支持，实现保险与科技双向赋能。[1]

清华大学技术创新研究中心与众安科技联合发布的《保险科技创新指数报告 2022——科技赋能保险行业高质量发展》显示，保险科技在我国保险行业的潜力尚待释放。[2]虽然受到疫情影响，保险科技业务有所缩水，但我国上市险企保险科技业务整体仍然处于持续投入期。据艾瑞咨询测算，2019 年中国保险机构科技投入超过 300 亿元，2023 年这一数值将超过 500 亿元。[3]随着保险科技的发展成熟，新技术应用已渗透到传统保险业务模式的全生命周期，在“区大云物智”等技术手段的支持下，保险科技发挥出质量变革、效率变革、普惠变革、动力变革等方面的效能，深刻赋能保险业务全链条。

（二）监管新规集中落地

2022 年 3 月，原银保监会发布《全国银行业保险业法治建设实施方案》，要求健全监管法治建设科技保障，坚持运用互联网、大数据、人工智能等技术手段促进依法监管，对保险创新监管做出了总括性的要求；同年原银保监会下发《保险公司非现场监管暂行办法》《保险保障基金管理办法》《人身保险产品信息披露管理办法》，在规范监管方式、防范系统风险、完善信息披露等方面做出了进一步的监管规定。尤其是 2022 年年末出台的《银行保险机构消费者权益保护管理办法》对保障消费者合法权益，维护保险业市场秩序和稳定有着突出意义。

（三）网络投保免责条款提示义务履行标准的认定规则（案例）

甲保险公司与王某、乙保险公司等保险人代位求偿纠纷案[4]：被告陈某为其所有的皖 B7S373 车辆在被告乙保险公司处通过电子投保方式投保交强险、商业三者险。2020 年 4 月 3 日被告王某驾驶上述被保险车辆与案外人李某某驾驶的皖 H9W623 车辆、案外人王某某驾驶的苏 A996F5 车辆发生碰撞，导致三车受损。交警部门出具的道路事故认定书认定被告王某承担本起事故的全部责任。嗣后，经被告乙保险公司对涉案车辆皖 H9W623 进行定损，确认损失金额 20, 200 元。事故发生时，李某某的车辆在原告甲保险公司处投保车损险，故原告按约向案外人李某某支付了车辆损失赔款 20, 200 元，案外人李某某与原告签订《机动车

〔1〕 参见朱艳霞、张瑾：《建设科技保险创新引领区》，载《中国银行保险报》2022 年 7 月 25 日，第 1 版。

〔2〕 参见于泳：《科技赋能保险业高质量发展》，载《经济日报》2023 年 1 月 11 日，第 7 版。

〔3〕 参见谭乐之：《保险科技业务承压前行》，载《中国银行保险报》2022 年 9 月 13 日，第 4 版。

〔4〕 参见 2022 年上海市高级人民法院发布 2021 年度金融商事审判十大案例之十：甲保险公司与王某、乙保险公司等保险人代位求偿权纠纷案——网络投保免责条款提示义务履行标准的认定规则。上海市虹口区人民法院民事判决书，（2020）沪 0109 民初 21137 号。

辆索赔权转让书》，约定案外人李某某将其对侵权方追偿的权利转让给原告。故原告起诉要求被告王某赔偿损失，其中由被告乙保险公司在交强险及商业三者险内承担赔偿责任，超出部分由被告王某承担，被告陈某对被告王某上述付款义务承担连带责任。2019年10月17日，被告乙保险公司通过业务系统向投保人发送短信，提醒投保人点击链接阅读保险告知事项（含免责事项）。投保人点击链接后，系统在阅读界面展示《机动车综合商业保险免责事项说明书》等条款，其中“机动车第三者责任保险”部分第24条载明“在上述保险责任范围内，下列情况下，不论任何原因造成的人身伤亡、财产损失和费用，保险人均不负责赔偿：……（三）被保险机动车有下列情形之一者：（1）发生保险事故时被保险机动车行驶证、号牌被注销的，或未按规定检验或检验不合格……”投保人陈某在“本人确认收到条款及《机动车综合商业保险免责事项说明书》，保险人已明确说明免除保险人责任条款的内容及法律后果”后签名确认。被告乙保险公司出具投保流程说明，载明投保人收到短信点击链接后跳转到网页，依次是投保单阅读、交强险投保提示、交强险费率浮动告知单、免责事项说明书、交强险条款、机动车商业保险条款、车险“投保人缴费实名认证”客户授权申请书，在阅读界面中，只有点击“我已阅读”，方能进行下一步操作，最后投保确认并签名，生成二维码后支付保险费。被告乙保险公司还提交了该投保业务系统所涉流程视频及相关照片，相关内容与其出具的流程说明一致。皖B7S373车辆注册日期为2013年12月，事故发生日该车辆已过6年免检期。2020年5月8日，原告在交强险项下赔付案外人王某某钱款1180元。上海市虹口区人民法院于2021年6月26日作出（2020）沪0109民初21137号民事判决：（1）被告乙保险公司应于本判决生效之日起10日内在交强险项下支付原告甲保险公司理赔款820元；（2）被告王某应于本判决生效之日起10日内支付原告理赔款19,380元；（3）被告陈某对被告王某的上述偿付义务承担连带清偿责任；（4）驳回原告其他诉讼请求。一审判决后，甲保险公司、被告王某、陈某、乙保险公司均未提出上诉，判决现已生效。

本案争议焦点在于保险公司就网络投保合同的免责条款是否履行了提示义务。机动车应当定期进行安全技术检验为法定义务，保险公司只需就该条款作出提示达到足以引起投保人注意的程度即可作为合同内容发生效力。本案中乙保险公司向陈某发送了投保链接，投保人点开链接的阅读页面中展示了单独成篇的《机动车综合商业保险免责事项说明书》，该免责说明书中明确表示“未按规定年检，保险公司不予赔付”，而且投保人只有阅读并勾选“我已阅读”后，方能进行下一步投保操作。由此可见，被告乙保险公司的该流程设置意在提醒投保人在确认投保之前务必注意上述免责条款并进行强制阅读，即被告乙保险公司在缔约阶段即就免责条款对投保人作出了足以引起投保人注意的提醒和明示，以便投保人作出是否缔约的选择或决定，以保障在信息不对称的情况下投保人仍享有平等的缔约选择权利，且投保人陈某最终签名确认“其已收到条款及《机动车综合商业保险免责事项说明书》，保险人已明确说明免除保险人责任条款的内容及法律后果”。由此可见，被告乙保险公司无论从形式上还是从实质上均就免责事由向投保人尽到了提示义务，其可据此免于承担商业三者险的赔偿责任。

随着互联网、大数据及人工智能的迅速发展，电子投保已成为趋势，由此带来了投保方式便捷性与保险人说明义务履行方式、投保人知情权保障的冲突。互联网只是改变了投保人购买保险的媒介，让投保人操作更加便捷，但保险人应当履行的法定提示和明确说明义务并没有免除，履行程度也没有减轻。综合多方面因素进行判断，保险人对免责条款提示义务的履行应以能否足以引起投保人的注意为原则，其核心判断标准在于“可区别性”，即是否可区别于其他保险条款并足以引起投保人的注意。网络投保“免责条款”单独成篇，且投保人只有在阅读后方能进行下一步投保操作的，该提示方式可达到在外观上明显区别于其他保险条款之程度，应认定保险人已尽到提示义务。

（四）保险科技安全、隐私仍存在挑战

关于数据安全风险问题，保险公司大多将它们的数据存储服务外包给第三方云计算服务商，因此第三方云计算服务商发生信息泄露事故是一则大新闻。我国目前主要有两种云计算商业模式，平台即服务（Paa S）和软件即服务（Saa S）。第三方服务市场内部竞争并不激烈，市场份额相对集中，这就意味着，任何一家主要的云计算服务商出现问题便会给保险业带来系统性风险。[1]

关于数据隐私问题，保险科技利用大数据、云储存等技术形成了大型信息交互平台，颠覆了传统保险行业的运营模式。而通过信息交互平台形成的数据资源通常情况下详细记录了用户的养老、医疗、消费、支付、健康等相关信息，是保险公司重要的战略资源，一旦这些数据资源发生泄漏，会对保险行业的稳健发展造成巨大冲击。

三、证券业金融科技法制

（一）规范标准促进转型发展

中国证券监督管理委员会（以下简称中国证监会）发布了一系列涉及行业金融科技产品的标准，包括《证券期货业数据模型第 4 部分：基金公司逻辑模型》《碳金融产品》《面向老年人的证券期货业移动互联网应用程序设计规范》《面向老年人的证券期货业移动互联网应用程序设计检测规范》，要求证券公司严格按照这些持续更新的信息技术管理规范执行。2023 年 1 月，中国证监会和中国人民银行联合发布了《公开募集证券投资基金信息披露电子化规范》，为信息披露电子化应用体系提供了基础标准。同时，证券行业的信息安全和证券

〔1〕 参见贾若：《保险科技的影响：理论分析与经验证据》，载《上海保险》2022 年第 10 期。

交易系统的稳定受到高度重视。2023年2月，中国证监会出台《证券期货业网络和信息安全管理办法》，督促行业机构建立健全网络和安全管理体制机制，规定网络和信息安全应急处置规则，要求保护投资者个人信息，维护资本市场安全平稳运行。

2022年11月，中国证券业协会发布了《证券公司数字化转型实践报告及案例汇编(2022)》，根据此报告，目前71%的证券公司制定了数字化转型战略，形成了各具特色的数字化组织架构；共有130余家证券公司参与了行业区块链建设应用，投行底稿数据上链达2.5万余项。在金融产品升级方面，证券公司积极探索数字化转型赋能金融产品与服务，覆盖公募、私募、收益凭证、金融衍生品、资管计划等多种金融产品，以及金融产品销售、基金投顾等金融服务。在财富管理业务方面，证券公司积极实践数字化赋能基金投顾业务，打造一体化财富管理解决方案，全方位赋能投资者，形成多层次、全方位的财产管理和成长辅助体系。在机构业务方面，证券公司积极采用分布式、低延时技术，建立快速交易系统，提供全矩阵全种类交易软件服务，以满足专业投资者的交易需求。

（二）“多因子量化模型”助力核定证券虚假陈述投资者损失（案例）

被告甲上市公司于1993年10月至2019年5月在上海证券交易所上市交易，于2019年5月23日被摘牌，股票终止上市。根据中国证监会调查，甲上市公司为弥补2014年年度利润缺口，通过虚假贸易，虚增利润总额占甲上市公司2014年年度合并财务报表利润总额的73.68%，其在2015年3月21日发布的2014年年度报告中虚假披露的行为构成证券虚假陈述行为。原告许某鑫等投资者于2015年3月21日后买入甲上市公司股票，其根据《行政处罚决定书》认定的相关事实起诉甲上市公司，要求甲上市公司赔偿其因信息披露违规行为所造成的损失。本案审理过程中，上海交通大学中国金融研究院接受上海金融法院委托，于2020年2月19日出具《证券投资者损失核定意见书》，对投资者因甲上市公司虚假陈述产生的投资差额损失进行了核定。上海金融法院于2020年4月17日作出（2018）沪74民初1399号民事判决：被告甲上市公司分别向原告许某鑫、厉某宏、胡某、王某军支付赔偿款7571.17元、9406.06元、10,301.83元、54,727.19元。宣判后，甲上市公司提出上诉。上海市高级人民法院于2020年6月11日作出（2020）沪民终294号民事判决：驳回上诉，维持原判。至此本案审理结束。

法院认为，本案的争议焦点在于如何确定投资者损失的赔偿金额，包括采用何种计算方法，以及如何确定证券市场风险因素的影响程度及相应的扣除金额的问题。法院在经释明并征求双方当事人同意后，依职权委托上海交通大学中国金融研究院核定投资者损失。对于专业机构出具的《证券投资者损失核定意见书》的证明力，法院认为应作如下认定：（1）关于投资差额损失计算方式，《证券投资者损失核定意见书》中采用第一笔有效买入后的移动加权平均法对于持股单价的计算更全面、客观，更能反映投资者真实的投资成本，也为司法实践所认可。（2）关于证券市场系统风险等其他因素导致的损失如何计算，《证券投资者损失核定意见书》的计算方式为：市场系统风险等其他因素导致的损失 = 投资者买入成本 × 模拟损益比例。关于模拟损益比例的计算，采用了“多因子模型法”计算实现了对影响股价的因素的量化处理，克服了无法将虚假陈述因素与其他股价变动因素予以有效分离的弊端，更具有科学性和精确性，也更加符合虚假陈述案件中损失计算的立法本义与司法实践需求。故对本案投资者因虚假陈述导致的投资差额损失金额以《证券投资者损失核定意见书》核定的金额为准。

在证券虚假陈述责任纠纷中，上市公司举证证明投资者的部分或全部损失是由与虚假陈述无关的其他因素造成的前提下，对于确定相关风险因素分别对原告损失造成的影响比例问题，可借助专业机构或人员以科学方法量化。本案通过引入第三方专业机构的技术支持，在全国首次开创性地采用“多因子量化模型”计算方法，通过“收益率曲线同步对比法”，精准核定了每名投资者因虚假陈述行为导致的投资损失金额。作为探索推动证券民事赔偿纠纷案件科学化和精细化审理的一次有益尝试，本案确定的损失计算方法，对今后同类案件的审理具有很强的借鉴意义。[1]

（三）数据安全与数据质量问题亟待解决

近年来，证券公司数据治理水平持续提升，但仍存在诸多问题和难点：部分外部数据的准确性和及时性不够；场外业务、新兴业务、内部管理流程等因线上化程度不足存在部分环节数据缺失；母子公司系统竖井式建设导致数据难以整合应用；采购的信息系统数据架构自主掌控力不足。这些不利因素对数据质量产生了负面影响，不利于证券公司通过数据分析开展业务协同、全面风控、经营管理决策。此外，证券公司的数据防泄露机制及客户隐私数据保护力度也需要进一步加强。[2]

四、金融科技监管制度

由于金融科技本身自带的风险，各国央行也在不断提升金融领域的监管开发程度。

2022 年 1 月，中国人民银行《金融科技发展规划（2022—2025 年）》，在金融科技监管领域明确“加快金融机构数字化转型、强化金融科技审慎监管”。

根据《网络安全法》《数据安全法》《个人信息保护法》，中国人民银行发布了《金融业数据能力建设指引》和《征信业务管理办法》，以及《中国金融科技创新监管工具白皮书》、《金融科技创新应用测试规范》、《金融科技创新安全通用规范》、《金融科技创新风险监控规范》、《人工智能算法金融应用评价规范》，一系列监管规则表明，我国正在打造一套符合国

〔1〕 参见许某某等与上海普天邮通科技股份有限公司证券虚假陈述责任纠纷上述案，上海高级人民法院（2020）沪民终 294 号民事判决书。

〔2〕 参见李予涛：《重构证券智慧金融服务生态》，载《中国金融》2022 年第 2 期。

情、与国际接轨的创新监管工具。

2022 年 10 月 9 日中国人民银行下发了《金融领域科技伦理指引》，提供了在金融领域开展科技活动需要遵循的守正创新、数据安全、包容普惠、公开透明、公平竞争、风险防控、绿色低碳 7 个方面的价值理念和行为规范。

地方方面，深圳于 2022 年 1 月 1 日正式实施了《深圳经济特区数据条例》，深圳、浙江等地也先后成立了地方性自律组织——金融科技伦理委员会。

2022 年上海国际金融中心法治环境报告

吴　弘　王靖喆　郭宇航 *

2022 年，面对复杂的国际环境和艰巨繁重的国内改革发展任务，上海国际金融中心建设继续向着具有全球影响的目标砥砺前行。根据 2022 年新华 · 国际金融中心发展指数，上海连续三年跻身前三，上海国际金融中心的创新实力和话语权也与日俱增，金融中心与科创中心联动效应持续增强，国际绿色金融枢纽建设取得积极进展，金融法治环境亦日益完善。

一、持续出台金融立法、不断健全法律体系

（一）国家金融立法的完善

1.《期货和衍生品法》颁布并实施

2022 年 4 月 20 日，第十三届全国人大常委会第三十四次会议表决通过《期货和衍生品法》（中华人民共和国主席令第 111 号），2022 年 8 月 1 日起施行。期货市场作为金融市场的重要组成部分，《期货和衍生品法》的出台填补了金融立法空白，在总结历史经验和借鉴国际惯例的基础上，就期货及衍生品市场中各参与主体的法律定位及行为规范，做出一系列制度安排。

《期货和衍生品法》明确交易者享有知情权、查询权和信息保密等权利，根据交易者财产状况、金融资产状况、交易知识和经验、专业能力等因素，将其分为普通交易者和专业交易者，并侧重对普通交易者的保护力度，明确普通交易者与

* 吴弘，华东政法大学教授；王靖喆、郭宇航，华东政法大学经济法学硕士研究生。

期货经营机构发生纠纷后，期货经营机构应当证明其行为的合法性，如果不能证明，应当承担相应的赔偿责任。

《期货和衍生品法》健全了监管、行政处罚、民事赔偿等各项制度，丰富期货纠纷的解决机制，引入调解制度，明确民事赔偿责任优先承担，建立期货交易者国家保障基金。严厉打击操纵市场、内幕交易、虚假陈述或信息误导等扰乱市场秩序的行为，提高罚没款金额等惩处力度，加重违法违规行为的代价，维护市场秩序。

2. 《金融稳定法（草案）》审议，风险处置制度框架逐步形成

2022年4月，中国人民银行会同国家发展和改革委员会、司法部、财政部、原中国银行保险监督管理委员会（以下简称原银保监会）、中国证券监督管理委员会（以下简称证监会）、国家外汇管理局（以下简称国家外汇局）等部门起草了《金融稳定法（草案征求意见稿）》，向社会公众征求意见；2022年12月27日《金融稳定法（草案）》首次提请十三届全国人大常委会审议。金融稳定法的立法目标是防范化解重大金融风险、提升金融法治水平，建立健全金融稳定长效机制。《金融稳定法（草案）》着重在金融风险防范、化解、处置等环节强化法律制度安排，确立了以市场化、法治化手段化解和处置金融风险的基本原则，建立金融稳定发展统筹协调机制，突出市场配置资源作用，强化"自救"制度，厘清金融机构主体责任、中央地方权责、风险处置资金来源以及风险处置工具等诸多重大问题。

针对在包商银行、安邦保险等案中行业救助基金的大规模使用所引发的风险处置策略可持续性的担忧，《金融稳定法（草案）》提出设立金融稳定保障基金，将其定位于由中央掌握的应对重大金融风险的"总预备队"，创造性地为风险处置的后续工作引入了增量资源。金融稳定保障基金在2022年3月被纳入政府工作报告，并实现首批646亿元资金初步积累。此外在2022年，保险保障基金、信托保障基金作为行业基金相继迎来对其管理办法的修改征求意见稿。

3. 推动《银行业监督管理法》的修订工作

原银保监会持续推动《银行业监督管理法》修订工作，2022年11月原银保监会关于《银行业监督管理法（修订草案征求意见稿）》向社会公开征求意见。该法修订以防范化解金融风险、提高监管有效性为总体目标，以弥补监管短板、加大监管力度、明确监管授权为着力点，着力解决银行业监管工作面临的突出问题，更好地发挥法治固根本、稳预期、利长远的保障作用，切实提高金融治理体系和治理能力现代化水平。本次修改的重点有三个：一是保障权益。完善审慎监管规则，加强行为监管，切实保护金融消费者合法权益。二是加大打击。坚持依法监管的基本原则，努力实现监管全覆盖，加大对股东、实际控制人违法违规行为的打击力度。三是强化应对。要健全风险处置机制，完善早期干预制度，丰富风险处置措施，提升风险处置效率。由于2023年全国人大通过新的国家机构改革方案，涉及金融监管体制变动，《银行业监督管理法》修订的后续走向值得关注。

4.《金融基础设施监督管理办法（征求意见稿）》发布

中国人民银行于2022年12月公布《金融基础设施监督管理办法（征求意见稿）》并公开征求意见。其用列举方式阐述金融基础设施（FMI），即指金融资产登记存管系统、清算结算系统（含开展集中清算业务的中央对手方）、交易设施、交易报告库、重要支付系统、基础征信系统六大类型。值得注意的是，《金融基础设施监督管理办法（征求意见稿）》中引入了“金融基础设施运营机构”这一概念，金融基础设施是由参与者构成的金融系统，运营机构指的是负责“建设、运营和维护”该系统市场运行的主体，这与国际监管规则中对金融基础设施的理解契合。我国金融市场的快速发展，相关规范已经涵盖全国性、区域性市场和互联网金融新业态的多层次的金融基础设施。法律文件中还首次提出了“系统重要性金融基础设施”概念及具体认定标准。

5.《企业集团财务公司管理办法》修订并实施

经2022年7月29日公开征求意见，原银保监会于2022年10月13日正式发布《企业集团财务公司管理办法》（银保监令〔2022〕6号），自同年11月13日起实施，为企业集团财务公司的高质量发展提供更为扎实的制度保障。该办法修订完善的主要内容如下：一是调整市场准入标准，明确跨国集团可直接发起设立外资财务公司；二是优化业务范围和实施分级监管，进一步强化其主责主业，专注服务集团内部，回归服务实体经济本源；三是增设监管指标和加强风险管控，增设和优化监管指标，加强财务公司对外业务监管，督促财务公司提升对外业务风险的识别、预警和处置水平；四是加强公司治理和股东股权监管，加强具有财务公司特色的公司治理建设，提升财务公司法人独立性。《企业集团财务公司管理办法》的重大修订体现了监管机构对财务公司持续强监管、严监管的监管理念导向，为财务公司的内部公司治理、风控体系建设、合规体系建设等指明方向，对加强企业集团财务公司监管，推动行业高质量发展，进一步提升服务实体经济质效具有重要作用。

（二）本市地方金融立法的完善

1.《上海市浦东新区绿色金融发展若干规定》发布施行

2022年6月22日，上海市人大常委会通过《上海市浦东新区绿色金融发展若干规定》（以下简称《若干规定》），自同年7月1日起施行。该地方立法旨在提升浦东新区绿色金融服务水平，促进绿色金融和普惠金融、科创金融的融合发展，推进上海国际金融中心核心区建设，打造上海国际绿色金融枢纽，加快经济社会发展全面绿色转型，促进生态文明建设。

《若干规定》明确，支持金融机构、金融基础设施机构、相关交易场所等为碳密集型、高环境风险的项目或者市场主体向低碳、零碳排放转型提供金融服务。支持国家金融管理部门在沪机构结合浦东新区产业实际和区域特征，制定补充性转型金融标准、分类和管理规则。支持符合条件的境内外机构发起设立为改善生态环境、应对气候变化、资源节约高效利用等经济社会活动提供金融服务的银行、证券、保险、基金、信托等金融机构。支持世界银行、亚洲开发银行、亚洲基础设施投资银行等为绿色项目提供投融资和技术服务，发挥新开发银行总部效应，推动绿色金融国际合作项目在浦东新区落地。

《若干规定》要求，发挥中国（上海）自由贸易试验区及其临港新片区跨境资金流动先行先试优势，为绿色企业提供更便利的跨境投融资服务。支持开展绿色信贷业务，探索形成供应链融资的绿色标准，完善绿色债券各个环节工作，支持建立绿色保险产品服务平台和环境污染责任保险信息管理平台，支持开展绿色信托业务，为绿色投资主题基金提供便利。鼓励对绿色低碳技术成果转化和应用开展投贷联动业务，为开展绿色项目融资的中小微企业加大担保支持力度。

《若干规定》提出，推动金融机构成为上海环境能源交易所的直接交易主体，推动依法参与创设、交易碳衍生品等相关业务，市场主体可以办理有关环境权益担保登记。

2.《上海市浦东新区完善市场化法治化企业破产制度若干规定》实施

2022年1月1日，上海市人大常委会通过的《上海市浦东新区完善市场化法治化企业破产制度若干规定》正式施行。为进一步贯彻该地方立法，持续深化供给侧结构性改革，助推打造法治化营商环境，同时护航浦东新区打造社会主义现代化建设引领区，1月7日，浦东新区人民法院破产审判庭正式揭牌成立，破产审判庭将主要审理除金融机构外，企业住所地位于浦东新区、中国（上海）自由贸易试验区临港新片区的强制清算与破产案件、相关执行转破产案件及衍生诉讼案件，助力营商环境优化。

3. 市政府出台疫情后经济恢复政策强调金融支持稳增长

继《上海市加快经济恢复和重振行动方案》（沪府规〔2022〕5号）后，上海市政府又发布《上海市助行业强主体稳增长的若干政策措施》（沪府规〔2022〕12号），要求优化中小微企业贷款风险补偿机制。落实国家设立中小微企业和个体工商户贷款风险补偿基金要求，推动建立完善上海金融服务小微企业敢贷愿贷能贷会贷长效机制，安排中小微信贷奖补专项资金，扩大信贷风险补偿对象范围，对在沪银行申报的符合条件的普惠小微贷款以及符合条件的中小企业贷款产品“应纳尽纳”；降低信贷风险补偿门槛，将一般行业企业的不良率补偿下限门槛统一下调至0.8%，将符合条件的本市重点行业企业的不良率补偿下限门槛进一步下调至0.5%；提高信贷风险补偿比例，对不良率3%以下部分的不良贷款净损失，补偿比例不低于25%；对不良率3%～5%部分的不良贷款净损失，补偿比例不低于55%。

同时还要求加大普惠金融为企服务力度，开展普惠金融顾问试点，建立以金融专家为主、产业专家为辅的普惠金融顾问专家库，由普惠金融顾问组成普惠金融服务团队，更好服务受疫情影响的困难行业。

二、密集推出监管制度、全面加强金融监管

1. 银行业监管

2022 年 1 月 10 日，原银保监会发布《银行保险机构关联交易管理办法》（中国银行保险监督管理委员会令〔2022〕1 号），全面完善了关联方、关联交易、关联交易的内部管理、报告和披露、监督管理等方面的内容，对管理机制、穿透识别、资金来源与流向、动态评估等提出了具体要求。11 月 28 日，原银保监会印发修订的《银行保险机构公司治理监管评估办法》（银保监规〔2022〕19 号），推进了银行保险机构公司治理分类监管。12 月 12 日，原银保监会发布《银行保险机构消费者权益保护管理办法》（中国银行保险监督管理委员会令 2022 年第 9 号），体现了"源头治理"的监管理念，要求银行保险机构在推出新产品和服务或者现有产品和服务涉及消费者利益的条款发生重大变化时开展审查。

2022 年 4 月 28 日，原银保监会发布《关于规范和促进商业养老金融业务发展的通知》（银保监规〔2022〕8 号），对商业养老金融的业务规则作出原则性规定。原银保监会办公厅和中国人民银行办公厅发布《关于开展特定养老储蓄试点工作的通知》（银保监办发〔2022〕75 号），原银保监会发布《关于印发商业银行和理财公司个人养老金业务管理暂行办法的通知》（银保监规〔2022〕16 号），明确了商业银行和理财公司个人养老金业务的范围和要求。6 月 1 日，原银保监会发布《银行业保险业绿色金融指引》（银保监发〔2022〕15 号），首次在其监管规范中全面提出环境、社会和公司治理（ESG）要求。7 月 12 日，原银保监会发布《关于加强商业银行互联网贷款业务管理提升金融服务质效的通知》（银保监规〔2022〕14 号），进一步规范互联网贷款业务，延长过渡期，新增贷中支付环节的管理要求等。12 月 29 日，原银保监会就《商业银行托管业务监督管理办法（征求意见稿）》公开征求意见，注重与各相关领域的现行托管规则保持衔接，共同形成对商业银行托管业务的监管合力。

2. 证券业监管

2022 年 1 月 1 日，证监会修改发布《证券期货行政执法当事人承诺制度实施规定》（中国证券监督管理委员会令第 194 号）和《证券期货行政执法当事人承诺金管理办法》（中国证券监督管理委员会、财政部公告〔2022〕1 号），根据实践中出现的具体情况对承诺金的管理方式进行了完善。2 月 18 日，证监会发布《证券基金经营机构董事、监事、高级管理人员及从业人员监督管理办法》（中国证券监督管理委员会令第 195 号），结合机构监管实践，全面规定了证券基金经营机构人员的任职要求、执业规范和机构主体管理责任。4 月 29 日，证监会发布《关于完善上市公司退市后监管工作的指导意见》（中国证券监督管理委员会公告〔2022〕31 号），并就《证券期货业网络安全管理办法（征求意见稿）》公开征求意见。

2022年9月16日，证监会就《期货交易所管理办法（征求意见稿）》公开征求意见。12月30日，证监会就《期货市场持仓管理暂行规定（征求意见稿）》《股票期权交易管理办法（征求意见稿）》公开征求意见，重点围绕落实《期货和衍生品法》有关要求，并结合市场发展和监管实际，对相关内容进行了修改完善。

3. 资产管理监管

2022年4月26日，证监会发布《关于加快推进公募基金行业高质量发展的意见》（证监发〔2022〕41号）。5月20日，证监会发布《公开募集证券投资基金管理人监督管理办法》（中国证券监督管理委员会令第198号），完善公募基金管理人的准入、治理及退出机制。6月24日，证监会发布《关于交易型开放式基金纳入互联互通相关安排的公告》（中国证券监督管理委员会公告〔2022〕39号），交易型开放式基金正式纳入互联互通。7月28日，原银保监会发布《保险资产管理公司管理规定》（中国银行保险监督管理委员会令2022年第2号），从总体要求、股东义务、激励约束机制、股东会及董监事会运作、专业委员会设置、独立董事制度、首席风险管理执行官、高管兼职等方面明确了要求，提升保险资产管理公司独立性，全面强化公司治理监管的制度约束。11月原银保监会、证监会分别发布个人养老金业务有关规定，落实2022年4月国务院办公厅发布的《关于推动个人养老金发展的意见》。12月30日，原银保监会发布《关于规范信托公司信托业务分类有关事项的通知（公开征求意见稿）》，厘清各类信托业务边界和服务内涵，引导信托公司丰富信托本源业务供给。

4. 保险业监管

2022年4月24日，《中国银保监会关于保险资金投资有关金融产品的通知》（银保监规〔2022〕7号）发布，拓宽险资可投资金融产品范围。5月9日，《银保监会关于保险资金委托投资管理办法的通知》（银保监规〔2022〕9号）发布，重塑保险资金委托投资监管体系。7月28日，《保险资产管理公司管理规定》（中国银行保险监督管理委员会令2022年第2号）发布，取消外资持股比例上限。10月26日，《保险保障基金管理办法》（中国银行保险监督管理委员会、财政部、中国人民银行令2022年第7号）发布，该办法14年来首修，优化了保险业风险防范举措。11月21日，原银保监会印发《关于保险公司开展个人养老金业务有关事项的通知》，推动保险业助力养老第三支柱建设。

三、制度推进改革创新、金融中心提升能级

（一）自贸区新片区领航金融开放创新

2022年1月28日，国家外汇局上海市分局印发《中国（上海）自由贸易试验区临港新片区开展跨境贸易投资高水平开放外汇管理改革试点实施细则》。资本项目高水平开放政策涉及多个领域外汇改革，经常项目高水平开放试点政策面向上海辖内符合条件的银行和所有

临港新片区内注册企业，支持临港新片区在更深层次、更宽领域实现高水平开放。

2022 年 3 月 11 日，原银保监会与上海市政府联合发布《中国（上海）自由贸易试验区临港新片区科技保险创新引领区工作方案》（银保监发〔2022〕16 号），为临港新片区率先全面深化保险改革创新提供重要支撑。这是贯彻落实《中共中央国务院关于支持浦东新区高水平改革开放打造社会主义现代化建设引领区的意见》的又一项具体措施，是为国家新一轮改革开放“试制度、探新路、测压力”的有益探索。围绕为重点产业提供特色科技保险支持、推动科技保险市场更高水平开放、保险与科技双向赋能、实施科技保险创新人才工程等，推动科技保险市场更高水平开放，支持上海保险交易所构建国际化科技保险交易体系；积极创新科技保险服务模式，加强数字化、科技化、智能化监管。

（二）制度政策推动科创金融发展

2022 年 11 月 11 日，中国人民银行、国家发展和改革委员会、科技部、工业和信息化部、财政部、原银保监会、证监会、国家外汇局印发《上海市、南京市、杭州市、合肥市、嘉兴市建设科创金融改革试验区总体方案》。提出的总体目标是，通过 5 年左右时间，将长三角科创金融改革试验区打造成为科创金融合作示范区、产品业务创新集聚区、改革政策先行先试区、金融生态建设样板区、产城深度融合领先区。推动上海国际金融中心和具有全球影响力的科技创新中心核心功能再上新台阶。此前的 5 月 12 日，证监会发布《证券公司科创板股票做市交易业务试点规定》，10 月 31 日首批科创板做市商正式开展科创板股票做市交易业务，此举有助于提升股票流动性、释放市场活力、增强市场韧性。

上海证券交易所于 2022 年 5 月 20 日发布《上海证券交易所公司债券发行上市审核规则适用指引第 4 号——科技创新公司债券》（上证发〔2022〕77 号），推出科技创新公司债券，科创企业全生命周期债券融资支持体系基本形成。6 月 10 日上海证券交易所发布《上海证券交易所科创板发行上市审核规则适用指引第 7 号——医疗器械企业适用第五套上市标准》（上证发〔2022〕89 号），进一步完善科创板支持医疗器械“硬科技”企业上市机制。

（三）带动长三角金融一体化发展

上海银保监局联合江苏、浙江、安徽和宁波银保监局出台《长三角地区跨省（市）联合授信指引》（沪银保监规〔2022〕1 号），有助于推动信贷资源在长三角地区更好畅通流动和高效配置，提升企业融资便利水平，加强跨区域机构业务统筹，强化风险管控。

（四）金融市场制度性开放

国家外汇局上海市分局发布《关于进一步提升优质企业贸易外汇收支便利化试点政策质效的通知》（上海汇发〔2022〕22 号）。为贯彻落实党中央和国务院关于贸易自由化、便利化改革的工作部署，进一步提升辖区内优质企业贸易外汇收支便利化试点政策质效，在前期贸易外汇收支便利化试点的基础上，国家外汇局上海市分局修订了《关于开展优质企业贸易外汇收支便利化试点的指导意见》。扩大了试点业务范围，将初次收入（资本项目有关的收益收支除外）和二次收入纳入试点业务。优化了银行准入条件，降低银行外汇业务合规与审慎经营评估等级条件。放宽了银企合作年限，企业原则上应在试点银行持续办理经常项目外汇收支业务两年以上。

2022年3月25日，上海证券交易所发布《上海证券交易所与境外证券交易所互联互通存托凭证上市交易暂行办法》（上证发〔2022〕37号）及相关配套指引。6月10日，证监会发布《关于修改〈内地与香港股票市场交易互联互通机制若干规定〉的决定》（中国证券监督管理委员会令第200号），有助于统筹金融开放和安全，依法加强对跨境证券活动的监管，保护内地投资者合法权益，稳定市场预期，维护沪深港通平稳运行。7月28日，中瑞证券市场互联互通存托凭证业务正式开通，首批两家沪市公司在瑞士证券交易所成功发行并上市全球存托凭证（GDR）。

2022年1月20日，全国银行间同业拆借中心、上海证券交易所等联合发布了《银行间债券市场与交易所债券市场互联互通业务暂行办法》（上证发〔2022〕21号），境内债券市场互联互通机制建设取得重大进展。7月4日，中国人民银行、香港证券及期货事务监察委员会、香港金融管理局决定同意中国外汇交易中心、银行间市场清算所股份有限公司和香港场外结算有限公司开展香港与内地利率互换市场互联互通合作（“互换通”）。“互换通”是在“债券通”基础上进一步加强香港与内地金融市场的深度合作，便利国际投资者管理利率风险，提高国际投资者对我国债券市场的参与度，培育更加开放友好的全球人民币资产配置场所。

四、金融审判上层次、司法保障迎挑战

（一）金融司法成绩斐然

2022年，上海金融法院受理各类金融案件8715件，审结各类金融案件8716件。证券业案件4002件，占总收案量的60.65%；银行业案件1826件，占总收案量的27.68%；保险业案件292件，占总收案量的4.43%；其他金融行业案件478件，占总收案量的7.24%。证券虚假陈述责任纠纷案件4502件，金融借款合同纠纷案件803件。

2022年1月，上海金融法院发布《关于证券纠纷示范判决机制的规定》2.0版，立足现实与适当前瞻相结合的原则，聚焦强化调解优先原则，简化平行案件审理，深化在线诉讼改革，规范专业支持机制，创新案件执行规则等，以期更好地适应中小投资者保护的新形势、新需求，使得证券纠纷示范判决机制发挥更大活力、更大效能，为资本市场良好生态建设全面护航。

2022年2月17日，上海金融法院发布《私募基金纠纷法律风险防范报告》，从私募基金涉诉情况、行业风险管理情况、纠纷类型及风险揭示、法律风险防范建议、合同条款要点完

善建议五个方面对私募基金行业的法律风险进行梳理和分析，积极回应金融市场风险防范的现实需求，为金融开放与创新发展提供更加有力的司法保障。

（二）金融审判应对新类型案件挑战

首例涉科创板上市公司证券欺诈责任纠纷案——投资者诉广东紫晶信息存储技术股份有限公司证券虚假陈述纠纷案。该案系上海金融法院在《最高人民法院关于审理证券市场虚假陈述侵权民事赔偿案件的若干规定》取消前置程序后，受理的首例未依据行政处罚决定或刑事裁判文书提起的证券虚假陈述责任纠纷案件。此前，上海金融法院专门制定发布《关于服务保障设立科创板并试点注册制改革的实施意见》，组建涉科创板案件专门审判团队，发挥专业审判优势，为资本市场改革创新提供坚实的司法支撑。

首例涉 A 股主板操纵市场民事赔偿案——于某等 13 名投资者与被告鲜某操纵证券市场纠纷案。庭审采用争点审理模式，在固定双方无争议事实的基础上，确定了操纵行为认定、交易和损失因果关系、损失计算方法等争议焦点，逐一围绕争点开展法庭调查和法庭辩论，组织当事人就事实问题和法律适用问题一并阐述依据、观点、举证质证并发表辩论意见，确保各争点审理充分，整个庭审条理清晰、规范有序。

全国首例新三板市场操纵证券交易市场民事责任案——投资者诉被告 A 公司及其实际控制人邵某操纵证券交易市场民事赔偿纠纷案。该案也是首例涉交易型操纵证券交易市场行为的民事赔偿责任案，案件涉及新三板市场定向增发在操纵市场民事赔偿中因果关系认定、损失计算规则等诸多新颖法律问题。

首例金融市场测试案——上海清算所申请对中央对手清算业务处置违约程序的合法有效性进行审判测试，由上海清算所联合交通银行、浦发银行、兴业银行、法国兴业银行（中国）共同筹备完成。这是自《上海金融法院金融市场案例测试机制规定》发布以来上海金融法院的首个案例测试申请，通过审判测试有效回应和满足了金融创新对司法供给的迫切需求，有利于切实解决金融市场改革创新前沿面临的实际问题。

五、金融法治深入研讨、学术理论硕果累累

（一）学术活动探讨金融中心前沿问题

2022 年 5 月 22 日，首届“绿色金融法 50 人论坛”以线上会议方式举行。论坛由上海市法学会金融法研究会、上海财经大学法学院、绿色技术银行、上海环境能源交易所等联合举办。本届论坛聚焦“低碳转型与法治应对”主题。来自上海各高校、上海环境能源交易所、仲裁和公证机构、律师事务所以及长三角一体化示范区执委会的 20 多位理论界和实务界专家参会发言，在线参会人数 2000 余人。

2022 年 10 月 9 日，第七期“财富管理法治论坛”举行。论坛意在进一步优化营商环境，

持续打造财富管理特色，提升金融服务水平。论坛由上海市虹口区政法委主办，虹口区人民法院、上海市法学会金融法研究会等承办。本期财富管理法治论坛，亦作为“虹口·法治服务保证北外滩高质量发展论坛”的分论坛，并以首届上海市法治文化节区级品牌亮相。论坛展示了虹口法院金融庭10年发展情况，发布了《2012—2022年虹口法院金融审判白皮书》和《2012—2022年虹口法院金融审判十大案例》，与会嘉宾聚焦“资管中心建设的法治路径”主题，围绕“资管纠纷中主体责任边界法律问题研究”“资管产品侵权纠纷实务问题研究”等议题进行深入交流，通过探讨资管中心建设的法治路径，为北外滩发展提供金融法治赋能，彰显金融司法的市域治理现代化能力。

2022年12月4日，第七届中国金融法论坛顺利召开，论坛由中国法学会商法学研究会主办，宁波银行上海分行、华东政法大学虞伟庆金融法律研究院、上海金融法院承办，上海市法学会金融法研究会、上海财经大学法学院协办。本届论坛以“新发展理念下的绿色金融法治”为主题，来自中国法学会商法学研究会的成员、主要法学院校、各地司法机关、金融期货机构、律师事务所的专家、学者参与了本次论坛。分论坛“期货与衍生品法论坛”以“服务中国式现代化的绿色期货与衍生品法”为主题。

12月，2022年长三角金融庭长论坛成功举办，论坛以“绿色融资租赁前沿法律问题”为主题，来自长三角地区的金融审判法官、金融机构实务专家、高校学者等通过线上与线下相结合的方式参与研讨。上海金融法院，南京、杭州、合肥、苏州中院以及上海浦东新区法院金融或商事审判庭的庭长们分别围绕“租赁物范围界定”“出租人审查义务”“收益率计算”等具体问题展开讨论，就“生物资产作为租赁物的适格性”“承租人破产时出租人权利实现”等问题基本达成共识，结合各自审判实践，从法律规定、行业监管、市场发展等角度深入阐述观点，以推动裁判标准统一。

2022年12月18日，中国法学会银行法学研究会2022年年会于上海成功召开。本次年会主题为“中国式现代化建设中的金融法治”，由中国法学会银行法学研究会主办，上海财经大学法学院、上海市法学会金融法研究会承办。来自各地高校、银行等金融机构、监管部门等单位的银行法学学者、实务工作者120余人在线上线下参加了此次会议。本次年会通过律新社等新媒体平台进行了直播，直播听会人数逾万名。

（二）理论成果聚焦金融中心现实需要

关于金融中心的法制基础，有专家回顾了我国过去10年金融法治建设的成果，认为我国金融法治建设取得长足发展，基本建立了层次丰富、覆盖全面、结构合理、保障坚实的现代金融法治体系。金融立法成果丰硕，金融执法工作机制持续优化，金融司法迈上新台阶，金融法治宣传教育成效显著，营造良好的金融法治氛围。为防范化解风险、服务实体经济、深化金融改革打下了坚实的制度基础。[1]

关于地方金融立法，有专家认为上海具有制定绿色金融地方性立法的必要性，既能助力上海实现“双碳”目标，促进经济社会发展全面绿色转型，亦能够助力上海加快打造国际绿色金融枢纽，确保重大绿色金融改革创新于法有据。在比较深圳与湖州绿色金融地方性立法的特色后，探讨如何充分运用浦东新区法规的立法授权，制定符合上海浦东实际的绿色金融地方性法规。[2]

关于地方金融监管，有教授认为地方金融监管是国家金融监管体系重要组成部分，央地分权下的地方金融监管，与财政事权功能不契合，将金融发展权与监管权置于同一权力结构中，加剧金融资源区域配置扭曲，引发监管竞次、监管套利及监管俘获，不断出现地方金融风险。2017 年以后以国务院金融稳定发展委员会成立为标志的新金融监管体制强化了金融监管的中央事权属性和地方属地责任，为加强地方金融风险治理提供新思路。以属地责任为归属，制定全国统一的地方金融监管法，加强跨区域的协作机制建设，以金融治理理念推进功能性适应性监管，以监管机构独立性建设实现发展权与监管权实质分离，引进公平竞争审查机制，实现央地金融监管的互恰与协同。[3]

关于金融中心新的发展方向，有专家认为我国经济金融进入双循环高质量发展快车道，上海应着力打造功能更强、制度更开放的国际金融中心。有专家认为上海国际金融中心建设应当充分发挥长三角一体化的协同作用，构建更加完善稳定的产业链，发挥产业间的互利效应，发挥产业内的集聚效应，并建议在上海国际金融中心建设以及长三角一体化过程中，以实体经济与金融业协同发展为本，以制造业与金融业协同为先，肩负起产业和区域经济稳定器功能，成立长三角基础设施投资银行。[4]有教授认为数字人民币将助力上海国际金融中心建设，数字人民币“先支付工具、后政策工具”的渐进路径，对比第三方支付具有压倒性迭代特征，同时上海是数字人民币试点城市，拥有庞大的“人口、场景、数据”三大优势，因此必须把数字人民币作为推进上海国际金融中心建设新的核心抓手。[5]

---

〔1〕 参见刘宏华：《我国金融法治建设的“非凡十年”》，载《中国金融》2022 年第 15 期。

〔2〕 参见钱瑾：《关于绿色金融地方性立法的思考》，载《上海经济》2022 年第 3 期。

〔3〕 参见杨松：《新金融监管体制下央地监管权关系再审思》，载《法学评论》2022 年第 6 期。

〔4〕 参见陈晔：《上海国际金融中心建设与长三角一体化：基于实体经济与金融业协同发展的思考》，载《上海经济》2022 年第 1 期。

〔5〕 参见陈晓静、乔继凡、杨润昌：《数字人民币对上海国际金融中心建设的影响及其对策》，载《科学发展》2022 年第 8 期。

编后记

《金融法律评论》2023上半年卷（总第16卷）如期推出。秉持本连续出版物应用理论研究特色，紧密联系金融法制实际，呼应金融市场法律热点，本卷力图反映近期金融法理最新探索、金融立法最新成果和金融执法最新实践。

党的二十大要求深化金融体制改革，加强和完善现代金融监管，强化金融稳定保障体系，依法将各类金融活动全部纳入监管，守住不发生系统性风险底线。2023年全国人大通过了国家机构改革方案，组建国家金融监督管理总局，统一负责除证券业之外的金融业监管，强化机构监管、行为监管、功能监管、穿透式监管、持续监管，统筹负责金融消费者权益保护，加强风险管理和防范处置，依法查处违法违规行为。这对金融监管立法提出了新的课题，本卷登载了金融法学者及时就新形势下金融监管立法提出的一些设想、建议，以期引起更广泛的探讨。

央行数字货币是法定货币的数字化，是数字经济背景下央行货币地位和货币政策有效性的保障。本卷数字金融法制栏目分享了两篇研究数字人民币法律问题的论文，也选发了探索数字资产可投资的文章。

法律法学界继续热烈讨论证券市场虚假陈述侵权民事赔偿责任问题，本卷继续选载相关论文。

在金融市场深化改革创新的背景下，金融司法不论是刑事还是民事都不断遭遇新类型案件的挑战，本卷登载一组包括讨论金融集团、网上助贷、刑事合规、追赃挽损等的稿件，作者均来自法制实践部门。

涉外金融法专栏部分分析汇率风险和跨境金融服务立法问题。反映市场法制进展的年度金融法制报告继续发出。

《金融法律评论》受上海市高水平地方高校（学科）建设项目资助，希望广大读者作者一如既往的支持帮助我们，共同为推进金融市场及金融法制建设而努力。

编　者

2023 年 6 月 30 日